O MUNDO PÓS-PANDEMIA

O MUNDO PÓS-PANDEMIA

REFLEXÕES SOBRE UMA NOVA VIDA

Alessandro Horta • Alon Feuerwerker
Antonia Leite Barbosa • Antônio Gois
Benilton Bezerra Jr. • Bernardinho
Boni • Bruno Barreto
Carlos Jereissati Filho • Chiquinho Brandão
Cora Rónai • David Zylbersztajn
Duda Falcão • Eduardo Eugenio Gouvêa Vieira
Eliane Lustosa • Felipe Santa Cruz
Fernanda Rodrigues • Fernanda Torres
Fernando Gabeira • Fernando Henrique Cardoso
Gerson Camarotti • Guilherme Benchimol
Gustavo H.B. Franco • Izabella Teixeira
Joaquim Falcão • José Luiz Alquéres
Luís Roberto Barroso
Marcelo Adnet • Marcelo Barbosa
Marcelo Madureira • Marcílio Marques Moreira
Marcos Azambuja • Margareth Pretti Dalcolmo
Maria Prata • Mary Del Priore
Merval Pereira • Miguel Pinto Guimarães
Miguel Setas • Paulo M. Hoff
Paulo Niemeyer Filho
Pedro Bial • Roberta Sudbrack
Roberto Feith • Roberto Medina
Rosa Célia Pimentel Barbosa • Rosiska Darcy de Oliveira
Sergio Besserman Vianna • Sergio Etchegoyen
Vinicius Lummertz

Organização
José Roberto de Castro Neves

EDITORA
NOVA
FRONTEIRA

Copyright da organização © 2020 by José Roberto de Castro Neves

Copyright © 2020 by Alessandro Horta, Alon Feuerwerker, Antonia Leite Barbosa, Antônio Gois, Benilton Bezerra Jr., Bernardinho, Boni, Bruno Barreto, Carlos Jereissati Filho, Chiquinho Brandão, Cora Rónai, David Zylbersztajn, Duda Falcão, Eduardo Eugenio Gouvêa Vieira, Eliane Lustosa, Felipe Santa Cruz, Fernanda Rodrigues, Fernanda Torres, Fernando Gabeira, Fernando Henrique Cardoso, Gerson Camarotti, Guilherme Benchimol, Gustavo H.B. Franco, Izabella Teixeira, Joaquim Falcão, José Luiz Alquéres, José Roberto de Castro Neves, Luís Roberto Barroso, Marcelo Adnet, Marcelo Barbosa, Marcelo Madureira, Marcílio Marques Moreira, Marcos Azambuja, Margareth Pretti Dalcolmo, Maria Prata, Mary Del Priore, Merval Pereira, Miguel Pinto Guimarães, Miguel Setas, Paulo M. Hoff, Paulo Niemeyer Filho, Pedro Bial, Roberta Sudbrack, Roberto Feith, Roberto Medina, Rosa Célia Pimentel Barbosa, Rosiska Darcy de Oliveira, Sergio Besserman Vianna, Sergio Etchegoyen, Vinicius Lummertz.

Direitos de edição da obra em língua portuguesa no Brasil adquiridos pela EDITORA NOVA FRONTEIRA PARTICIPAÇÕES S.A. Todos os direitos reservados. Nenhuma parte desta obra pode ser apropriada e estocada em sistema de banco de dados ou processo similar, em qualquer forma ou meio, seja eletrônico, de fotocópia, gravação etc., sem a permissão do detentor do copirraite.

NOTA DOS EDITORES
Este monumental projeto foi concebido e finalizado, com grande empenho de todos os envolvidos, durante o período de quarentena imposto pela pandemia da Covid-19. Cada autor, portanto, redigiu seu artigo em momentos diferentes da propagação do novo coronavírus, o que leva a justificáveis discrepâncias entre cada texto no que diz respeito à quantidade declarada de vítimas fatais e de casos confirmados, entre outros números.

EDITORA NOVA FRONTEIRA PARTICIPAÇÕES S.A.
Rua Candelária, 60 — 7.º andar — Centro — 20091-020
Rio de Janeiro — RJ — Brasil
Tel.: (21) 3882-8200

Dados Internacionais de Catalogação na Publicação (CIP)
(Câmara Brasileira do Livro, SP, Brasil)

O mundo pós-pandemia : reflexões sobre uma nova vida / organização José Roberto de Castro Neves. -- 1. ed. -- Rio de Janeiro : Nova Fronteira, 2020.
416 p.

ISBN 978-85-209-4582-7

1. Covid-19 - Pandemia 2. Humanidade (Moral) - Transformação 3. Positivismo 4. Reflexões 5. Transformação (Psicologia) I. Neves, José Roberto de Castro.

20-36837 CDD-158.1

Índices para catálogo sistemático:

1. Transformação : Humanidade : Psicologia aplicada
    158.1
Maria Alice Ferreira - Bibliotecária - CRB-8/7964

SUMÁRIO

Introdução — O mundo pós-pandemia: o que será de nós?, 11
José Roberto de Castro Neves

Medicina — O que será o amanhã?, 15
Paulo Niemeyer Filho

Humanismo médico — Um novo humanismo na medicina, 21
Margareth Pretti Dalcolmo

Economia — Pistas sobre o que vai ser, 31
Gustavo H.B. Franco

Comunicação — O futuro da comunicação e a comunicação do futuro, 42
Chiquinho Brandão

Jornalismo — A notícia do fim, 46
Pedro Bial

Política — Novas prioridades, 56
Merval Pereira

Urbanismo — A cidade pós-pandêmica, 59
Miguel Pinto Guimarães

Indústria — O inverno de nosso descontentamento: apontamentos precipitados sobre o mundo pós-pandemia, 75
Eduardo Eugenio Gouvêa Vieira

Livros — A Covid-19 e os livros, 81
Roberto Feith

Humor — O retorno à velha realidade e a reinvenção do novo futuro, 88
Marcelo Adnet

História — A morte e morrer em tempos de epidemia, 94
Mary Del Priore

Educação — Incertezas, possibilidades e o que haverá de sólido na educação depois da pandemia, 107
Antônio Gois

Educação básica — Educação básica privada e Covid-19, 113
Duda Falcão

Defesa e Segurança — A segurança do futuro, 120
Sergio Etchegoyen

Esporte — Por um "modo reinvenção", 133
Bernardinho

Mercado financeiro — Impacto, fidúcia e a democratização dos mercados, 138
Alessandro Horta

Cinema — A realidade é mais estranha que a ficção, 143
Bruno Barreto

Entretenimento — O que não vai mudar depois da pandemia: a natureza humana, 147
Roberto Medina

Energia — Apenas os princípios da natureza serão preservados, 151
David Zylbersztajn

Clima — As mudanças do clima num mundo após a pandemia da Covid-19, 157
Izabella Teixeira

Projetos sociais — Muito além da pandemia, a solidariedade salva vidas, 166
Rosa Célia Pimentel Barbosa

Televisão — Daqui pra frente... nem tudo vai ser diferente (parafraseando Roberto Carlos), 174
Boni

Meio ambiente — Um marco na consciência ambiental planetária, 182
Fernando Gabeira

Religião — O risco de uma fé virtual?, 187
Gerson Camarotti

Comportamento social — A certeza da incerteza, 192
Rosiska Darcy de Oliveira

Relações internacionais — O Brasil em sua navegação, 200
Marcos Azambuja

Tecnologia — No retrovisor do futuro, 204
Cora Rónai

Judiciário — E se fizéssemos diferente?, 210
Luís Roberto Barroso

Mobilidades — Como transformar a mente do homem?, 220
José Luiz Alquéres

Política de governo — Colaboração, resiliência e recuperação: políticas públicas; responsabilidade privada, 227
Eliane Lustosa

Artes — Futuro do pretérito, 238
Fernanda Torres

Subjetividade — Quem sabe, a hora de mudar de jogo?, 245
Benilton Bezerra Jr.

Comércio — Uma oportunidade para repensar o futuro, 255
Carlos Jereissati Filho

Advocacia — Advocacia em tempos de crise, 267
Felipe Santa Cruz

Universidades — Perdas e ganhos, 272
Joaquim Falcão

Turismo — O que será do turismo depois da Covid-19?, 279
Vinicius Lummertz

Alimentação — Vamos voltar a conversar com as batatas?, 295
Roberta Sudbrack

Comportamento de consumo — Alguém aí tem um chiclete?, 304
Maria Prata

Mercado de capitais — Mercado de capitais após a pandemia, 309
Marcelo Barbosa

Empreendedorismo — Lições para depois da pandemia, 321
Guilherme Benchimol

Saúde — Saúde no mundo pós Covid-19: *quo vadis?*, 326
Paulo M. Hoff

Sociedade — Eles continuam não usando *black-tie*, 339
Marcelo Madureira

Escolhas — Temos um vetor de transformação da história?, 347
Sergio Besserman Vianna

Ética — O Brasil do amanhã exige ética do futuro, 356
Marcílio Marques Moreira

Gente — Nossa gente, 366
Antonia Leite Barbosa

Partidos políticos — Uma oportunidade, 377
Alon Feuerwerker

Maternidade — Na quarentena, 381
Fernanda Rodrigues

Sustentabilidade — Da sustentabilidade para uma nova ética da vida na Terra, 389
Miguel Setas

Governo — Não esquecer, 395
Fernando Henrique Cardoso

Direito — Pós-pandemia: a oportunidade de uma nova ordem, 398
José Roberto de Castro Neves

Autores, 405

INTRODUÇÃO

O MUNDO PÓS-PANDEMIA: O QUE SERÁ DE NÓS?

Para a História, as datas não costumam ser confiáveis. Já se disse, com razão, que o século XX começa com a Primeira Guerra Mundial, iniciada no verão de 1914. O século XIX, por sua vez, saiu adiantado, pois chega em 1789, com a Revolução Francesa. E o Terceiro Milênio? Teria ele vindo no dia 1.º de janeiro de 2000?

A História, sem maiores compromissos com as datas, respeita, acima de tudo, os eventos. A queda de Roma ou o término da Idade Média não se preocuparam em aguardar algum dia no calendário para acontecer. Além disso, o tempo segue como o grande juiz da História — e só ele pode, com sua invejável serenidade, determinar o que será relevante.

Hoje, em abril de 2020, vivemos uma experiência sem precedentes, ao menos para as gerações que convivem neste planeta. Um vírus ágil e letal impôs, em praticamente todo o mundo, a adoção de políticas de isolamento social. Por aproximadamente dois meses, as ruas foram esvaziadas. O comércio fechou. As pessoas, quando possível, trabalharam de casa. Velhos hábitos foram redescobertos, e novos, desenvolvidos. Milhões ficaram doentes. Muitos morreram. Tempo para lamentar. Tempo para refletir.

Samuel Johnson, pensador inglês do século XVIII, ponderou: "Quando um homem sabe que será enforcado em breve, consegue concentrar sua mente de forma extraordinária." Situações que demonstram, de forma objetiva e seca, nossa finitude derrubam nossa arrogância e nos fazem pensar com clareza, para distinguir o que, de fato, importa.

Permitam-me fazer uma "previsão" do passado — para, a partir daí, falar do amanhã.

Se a pandemia da Covid-19 tivesse ocorrido nos anos 1970 ou 1980, a reação do mundo possivelmente seria outra. O vírus da Covid-19 é covarde. Ele agride muito pouco as pessoas saudáveis, mas se mostra extremamente letal com os mais frágeis, como os velhos ou quem sofra de alguma doença crônica, com deficiência em seu sistema imunológico.

Numa sociedade dominada por valores competitivos, preocupada, de forma exagerada, com ganhos econômicos, dominada pelos "yuppies" e soltos os "lobos de Wall Street", possivelmente a reação a um vírus como o da Covid-19 seria a de seguir com a vida. Muitos morreriam, mas estes seriam, na sua grande maioria, os debilitados. Os fortes passariam pela doença, e o mundo manteria seu ritmo. Os "atletas" seguiriam nas ruas, tomando conta de seus negócios, enquanto uma minoria, menos apta, padeceria.

Em 2020, entretanto, o mundo decidiu parar. Para evitar que os mais frágeis perecessem, todos se isolaram. Os danos à economia serão nefastos. Nem sequer conseguimos mensurá-los neste momento. Embora a perda seja reconhecida, a escolha foi a de salvar vidas. Uma opção consciente.

Em uma ou duas gerações, os valores mudaram — valores cruciais para que a opção de proteger os mais debilitados fosse tomada hoje. O que teria causado isso: mais informação? Sim, porque a humanidade nunca foi tão bem informada (o que, claro, não se confunde com cultura). A revolução tecnológica, que nos permitiu saber o que acontece no planeta em tempo real, criou essa grande aldeia. Será esta a razão do incremento do sentimento de solidariedade?

O século XIX foi otimista; acreditava-se que o desenvolvimento da ciência traria benefícios à humanidade, erradicando a pobreza e as doenças. O fim do absolutismo, sob a bandeira da liberdade, servia como farol, iluminando dias melhores. Já o século XX teve outro aspecto, algo sinistro. Duas grandes guerras, que não apenas devastaram fisicamente a Europa, mas, pior, destruíram a crença na própria civilização, já que esta foi capaz de produzir o Holocausto. O avanço tecnológico, que seria uma aproximação com o divino, fabricou bombas com o poder de matar milhões — que, por duas vezes, foram lançadas contra seres humanos, que pereceram indefesos, como insetos submetidos a um pesticida.

E o século XXI? Talvez seja o tempo da indiferença, das relações fluidas, passageiras e inconsistentes, da distância digital. Talvez, ao revés, estejamos vivendo aquela onda que varre a civilização, de tempos em tempos, decorrente de um fastio da materialidade, em busca de um sentido mais espiritualizado para a nossa passagem. Talvez.

Não se pode qualificar uma escolha da sociedade como evolução, pois essa ciranda da civilização humana tem por característica ir e voltar — num caminho tão ilógico quanto misterioso (que o digam Hegel e Marx). Mas há, de toda sorte, um conforto em verificar, no episódio histórico a que assistimos hoje, a força dada à vida humana, a dimensão do comportamento solidário nessas horas em que a praga deixa de ser somente metafórica.

Naturalmente, o tema da pandemia domina nossos pensamentos e nossas mentes. Não se imaginava que o mundo pudesse parar. A perplexidade avança para compreender o que será o amanhã. Afinal, como essa dramática experiência afetará a nossa vida? Passado o isolamento, controlada a disseminação da doença, nosso dia a dia voltará ao "normal"? Ou, ainda: o que será o "normal"?

Possivelmente, o Terceiro Milênio começa agora. Um momento — e, ao mesmo tempo, uma oportunidade — de construir. Afinal, sobre o futuro, apenas uma coisa se pode garantir: ele dependerá das nossas escolhas. Por vezes, o presente, de forma misteriosa, nos permite "começar de novo". Uma oportunidade.

Brasileiros reconhecidamente destacados em diferentes áreas de atuação oferecem, neste livro, suas opiniões, sempre fundadas em experiência e reflexão, de como o mundo e o Brasil reagirão ao evento histórico.

JOSÉ ROBERTO DE CASTRO NEVES

O leitor, com a obra coletiva que tem nas mãos, poderá colher uma projeção do futuro em diversos segmentos da sociedade — fatalmente uma premonição imperfeita, pois não se trata de um trabalho de adivinhos, porém o resultado de esclarecida e profunda meditação.

Com certeza, há, aqui, fonte de informação honesta e abalizada, norte e inspiração para escolhas. Assim, no mínimo, começa uma boa conversa.

José Roberto de Castro Neves
Abril de 2020

MEDICINA

O QUE SERÁ O AMANHÃ?

Paulo Niemeyer Filho

No livro do Gênesis, capítulo 2, versículos 16 a 24, Deus proibiu o homem e a mulher de comerem o fruto da árvore do conhecimento do bem e do mal. Influenciados pela serpente, não resistiram à tentação e, como castigo, tornaram-se meros mortais, sujeitos às suas agruras. Entre elas, o envelhecimento e a insegurança do devir. Desde então, a fonte da juventude e a bola de cristal passaram a fazer parte dos sonhos e desejos de seus descendentes, e por isso a História ficou repleta de personagens que assessoravam as decisões reais, prevendo o futuro e a vitória nas batalhas — e as feiticeiras, porém, eram queimadas vivas por suas magias e adivinhações.

Inúmeros exploradores, imortalizados na figura de Juan Ponce de León, se perderam pelas matas do novo mundo, em busca de águas milagrosas rejuvenescedoras que acreditavam existir. Nunca abandonamos esse sonho, e no mundo contemporâneo temos médicos de grande reputação especializados em rejuvenescimento, oferecendo, de hormonioterapias a transfusões de células-tronco, qualquer tipo de esperança que nos faça voltar no tempo. Ou avançar... Pois a futurologia também se diversificou, e a maioria de nós já passou por videntes, ciganas, cartomantes, astrólogas, numerólogas ou médiuns. Para não falar da leitura diária de economistas, que dominam o noticiário com suas expectativas de futuro.

Tudo isso tem a ver com a crise que vivemos agora, uma pandemia grave, sem precedentes na História recente, que mudou nossos hábitos, impôs separações e perdas de todas as ordens. Se Ponce de León houvesse encontrado a Fonte da Juventude, não teríamos tantos idosos em risco, e, se tivéssemos a bola de cristal, já saberíamos, hoje, o resultado das pesquisas para o melhor tratamento.

No mundo real, no entanto, uma das qualidades do ser humano é sua capacidade de previsão e adaptação, baseadas na análise e na interpretação de novas situações do cotidiano, para que possa tomar as decisões mais adequadas à sua sobrevivência. Esta é uma das funções dos nossos lobos frontais, que, baseados em experiências passadas, projetam o futuro. Assim, podemos nos programar para o inverno do próximo ano e também, sem dificuldades, prever o que acontecerá, nesta crise, com os que não se isolarem. Mas o que todos se perguntam é se, depois do pesadelo da Covid-19, teremos um admirável mundo novo.

Guerras e epidemias são velhas companheiras e várias vezes, juntas ou separadas, mudaram a ordem político-econômica mundial. Assim foi no fim do Império Romano, na conquista da América Espanhola, na queda do Império Mongol, no final da Idade Média e em vários outros momentos marcantes da História da civilização. Todas essas transformações tiveram em comum a dizimação prévia de suas populações ou de seus exércitos, provocada por surtos virais.

O final do Império Romano, por exemplo, foi precipitado por uma sucessão de epidemias que chegaram a matar cinco mil pessoas por dia em meados do século II d.C., reduzindo, acentuadamente, a população urbana e rural. Com isso, houve uma desestruturação do seu eficiente sistema fiscal, enfraquecimento militar, menor produção de alimentos e a fome que sobreveio, minando, progressivamente, o Império do Ocidente. Seu fim só não foi mais rápido porque as mesmas doenças que o enfraqueciam também o protegiam, pois eram igualmente atingidos os conquistadores bárbaros ao se aproximarem.

Para que as epidemias ocorram são necessárias multidões e condições sanitárias precárias. Tudo o que existia nas concentrações militares.

Um bom exemplo, para ilustrar, é o do surgimento da Peste Bubônica, na Ásia, no século XIV, propiciado pelo deslocamento de exércitos em guerra, no caso o do Império Mongol. Chegando à Europa, causou a morte de 30% da população ocidental, inviabilizando a agricultura na região. Apesar disso, a crise antecipou o fim do sistema feudal, favorecendo a mecanização rural e a economia de mercado, o que abriu caminho para o progresso. A Europa oriental, menos atingida pela peste, acabou persistindo, por mais tempo, no sistema econômico ultrapassado. Esta diferença se percebe ainda hoje.

Situações semelhantes repetiram-se inúmeras vezes, como na conquista dos Impérios Asteca e Inca: a maior arma dos espanhóis foram as doenças que trouxeram. O mesmo se deu no Caribe, em 1802, quando a febre amarela matou 33 mil soldados que Napoleão enviara à América para tentar conter a Revolução Haitiana, comandada pelo grande Toussaint L'Ouverture. Esta devastação, entre outros fatores, o fez desistir do Novo Continente e decidir vender o território da Louisiana para os EUA.

Até então, as perdas humanas nas guerras eram maiores por doenças infecciosas do que pelos combates. Isso inclusive ocorreu na Primeira Guerra Mundial, quando, em 1918, a grande epidemia de influenza, mais conhecida como gripe espanhola, que teve origem nas tropas Aliadas estacionadas no norte da França, matou mais gente do que todas as batalhas somadas.

O mundo só começa a mudar com a descoberta do princípio da vacina, no inicio do século XVIII, pelo médico inglês Edward Jenner. Ele observou que, ao inocular o pus das feridas da varíola bovina no homem, produzia imunidade contra a varíola humana. Apesar da desconfiança da população com a novidade, a morte de Luís XV, rei da França, pela varíola, em 1774, fez com que as cortes europeias se apressassem em adotar a medida. A primeira aplicação em massa desta vacina, entretanto, se deu nos EUA, em 1776, quando George Washington determinou a imunização de todo o seu exército. Mais tarde, em 1805, Napoleão fez o mesmo, popularizando o método na Europa, contribuindo para o controle da doença e o aumento da população, que se encontrava estagnada havia séculos.

A redução das populações era o fator comum em todas as epidemias que resultaram em mudanças econômicas, sociais e políticas. Após a Segunda Guerra Mundial, foi criada a Organização das Nações Unidas, a ONU, com a finalidade de evitar novos conflitos internacionais. E também a Organização Mundial da Saúde, a OMS, diante da necessidade de um órgão que centralizasse e coordenasse o combate às pandemias, já que cada país, até então, tomava suas decisões individualmente. Era o início da globalização. Guerra e saúde sempre se encontrando.

O isolamento preconizado atualmente pela OMS para combater a Covid-19 é um procedimento bíblico, realizado desde a antiguidade para distanciar os leprosos, único recurso existente, então, para evitar a propagação da hanseníase. Ao longo dos séculos, o confinamento continuou a ser utilizado nas epidemias, incluindo também quarentenas obrigatórias aos navios que chegavam aos portos. É uma conduta eficiente quando estamos diante de uma doença transmissível e que não tem tratamento, apesar da dificuldade de cumpri-la, pois muda os hábitos pessoais e familiares, podendo causar alterações no humor e na saúde mental. Albert Camus descreveu em seu livro *A Peste* o isolamento fictício da cidade de Oran, na Argélia, acometida pela febre bubônica, em 1947. O autor relata, com intenso realismo, o sofrimento, a separação e a solidariedade desenvolvida por seus habitantes.

Tudo o que estamos vivendo nesta epidemia do coronavírus já aconteceu anteriormente. Com a diferença, até o momento, de não ser uma crise com a dimensão das relatadas nos séculos passados. Em todas elas, as mudanças que se seguiram foram decorrentes do aniquilamento demográfico, que modificou o panorama econômico. Estamos longe disso.

A sociedade não muda por decisões individuais, pelo livre-arbítrio, mas por episódios conjunturais que desafiem sua sobrevivência ou que a tornem mais competitiva. Não é o que estamos vivendo agora. Portanto, o que poderá mudar, e por pouco tempo, será a alma dos que são considerados grupo de risco, surpreendidos por uma situação que parece fictícia. Como se os pássaros, do filme do mestre Hitchcock, tivessem sido substituídos por vírus invisíveis, atacando por todos os lados. Levávamos a vida sem pensar na morte, como se fosse problema do outro e, subitamente, fomos emparedados por ela!

Certamente, tudo vai passar. Na vida prática, o que parece evidente é que haverá uma aceleração da transformação digital, que já vinha ocorrendo, e que agora nos empurra para uma vida social virtual, a que não estávamos habituados, com encontros e comemorações on-line. Assim foi no meu aniversário. Pude rever e brindar com meus amigos queridos pela internet, cada um em sua casa. Os consultórios médicos fecharam as portas e as consultas se tornaram uma rotina nas redes, o que não era permitido. Pacientes que vinham de outros estados ouvir minha opinião agora o fazem sem sair de casa. E eu também. Os médicos voltaram a visitar os pacientes em domicílio, mas agora virtualmente. Novos negócios surgirão. As relações profissionais serão outras. Ficou claro que, independentemente de epidemias, os deslocamentos podem ser reduzidos, o tempo melhor aproveitado.

Nos hospitais, robôs portando iPads e controlados, a distancia, pelo celular já andam pelos corredores, entram nos quartos, servindo de olhos e voz para os médicos e pacientes. Algumas visitas médicas de rotina, noturnas, serão feitas desta maneira.

Entre as especialidades médicas, a que se destaca na crise atual é a imunologia, que a meu ver será a estrela das próximas décadas. Ela já era vista como uma das possíveis soluções para o câncer e agora é a chave da cura das pandemias e a salvação da humanidade. Tudo indica que novas e graves epidemias virão, consequência inevitável da explosão demográfica, dos deslocamentos humanos, das migrações, da globalização e da destruição do meio ambiente.

O sistema imunológico, provavelmente, também ganhará o status de sexto sentido, juntamente com visão, audição, olfato, tato e paladar. Enquanto estes nos põem a par do que se passa no meio exterior, o sistema imunológico nos informa se estamos sendo invadidos por organismos estranhos ou se sofremos, por qualquer razão, a lesão de algum órgão.

Preparam a defesa ou a restauração do mesmo e desencadeiam reações cerebrais como febre, sonolência, perda do apetite e outras alterações de comportamento do nosso organismo, ainda mal compreendidas.

Enfim, com ou sem pandemia, a humanidade continuará a mudar o seu meio e o mundo simbólico que criou, mas não mudará o indivíduo: este estará permanentemente se adaptando. O Homem em Movimento!

HUMANISMO MÉDICO

UM NOVO HUMANISMO NA MEDICINA

Margareth Pretti Dalcolmo

De pestes e epidemias os dois últimos milênios entendem. E nunca se reviu tanto, com permissão das novas tecnologias de informação, esses fenômenos biológicos e sociais, que necessariamente acompanham a humanidade desde sempre. Boccaccio, no *Decamerão*, rompe com a mítica medieval e descreve, semiologicamente, o flagelo da Peste Negra que devastava o continente europeu no final do século XIV. Um dos maiores legados da Peste Negra (1347) foi a destruição do frágil sistema médico, centrado nos conceitos de Hipócrates, Galeno e Avicena, porém rígido e hermético na prática. Médicos todos homens e muitos ligados ao clero. O grande historiador Georges Duby descreve como "o fogo do mal dos ardentes que queima as populações; essa enfermidade desconhecida que semeia o terror".

Com a erradicação da varíola e quase total da poliomielite, o tratamento antirretroviral para a Aids, vacina para as gripes, um reviver de práticas simples, diante da tecnologia utilizada na atualidade, pareceria pueril, como afastamento social e medidas rigorosas de higiene. Como bem demonstrado na gripe espanhola de cem anos atrás, nos vemos, uma vez mais, correndo em busca de solução diante de um vírus animal que, propiciado por condições ambientais dos mercados de animais exóticos, atravessou a barreira da espécie humana e é capaz de se transmitir de uma pessoa a várias outras, exponencialmente.

A pandemia provocada pelo vírus Sars-Cov-2, causando a síndrome denominada Covid-19, que atingiu até o momento mais de seis milhões de pessoas e cerca de 500 mil mortes desde seu aparecimento na província de Hubei, na China, no final do último ano, é a primeira das epidemias da era digital plena e desnuda o total despreparo do mundo, em diversos graus, para responder a esse desafio. Já assistimos a guerras on-line, porém nunca a desigualdade, a exclusão social e a falta de acesso à água e aos cuidados de saúde se mostraram tão presentes em nossas vidas, compulsoriamente, por todos os meios de comunicação. Um vírus que se dissemina silenciosa e massivamente é como uma besta, de nova natureza. Essencialmente, um *cluster* de material genético que se adapta à célula, dela se vale de seu potencial molecular e reúne condições infinitas de replicar cópias. Sem dúvida algo assustador em tempos de erradicação e de controle de tantas outras viroses, sobretudo nos últimos cem anos.

Desde a Peste Antonina ou Praga de Galeno (tem esse nome pela família que governava naquele momento), no século II, que matou duas mil pessoas por dia em Roma, se seguiram ao longo dos séculos epidemias que marcaram a história do planeta. Atribui-se que tenha sido varíola ou sarampo, mas jamais foi esclarecida sua precisa etiologia. O grande Galeno de Pérgamo (129-217), pai da medicina, vivia então em Roma e tornara-se médico de Marco Aurélio, o imperador filósofo, que também pereceu vitimado pela peste e que, com sabedoria e estratégia de líder, disse "não o faça se não é conveniente e não o diga se não é verdade", e que afirmara com convicção "que a destruição de inteligência é um mal maior do que qualquer epidemia". Exemplo paradigmático se comparado aos atuais líderes, seus equívocos e contradições.

Areteus da Capadócia, no século I d.C., e Galeno de Pérgamo produziram escritos semiológicos igualmente originais. O primeiro descreveu o que seriam as fácies de um doente, de acordo com a síndrome, e o segundo descreveu lesões de doenças, dando-se conta precocemente, naquele momento, de que haveria transmissão em algumas situações e que o isolamento seria fundamental (conceito este que levou séculos para ser demonstrado).

A primeira peste bubônica, que eclodiu introduzida por Marselha, em 1329, no gueto de Avignon, foi marcada pelo preconceito atribuído aos judeus e à punição de pecados. Ocorreu sob o papado de Clemente VI, o quarto papa de Avignon — que era a Roma do momento —, que perdoou de pecados todos os mortos pela epidemia. Vale lembrar que apenas em 1894 Alexandre Yersin descreve o bacilo causador da moléstia, a bactéria *Yersina pestis*, após as seguidas epidemias, pelo mesmo agente, ao longo dos séculos anteriores.

Entre 1347 e 49, a Black Death foi efetivamente o maior desastre biomédico na Europa e possivelmente na História, matando 20 milhões de pessoas. Considerando proporcionalmente as populações da época, os florentinos consideraram-na a "exterminação da humanidade".

A experimentação e o demonstrar de validade na ciência, embora hoje mais exigidos do que nunca, nos remetem permanentemente à história do homem, à curiosidade intelectual pela descoberta e ao prazer propiciado pela demonstração. O grande historiador e humanista do mundo magrebino, Ibne Caldune (1332-1406), certamente uma voz apenas comparável a Santo Agostinho de Hipona como conhecedor dos homens, nos ensina que mesmo um conhecimento extremo não isenta nenhuma certeza de ser posta à prova da crítica. Percebeu o tamanho do flagelo e descreveu: "Ambas as civilizações ocidental e oriental foram visitadas por uma praga destrutiva (até então chamada pestilência), levando ao desaparecimento de populações, destruindo muitas das boas coisas e criações do mundo inteiro." Nesse sentido, como o grande Averroés (1126-1198), de quem aprendera as lições filosóficas como linha de conduta, defende a ciência, no que nos é tão presente, e exigido, qual seja a análise correta, que revela o universo de afirmações infundadas.

A segunda peste ocorrida em 1478 mostrou a estratégia de isolamento social exemplar a partir de Milão, que de fato foi uma das cidades que menos sofreram em razão da perfeita organização do controle sanitário. Ouvindo falar da aproximação da epidemia, os governadores, os poderosos Visconti, duques de Milão, chamados *Signori* por título, criaram um cinturão literal na cidade, composto por apotecários, médicos e outros profissionais, impedindo a entrada de suspeitos de doença. A outra representação paradigmática dessa pandemia é a figura sinistra, mascarada e vestida com túnicas negras, chapéu de abas largas e uma máscara de olhos arregalados e bico longo e bizarro, que cuidava dos doentes e lacrava as casas quando era o caso. Apesar da aparência inusitada, esse era o modelo de equipamento de proteção individual dos profissionais da saúde, os EPIs da Idade Média, e sua finalidade era permitir a segurança de médicos e de pacientes. A Peste Negra, assim, ceifou nas suas duas ondas respectivamente 30% e 50% da população europeia.

As moléstias infecciosas e transmissíveis foram, sem dúvida, cataclísmicas em muitos momentos definitivos da História ocidental, e nas Américas registre-se o desaparecimento do Império Asteca na metade do século XVI por um surto de varíola. Durante os séculos XVIII e XIX, o Ocidente ainda viveu em 1720 a grande praga de Marselha, também transmitida pela pulga do rato, com quase 250 mil mortes na França; a Peste Persa, no atual Irã, em 1772, ceifando dois milhões de vidas; as epidemias recorrentes de febre amarela nos Estados Unidos entre 1793-98; e a primeira pandemia de cólera surgida em 1817 no continente asiático e que se alastrou para Europa e Américas. Marcaram o nascimento da Revolução Industrial — com a população europeia havendo dobrado de duzentos para quatrocentos milhões — os avanços na medicina, sobretudo na descoberta da etiologia e na descrição dos patógenos responsáveis por um grande número de doenças transmissíveis.

A denominada gripe espanhola, ou a pandemia do vírus da influenza, com sua primeira onda ocorrida em 1918, tendo a China à época governada pelos chamados *senhores da guerra* como origem provável, exterminou aproximadamente cinquenta milhões de pessoas no mundo, o que equivaleria, na proporção de população atual do planeta, a mais de duzentos milhões de mortes. Permanece a controvérsia sobre sua origem, uma vez que a mortalidade observada entre os trabalhadores chineses nas linhas de frente da Primeira Guerra Mundial foi muito baixa, levando a conjecturar-se que poderiam haver adquirido imunidade. A segunda onda da pandemia se deu após alguns meses e foi devastadora nos Estados Unidos, com cerca de 8% de letalidade. Matou mais pessoas que a Aids em seus primeiros 25 anos no mundo.

A chamada Peste Branca, ou a velha tísica, entre tantos nomes que toma ao longo da História, sabidamente acompanha o homem há milênios, como demonstrado por estudos genéticos realizados em múmias do Vale dos Reis, no Egito, e em outras da era pré-colombiana, encontradas no Peru. Descrições abundam na literatura médica e nos romances. O grande Ibne Sina, o Avicena (980-1037), considerou a doença sindromicamente, da mesma maneira que Hipócrates já o fizera, como moléstia disseminada, e a descreveu em estágios como o pré-inflamatório, o ulcerativo e o cavernoso... O "médico dos médicos" foi retratado no best-seller *O físico*, de Noah Gordon, e em filme homônimo de Philipp Stölzl em 2013, com magistral interpretação de Ben Kingsley.

O processo de transmissão e propagação da doença da tísica, no sentido de peste, fora controvérsia secular, uma vez que a doutrina hipocrática da hereditariedade operou como dogma por muito tempo. Apenas em 1865, Antoine Villemin, grande conhecedor dos trabalhos de Pasteur, demonstrou a transmissibilidade inoculando material de animais doentes em sadios. Robert Koch, no Instituto Pasteur em 1882, identificou seu agente causal, o *Mycobacterium tuberculosis*, conhecido até os nossos dias como bacilo de Koch.

Numa reflexão comparativa sobre o que é o novo ambiente nesses tempos de pandemia e confinamento, vale o registro, único, do que foi o ambiente sanatorial dos doentes ditos tísicos durante todo o século XIX e parte do XX. Roland Barthes, uma das personalidades que encarnam o *physique de rôle* da tísica, trabalha assiduamente para seu *baccalauréat* de filosofia, com o grego de sua escolha, quando a dois meses de receber o título uma súbita hemoptise, "trágica, catastrófica, uma falha estrutural que modifica a vida", em suas próprias palavras, "*Cet incident, une cassure, a cassé ma vocation*". Barthes passa doze anos entre sanatórios nos Pirineus, no Midi, em Bayonne e, a exemplo de outros, faz desse longo, inexorável tempo, em que cada dia é o prenúncio da morte, uma oportunidade para sua prática literária — aqui caberia o enunciado de Manuel Bandeira, nosso poeta tísico mor: "Eu faço versos como quem morre." Para o poeta, cada poema é uma despedida. Barthes, sob o isolamento, o medo do contágio, no corpo prisioneiro vive o verdadeiro começo de seus anos estruturalistas. Sua reflexão do momento se inspira em *O nascimento da clínica*, obra seminal que Michel Foucault publica nesses mesmos anos. Descreve para si o fato mórbido, ou a forma sob a qual se manifesta a doença, com a distinção entre sintomas e sinais, a percepção do médico, o ato de cuidar que define como o contrário do processo vertiginoso de que se reveste a enfermidade, sua combinação de sinais, a morte, a tosse, ah, essa mesma tosse que aterrorizou Hans Castorp, o herói da *Montanha Mágica* de Thomas Mann, ao chegar ao Sanatório de Berghof, em Davos.

Deitado todo o dia, como prescrito na norma sanatorial, Barthes lê Balzac, Mauriac, Giraudoux e concebe um novo romance, que abandona pela força da doença. Atento aos menores sintomas, quase obsessivo, seu espírito analítico reflete sobre a interpretação de cada sinal. Quarenta anos depois, a semiótica da ciência da linguagem de Barthes faz a diferença entre a semiologia médica, a ciência fundamental que trata dos sinais de doença.

Barthes, como o personagem Castorp, vive um rito de passagem ao planar entre dois mundos: o da melancolia e da amargura e o do frenesi intelectual fertilíssimo. Todas as experiências do sanatório são superponíveis, cada frase do romance de Thomas Mann pode se aplicar à vivência de Barthes: a tuberculose cria uma comunidade, a pessoa entra numa lógica *soi disant* transindividual e ao mesmo tempo adquire uma identidade que, nesse universo tão peculiar, se revela única. Diz o autor francês: "Doença sem dor, incoerente, característica, sem odores, sem 'isso': não tem outros vestígios senão o tempo, interminável, e o tabu social do contágio; quanto ao resto, estava-se doente ou curado, abstratamente, por mera decisão do médico; e enquanto outras doenças individualizam, a tuberculose vos projeta numa pequena sociedade etnográfica, que se assemelha ao povoado, o convento, o falanstério: ritos, vivências, proteções."

Esse universo sanatorial, tão particular no que condensa de humano, com seus olhares, odores, é exaustivamente descrito em muitos romances, e em registros biográficos, muitos, entre eles os do acadêmico Alberto da Costa e Silva, que em seu *Invenção do desenho: ficções da memória* discorre sobre os três anos passados em Campos do Jordão, e os define, hoje, com sua sabedoria, como "anos de serenidade": "O médico me dissera 'seu caso não é grave, descoberto logo no início, em pouco tempo estará de volta à vida normal, por enquanto paciência. Repouso absoluto. Nada de leitura, apenas um pouco de música'. Não acreditei no médico. Deitado o dia todo, sabendo-me à espera da morte, comecei a sentir-me, mais do que tranquilo, feliz."

Esses relatos seguramente se somarão na história contemporânea aos muitos que nesse momento devem estar sendo produzidos, nas mais diferentes percepções culturais no planeta, desde os povos mais gregários até os de cultos contemplativos, sobre a experiência da Covid-19 e o compulsório isolamento. A profusão de metáforas geradas nesse clima de dúvidas sobre as consequências do inimigo inesperado, invisível, impressiona. A angústia e o medo, diante da pandemia do novo coronavírus, começam no distanciamento social, tão estranho à maioria de nós, e seguem na nova organização dos lares, passando pelo inevitável convívio cotidiano, e chegam, paroxisticamente, àqueles pacientes graves, aos olhares que não se sabem se de despedida definitiva, na entrada das áreas fechadas de hospitais, como um mergulho no despenhadeiro do *oblivion* ou do não retorno. Se olharmos o espelho da História, qual a diferença diante das pestes medievais, com as cruzes pintadas nas portas lacradas das casas, de onde não se saía mais? O homem precisou chegar ao cume da tecnologia para entender, a um custo humanitário inadmissível, o que é vulnerabilidade generalizada diante do inimigo invisível distribuído pelo planeta pelos transportes aéreos, tão diferente da última grande pandemia da gripe espanhola, aportando de navio às Américas.

Resiliência, capacidade de adaptação, novos protocolos de comportamento, esses, mais que conceitos abstratos, conformam o que já se popularizou como o novo normal. Os cenários prospectivos da medicina permitem que revisemos o Juramento de Hipócrates com a divisa do grande Paracelso, médico suíço do século XVI: "*la médecine est tout amour.*" A honra da medicina e sua complexidade repousam sobre uma aliança de dever da ciência e do dever de humanidade, ou do que seja tratar o empirismo com o olhar crítico inarredável.

Aprendemos que o destino da raça humana não é uma inquietude muito permanente em nossos imaginários. Quando a vida se mostra satisfatória para muitos, ainda que iniquamente o contrário para muitos outros, desígnios parecem aflorar, mas nem mesmo grandes impérios, sociedades isoladas, ilhas longínquas, nenhum lugar, ninguém é poupado diante da magnitude do fenômeno biopsicossocial que vivemos presentemente. No mundo obscuro da fatalidade, distinguir dolorosamente os semimortos dos quase vivos, realizar a assim chamada escolha de Sofia, como inacreditavelmente se aplicou como modelo de definição de uso de leitos de terapia intensiva — inclusive em países desenvolvidos como Itália e Espanha, duramente atingidos pela presente pandemia —, são fatos que nos deixam cicatrizes indeléveis, a conciliar, como sempre, os ensinamentos de Hipócrates "*primum non nocere*" e o melhor do equilíbrio entre cuidado e razão.

Um dos grandes poetas do século XX, o irlandês W.B. Yeats nos diz que cada um deveria fazer para si uma máscara e usá-la, e tornar-se o que a máscara representa. De par com o isolamento social, nunca o uso de uma arma tão singela, que a rigor esconderia rostos, revelou tantos olhares, de angústia e de solidariedade, a nos amalgamar confiantes num novo desenho de relações, num futuro maior, mais generoso, e necessariamente diferente desse distante dezembro de 2019.

Henri Bergson dizia que "a desordem aparente nada mais é do que uma ordem que não compreendemos". Se essa é uma máxima verdadeira, nesses tempos de turbulências e de efervescências sociais, de desigualdades e injustiças expostas obscenamente, de impasses diante do que não sabemos prospectivamente, de descobertas espetaculares, como se deu ao longo de algumas das grandes epidemias nesses dois milênios, nos resta o oposto da perplexidade. E o que é isso senão a genuína consciência de que somos racionais — e é pela razão e pela ciência, de par com a generosidade, que entraremos na era pós-pandemia.

Oliver Sacks — que falta nos faz! — fala de descobertas e ideias prematuras que na arena da ciência têm grande relevância. Em seu seminal *O rio da consciência,* nos lembra que a "história da ciência e da medicina deve boa parte de seu sucesso a rivalidades intelectuais que forçam cientistas a confrontar anomalias e ideologias arraigadas...". E que essa competição, através de debates e julgamentos abertos e francos, é essencial para o progresso científico.

Quanto tempo vai durar a presente pandemia e quando se encontrará um tratamento eficaz e uma vacina segura e protetora? Não se sabe. Mesmo reconhecendo o estranhamento do mundo e que, como médicos e cientistas também estamos sujeitos a ansiedades e inquietudes, precisamos preservar o ceticismo saudável. Avicena em tempos difíceis de epidemia disse: "A imaginação é a metade da doença. A tranquilidade é a metade do remédio. E a paciência é o primeiro passo para a cura." Como médicos e cientistas, almejamos merecer o status de *hakim*, que é como Avicena chamava seus alunos aprovados nos duros testes de conhecimentos médicos e de humanidades.

Do mesmo modo como olhamos o longínquo dezembro de 2019, há poucos meses falamos sobre o aprendizado de uma doença inteiramente nova, e uma avalanche de informação científica foi produzida em período tão curto. O mar recuava, prenunciando as ondas em tsunami. Inapelavelmente. Hoje ainda seguimos inundados pela primeira onda e prevendo a segunda, que poderia ser mais letal, particularmente pelo que a epidemia desnudou no Brasil: a obscenidade da desigualdade social. No enfrentamento diário da epidemia pela Covid-19, e em meio às notícias em profusão sobre a magnitude da tragédia, temos um alento a cada alta dada a um paciente, mas se intensificam sob nossos olhos as interrogações contemporâneas em direção ao futuro. A cada dia, incorporamos um novo conhecimento sobre a doença e seu curso. Um dos últimos é a comprovada alta frequência de infecção bacteriana secundária, nos que evoluem com gravidade, e o esperado, porém frustrado, passaporte imunológico após ter desenvolvido a doença.

À guisa de nos reconciliar com um depois necessariamente novo, lembro Teilhard de Chardin, o grande jesuíta e filósofo, após seus anos servindo no front francês na Primeira Guerra Mundial, que escreveu, em janeiro de 1918, curiosamente pouco antes da primeira onda da gripe espanhola: "Será necessário que a humanidade adulta, sob pena de perecer à deriva, se eleve à ideia de um *esforço humano*, específico e integral. Após se deixar apenas viver por tão longo tempo, compreenderá que é chegada a hora de se revelar ela mesma, e fazer seu caminho..." Nada mais atual.

Sem recusar a cientificidade formal que torna os textos científicos e por vezes as descrições de descobertas necessariamente complexos, buscamos um olhar novo, adoçado pela melhor curiosidade e nutrido pelo melhor humanismo. O nascimento da medicina foi clínico, seu desenvolvimento, semiológico, seu período de glória foi e é científico, seu futuro será necessariamente humano e social. Entretanto, essa medicina, fundamentalmente sobre olhar o outro, só evoluirá sobre esse marco se permanecer fiel à grandeza das descobertas dos dois últimos séculos: o rigor metodológico, o espírito crítico permanente, a recusa de dogmas e ideias preconcebidas, a consideração do demonstrado pelo experimento científico. Hoje, como ontem, essa exigência permanece.

ECONOMIA

PISTAS SOBRE O QUE VAI SER

Gustavo H.B. Franco

> *If one was still walking in the sunshine, enjoying good sleep or eating one's dinner, albeit on a reduced scale, these seemed to be gifts of providence unexpectedly thrown in, a pleasant epilogue to the happy drama of one's life which has ended when Hitler invaded Poland.*
>
> Roy Harrod, *The Life of John Maynard Keynes*

A crise é tão séria e imprevisível que até falar sobre ela é perigoso, ainda mais com viés de profecia. Ainda estamos no meio de um nevoeiro, que teima em não dissipar.

Não há dúvida de que é a mais terrível de todas as crises dos últimos anos, ou décadas, e tem as piores feições de cada uma delas: a insegurança que veio com o 11 de setembro, pois o terror pode estar em qualquer lugar por qualquer razão, ou destituído de razão, sempre em formato inesperado e espreitando inocentes; a ansiedade trazida pelo HIV, o pavor do contágio, a crise comportamental gerando alterações em hábitos pequenos e grandes, tratamentos diferenciados e preconceitos; a crise sanitária, a epidemia, com sua terrível dinâmica e o espectro do colapso da saúde pública; e, por fim, o efeito "sistêmico", o supremo pavor de financistas e seus reguladores — em 2008 conhecemos, afinal, a "crise sistêmica", ao menos com referência ao sistema bancário, mas, posteriormente, o corona nos ensinaria sobre uma crise que vai mais além e atinge todas as outras esferas, portanto uma crise mais que sistêmica (!), com a turbulência financeira e a barulheira das bolsas, tudo o que se viu nos anos 1990.

Uma observação inicial diante da demanda por previsões econômicas, objeto deste pequeno ensaio: a pandemia foi uma extraordinária lição de humildade (mais uma!) e nos ensinou mais sobre incerteza, e sobre cisnes negros, do que as obras completas de Nassim Taleb.[1] Esse cisne negro é azul, canhoto e tem cabeça de javali, é uma variação inesperada dentro do improvável.

É importante notar que não há lógica nem moralidade alguma na pandemia, não é o castigo dos Deuses para maus, idosos, infiéis, hipertensos, minorias, diabéticos e obesos. É uma peste. Como os terremotos, tsunamis e furacões, desastres naturais acontecem porque acontecem, as escolhas são caprichosas, sem nenhuma lógica.

Mas vai aparecer muita gente dizendo que não é, sobretudo buscando interpretar o corona como confirmação do que vinham falando desde sempre: os colapsos do neoliberalismo e do capitalismo financeirizado, e/ou o fracasso do socialismo e da social-democracia, tudo como se a pandemia fosse uma conclusão lógica da Guerra Cultural. Slavoj Žižek, por exemplo, observou provocativamente que o vírus reabilitou o comunismo, o que produziu um longo comentário do chanceler Ernesto Araujo, em seu blog, com o título "chegou o comunavírus".[2] Žižek fez a gentileza de responder dizendo que o chanceler brasileiro "não entendeu a questão".[3]

Um dos grandes temas econômicos da crise, e que vai bem além da disciplina, é a importância da *expertise*, ou do conhecimento especializado, para lidar com temas complexos. A internet está repleta de embates entre doutores de verdade e praticantes formados na "escola da vida". Uma farra. Receitas caseiras contra o vírus, compreendendo o consumo de muito alho e de vitamina C, bem como suplementos de minerais milagrosos (à base de dióxido de cloro, um alvejante), ou os relatos de que o corona foi encontrado morto a chineladas num domicílio na Baixada Fluminense são fáceis de reduzir ao ridículo, ou de levar seus autores ao terreno da repressão formal ao charlatanismo. Já as receitas heterodoxas sobre a economia contam com uma indulgência incomum, comparável à que se dedica às espécies ameaçadas.

A internet, como se sabe, cada vez mais funciona como uma espécie de memória auxiliar do ser humano: o que você não sabe pode ser encontrado no seu celular, basta teclar. Com esses auxílios qualquer um se torna um especialista, ou pior, um apoquentador de especialistas: subitamente a *expertise* não apenas não vale mais nada como atacá-la virou um grande esporte nacional, uma demonstração de independência do pensamento. Os novos idiotas da objetividade são os idiotas da internet.

A Ciência devia nos guiar, sobretudo quando a noite cai, mas, em vez disso, esse clima de rede social sem controle nos leva a ouvir que ela é apenas uma narrativa, uma de muitas, e que todas são legítimas, todas estão presentes na internet ao alcance dos dedos, e que não existe a verdade, que passa a ser um conceito autoritário, coletivista e inaceitável, mas apenas a verdade que tem mais cliques.

Essa morte da *expertise*[4] é uma das consequências mais devastadoras do politicamente correto, pela esquerda, e pelos populismos de direita, de todos os lados vem uma glorificação do amadorismo, como que virando pelo avesso o incentivo à crítica, destruindo o saber *mainstream* e reabilitando todas as formas de saber alternativo.

Partindo desse cenário em que o saber especializado é menos valorizado, eis o que sempre acontece nas crises: a culpa é da medicina convencional, e o primeiro impulso é seguir a medicina alternativa, ou a intuição do líder. Mas a febre costuma piorar, e os médicos são chamados de volta, às vezes quando é tarde demais.

O vocabulário dessa crise é totalmente novo e, por bom motivo, a analogia com a guerra tem sido cada vez mais utilizada. Segundo Thomas

Conti: "O enfrentamento da pandemia da Covid-19 será o mais próximo que o Brasil já passou de um esforço nacional prolongado de guerra."[5]

Mas como isso se traduz exatamente para as autoridades econômicas?

Não temos, desta vez, um problema cambial, de balanço de pagamentos ou de ataques especulativos e fugas de capital; o léxico mudou, o que não quer dizer que não vai ter agitação nos mercados financeiros, sempre tem, e pode ser que tenha mais, mas o câmbio não é um tema importante dessa vez.

Começaram rapidamente a circular modelos quantitativos de epidemias, dos quais aprendemos sobre "imunidade de rebanho", "achatamento da curva", "*lockdowns*", e desde então não se falou mais em câmbio e juros, mas em modelagem matemática de epidemias e no colapso do sistema de saúde.[6] A vida parecia mais simples quando os problemas eram apenas com derivativos, entretanto, quando gestores de *hedge funds* começam a pontificar sobre epidemias está na hora de repensar a caderneta de poupança.

A inflação está prostrada numa mínima histórica e, com isso, o país entra na crise com a taxa de juros em 3,75% ao ano, a menor na História (na nossa história), o que muda todo o protocolo, sobretudo numa crise na qual o crédito é o primeiro problema a se enfrentar e a dívida pública o segundo, e maior.

A esse respeito, vale lembrar um clássico: Keynes publicou em 1940, quando já era uma celebridade, um combinado de artigos de jornal transformados em um livreto chamado *How to Pay for the War*, do qual saíram algumas ideias importantes e inovadoras, nem todas boas, como se sabe, mas o texto se tornou um clássico.

O livreto de Keynes com seu plano para financiar a guerra com "poupança forçada" não é tão célebre quanto a Teoria Geral do Emprego, de 1936, racionalizando a vitória sobre a Depressão, e caminhava por direções completamente diferentes. Nos anos 1940 já havia pleno emprego, e a experiência de usar a inflação para financiar a guerra, ou o pós-guerra, tinha sido trágica.

As propostas de Keynes de 1940 não estão entre suas criaturas mais festejadas, longe disso. Um tema-chave, na argumentação de Keynes e no desenvolvimento de seu plano, era manter o juro baixo durante o conflito e mesmo depois. Isso serve muito bem para nós, pois o governo vai se endividar muito, não tem outro jeito.

Não se consegue vislumbrar neste momento como vamos resolver nosso acréscimo de endividamento, nem sabemos ainda o tamanho da conta, os números são gigantescos e mudam todos os dias. O déficit primário caminhava para algo na faixa de R$ 90 bilhões antes da pandemia, um resultado bem razoável e que teria o condão de sustar o crescimento da dívida pública, mas, com a crise, especula-se sobre um déficit primário superior a R$ 400 bilhões com a dívida pública furando os 90% do PIB, e sabe-se lá o que podemos ter para 2021. Qualquer que seja o tamanho das necessidades, todavia, é absolutamente essencial assegurar que o juro permaneça baixo, pois assim, e apenas assim, o endividamento adicional, que será em grande volume, não será o beijo da morte, como tem sido a experiência cotidiana do brasileiro pessoa física, superendividado. Pois agora é o Estado que chega a esta condição que a população conhece tão bem.

Ainda bem que no passado fizemos o dever de casa no terreno fiscal e monetário, contrariamente à opinião da medicina econômica alternativa, para chegar aqui com os juros a 3,75% ao ano. Ponto para a ortodoxia. Graças a esse trabalho, o custo do (aumento do) endividamento, público e privado, vai ser muito menor do que em qualquer outro episódio de estresse financeiro do passado. Esta é uma boa notícia.

Bem, o juro baixo não é tudo, é claro, mas é quase, tendo em vista que o crédito vai ser o grande assunto dessa crise.

Vai ser questão de vida ou morte nos primeiros tempos, vai ser apenas urgente no período posterior. Todo mundo vai precisar de crédito: algumas empresas vão parar totalmente, e muitos trabalhadores vão ficar sem absolutamente nenhuma renda. Não há precedente, nunca tivemos nada parecido. O Plano Collor passou a mão nas poupanças das pessoas em 1990, mas não nas rendas que se seguiram em um fluxo não tão absurdamente prejudicado como se observa depois de março de 2020.

Diante das necessidades de crédito na economia nas primeiras semanas da crise, é de se esperar que os bancos efetivamente travem, pois vão olhar para as empresas e perguntar sobre garantias e sobre a solidez futura do negócio do tomador; para as pessoas, a pergunta será sobre os empregos, e ninguém sabe responder nada. Todos vão tentar acumular liquidez para um futuro incerto, e a sensação de falta de crédito pode até piorar. A pergunta vai ser, então, (i) sobre se o governo vai ter dinheiro e como vai arrumar, (ii) sobre fazer o dinheiro chegar a quem precisa, um problema de "distribuição" (na linguagem do mercado financeiro e de capitais) ou de "focalização" (no idioma das políticas sociais) e (iii) sobre o risco de crédito, ou quem fica com o prejuízo se o dinheiro não voltar.

O primeiro problema tem chamado bastante a atenção da imprensa: vamos rasgar os manuais de economia, detonar o teto de gastos, imprimir dinheiro loucamente, "dinheiro de helicóptero", como se fala... do que estamos falando?

É claro que vamos ter aumento do gasto público. As medidas fiscais e de crédito para compensar crise, em particular quando se trata de redução na demanda agregada, são relativamente conhecidas, a maior parte já foi utilizada em outras crises, e muitos países estão meio que competindo sobre quem vai gastar mais.

Sim, temos que aumentar a despesa pública porque temos uma emergência, vamos ter que nos endividar por conta disso. Assim são as emergências, matérias de sobrevivência, como as guerras, que nunca se sabe quando terminam nem quanto custam.

Dito isso, não vamos imaginar que não existe mais nenhum limite e que entramos no terreno do "vale tudo", ou do "todos os gastos são pardos", ou do "ninguém paga ninguém", ou que está na hora de chamar de volta os inflacionistas, ou que todos os governadores estão corretos em suas demandas de recursos, muitas em nada relacionadas com a emergência de saúde pública (inclusive aumentos de salários de servidores).

PISTAS SOBRE O QUE VAI SER

O economista Marcos Mendes cunhou a expressão "caronavírus" para definir essa infestação de pleitos oportunistas.

Todos já deveriam saber que o grande problema de políticas anticíclicas não é reconhecer a emergência e apertar a tecla G, os políticos adoram esse recurso; a questão justamente é tirar o dedo do botão. Remédios excepcionais viram veneno quando usados como medicamento regular, como já deveríamos estar cansados de saber. Mas, como já observado, a medicina econômica convencional andou trancada na gaveta durante muito tempo.

A segunda pergunta, sobre como fazer o dinheiro chegar a quem precisa, é muito discutida em Brasília há muitos anos, e um exemplo interessante dessas dificuldades é o chamado "corona voucher": o presidente anunciou, o Congresso triplicou o valor para R$ 600,00, impôs uma série de restrições e condições... mas como se faz para o dinheiro chegar exatamente a quem está mais precisado? Em particular, como se faz um cadastro de informais? Ou seja, como achar as pessoas que sempre quiseram ser invisíveis para as autoridades tributárias? Um cadastro pelo CPF talvez não seja o melhor caminho. Os jornais mostraram grandes filas na porta das delegacias de Receita Federal com milhares de pessoas buscando "regularizar" seu CPF, sem o qual a solução tecnológica da CEF, um aplicativo, não rodava. O mesmo problema aparece nas linhas de crédito para pequenas empresas, quando começam as exigências de certidões.

A terceira pergunta tem a ver com o risco de crédito, um problema comum quando, por exemplo, o Executivo quer que os bancos públicos apoiem determinado empreendimento, empresário (campeão) ou atividade. A discussão que normalmente se trava é sobre quem põe o dinheiro e como é a divisão dos retornos e dos prejuízos. É fácil quando o Tesouro arruma o dinheiro e assume os riscos, é meio impossível em qualquer outro cenário: os gestores dos bancos públicos temem o Tribunal de Contas e o Ministério Público, e fazem bem. Ninguém quer expor seu CPF, como dizem os burocratas, referindo-se ao risco de ter seus bens pessoais penhorados em alguma ação judicial deflagrada em face de alguma suposta liberalidade. Mas, com isso, o mecanismo trava.

Uma parte muito importante da crise são os "choques de oferta" em decorrência de "ausência" de fatores de produção (componentes que não chegaram da China e gente que não veio trabalhar nem virá no futuro). Além disso, teremos grandes alterações permanentes em algumas atividades, o crescimento do comércio eletrônico, da educação e da saúde a distância, mas também o encolhimento de atividades dependentes de aglomerações, convivência e deslocamentos. Os ajustes pelo lado da oferta serão vastos.

Tudo considerado, o PIB vai ser o pior da série histórica, um terror. Quem poderia imaginar que este recorde de Dilma Rousseff ia ser batido.

As primeiras projeções para o crescimento do PIB em 2020 começaram a aparecer, o aspecto é péssimo, mesmo considerando as dosagens elevadas de pudor e genuína contrição nesses primeiros esforços. Estamos falando de quedas superiores a 5% para 2020, mas na hipótese otimista e irreal de que, no segundo semestre de 2020, voltaremos à "normalidade pré-corona", o que nem mesmo a Militância Bolsonarista da Terceira Idade de Taubaté acredita que vá acontecer.

Na verdade, se os números do segundo semestre forem afetados por alguma restrição espontânea de mobilidade e consumo, o que é bem provável, a conta para o PIB em 2020 vai ficar mais próxima de uma queda de dois dígitos.

A mesma dinâmica se observa para o resto do mundo, para o qual a projeção do FMI é de 3% de queda, mas na improvável hipótese de uma recuperação forte no segundo semestre. No ambiente internacional, mais assustadoras foram as estatísticas disponibilizadas semanalmente de pedidos de seguro-desemprego nos Estados Unidos, pelas quais cerca de 15% da força de trabalho aplicou para o benefício, o que se soma a um desemprego já existente na faixa de 3,5%, o que aponta um número da ordem de 20% de desemprego no início do segundo semestre do ano.

Terrível.

O Banco Mundial publicou um extenso relatório sobre a região, e a expressão mais contundente sobre seu desempenho é simplesmente horrível: "Do morno para o calamitoso."[7]

Há algo de perverso, todavia, nessas más notícias do PIB saindo justamente no ápice do debate sobre a transição do confinamento geral para algo diferente, cujos protocolos estão ainda em discussão. A sofreguidão com as consequências políticas de um PIB muito ruim pode enviesar a decisão para uma abertura muito grande ou muito rápida, o que pode custar vidas e levar à volta de medidas mais restritivas no segundo semestre do ano, arruinando de vez o PIB de 2020.

A política vai ficar diferente depois disso, e não vamos debater a culpa pela recessão, o problema é a responsabilidade. Responsabilidade objetiva, como na linguagem dos advogados: pouco importa a culpa, a responsabilidade é do responsável, o líder. Isso é relevante para as previsões econômicas, pois saberemos que os líderes políticos estarão todos muito ansiosos, portanto, propensos a errar do lado do curtoprazismo, mais que o normal. De resto, o pessoal das previsões políticas é quem deve se pronunciar sobre isso.

De acordo com um velho teorema que aprendi em Brasília, e de aplicação global, é muito difícil a liderança política se aguentar (na próxima eleição) com a economia naufragando desse jeito, independentemente de culpa e dolo.

Isso é mais ou menos como dizer que nenhum tripulante graduado do Titanic tem muita chance de ser popular junto aos passageiros e seus familiares. Fica ainda mais difícil quando houver gente morrendo sem conseguir entrar nas UTIs, sobretudo na periferia da Belíndia. Em um primeiro momento, vamos lembrar, a "curva" brasileira refletia a evolução na nossa população belga, daqui para a frente, no entanto, vai ser como na Índia.

Claro que um ou outro líder pode destoar: Boris Johnson, por exemplo, ao ficar doente, experimentou o equivalente à facada de Bolsonaro durante a eleição, vai sair da crise melhor que a média, assim como Jair Bolsonaro, por conta da "gripezinha", entre outras malcriações e maus exemplos, vai sair pior, muito pior. E isso sem falar das duas demonstrações de desapreço à Autonomia dos Órgãos de Estado que lidam com a Saúde e com a Polícia, e que resultaram nas demissões dos ministros Mandetta e Moro.

Sendo assim, e considerando que o fenômeno é global, o prognóstico é ruim para os políticos no poder, de modo que, provavelmente, vamos ter o encerramento desses populismos de quinta categoria ocorrendo em vários países, incluindo este aqui onde estamos.

Gostaria de acreditar que vamos sair disso mais fortes, mas tenho dúvidas. Vamos sair mais cansados, machucados e seriamente endividados. Não creio que vamos descobrir nenhuma mágica, não foi isso o que Keynes descobriu; ao contrário, ele achou uso para algumas drogas pesadas, com efeitos colaterais adversos, possivelmente maiores que o problema que procuravam resolver.

Os desafios anteriores não se alteram com a pandemia, e tudo o que era certo ficou mais urgente, e o que era errado ficou mais errado. Sim, a Ciência deve nos guiar, havia e continua a haver um certo e um errado nos assuntos de economia, não vamos nos enganar com essa conversa de "narrativa", a crise não alivia nem soluciona os problemas anteriores. Não estamos mais no Kansas, como na célebre fala de Dorothy em *O Mágico de Oz*, após sua casa ter sido tragada por um furacão que a levou para uma terra diferente, mas as leis econômicas funcionam igual.

NOTAS

1 Para quem não é do ramo: Nassim Taleb, economista e estatístico libanês, ficou famoso com seu livro *A lógica do cisne negro: o impacto do altamente improvável*, publicado em português em 2008 e que usava uma imagem que ficou icônica: a descoberta de cisnes negros na Austrália, um acontecimento muito improvável, implicou em reorganizar todo o conhecimento sobre a espécie, inclusive a probabilidade de haver cisnes de outras cores.
2 https://www.metapoliticabrasil.com/post/chegou-o-comunav%C3%ADrus, acesso em 22/04/2020.

3 "'O chanceler brasileiro não entendeu a questão', responde Žižek após Araujo falar de comunavírus", *O Globo*, 22/04/2020.
4 É o título de um ótimo livro de Tom Nichols, um especialista em relações internacionais chocado com o que foi feito com o saber convencional de sua área em tempos recentes. *The Death of Expertise: The Campaign Against Established Knowledge and Why It Matters*. Nova York, Oxford University Press, 2017.
5 Thomas Conti, "A Crise Tripla da Covid-19: um olhar econômico sobre políticas públicas de combate à pandemia". INSPER, São Paulo. Versão 1.1, 06/04/2020.
6 O artigo de Thomas Puenyo, "Coronavirus — the Hammer and the Dance: What the Next 18 Months Can Look Like, if Leaders Buy Us Time", de 19/03/2020, foi particularmente popular.
7 The World Bank, "*The Economy in Time of the Covid-19*". Semiannual Report of the Latina American and Caribbean Region, Abril, 2020.

COMUNICAÇÃO

O FUTURO DA COMUNICAÇÃO E A COMUNICAÇÃO DO FUTURO

Chiquinho Brandão

Escrevo no momento em que a crise gerada pela pandemia do coronavírus se mistura às instabilidades na política e na economia, formando um emaranhado de informações conflitantes e graves que chegam de todos os lados à cabeça das pessoas. Se a questão da saúde pública, por si só, já não fosse um desafio enorme, temos a reboque incertezas generalizadas num país que tem passado por mudanças intensas há quatro anos, para dizer o mínimo. Isso significa o caos? Não, pelo contrário. Trabalhar hoje no setor de comunicação corporativa, neste momento da história, não poderia ser melhor. Sinto-me feliz e preparado para lidar com o que vejo no futuro. E digo, sem precisar pensar muito, o que vislumbro como o mais importante para os próximos anos, como consequência da pandemia para nosso setor: ser digital.

Quando digo a palavra — digital —, a primeira coisa que me vem à cabeça não é a sequência binária de números 0 e 1 que forma a grande rede de computadores. Não é isso, somente. Digital também não é o grupo de plataformas de redes sociais em que a vida das pessoas e os feitos das empresas desfilam aos seus olhos numa *timeline*, entremeados por publicidade. Ser digital é mais. Antes de tudo, como vejo, a condição de ser digital vem imbuída de uma carga simples e clara: o olhar de 360 graus para cada fato.

A primeira coisa exigida por essa forma de trabalhar, a forma dos 360 graus, e que se imporá mais e mais ao longos dos anos, é compreender o outro para poder agir. Não a compreensão piegas, simplesmente porque somos pagos para precisar compreender. Trata-se da necessidade generosa de entrar na vida dos clientes, das pessoas, como uma simbiose, de mergulhar em suas rotinas, de entender como tudo funciona. Consiste em conhecer as regras e ser fluido para aceitá-las — quem sabe, mudá-las. A partir daí, ouvir, planejar — sempre planejar —, tomar decisões e, finalmente, agir. Pode não parecer nada novo, e de fato não é. De alguma maneira, já trabalhamos nesse caminho. Mas vejo que haverá um aprofundamento radical nesse sentido, um aprofundamento que a crise trazida pelo coronavírus legará à forma como atuamos. Para quem já faz isso, os poucos que fazem de verdade, é esse o caminho que a comunicação corporativa vencedora irá trilhar a partir de agora. Sem ceder um passo.

E mais: será com intensidade. Não acredito que as coisas vão se acalmar quando tudo isso passar. Pelo contrário. Ficará para todos nós um sentimento de urgência a cada trabalho, a cada verdade. Para lidar com a intensidade dos fatos o rigor será fundamental para atingirmos o estado de excelência em todas as nossas entregas. Sabemos que em nenhuma área haverá mais espaço para enganações, trabalhos meia-boca: de uma consulta médica a uma aula na universidade, de uma ação de comunicação à escolha de uma ação para investir na bolsa de valores. É o inverso disso. Teremos a necessidade de fazer melhor e de cada vez mais compreender as consequências de nossas decisões sobre os fatos.

Vamos à numeralha. Hoje somos 210 milhões de pessoas vivendo no Brasil, portando 206 milhões de aparelhos de telefone celular — a maior parte deles, smartphones. Mais de 150 milhões têm acesso à internet e 140 milhões estão efetivamente nas redes sociais.[1] Portanto, também digital é quem sabe de fato usar esses dados e aplicar as informações sabiamente. Foi-se o tempo em que as redes sociais eram utilizadas de forma lotérica: você aposta somente em uma para ver o que vai dar. Também não é porque o concorrente do seu cliente está em todas as plataformas de *social media* que você deverá seguir o corso. Para não dizer algo realmente relevante, melhor calar.

Antes de tudo, será fundamental entender o que é cada uma das plataformas de redes sociais, as existentes e as que virão; compreender a vocação de cada e o que elas querem de você — é claro, todas pertencem a grandes grupos, vendem suas ações em bolsa, têm metas financeiras, acordos governamentais e muito mais. Nenhuma está ali de graça, para se divertir, mas cada qual tem objetivos milimetricamente definidos. Facebook, Instagram, LinkedIn, TikTok, Twitter, cada uma, como um ser humano, tem seu DNA, suas particularidades. Não servem para tudo. Lembre-se, por outro lado, também de que as pessoas não têm tempo para todas, a não ser que sejam pagas ou tirem algum prazer delas. Tudo isso para dizer que, sem critério, não se chegará a lugar algum. E critério é escolher, escolher é rejeitar, rejeitar é ficar com o melhor.

Digital é ter o olhar 3D para fatos que estão à nossa frente e deveríamos ver ou ter visto. Tomo como exemplo um vídeo gravado por Bill Gates, o criador da Microsoft: o hoje filantropo e ativista vinha avisando havia anos que não estaríamos preparados para uma nova pandemia. Premonitório? Não, matemático. Gates gravou o vídeo há cinco anos para a série de palestras Ted Talks, num depoimento que tinha justamente este título: "Uma nova pandemia? Não estamos preparados."[2] É claro, ele tinha em mente três problemas recentes graves: a gripe aviária, a influenza ou gripe suína (H1N1) e o ebola. Mas acertou na lata ao discorrer em oito minutos sobre como uma verdadeira pandemia quebraria nossas pernas no futuro. Ele sabia do que falava. O futuro chegou. Mais de 33 milhões de pessoas assistiram ao vídeo, muitas delas, certamente, cientistas — o que não impediu que chegássemos aonde chegamos, encalacrados pela Covid-19.

Mas nada disso dará certo, garanto a vocês, se não houver o toque de mestre do mundo digital: o talento humano. Ser digital é também saber escolher com quem você vai caminhar. Não há nem haverá sucesso em comunicação se você não estiver cercado dos melhores. Esta é de verdade a maior das urgências. Nunca, como hoje, será tão fundamental ter não somente ótimos profissionais a seu lado, mas também as melhores pessoas. Pense rápido: num local em que você passa dez, doze horas do seu dia, o clima de trabalho precisa ser rico e agradável. Ninguém disse que para trabalhar precisa doer. É o contrário. É importante que seja prazeroso. E que as diferenças de personalidades e conhecimentos num mesmo espaço criem um clima estimulante e de insuperável leveza, ainda que tendo de lidar com crises e outros tipos de problemas.

Por fim, o tempo.

Imagino que tenha ficado claro para a maioria que o tempo de reclusão a que fomos submetidos é a pérola da discussão. E, de imediato, nos leva a perguntar: afinal, quanto tempo o tempo tem? É claro que cada um precisará descobrir sua própria resposta, pois não se trata de uma métrica única. Ela deve ser personalizada em cima dos interesses de cada um. A fórmula correta nos levará a sermos mais ou menos digitais na postura e dará o tom de quem seremos de verdade no futuro. É a resposta que fará a diferença tanto para a comunicação do futuro como para o futuro da comunicação.

NOTAS

1 Dados fornecidos pelo DataReportal: "Digital 2020 Global Digital Overview."
2 Cf. <www.ted.com/talks/bill_gates_the_next_outbreak_we_re_not_ready?>.

JORNALISMO

A NOTÍCIA DO FIM

Pedro Bial

Ninguém jamais lerá a notícia do fim do mundo.

O bom jornalismo faz a arqueologia do instante, não costuma dar dentro em futurologia. Seria mesmo uma contradição entre termos que as notícias fossem previsíveis, né não?

Senão, vejamos algumas das previsões da revista *The Economist*, em sua edição "O Mundo em 2020", publicada em 21 de novembro de 2019.

Sobre a China, o palpite não passou tão longe, mas pelas razões mais tortas: "A China vai anunciar ter alcançado a meta de 'prosperidade moderada'. Outros países terão que decidir como se posicionar, no comércio e na tecnologia, entre uma esfera de influência chinesa ou americana."

Sobre esporte: "O esporte terá um ano 'jumbo'. A olimpíada de Tóquio atrairá enorme audiência global. A Eurocopa 2020 se espalhará por 12 países."

Sobre efemérides, o destaque para: "Os 250 anos de Beethoven, os 500 anos de morte de Rafael, 400 da viagem do Mayflower para a América e... 200 anos do nascimento de Florence Nightingale, o que motivou a Organização Mundial da Saúde a designar 2020 Ano da(o) Enfermeira(o)." Brrr.

A melhor lembrança sobre a vida que acontece enquanto fazemos planos veio de Fernanda Montenegro, resgatando um "textão" de Simone de Beauvoir. A partir de formulações e aforismos precisos, que se fizeram clássicos, como "É o desejo que cria o desejável, e o projeto que lhe põe fim", Beauvoir desfia parágrafos e páginas de sua filosofia nada vã, até concluir com a ressalva sempre oportuna:
"O acaso tem sempre a última palavra." Bem o provamos agora.

A necessidade cria o necessário, tempos de profunda crise são tempos de depuração. A hora última, como bem lapidou o Poetinha, é a hora íntima, ora compartilhada por indivíduo e coletivo, premidos a fazer escolhas: o que queremos, de que precisamos, qual é o essencial e imprescindível para a minha vida, para a vida nossa. Sócrates, no banco dos réus, afirmou que "a vida não investigada não merece ser vivida". Tal investigação, pessoal, transferível e coletiva, não se dá sem troca de experiência, sem intercâmbio de informação. Para tal prática, o jornalismo é instrumento destacado.

Não posso me arvorar a prever que cara vai ter o jornalismo depois que o pior da pandemia passar. Como antecipar o que nos mostrará o espelho, se ainda não sabemos o cenário que estará à sua frente? No calor gélido da quarentena, pode-se apreciar e aplaudir algo como doce justiça feita ao jornalismo. Em todo o mundo, meios de comunicação estão demonstrando com largueza sua indispensável função social. Em meio ao desespero e à desordem, o mais próximo à ordem e à racionalidade aparece na organização hierárquica dos fatos que o jornalismo tem como prática e razão de ser.

Em meio à pandemia, o Brasil pandemônico de 2020 tornou-se a comprovação empírica da célebre declaração do "pai fundador" Thomas Jefferson: "Entre ter um governo sem jornais ou jornais sem governo, eu não hesitaria um instante em preferir a segunda opção." Aliás, a conclusão do aforismo jeffersoniano perdeu-se no tempo — vale recuperá-la, como lembrança da ideia igualitária que fundou a mais bem-sucedida república democrática da História. Reza assim: "Mas devo dizer que todo homem deveria receber esses jornais e ser capaz de lê-los." E, devo acrescentar, de o sujeito ter a liberdade de não os ler, como vem se dando nesse início de século XXI, em que muitos elevaram canais sectários do YouTube ao lugar de fonte crível de notícias, destinados a corroborar desconfianças e acirrar certezas, em bolhas radicalizadas. Mais adiante, aqui, podemos tentar abordar essa rejeição conspiratória à mídia, fundamento de discursos antiestablishment e de resistência ao assim chamado *"deep state"*, além de inspiração do sentimento anticiência, expresso nos movimentos antivacina, terraplanista e negacionistas que tais. Um parêntese: a ultradireita brasileira confiscou uma formulação de Raimundo Faoro, "estamento burocrático", para usar como tradução sinônima de *"deep state"*.

E por que o Brasil de 2020 seria a concretização da conjectura de Jefferson? Ele formulou uma hipótese, a de se vir obrigado a escolher entre ausência de governo ou de jornais. Nós outros, brasileiros, tivemos essa situação expressa na prática, ficamos sem governo quando mais precisávamos de um, quando todos estariam dispostos a se unir em torno de um, qualquer uma liderança. Como em guerras, numa epidemia líderes nacionais ganham folga, uma espécie de moratória que perdoa as diferenças e divergências, em nome do interesse comum.

No auge da pior crise sanitária mundial dos últimos cem anos, nossa maior autoridade fez de tudo para desautorizar-se, nacional e internacionalmente, e conseguiu. Tentativas de resgate foram feitas pelo círculo militar mais próximo à presidência, procurou-se amenizar o estrago, mas o governo terminou, dois anos e meio antes do fim de mandato. Quando afirmo que ficamos sem governo, quero dizer sem governo em sua mais profunda acepção e dimensão simbólica, abstração que a todos pode e deve conter e unir.

Diante desse abandono, em situação-limite nacional, os cidadãos deveriam ter que buscar seu farol, seu espelho. Restaria a nós brasileiros falarmos com nossos botões, na definição de Arthur Miller para um jornal, "uma nação falando consigo mesma". Só que o Brasil 2020 não fala consigo mesmo, quando muito grita, de ouvidos tapados. Ainda assim, mesmo frente à onda mundial antirrazão, o jornalismo foi a única e obrigatória fonte para tomadas de decisão e padrões de comportamento frente à crise, seja como base de reflexão ou reação.

A repulsa ao jornalismo está longe de ser exclusividade brasileira. Nas últimas décadas, o desgaste da democracia representativa, que não conseguiu entregar as promessas da modernidade a grandes parcelas da gente — mais a crise de valores e transformações na moral pública — espalhou, via internet, novas formulações de senso comum. O espaço do senso comum é como vácuo em política, não existe, algo sempre ocupa o lugar do que caiu em desuso.

À crise do jornalismo impresso frente às novas tecnologias contrapôs-se a movimentação de corporações jornalísticas, que lograram multiplicar sua base de leitores e assinantes em empresas-padrão da atividade, como o *New York Times*, que nunca tinha chegado a tanta gente. Não é paradoxo o jornalismo sair depurado e valorizado de estado quase terminal, é ambivalência, essa matéria de que é feita a realidade. O processo de fortalecimento de gigantes se dá, como de costume, sobre os ossos de nanicos: "O *NYT* tem hoje mais assinantes digitais do que o *Wall Street Journal*, o *Washington Post* e mais 250 jornais locais da cadeia Gannett, (maior editora de jornais dos Estados Unidos), somados." (*NYT*, Ben Smith, 1.º de março, 2020).

Esses terremotos e subsequentes reacomodações do mercado estão entre os processos que já vinham se dando num dado ritmo e que agora devem se acelerar, tornando realidade em semanas ou meses o que levaria anos para se efetivar. Talvez essa avaliação seja o mais próximo de uma certeza compartilhada a que se pode chegar para o futuro pós-pandemia.

O clamor geral e insistente por projeções acerca desse *depois*, esse futurismo aplicado, parece motivado por um desejo aflito de confirmação, de que haverá, sim, um *depois*. Por enquanto, e escrevo na marca de um mês e meio de confinamento, há esse *por enquanto*, coalhado de uma confusa saudade do *antes*.

Há tempos se discute se o jornal em papel vai sobreviver, como e por quanto tempo. Pois se houve uma resposta eloquente para tal dúvida, ela chegou no capacho de casa. Mesmo diante da absolvição microbial do papel-jornal, poroso demais para servir de vetor de transmissão do vírus coroado, a obsolescência do ato de ler notícias num maço de folhas encadernadas ficou por demais evidente. Tiro por mim, que antes ainda lia dois jornais em edições impressas, e agora sinto como se sempre só tivesse frequentado edições digitais.

Mas a reflexão a que devíamos nos dedicar é mais quanto à função, presença e sentido do jornalismo, neste momento em que a civilização, como a reconhecemos, parece manquitolar próxima à distopia. Se aceitarmos a etimologia da palavra "informar" como o ato de "impor forma", difícil não reconhecer que vivemos assustadora e sinistramente próximos ao mundo da pré-informação, ao império da fofoca, embrião paleolítico da política.

Contribuiu para esse estado de coisas uma conjunção intricada de fatores. Enquanto, na tecnologia, a revolução digital abria as portas para um mundo maravilhoso e desconhecido, na política, a esquerda internacional, derrotada de forma humilhante no fim do curto século XX, buscava cooptar novas bandeiras, fagocitando causas que pudessem tapar o buraco deixado pela causa socialista. Serviram como rolhas ideológicas causas de avanço civilizatório, como a emancipação das mulheres, dos homossexuais, dos negros, dos deficientes. Frutos do progresso legítimo da espécie humana, tais movimentos foram docilmente encampados como salva-vidas pela cambaleante esquerda internacional. Deu-se a descambada dessas causas em movimentos identitários crescentemente autoritários, intolerantes, traindo os ideais mesmos que buscavam encarnar. Nunca é demais lembrar que nazismo e fascismo surgiram como movimentos identitários.

O Brasil acabou se configurando em caso exemplar desses descaminhos. País de vocação messiânica, aqui o discurso de busca de igualdade social fundamentou-se quase que exclusivamente no sentimento de culpa — monopolizado por uma esquerda que no poder se demonstrou mais que pragmática ou utilitarista, cínica à enésima razão. Ensina a psicanálise que o sentimento de culpa é arma mais poderosa que mil metralhadoras.

Sem um só disparo, o remorso põe multidões de joelhos. Num arremedo mal-ajambrado do genial slogan paulino-cristão, "Arrependei-vos!", nossa esquerda apontou o dedo para as classes médias, chamando-as de "elites" e responsabilizando-as pela tragédia social brasileira. Como em quase todo o mundo, no lugar de um trabalho de comunicação solidária, de conquista dos afetos, de construção de tolerância e conscientização das diferenças — que deveria ser humanista e amorosa —, enveredou-se pelas tábuas da lei do "politicamente correto", consagrando livre exercício à repressão acadêmica, política e linguística, alçada ao status de autoridade *quasi* policial. Fez-se por convencer, ou melhor, constranger as classes médias de que certos padrões de comportamento e expressão verbal estavam banidos, revogados, e proibidas as considerações e disposições em contrário.

Para coroar o acinte à dignidade do trabalhador brasileiro comum, e como reação oportunista à condenação no processo do mensalão, as lideranças esquerdistas, unidas em torno de seu caudilho Lula, dividiram o país entre "nós" e "eles". O resto é história. Aqueles escanteados como os "eles" saíram do abrigo da maioria silenciosa e formaram legiões em torno do revérbero perfeito de Lula, sindicalista demagogo: Bolsonaro, capitão demagogo, letrado apenas o bastante para cultivar amargura, ódio e ressentimento contra aqueles que percebe como mais inteligentes.

O que tem o destino do jornalismo profissional a ver com o insensato processo de polarização política na *terra brasilis*? Ora, na obrigação de espelhar mudanças sociais, tendências e novos hábitos, a mídia acabou por se fazer identificada com as novas bandeiras minoritárias, princípios civilizatórios que são, e tornou-se alvo fácil de falsos conservadores, reacionários verdadeiros, a acenar com um passado que nunca foi feliz, justo ou rosado, como se esmeram em pintar, em grosseiras mentiras históricas.

Isso, acrescido ao fato de a nova direita ter confiscado o "relativismo absoluto", produto do pensamento pós-moderno, gestado pelas esquerdas universitárias americanas na década de 1960, escancarou o caminho para o mais repulsivo revisionismo. Do Holocausto a Copérnico, nada mais é verdade, pois tudo pode ser verdade. E verdade é a matéria-prima, nunca palpável, sempre intuída, perseguida, adivinhável, do jornalismo.

Quando o leitor troca o jornal pelas redes sociais, do YouTube ao WhatsApp, como fonte de informações, não é apenas o veículo e a qualidade do conteúdo que mudam. Uma vez que entra na "toca de coelho" digital de um assunto, o receptor passa a ser "poupado" de escolher o que vai ler ou ver em seguida, o algoritmo faz isso por ele, a partir de vieses, que evoluem para preconceitos, até virarem absolutos.

Na matriz do modelo, nos Estados Unidos, o YouTube foi a mais importante plataforma de radicalização e organização do ressentimento de parcela expressiva, decisiva, da população trabalhadora. Enquanto autoproclamados progressistas debatiam-se acerca de políticas de frequência de transexuais em banheiros públicos, as classes médias se atolavam num empobrecimento ininterrupto por mais de quatro décadas. O abismo entre ambições e compreensões de mundo se alargava. A imprensa praticava contorcionismo vão, tentando manter um pé em cada polo, apoiada sobre o vazio do meio. Perdeu-se o centro.

Yeats: "*Things fall apart; the centre cannot hold.*"

No Brasil, além do YouTube, o palco foi ocupado pelo WhatsApp, de uso mais prático em aparelhos celulares. Mas, assim como nos EUA, seguidores do novo conservadorismo passaram a privilegiar fontes informais em detrimento da mídia tradicional. Os boatos, rumores e fabricações ganharam um anglicismo como nome genérico, "*fake news*". Entre nós, destacou-se ainda uma jabuticaba envernizada como origem, elaboração e validação de teorias conspiratórias, um filósofo que ganhou atenção escrevendo em jornais na década de 1990, e fama nas redes sociais. Olavo de Carvalho serviu de inspiração até, ou principalmente, para semianalfabetos, como a família Bolsonaro.

Na disputa por corações e mentalidades, a pandemia deu ao jornalismo uma dianteira, ainda que não reconhecida por seus detratores. E nem poderia o ser, já que esse é o sustentáculo de suas convicções extremadas. Mas é inegável que mesmo os que a condenam como fábrica de mentiras seguem a mídia fielmente, já que é dela que emana o contraste que sustenta a sua reação. É indispensável ler o que os jornais dizem, para que se possa desdizê-los.

O *Jornal Nacional* voltou a ser presença obrigatória nos lares brasileiros, referência central para se saber do estado de coisas da nação — seja para amaldiçoá-lo ou enaltecê-lo, todos ali conferem a temperatura do país. Os números de audiência confirmam que a TV Globo, apontada por esquerda e direita como inimiga da nação, mantém-se a eleita pelo povo como farol e tábua de salvação, lugar de garantia e conforto. Faz-se indispensável, repito, até para seus inimigos, que só agem reativamente, portanto dela dependem para sua reação.

Quanto às primeiras mudanças verificáveis na natureza dos noticiários está a cobertura da vida das celebridades, que no século XXI passaram a dividir as luzes e a se confundir com uma nova criação da publicidade, os "influenciadores". A pandemia já dizimou vário(a)s influenciadore(a)s, sem que o vírus precisasse agir.

Subitamente, aquele mundo rosado e filtrado ficou anacrônico, quase obsceno. O processo já corria no paralelo entre pauperização e ostentação: enquanto a fábrica de "celebs" bombava, nos Estados Unidos se aprofundava a decadência da classe média, e no Brasil dava-se a ascensão e queda da nova classe média, em menos de uma década. O sentimento de traição e abandono tomou as classes imergentes, lá, e emergentes, cá, e fez das primeiras vítimas dessa crise o culto às celebridades, que tantos cliques rendem aos sites de notícias. Tal culto se equilibrava precariamente entre amor e ódio, e as imagens ostensivas divulgadas por influenciadore(a)s e "celebs", em posts de autocongratulações, entornou a balança. O maior símbolo dessa virada é a imagem de Madonna, em sua banheira de pétalas de rosa, a proclamar que o coronavírus veio equalizar as relações sociais, atingindo anônimos e famosos, pobres e ricos, da mesma forma e intensidade. Pois sim, *material girl*.

Faça-se a ressalva: isso não quer dizer que vá diminuir o interesse na suposta vida privada de astros e estrelas, mas este será puxado mais pela raiva que pela admiração — ódio gera cliques e audiência.

Se notícias não faltaram aos primeiros cadernos, os suplementos de cultura e entretenimento tiveram que buscar pautas novas, mais próximas do cotidiano, o que enriqueceu a relação entre jornais e leitores. Com a produção paralisada, a maré de inevitáveis reprises atingiu do noticiário cultural ao esportivo.

Uma das três maiores do mundo, a indústria do esporte, em que não é raro o jornalismo estar dos dois lados do balcão, como sócio e ouvidor, aguarda o desenrolar da crise com a corda no pescoço. Assim como a indústria do entretenimento, o esporte vive de aglomerações. A partir das novas ética e etiqueta do corona, e sabe-se lá quanto tempo vão permanecer e o que delas não irá nos deixar, como vai se manter o faturamento multibilionário do esporte internacional? E a estabilidade social e política que o esporte provê para nossa sociedade? Circo vazio não fica em pé.

Sempre acreditei que a exposição das entranhas da indústria jornalística faria bem ao jornalismo e formaria melhores leitores. Que, ao contrário das salsichas, teríamos um produto mais apetitoso ao tornar público de que e como são feitas as notícias. A primeira parte das minhas expectativas se cumpriu. Hoje, a crescente qualidade do jornalismo profissional é incontestável, ainda que o modelo de negócios esteja em pandarecos, premido a se reinventar.

Aprofundamento dessa reinvenção e aprimoramento ainda maior é o que de melhor se pode esperar no jornalismo pós-pandêmico. Dentro das poucas previsões otimistas para o futuro próximo está o paralelo com os pós-guerras. Depois das Primeira e Segunda Grandes Guerras, a ciência levou a civilização adiante, a educação se universalizou, a cultura floresceu para além de currais moralistas, direitos civis foram ampliados, foram alcançados modelos econômicos mais includentes, o estado de bem-estar social foi criado — em suma, o mundo parecia melhorar, nem que fosse em oposição à guerra ainda viva na memória.

O que sabemos também é que nosso imediatismo sempre prevalece sobre nossa memória e que, passado o pior, a natureza humana não se altera, precisa ser domada... pela natureza humana.

Nada envelhece mais rápido que o futurismo. Para saber mais do jornalismo pós-pandêmico, só nos resta... esperar pelas notícias.

POLÍTICA

NOVAS PRIORIDADES

Merval Pereira

A natureza produziu uma cruel metáfora ao nos enviar um vírus mortal que sufoca ao mesmo tempo que provoca uma limpeza no meio ambiente, pela necessidade de ficarmos em casa para tentar salvar-nos.

A despoluição forçada evita a morte de milhares de pessoas que as doenças respiratórias abatem anualmente. O economista de recursos ambientais Marshall Burke, citado pelo filósofo Slavoj Žižek, ressalta que em apenas dois meses a redução nos níveis de poluição salvou a vida de 4 mil crianças com menos de cinco anos e 73 mil pessoas com mais de 70 anos, apenas na China.

Como existe uma relação comprovada entre a baixa qualidade do ar que respiramos e mortes prematuras por doenças pulmonares, Burke não tem dúvida de que as vidas salvas pela redução da poluição devido à desaceleração econômica provocada pela Covid-19 excedem a taxa de mortalidade provocada pelo próprio vírus.

A peste escancarou também a extrema pobreza e, sobretudo, a desigualdade com que convivemos cotidianamente como se fossem coisas da vida. Milhões de "invisíveis" surgiram do nada para assombrar os governantes, que não os detectavam nem mesmo nos programas sociais.

Em situações calamitosas como a que vivenciamos, a fatalidade que ataca ricos e pobres destaca mais ainda a fragilidade dos despossuídos, cuja taxa de mortalidade é muito maior, por conta das condições sub-humanas em que vivem.

Se a palavra "política", do grego *politeia*, que trata das relações sociais na *polis* (Cidade-Estado), define a atuação das diversas camadas de uma sociedade nessa perspectiva, é plausível imaginar que uma sociedade que tenha passado pelo choque que a nossa está passando reveja suas prioridades e se torne mais interessada em temas que têm sido relegados, como saneamento básico, saúde pública, educação.

A política, embora continue sendo, como definiu Maquiavel em *O Príncipe*, a luta pela conquista e manutenção do poder, não deveria voltar a se limitar a uma luta sem objetivar benefícios para o bem comum. A pandemia reforçou a proposta de um mundo globalizado e, sobretudo, interconectado, com uma visão humanista necessária à própria sobrevivência.

Não ser contaminado pela Covid-19 depende de uma decisão individual, mas também do entendimento de que, se protegendo, protege-se também as demais pessoas que nos circundam. Como essa globalização é inerente ao capitalismo que domina o mundo, um futuro mais humanista, responsável socialmente pelo bem-estar de seus cidadãos, poderá ter um peso necessariamente maior do Estado.

Mas não a ponto de ameaçar com a volta do comunismo, como temem alguns reacionários que defendem o fim da mundialização, o protecionismo e a xenofobia, como se fronteiras físicas impedissem a entrada de um vírus letal, assim como não impedem a circulação da informação e a ânsia de conhecimento inerente ao ser humano.

Certamente países que, como o Brasil, tiveram problemas com fornecimento de medicamentos e equipamentos necessários para salvar vidas, como respiradores, e de proteção dos que atuam na frente de combate ao novo coronavírus se voltarão para dentro pela necessidade de enfrentar novas emergências com maior capacidade autônoma de fabricação de componentes de proteção e terapia intensiva.

O capitalismo selvagem, que apareceu até na China com a barganha clandestina de equipamentos e remédios para quem desse mais, terá que ser limitado por legislação de saúde pública internacional, provavelmente sob os auspícios da Organização Mundial da Saúde (OMS), que inviabilize o monopólio de um país que prejudique os demais.

Entre nós, temas incontornáveis passam a ser o sistema de saúde pública como o SUS, um avanço democrático que mostrou ser essencial no combate à Covid-19, mesmo com suas deficiências e limitações, que devem ser corrigidas a partir do financiamento público reforçado.

A inevitabilidade da morte não significa que ela não deva ser retardada o mais possível, através de uma vida saudável e dos meios de atendimento à população mais carente. A valorização da ciência e da tecnologia é inevitável como política pública de um mundo pós-pandemia.

Todos esses temas estarão na ordem do dia na política pós-pandemia, e não haverá espaço para políticas retrógradas e fisiológicas se quisermos participar de um mundo que ganhará uma ressignificação depois do sofrimento provocado por um vírus que nos mostrou nossa pequenez diante do universo, ao mesmo tempo que a grandeza do ser humano emergiu da solidariedade planetária.

O mundo mudará pela mudança individual dos seus habitantes, atingidos pela peste, e com ele mudará a política. Pelo menos estamos tendo tempo e motivo para ter esperanças.

URBANISMO

A CIDADE PÓS-PANDÊMICA

Miguel Pinto Guimarães

As cidades são o triunfo da condição humana. Nada tem tamanho grau de sofisticação, complexidade nem, ao mesmo tempo e paradoxalmente, tantas contradições e organicidade. Nelas o homem é senhor. Domina e transforma a natureza. As cidades são territórios inabitáveis à maioria das outras espécies. É, definitivamente, o habitat do ser humano. São tão completas que deram origem a muitas das disciplinas abordadas neste livro.

Sua gênese se dá nos assentamentos que se seguiram ao advento da agricultura. Ao final da última era glacial, os habitantes da faixa temperada abandonaram o nomadismo, fixando-se a determinados sítios que lhes permitissem cultivar vegetais e criar animais. Há cerca de cinco mil anos, nas terras férteis do Oriente Médio, tais assentamentos originaram as primeiras cidades. E na sopa primordial da urbanidade foram geradas também as suas mazelas. O convívio de vários núcleos familiares em um mesmo território exige sofisticada organização social. Surgem os líderes e com eles o controle dos meios produtivos. A superintendência. A produção de alimentos passa de simples subsistência a geração de excedente para atender a uma elite de governantes, sacerdotes, mercadores e guerreiros, dando origem à desigualdade social. Por outro lado, o estabelecimento de regras para se conviver em sociedade acaba por gerar, nos séculos vindouros, a escrita e a História, a economia e a moeda, a política e a representatividade, o público e o privado, o Estado e as nações, os impérios e as colônias, a democracia e o Direito, a ciência e a tecnologia.

Para se desenhar a cidade do amanhã e, mais ainda, prever os efeitos da pandemia da Covid-19 sobre ela, é preciso analisar e conhecer o passado de tais estruturas que são palco e cenário da história da humanidade. A compreensão da evolução cíclica da urbanização pavimentará essa estrada para o futuro.

A cidade antiga surge nas planícies cultiváveis do sul da Mesopotâmia, na Suméria, que ocupavam os vales dos rios Tigre e Eufrates. Nasce simultaneamente com a divisão social entre uma classe dominante e outra servil. Destacam-se Ur e Babilônia, cujas estruturas ainda podem ser vistas em importantes sítios arqueológicos do atual Iraque. O controle dos fluxos hídricos é uma característica comum entre esses centros urbanos da Antiguidade e as cidades que surgiram um milênio depois, no Extremo Oriente, mais precisamente no delta do Ganges e na China, ambas regiões irrigadas pelas monções e pelo degelo do Himalaia. Cidades como Pequim e Hang-Chu se destacam por seu código urbanista próprio, sua malha ortogonal e a clara divisão de classes. Essas cidades chegaram a ter mais de um milhão de habitantes por volta do primeiro milênio a.C.

Dentre as cidades antigas, a que mais influenciou a civilização ocidental foi a *polis* grega. As cidades já existiam nos territórios insulares do mar Egeu, em especial nas Cíclades e em Creta. Porém, foi a riqueza obtida no comércio marítimo com o Oriente que lançou as bases dessa inusitada civilização, baseada na liberdade, na igualdade e na intelectualidade, que ainda inspiram até hoje. Atenas inventou a democracia, a pátria, o Direito. Seu tecido urbano se desenvolvia a partir do teatro, do circo, da academia, do esporte, do foro e da ágora, o espaço democrático por definição. Seu urbanismo era igualitário, suas casas, de tamanhos variados, mas com o mesmo estilo e a mesma estrutura arquitetônica, se distribuíam livremente pela cidade sem hierarquia ou estratificação social. Uma das mais importantes características das cidades gregas foi o seu crescimento planejado e ordenado. A população de suas cidades deveria ser grande o suficiente para formar um exército na guerra, mas não tanto que impedisse o funcionamento da assembleia. À medida que o território se expandia, inaugurava-se um novo centro urbano, mantendo-se a articulação, a unidade e o equilíbrio. Além de Atenas, destacavam-se Mileto, Rodes, Nápoles e Pompeia. Seu traçado ortogonal e principalmente a escala humana de seus edifícios influenciariam mais de 2.500 anos de civilização.

As cidades do Império Romano também apresentavam muitas inovações, a se destacar o investimento em infraestrutura. Pontes, aquedutos, estradas pavimentadas, imensas obras de engenharia contribuíam para manter a soberania dessa potência que dominou a Europa, o norte da África e parte da Ásia por mais de cinco séculos. Roma, construída sobre bases gregas, no entanto, teve o seu desenvolvimento patrocinado e incentivado pelo poder político e econômico de sucessivos imperadores. Engenhosamente descentralizava o poder por capitais regionais, sendo a mais poderosa Constantinopla, na fronteira com a Ásia. Tal descentralização das funções políticas era responsável por manter a integridade de domínio tão vasto. Roma não era cidade murada por gozar de extraordinária proteção militar e estabilidade política. Por essa razão, seu crescimento desordenado, seu expansionismo territorial, seu adensamento sem controle contribuíram para o seu colapso.

No século III d.C., o imperador Constantino transferiu a sede do império a Bizâncio, rebatizada de Constantinopla, atual Istambul. Bizâncio era então uma cidade colonial grega com infraestrutura romana. Com o declínio de Roma, o domínio mediterrâneo é interrompido e o pêndulo de equilíbrio das forças políticas novamente oscila para o oeste. Uma onda islâmica invade a Europa e o norte da África. Grandes metrópoles surgem entre os séculos VII e IX sob jugo árabe. Bagdá na Mesopotâmia, Fez no Marrocos, Cairo no Egito, Córdoba na Espanha e Palermo na Sicília. Grandes diferenças urbanísticas são impostas. Os grandes espaços públicos e democráticos são substituídos por mesquitas e palácios reais, estes particulares e inacessíveis. Sob as leis do recém-compilado Alcorão, a população se retrai à sua individualidade. O tecido urbano é compactado, perde-se a amplitude da paisagem construída.

A queda de Roma provoca também o declínio sucessivo das grandes metrópoles europeias e a desurbanização, dispersando a população pelo campo, que é atraída por pequenas cidades agrárias do interior europeu, principalmente na Itália, Gália, Germânia e Bretanha, razoavelmente estabilizadas após as ondas de invasões árabes e nórdicas. Essas cidades se organizam em terrenos murados, às voltas de um castelo ou de uma Igreja cristã. Desenvolvem-se sobre tecido e ruínas anteriores, sem regramento urbanístico, organicamente adaptadas à topografia natural. O poder era descentralizado e exercido pela aristocracia local, sem capacidade de articulação política abrangente. Desenha-se a cidade medieval, que dominou o sistema feudal por séculos. Junto com ela, os pequenos burgos extramuros que terão papel definitivo na expansão econômica vindoura.

A partir do século XIII, novamente a Europa se urbaniza, incentivada por uma nova monarquia poderosa, patrocinada por uma burguesia próspera e abençoada por uma Igreja bastante influente que explicita o seu poder através da construção das grandes catedrais. Os burgos crescem e são incorporados à cidade formal pela construção de sucessivas e concêntricas muralhas que abraçam a cidade semovente. Estabelece-se uma nova dinâmica de produção que difere da subsistência que caracterizava o feudalismo. Uma pequena industrialização é estimulada pela possibilidade de escoamento através de importantes e remanescentes centros comerciais costeiros, a destacar Gênova e Veneza. Paris e Londres são dois importantes centros urbanos a romperem o cerco de sua malha medieval primitiva e a se destacarem na nova geopolítica europeia.

A partir daqui as nossas histórias se encontram. A segunda metade do século XIV é marcada por sucessivas pandemias até a Grande Peste, ou Peste Negra, que atingiu o continente europeu, muito provavelmente vinda da Ásia em navios mercantes, e que dizimou quase metade da Europa e um quarto da população mundial, interrompendo um novo ciclo de crescimento populacional e econômico.

A tentativa da Igreja de assumir o discurso através da alegoria de pecados e castigos foi vencida pelo Renascimento e pelo Humanismo, que trouxeram novamente a razão à luz. A tomada de Constantinopla pelo exército Otomano em 1453 jogou a pá de cal definitiva sobre o Império Romano que sobrevivia no Oriente. O êxodo de pensadores gregos para a Península Itálica foi a faísca intelectual necessária para resgatar os valores da Grécia Antiga que idealizavam o homem, as proporções humanas, com fundamento nas artes, na filosofia e na ciência. Foi inaugurada nova era na história da humanidade, o Renascimento.

A ascensão da casa dos Médici (banqueiros e comerciantes) ao poder, após lutas sociais que destronaram a monarquia, promove uma revolução cultural. Os melhores artistas e artesãos, entre eles Brunelleschi, Donatello, Uccello, são convocados para repensar Florença. Não inventam novos modelos urbanísticos, mas aperfeiçoam os já existentes. A grande diferença se dá na adoção do planejamento, do método. Projetos, desenhos e maquetes são incorporados ao código construtivo. Vasta documentação estabelece novas regras e novos modelos baseados no rigor formal da arte e da arquitetura greco-romanas em contraponto aos arroubos góticos. A arte passa a ocupar lugar central na urbanidade e neste novo capítulo da história da humanidade. O conhecimento de Alberti, Bramante, Michelangelo, Da Vinci e Rafael é exportado, e a eles cabe estabelecer uma linguagem definitiva e universal.

O novo urbanismo renascentista imprime monumentalidade ao tecido urbano estabelecido. Novas vias, novos eixos costuram a cidade medieval aos melhores princípios da cidade imperial.

Junto ao Renascimento vem a expansão colonial. Potências marítimas como Portugal e Espanha inicialmente, seguidos por Inglaterra e Holanda, se aventuram em expedições ao desconhecido d'além-mar e dividem o Novo Mundo entre si. Após 4.500 anos de conhecimentos urbanos, encontra-se terreno fértil para aplicá-los na criação das novas cidades coloniais. Os colonizadores espanhóis encontram resistência da população originária. Astecas e incas são vencidos facilmente por uma arma tão poderosa quanto desconhecida, a varíola. Cortés e Pizarro, surpreendentemente, encontram em suas incursões sofisticadas cidades pré-colombianas. Tenochtitlán, atual Cidade do México, foi fundada no início do século XIV sobre ruínas maias, e na época da invasão espanhola tinha cerca de trezentos mil habitantes. Cusco, fundada no século XII, era a cidade mais antiga das Américas. Aquedutos, palácios e templos, estradas pavimentadas e estratificação social em bairros bem definidos são parte da complexa infraestrutura encontrada. As novas cidades erguidas nos territórios conquistados, da América do Norte à América do Sul, passando pela Central, seguem exatamente a mesma fórmula importada. Uma malha geométrica, com ruas e avenidas paralelas e perpendiculares, a partir de um centro ancorado por uma Igreja cristã em uma praça, ou *plaza*. Ao redor deste equipamento público, um edifício administrativo e um mercado. Uma base medieval com traçado renascentista. As cidades não tinham limites e cresciam desordenadamente em todas as direções a partir do centro histórico. Aqui vale um parêntesis que joga a lupa sobre a urbanização brasileira. A abolição da escravidão no Brasil e o boicote à mão de obra liberta, substituindo-a pela do imigrante branco, em cruel e deliberado processo de eugenia, lançam as raízes da favelização tão característica da paisagem brasileira.

Esqueçamos o urbanismo americano em lenta cocção e voltemos os olhos para a Europa, mais precisamente para a Inglaterra, onde, na segunda metade do século XVIII, toma força a Revolução Industrial, que altera mais uma vez o curso da História e inevitavelmente tem consequências na urbanidade. Londres experimenta um aumento da população sem precedentes, associado a um incremento da produção em função do progresso científico e tecnológico. Mais pessoas exigem mais e melhores bens e serviços, fazendo a engrenagem da economia girar. As crescentes indústrias se instalam junto às fontes de energia, em um primeiro momento perto dos cursos d'água e, mais tarde, com o advento das máquinas a vapor, junto às minas de carvão. No final do século XIX, Londres é a maior cidade do mundo. A revolução dos meios de transporte é causa e efeito desse crescimento, propiciando o deslocamento do trabalhador às fábricas e o afastando das moradias nos centros urbanos. As implicações da industrialização produziram defeitos que enfrentamos até hoje, como as periferias derivantes do liberalismo econômico. As novas teorias econômicas baseadas em Adam Smith limitam o investimento público na questão urbana. Áreas verdes são privatizadas, os centros se esvaziam, os subúrbios se adensam, as cidades se enfeiam. A cidade liberal perde sua força-motriz originária, que é o convívio, a troca, a diversidade.

As revoluções nacionalistas de 1848, que aceleraram o fim das monarquias europeias e reforçaram a influência política da burguesia, trazem para o pensamento urbanístico o embrião socialista inspirado no Manifesto do Partido Comunista de Marx e Engels. Após algumas experiências utópicas malsucedidas, a cidade pós-liberal incorpora às cartilhas urbanas a necessidade de corrigir as perdas impostas às classes menos favorecidas.

Tentou-se aplicar esse remédio na maior e mais importante transformação urbana dessa época, o redesenho total de Paris, a partir de 1852, pelo prefeito Barão de Haussmann. Patrocinado pelo último suspiro absolutista que foi o Segundo Império de Napoleão III, no entanto, tinha como objetivo oculto pôr fim às revoluções, manifestações e barricadas, expertise francesa que levou à tomada da Bastilha no século anterior. A abertura de grandes eixos monumentais cortando a malha medieval, estrategicamente traçados para destacar marcos arquitetônicos, são o principal legado da bem-sucedida reforma. A divisão do território em regiões relativamente autônomas, os *arrondissements*, é importante laboratório de transferência de poder administrativo para as localidades. Como efeito colateral indesejado houve a expulsão da classe média para a periferia e a gentrificação. Os novos bulevares e avenidas e a implantação de serviços públicos como esgoto, saneamento, aquedutos, transporte de massa e, principalmente, a iluminação a gás mudaram a face e as entranhas da cidade, que, embriagada pelas ideias do Iluminismo, fica conhecida como *La Ville-Lumière*, a Cidade Luz.

A Haussmannização de Paris é copiada em várias outras localidades, inclusive no Rio de Janeiro do começo do século XX, pelas mãos do prefeito Pereira Passos.

A unidade estética e estilística da cidade pós-liberal começou a incomodar os pensadores e filósofos, em movimento paralelo ao modernismo nas artes que rompeu o compromisso com a estética da realidade, expresso nas obras revolucionárias de Cézanne, Matisse e Picasso, representantes e herdeiros do *Salon des Refusés*.

Avanços tecnológicos são catalizadores da modernidade. A energia elétrica, o motor à explosão, a invenção do elevador mecânico, o domínio da tecnologia do aço aplicado à construção civil são vetores de crescimento exponencial. Surgem as grandes cúpulas metálicas, o vão livre espetacular, as engenhosas pontes e a verticalidade nos arranha-céus de Chicago e Nova York.

Gropius e sua Bauhaus, Mies van der Rohe, Le Corbusier e Niemeyer foram expoentes que transpuseram para a arquitetura e o urbanismo a ruptura formal com a realidade e com os modelos históricos pregada e exercida pelos modernistas.

Considerados artistas de vanguarda, suas teorias decupam e propõem a reorganização radical das funções primordiais de morar, trabalhar e circular, inserindo o lazer como atividade vital. O pensamento social e a crítica ao domínio do privado, até então a base da sociedade burguesa, são exacerbados. Assim como na pintura, o aceno à possibilidade de abandonar o passado e partir do zero seduz o mundo intelectual e resulta em cidades planejadas, como Brasília, desenhada por Lucio Costa e Niemeyer, Chandigarh (Índia), projetada por Le Corbusier, e Islamabad (Paquistão), que saiu da prancheta do urbanista grego Constantínos Doxiádis.

O excesso de teoricismo, de academicismo, o distanciamento das infindas variáveis inerentes à complexidade urbana, o desprezo pelo braço forte do mercado imobiliário que acaba por ser a principal motriz da política urbana liberal e, principalmente, o flerte e a aposta equivocada no rodoviarismo decretam o fim da utopia da cidade modernista.

Muitas dessas experiências foram traumáticas, e passamos a segunda metade do século XX arrumando a casa. A cidade contemporânea ainda está em construção. O novo conceito, descentralizado, aborda o território em suas múltiplas particularidades. Entendeu-se o potencial econômico e social da ação humana na recuperação de fragmentos dessa cidade. Múltiplos, singulares, em diferentes escalas. Impulsionadas pela associação do capital privado, do regramento público e do poder de mobilização dos próprios cidadãos, as intervenções contemporâneas são precisas, pontuais e atuam sobre todos os aspectos da vida urbana, moradia, educação, lazer, trabalho, segurança, consumo, saúde, mobilidade. Volta-se o olhar para o retrovisor. Para a cidade construída, existente e abandonada pelo ímpeto expansionista e predatório. É preciso entender as cidades pela ótica da biologia. Elas nascem, crescem, envelhecem e, eventualmente, morrem. Precisam de cuidados constantes. Uma intervenção cirúrgica é capaz de recuperar o tecido urbano, um bairro, uma metrópole, até mesmo um país. Recentemente, muitas intervenções urbanísticas, arquitetônicas e culturais, combinadas ou não, em diversas escalas, alteraram a história de muitos lugares. Podemos destacar as inúmeras reconversões de áreas portuárias desde a transformação de uma antiga fábrica de chocolates abandonada em San Francisco, na Ghirardelli Square, que ressignificou toda a orla da cidade californiana, na década de 60. É uma das primeiras pequenas reformas de efeito transformador de que me recordo. É a sociedade civil cicatrizando as feridas da cidade liberal pós-Revolução Industrial. Outros projetos de *waterfronts* de sucesso são Docklands, em Londres, em 1971, Puerto Madero, em Buenos Aires, no início dos anos 90, e Victoria & Albert Waterfront, na Cidade do Cabo. Barcelona reformou mais de três quilômetros da sua região costeira e portuária, reavivando o uso de megaeventos como os Jogos Olímpicos como catalisador de grandes revoluções urbanas. Do mesmo modo que as Exposições Universais fizeram nos séculos XIX e XX. Outro projeto pontual de sucesso foi a construção do centro financeiro de La Défense em Paris. O presidente François Mitterand, que encomendou o projeto, foi um reformador tão importante quanto Haussmann, tendo tido, inclusive, a audácia de enfiar a Pyramide du Louvre goela abaixo dos conservadores franceses. Para mim, o maior exemplo de harmonia entre a arquitetura contemporânea e o patrimônio histórico. Experiências urbanas transformadoras não precisam ser necessariamente de grande escala, e Nova York é a maior prova disso. Vou citar duas pequenas ações urbanísticas de enorme impacto econômico e social. A construção do complexo do Lincoln Center na década de 50 pacificou o West Side nova-iorquino (embora haja controvérsias sobre o reassentamento da colônia porto-riquenha, acordado e nunca cumprido). E a conversão de um viaduto abandonado às margens do rio Hudson no despretensioso High Line, imaginado pela associação de lojistas do bairro, que foi tão exitosa que lançou as bases para o desenvolvimento de toda uma nova região recém-inaugurada, o Hudson Yards.

O efeito urbano gerado pelo implante de edifícios espetaculares em áreas esvaziadas foi apelidado de Efeito Bilbao, por causa das enormes consequências trazidas pela inauguração, em 1997, do Museu Guggenheim na economia e no turismo não só dessa cidade espanhola, mas de toda a região do País Basco, ao norte do país.

A globalização, a crescente indústria do turismo e a tal espetacularização da arquitetura recriaram esse fenômeno urbano no Oriente. O espantoso desenvolvimento de Dubai, Cingapura, Hong Kong e Xangai apontava para o futuro das cidades. São exibidas ao mundo ocidental como o triunfo da pujança econômica dos Emirados Árabes, da China e dos tigres asiáticos. Embora muito exuberantes e razoavelmente bem planejadas, não vejo mais sustentabilidade a longo prazo. Construída explorando o suor de expatriados e imigrantes, mão de obra sempre mais barata e cada vez mais escassa, Dubai segue sangrando lentamente desde a crise de 2008, embora tenha conseguido, engenhosamente, se dissociar da dependência do petróleo. Cingapura, cidade-estado milenar, é hoje um exemplo mundial do bom urbanismo. Entreposto comercial próspero, mantém-se compacta, caminhável, com excelente infraestrutura e livre de corrupção. Resultante da abertura econômica de Deng Xiaoping, Xangai é a quintessência do cosmopolitanismo. Como Hong Kong, com questões políticas a descascar, ambas são cidades inovadoras e inteligentes. As pioneiras na digitalização e virtualização de sua governança e população. A evolução das pesquisas em inteligência artificial, a aplicação plena da tecnologia 5G, da internet das coisas, dos veículos autônomos e da digitalização da moeda, hoje em curso, reposicionarão essas metrópoles mundialmente. A China ainda se destaca do resto do mundo pelo hábil, porém controverso, gerenciamento da força produtiva, mantendo-a no campo e a urbanizando à medida que suas cidades vão crescendo. Ordenadamente.

"A melhor cidade que existe é a cidade que existe" é a frase síntese do urbanista Washington Fajardo que melhor define o momento em que nos encontrávamos no processo de planejamento das cidades. O retorno ao centro. A importância de reabilitá-lo e re-habitá-lo. A necessidade de reconstruir, reconectar, reciclar. Sustentabilizar era o norte do caminho que começávamos a trilhar antes da crise causada pela Covid-19.

Diversas pandemias cruzaram a História da urbanidade alterando sua trajetória significativamente. Dessa vez não será diferente. Processos urbanos até então em andamento serão interrompidos e alguns novos, incentivados. Será acelerada a emersão de um novo capitalismo. Mais humanista. Mais responsável. Esqueçamos a dicotomia Keynes e Hayek no século passado. Ouçamos o novo. Inovemos. A queda da renda e a recessão amplificarão a voz dos *millennials*, que há tempos nos cobram mais responsabilidade social, mais respeitabilidade ao planeta. A etimologia da palavra "economia", surgida na Atenas da Grécia Antiga, significa "cuidar da casa". Isso foi em um tempo em que o mundo não passava do Mediterrâneo. O nosso mundo hoje é global. Economia é cuidar da nossa casa, que é também o nosso bairro, que é também a nossa cidade, que é o planeta Terra. Convirjamos economia e ecologia, que já dividem, na origem, o mesmo radical *oîkos*, casa. O planejamento de cidades e comunidades sustentáveis se amalgamam a muitas outras disciplinas. Arquitetos e urbanistas têm muito a contribuir para a implantação universal das 17 metas dos Objetivos de Desenvolvimento Sustentável, estabelecidos pela ONU para a Agenda 2030. Urge a sua aplicação imediata para criarmos cidades menos desiguais, que se tornem território mais hostis à proliferação dos vírus.

Precisamos combater a pobreza, assegurar cidadania universal. Regularizar e urbanizar os assentamentos informais e favelas. Melhorar significativamente a vida de seus habitantes em todos os aspectos. Elaborar métodos construtivos mais baratos, edifícios mais saudáveis. Ampliar o acesso à habitação de qualidade, segura, bem projetada. Beleza não é incompatível com racionalidade ou economia e é fundamental à autoestima tão importante à inclusão social.

Precisamos erradicar a fome, promover o acesso universal ao alimento. Hortas comunitárias, fazendas urbanas e cinturões verdes concêntricos às grandes cidades podem ser soluções que absorvam a mão de obra expulsa pela mecanização da produção rural e, ao mesmo tempo, garantam uma mais eficiente logística em transporte e produção de alimentos e a necessária segurança alimentar.

Precisamos melhorar a saúde e o bem-estar das comunidades, promover reformas que melhorem a circulação de ar, ventilação e iluminação naturais. Casos de tuberculose e de outras doenças respiratórias são endêmicos aos assentamentos informais. Precisamos estimular a criação de áreas verdes, parques, tanto na cidade formal quanto na informal, que ofereçam espaço para o lazer e a prática de esportes. Verdejar os vazios urbanos, os espaços ociosos produzidos pela desindustrialização, os terraços dos edifícios, ajudando no resfriamento, no embelezamento, na salubridade e no conforto ambiental. Menos tempo nos deslocamentos significa mais tempo tanto para os exercícios quanto para a família ou o ócio.

É necessário, principalmente, universalizar o saneamento. Os quatrocentos bilhões de reais gastos no programa Minha Casa, Minha Vida poderiam ter zerado o déficit brasileiro em saneamento básico em vez de deslocar milhões de trabalhadores para longe da urbanidade. Vale sublinhar que a crise do coronavírus é uma crise originalmente sanitária! A arquitetura e o bom planejamento podem ser eficientes escudos a esta ou outras ameaças biológicas.

Junto com as ações na saúde, é obrigação do Estado e também responsabilidade da sociedade civil promover à totalidade da população o acesso à educação de qualidade. Podemos contribuir projetando equipamentos que promovam a inserção plena da força produtiva feminina no ambiente educacional e também no mercado de trabalho, com a instalação de creches, lactários e cuidadores nas escolas, edifícios públicos e comerciais.

Desenha-se um futuro menos obscuro e mais esclarecido, de mais ciência e menos religião. Neste futuro, mais próspero e pacífico, é preciso assegurar a igualdade de gêneros, os direitos humanos, a liberdade religiosa, a segurança de ir e vir. Bogotá e Medellín são modelos de como a pacificação e a recuperação da cidadania geram efeitos positivos na vida das comunidades.

O respeito à água haverá de ter lugar de destaque no novo normal. Sua importância geopolítica definiu a história da urbanidade desde os primeiros assentamentos na Mesopotâmia. Foi responsável pela localização das primeiras cidades chinesas. O controle do refluxo do Rio Mekong durante as monções e degelos alavancou o império Khmer, que dominou o sudeste asiático por quinhentos anos. A necessidade de controlar a origem dos seus principais rios que nascem no planalto tibetano, o Yang-tzé e o Huang-Ho, são a causa da permanente e polêmica crise diplomática resultante da invasão do Tibet pela China comunista de Mao Zedong, que percebeu a sua importância estratégica décadas atrás. A água é a nossa maior riqueza disponível. Geradora de energia renovável, meio de transporte eficiente e limpo, mantenedora da vida. É preciso reflorestar e desocupar as margens dos rios, desadensar as encostas, permeabilizar o solo urbano, eliminar o escoamento de esgoto e dejetos *in natura*. Um bom exemplo são os Stormwater Parks, produto do programa de Sponge Cities, incentivados por Xi Jinping em 2013, que captam, armazenam e dão uso ao excedente das grandes tempestades, defendendo também suas regiões das enchentes. Proteção total das bacias hidrográficas, dos aquíferos subterrâneos e dos oceanos é passaporte para um futuro saudável, possível e sustentável.

Tão vital é a adoção definitiva e universal das matrizes energéticas sustentáveis. Solar, eólica, geotérmica, maremotriz, a partir da biomassa ou qualquer outra ainda a ser desenvolvida. O design e o consumo responsável serão agentes de conscientização das empresas e serviços ao exigir a reciclagem e a economia de água e energia, enfim, responsabilidade ambiental.

Inclusão digital é essencial para os novos tempos, em que descobrimos as possibilidades de *coworking* e *homeschooling*. A tecnologia 5G, quando acessível, trará enormes possibilidades de integração social, abrindo novas opções de trabalho.

A busca pela sustentabilidade, que se confundirá obrigatoriamente com a elaboração de planos para a organização social pós Covid-19, forçará uma desespetacularização da arquitetura e um inevitável período inicial de desglobalização. Necessariamente, a arquitetura passará por uma redução de escala. Mais recursos serão despendidos para qualificar o presente do que para continuar elaborando o futuro. Investiremos em técnicas, artesãos e materiais locais. Os esforços serão concentrados em adaptar a arquitetura às questões ambientais e climáticas, e não mais em adaptar, arrogantemente como num passado recente, o meio ambiente à arquitetura. Projetaremos edifícios responsivos.

Para uma única questão eu não arriscaria uma resposta. A aglomeração. Ela é o segredo e o motivo do triunfo das cidades. A aglutinação de poucas famílias está na gênese delas. E lá se vão cinco milênios! A criatividade, o comércio, a ciência, as artes, a cultura, a inovação, produtos quase que exclusivos do ambiente urbano, dependem da sinergia, da troca, do convívio, da conversa, da rua, da praça. São a alma do ser urbano. Fazem pulsar as suas vias. Cinquenta por cento da população mundial, noventa por cento da brasileira, é urbana. As benesses da urbanidade atraíram o trabalhador do campo. Moradores de favelas aceitaram viver em ambientes sub-humanos para dessas benesses usufruir. Foi este o *trade-off*.

O que esperar? Uma desurbanização? Uma feudalização? Como mostrado anteriormente, já passamos por esse movimento algumas vezes na História. A queda do Império Romano levou à migração para pequenos feudos que transformamos lentamente em pulsantes metrópoles.

Soubemos subsistir à islamização do Mediterrâneo, que instrospectou as cidades sob as leis do Alcorão, e ainda assim produzimos obras espetaculares como Alhambra, na Andaluzia. Superamos também, com criatividade, a suburbanização causada pela Revolução Industrial que levou as moradias para a periferia, retirando-lhes o benefício da sociabilidade.

Pequenas adequações contemporâneas podem ser traçadas como resposta urbanística a essas indagações. Podemos reorganizar as cidades em microzonas autossuficientes, independentes e interconectadas. Democratizaria e descentralizaria a administração com a participação, em assembleias, da sociedade civil e de líderes comunitários. Essa, aliás, era a essência da *polis* grega. Modelos como esses já estão sendo experimentados na China, sempre ela. Os Small-Scale Neighborhoods já estão dando certo na cidade de Chongqing. Paris, que já experimentou esse remédio no desenho funcional dos *arrondissements* no século XIX, atualizou-os na nova proposta da prefeita Anne Hidalgo, "*la ville du quart d'heure*". O "Paris 15 minutos" pretende reunir todas as estruturas necessárias para as funções urbanas em um raio de 15 minutos alcançáveis a pé. Tal estrutura administrativa reduziria os efeitos econômicos destruidores de uma pandemia ao possibilitar o fechamento de pequenas áreas em proteção de um todo.

Devemos também, e paralelamente, preparar os edifícios e todos os equipamentos urbanos para os futuros, pequenos e intermitentes *lockdowns*.

O vírus é tão longevo quanto a própria vida. Ocupou este planeta bem antes do homem. É um mecanismo da natureza, mais um entre tantos, para a manutenção da harmonia entre todos os elos. Tem dado as caras quando limites são rompidos e equilíbrios, desaprumados. E não tem nada de divino nessa resposta natural. É pura biologia regida pela Teoria do Caos. Foi assim na Peste Negra, que acabou por sanear a insalubridade das cidades medievais e coincidentemente conduziu ao Renascimento. Foi assim no extermínio dos ameríndios pelas doenças trazidas inconscientemente pelo conquistador europeu. Foi assim no surgimento de diversos outros vírus asiáticos e africanos despertos pelo desequilíbrio ambiental. E é assim, muito provavelmente, no aparecimento da Covid-19. Seja pela insalubridade do mercado de Wuhan, seja pela captura e pela venda ilegais de animais silvestres ou pelo avanço da pecuária sobre florestas originárias, que foram algumas das hipóteses aventadas para explicar a origem deste recente contágio.

Cada cepa encontra uma resposta mais rápida e um homem mais resistente, e essa não será diferente. Embora de alcance global como nenhuma outra, o número relativo de mortes, até a descoberta de um remédio ou vacina, tende a ser menor. Mas a natureza é tão brilhante quanto cruel e ardilosa. Dispõe de mecanismos engenhosos e arsenal infinito nas suas sucessivas e letais batalhas para atingir o equilíbrio. Ou a respeitamos ou sofreremos as consequências. E não nos iludamos. Outros vírus virão. E as cidades sobreviverão.

INDÚSTRIA

O INVERNO DE NOSSO DESCONTENTAMENTO: APONTAMENTOS PRECIPITADOS SOBRE O MUNDO PÓS-PANDEMIA

Eduardo Eugenio Gouvêa Vieira

> *Now is the winter of our discontent*
> *Made glorious summer by this sun of York;*
> *And all the clouds that lour'd upon our house*
> *In the deep bosom of the ocean buried.*
> William Shakespeare, *Richard III*

> *Time present and time past*
> *Are both perhaps present in time future,*
> *And time future contained in time past.*
> *If all time is eternally present*
> *All time is unredeemable.*
> *What might have been is an abstraction*
> *Remaining a perpetual possibility*
> *Only in a world of speculation.*
> *What might have been and what has been*
> *Point to one end, which is always present.*
> T.S. Eliot, "Four Quartets"

O inverno de nosso descontentamento não terminou. Acabará um dia, e é natural que sejamos tentados a compartilhar visões do futuro. Por se tratar de tempo futuro, será sempre o mundo de especulação de que trata T.S. Eliot em seus quartetos.

É evidente que cenários mais óbvios se apresentam ao mundo dos negócios. É quase forçoso apontar para uma redução significativa dos espaços comerciais, com impacto direto sobre o segmento imobiliário. Ainda sob o trauma da pandemia, é difícil imaginar que quinhentas ou mil pessoas estarão dispostas a compartilhar um espaço com janelas hermeticamente fechadas — ou, ainda pior, desprovido de janelas —, com o mesmo ar a fazer circular velhas ou novas ameaças microscópicas.

As viagens, em especial aquelas entre cidades próximas, serão substituídas pelo conforto e pela economicidade das videoconferências. Elas absorverão em escala crescente tecnologias que nos farão sentir habitantes de uma mesma sala de reunião. O transporte de pessoas será afetado e terá de encontrar novos caminhos.

É possível que jornadas de trabalho menores tenham como contrapartida a preservação de postos de trabalho diante da dificuldade de um mundo que terá de enfrentar longa e penosa recessão. O *home office* será um aliado, sob este ponto de vista, de tempos desafiadores para o emprego.

Por outro lado, o trabalho remoto, que veio para ficar, implicará a necessidade da permanente atualização digital dos colaboradores, bem como de novas competências para os líderes, que precisarão descentralizar decisões em escala crescente e comandar organizações cada vez mais inclusivas, em que uma parcela significativa da mão de obra estará dispersa sob vários tetos, e não sob uma ou algumas estruturas.

O CEO das grandes corporações, dos bancos ou conglomerados industriais, encastelado numa sala inacessível, cercado de secretárias, se tornará uma espécie de guerreiro medieval. A Idade Moderna aposentou o senhor feudal. O século XXI acaba de aposentar o CEO como um dia o conhecemos. O novo líder terá de se reinventar sob os mais diversos pontos de vista.

A arquitetura dos grandes escritórios foi um dia revolucionada pelos espaços abertos, sem divisórias. O mundo pós-pandemia removerá o próprio conceito de escritório. As áreas de tecnologia terão de ser priorizadas por todos os motivos. Dados confidenciais circularão não apenas entre terminais de um amplo e único espaço físico. As fronteiras das empresas deixarão de ser medidas pela mesquinha régua do metro quadrado. E seus dados precisarão trafegar em segurança, confidenciais, imunes a ataques cibernéticos.

A transformação digital obrigará especialistas em geotecnologia a processar e lidar com os Big Data e a aplicar seus conhecimentos em inteligência artificial para atender às necessidades de conectividade de bancos de dados espaciais. A telemedicina será o maior de todos os desafios e deverá concentrar investimentos de governos, grandes corporações, fundos de *private equity* e de *venture capital*.

Fica claro que o ensino a distância subtrairá vastos contingentes de alunos das salas de aula abarrotadas. Os *campi* de universidades terão de ser repensados, bem como o próprio conceito de instituições de ensino. Já não há dúvida de que é possível assistir a uma palestra ou aula do outro lado do mundo, em tempo real, com qualidade aceitável de som e imagem.

O mundo pós-pandemia será, de todos, o mais dependente da inteligência e da tecnologia. O comércio eletrônico se expandiu fortemente após a ocorrência do Sars-CoV-2. É de se esperar que volte a crescer numa escala sem precedentes.

A indústria será amplamente afetada. Os chãos de fábrica não poderão ser substituídos, mas terão de ser igualmente redesenhados. Mais espaço, menos gente. As chamadas cadeias de suprimentos terão de estar preparadas para absorver demandas locais e provavelmente serão cobradas a fazê-lo pelos próprios Estados nacionais. Haverá redundância em estoques para garantia em tempos de escassez. Receitas e margens despencarão. É evidente que grandes corporações serão impactadas. O mundo global, de certo modo, se tornou risco de vida. A dependência de insumos que precisam viajar pelo globo e atravessar oceanos para chegar a seus destinos dará lugar a um novo nacionalismo. A produção local será necessariamente incentivada, e desde já é certo que países perceberão o quão estratégico se tornou investir em insumos para a área médico-hospitalar.

O professor de relações internacionais de Harvard, Stephen Walt, afirmou que o mundo pós-pandemia será menos aberto, menos próspero e menos livre. É quase uma obviedade imaginar que assim seja nos primeiros anos. Um mundo sob estresse pós-traumático é um mundo mais fechado. Mas será este um estado duradouro? É possível conjecturar que, uma vez vencida a travessia do túnel escuro em que a humanidade trafega, os governos se vejam impelidos por seus cidadãos a cooperar entre si a fim de desenvolver respostas conjuntas a temas como aquecimento global, combate a pandemias, fluxos migratórios e refugiados. Um novo nacionalismo pode ser também a travessia para um mundo mais solidário e inclusivo, em especial se for capaz de absorver as demandas daqueles que se viram destroçados pela distopia causada pela Covid-19.

Os templos de consumo serão redesenhados. A indústria de shopping centers, tão difundida no Brasil, será abalada por hábitos que tendem a se modificar. É possível que a arquitetura daqueles espaços também seja modificada para comportar maior distanciamento entre pessoas. Os frequentadores demandarão ar natural e luz do sol.

O mesmo se aplicará a restaurantes e espaços de entretenimento. Os shows continuarão a acontecer, mas ao ar livre e com público restrito. Os cinemas e as salas de concerto também terão de redefinir distâncias. As arenas esportivas se abrirão ou reduzirão suas capacidades. Os grandes torneios de tênis terão de retornar aos tempos em que não havia teto retrátil e jogos eram interrompidos às primeiras gotas de chuva.

O luxo vai para o lixo. As grandes grifes terão de reduzir preços de produtos. Isso não terá a ver apenas com a perda do poder de compra em escala mundial, mas com a percepção de que não é moralmente defensável pagar por um vestido ou joia um montante que poderia garantir a subsistência de uma criança em situação de miséria.

O mundo convergirá para a prevenção na saúde e o controle de pandemias. O vídeo premonitório da TED de Bill Gates a alertar para a necessidade de investir neste campo tem circulado quase todos os dias.[1]

A mensagem é clara: a maior ameaça à civilização são as pandemias. Os orçamentos de governos e mesmo de grandes empresas cuja atividade-fim tangencie a saúde estarão direcionados para a pesquisa científica.

O reconhecimento de profissionais que arriscaram suas vidas pelas nossas, numa demonstração de solidariedade e amor que deveria ser fonte de inspiração a um planeta em pedaços, dará a medida do quanto aprendemos nestes tempos sombrios. O agradecimento do primeiro-ministro britânico Boris Johnson ao sistema de saúde e àqueles que o atenderam ficará como um dos momentos marcantes desta guerra. Foi como imaginar Churchill no campo de batalha, ferido, mas resgatado com vida de um combate na Segunda Grande Guerra. O depoimento de Boris Johnson foi o "sangue, suor e lágrimas" destes tempos sombrios. A estes profissionais de saúde, somam-se os que tomaram as ruas para entregar mercadorias, os que se ocuparam da segurança pública, os trabalhadores de portos, responsáveis pelo transporte de insumos e itens essenciais à subsistência e milhões de voluntários em todo o mundo. Foram eles os soldados desta guerra. É razoável supor que venham a ser devidamente valorizados.

A solidariedade não será mais uma escolha, mas uma imposição. O liberalismo radical acabou. Por mais que empresas se comprometam a preservar o emprego, é inevitável que hordas de desempregados se amontoem. A miséria se espraiará tão rapidamente quanto o contágio pela Covid-19. As comunidades e favelas, apinhadas de pessoas que vivem no limiar da pobreza extrema, terão um farol permanente apontado em suas direções. O Estado não poderá se abster de prover saneamento básico universal onde a aglomeração e a ausência de condições mínimas de higiene tenham feito dezenas de milhares de vítimas. O Estado nacional está condenado à solidariedade. E o líder político que não cultivar esse olhar será varrido do poder.

Os programas de assistencialismo não serão mais objeto de questionamento. Será necessário oferecer condições dignas de sobrevivência a milhões de pessoas que viram suas rendas desaparecerem da noite para o dia. O lucro deixará de ser a grande baliza. O EBITDA — sigla para Lucros Antes de Juros, Impostos, Depreciação e Amortização, um cálculo para conhecer o desempenho dos negócios em termos de fluxo de caixa — será substituído por algum indicador de responsabilidade social ou sustentabilidade.

Numa primeira piscadela, este é o mundo que se apresenta diante dos olhos. São impressões precipitadas. Sempre serão quando se trata do futuro. O passado é um porto seguro. Não é fácil pensar ou escrever no futuro do presente. Ao final da Primeira Grande Guerra deveriam ter se seguido tempos de paz duradoura, em especial diante dos horrores daquele início de século XX. Duas décadas depois, uma nova guerra mundial teve início. A gripe espanhola de 1918 não antecipou mudanças drásticas de comportamento nem pareceu ter sido o ponto de partida de um mundo mais solidário. A ascensão do irmão de Ricardo III ao trono, em meio à Guerra das Rosas, parecia anunciar um glorioso verão, mas o sol dos York logo deixaria de brilhar.

Sim, não é fácil mirar o futuro. De algum modo, porém, tem sido mais difícil encarar o presente. Ele nos choca e estarrece enquanto se travam as batalhas da guerra que um dia será vencida ao custo de milhões de vidas. Os lindos versos de Shakespeare renovam a esperança de que o sol de fato volte a brilhar sobre a civilização e conclame a uma união inédita em torno da vida. Não há como esperar pela assinatura da rendição de um inimigo invisível. O Dia da Vitória talvez seja substituído pelos meses da vitória. Ou, num cenário feliz, pelo ano em que ficará comprovada a eficácia da vacina que salvará milhões de vidas e devolverá a todos a paz de ver seus pais, avós, filhos e amigos a salvo. Impossível não lembrar as multidões na Europa e nos Estados Unidos a celebrar o fim da Segunda Guerra. Não se imagina que acorram às ruas para se abraçar ou confraternizar agora. Pode-se ao menos desejar que o beijo entre o marinheiro e a enfermeira seja substituído pelo aperto de mãos e pelo abraço entre amigos, pelo beijo de um filho ou de uma mulher e marido.

A única coisa certa é que as nuvens desaparecerão e estarão em breve enterradas no oceano. E o sol voltará a brilhar também para os filhos desta linda Terra de Santa Cruz.

NOTAS

1 Cf. <www.ted.com/talks/bill_gates_the_next_outbreak_we_re_not_ready?>.

LIVROS

A COVID-19 E OS LIVROS

Roberto Feith

Prever o futuro é arriscado. A realidade costuma ser infinitamente mais complexa do que a lógica ou a imaginação humanas. Mas, ao tentar decifrar o impacto da Covid-19 sobre a indústria do livro, podemos fazer ao menos uma previsão sem a menor chance de erro: a pandemia vai gerar uma avalanche de novos títulos analisando todos os aspectos imagináveis do vírus. A bem da verdade, não chega a ser uma previsão. Já está acontecendo. No dia 26 de março, exatos quinze dias depois de a Organização Mundial da Saúde declarar a Covid-19 oficialmente uma pandemia, o italiano Paolo Giordano, autor do belíssimo romance *A solidão dos números primos*, publicou *Como o contágio funciona: ciência, consciência e comunidade em tempos de crise*, um ensaio registrando seus pensamentos e angústias sobre o coronavírus. O título já foi lançado na Inglaterra e nos Estados Unidos, e será traduzido para vinte línguas.

O livro de Giordano e sua disseminação com rapidez quase viral é sinal de que a indústria do livro continua ativa e dinâmica. Nem tanto porque a publicação do ensaio vá gerar uma receita importante, mas porque, como comentou Roberto Burioni, médico e escritor, também italiano, os livros sobre a epidemia são necessários. "Eles proveem as pessoas com os meios culturais para entender um fenômeno que está transformando a existência de cada um de nós."[1]

Confrontados por esta ameaça que nos arrancou da rotina e nos jogou em um oceano de dúvidas, o impulso natural é afirmar que nunca houve nada igual, que desta vez é diferente. E, em alguns aspectos, desta vez é. Mas incontáveis epidemias já traçaram um caminho de dor e sofrimento pelo planeta, e o ensaio de Giordano se insere numa rica tradição de livros sobre o assunto.

Entre estes, grandes obras de ficção inspiradas no dilema de uma cidade, país ou planeta capturados pela doença: *A Peste*, de Albert Camus, de 1947, *O amor nos tempos do cólera*, de Gabriel García Márquez, de 1985, e *Ensaio sobre a cegueira*, de José Saramago, de 1995. Cada uma criou um universo ficcional visceralmente original, mas têm em comum personagens tomados por uma raiva surda diante do Divino, que parece assistir em silêncio, ou até consentir, ao sofrimento incomensurável.[2]

Há também obras extraordinárias de não ficção. Relatos agudos e arrebatadores da experiência de viver uma epidemia, como os *Diários* de Samuel Pepys, de 1665, e *Um diário do ano da peste*, de Daniel Defoe, de 1722. Ambos retratam a grande epidemia de peste bubônica que levou um quarto dos habitantes de Londres em 1665. O diário de Pepys, alto funcionário público e membro da elite intelectual britânica, homem de um espírito gregário e perspicaz, narra as experiências e impressões do autor no calor do momento. O livro de Defoe, mais conhecido como autor de *Robinson Crusoé*, foi escrito cinco décadas depois da epidemia, que o autor vivenciou criança. Defoe lança mão de estatísticas e do testemunho de terceiros para criar um quadro detalhado, porém não menos humano e empático. Ele conta como, em alguns distritos da capital, funcionários tentaram minimizar os riscos e mascarar o número de mortos, postura tragicamente repetida por autoridades no enfrentamento de epidemias ao longo dos séculos.[3] Tanto Pepys como Defoe conseguem o pequeno milagre de transportar o leitor para a Londres do século XVII e a experiência vicária de uma epidemia brutal.

Mas o desafio desta coletânea não é narrar a experiência de sobreviver a uma pandemia, e sim refletir sobre como a Covid-19 afetará nossas vidas. Neste gênero — a análise do impacto da doença sobre a sociedade — também existem antecedentes notáveis. Poderíamos até dizer que nos últimos cem anos surgiu uma historiografia calcada na ideia de que as epidemias, mais até do que guerras ou revoluções, são as grandes determinantes da história humana.

Talvez o mais conhecido desses livros seja *Armas, germes e aço — Os destinos das sociedades humanas*, do geógrafo, historiador e antropólogo Jared Diamond. Com ele, Diamond conquistou o Prêmio Pulitzer e se tornou um best-seller global. É um trabalho de notável audácia intelectual. Entre suas conclusões, a de que a conquista das civilizações ameríndias por um punhado de europeus nada teve a ver com uma suposta superioridade tecnológica ou cultural. Para Diamond, os europeus prevaleceram porque havia séculos viviam em proximidade de animais domesticados, como gado, porcos e cães. Com o tempo, foram contaminados por vírus e bactérias originárias desses animais e desenvolveram imunidades a essas doenças. Os ameríndios não tinham animais domésticos. Por isso, 95% deles foram ceifados por moléstias trazidas pelos invasores.

O meu favorito entre os relatos sobre as profundas e, às vezes, desconcertantes consequências das epidemias é *Ratos, piolhos e História*, do biólogo americano Hans Zinsser. Li este pequeno clássico na faculdade e nunca me esqueci do estilo picaresco e erudito com que Zinsser convence o leitor de que a humanidade foi moldada pela doença. Embora escrito em 1935, ele continuava atual quando o li na década de 70, e suas conclusões são pertinentes ainda hoje. "Doenças infecciosas", Zinsser escreveu, "são uma das poucas fronteiras do desconhecido que ainda existem no mundo. Os dragões estão todos mortos, e a lança enferruja, encostada no canto, ao lado da lareira… O único desafio que permanece, imune à domesticação inelutável de uma espécie humana que, em outros tempos, viveu livre, é a guerra contra aquelas ferozes criaturas que vicejam nos cantos escuros e nos espreitam a partir dos corpos de ratos, piolhos e outros animais, para invadir a nossa comida, nossa bebida e até o nosso amor."[4]

Com sua narrativa refinada, Zinsser descreve como epidemias devastaram os bizantinos no tempo de Justiniano, colocaram Carlos V no trono do Sagrado Império Romano, bloquearam a invasão turca nos Montes Cárpatos e repeliram a Grande Armada de Napoleão dos arredores de Moscou.[5]

Zinsser e Diamond demonstram que os vírus influenciam os caminhos do homem desde sempre, mas a Covid-19 é a primeira pandemia de alta letalidade desde a invenção da internet. A primeira que transcorre num mundo hiperconectado e digitalizado. Desta vez, é, sim, diferente. Não porque a Covid-19 seja fundamentalmente distinta das suas antecessoras, mas porque o mundo no qual se espalha a pandemia é outro. A causa e o vetor dessa diferença é a tecnologia digital que se disseminou pela sociedade e pelas nossas vidas com a velocidade e a força irresistível de uma epidemia. Não é à toa que dizemos que determinadas mensagens digitais viralizam mundo afora.

As consequências da Covid-19 neste mundo hiperconectado podem ser separadas em dois tipos: as que interrompem e as que aceleram tendências já em curso. Nas últimas décadas houve um crescimento forte e contínuo do turismo global. A Covid-19 interrompeu abruptamente essa tendência. Também houve aumento significativo da entrega de refeições em casa. A Covid-19 acelerou exponencialmente esse processo.

No mundo do livro, o vírus está provocando mudanças do segundo tipo: turbinando processos já em andamento. O exemplo mais evidente é o aumento das vendas de livros físicos pela internet. Com o isolamento social, as livrarias fecharam. Leitores que ainda não haviam adotado o hábito da compra pela internet passaram, por falta de opção, a fazê-lo. Quando as livrarias reabrirem, parte destes leitores que migraram para as compras on-line terá se acostumado com a entrega domiciliar e a adotará como primeira opção.

A crise das livrarias é antiga. Vinte e dois anos atrás o filme *Mensagem para você* narrava a disputa, e depois o romance, entre a dona de uma pequena livraria, interpretada por Meg Ryan, e o fundador de uma possante rede de livrarias, retratado por Tom Hanks. Naquele momento, as redes esmagavam as independentes oferecendo maior quantidade de títulos e preços mais baixos, sobretudo para os best-sellers. Hoje, numa demonstração de destruição criativa schumpeteriana, o quadro é outro.

As empresas de comércio eletrônico, lideradas pela Amazon, oferecem um acervo ainda maior de títulos, e preços ainda mais baixos do que as redes. Estas, antes dominantes, parecem feridas de morte. A Borders, segunda maior rede de livrarias dos Estados Unidos e da Inglaterra, faliu. A Barnes & Noble, a líder do segmento, agoniza. No Brasil, vimos a crise aguda que atingiu Saraiva e Cultura, as duas maiores redes. Com a Covid-19 e o fechamento das lojas, a perspectiva para elas é ainda pior. E, num desenlace digno de Hollywood, hoje, as livrarias com um perfil mais parecido com a independente do filme *Mensagem para você* é que podem sobreviver. Pois para competir com gigantes de venda on-line é preciso se diferenciar: oferecer atendimento personalizado, vendedores bem formados, eventos com autores, curadoria de títulos por segmento e um ambiente atraente e confortável. A oferta do livro como *commodity*, típica das redes, migrou para o universo digital.

Outra consequência da pandemia que deve perdurar após o fim da quarentena é o aumento do trabalho em casa e do ensino a distância, impactando a forma de distribuição e o consumo dos livros usados por trabalhadores e estudantes remotos.

Estes dois exemplos — o aumento das vendas via internet e o crescimento do trabalho e do estudo em casa — são expressões do fenômeno mais amplo da digitalização das nossas vidas, que, como mencionamos, diferenciam as consequências da Covid-19 dos efeitos de pandemias anteriores. Fazem parte de uma primeira onda de transformação da indústria do livro, pós-vírus. A segunda onda impactará o próprio conteúdo da produção editorial, que se adaptará às possibilidades trazidas pela digitalização. Será mais atraente para as editoras criarem e comercializarem todo tipo de compilação, inclusive, as customizadas pelo próprio leitor. No caso desta nossa coletânea, por exemplo, não há por que um leitor no ambiente digital não possa escolher quais os textos que o interessam e comprar apenas estes. Aumentará o espaço para textos longos demais para serem publicados em uma revista e curtos demais para serem publicados como um livro impresso. Esse formato intermediário exclusivamente digital se aplica a todos os gêneros, mas especialmente aos ensaios e narrativas de não ficção.

É claro que a aceleração do consumo de entretenimento e conhecimento via interfaces digitais não ocorre apenas com o livro. A tendência, já vigorosa, da produção de conteúdos multiplataforma, como um videogame que gera um livro, que gera um desenho animado, tende a se acelerar. Aumentarão as interfaces entre as mídias, as barreiras entre livros, podcasts, televisão e cinema vão se diluir. Obras terão múltiplas versões e as editoras serão parte desse ecossistema. A ideia do que consiste um livro ficará mais fluida. Editoras vão produzir, sozinhas ou em parceria, podcasts e narrativas audiovisuais baseadas nos livros que publicam. No mundo acelerado pela Covid-19, produtores de informação e entretenimento terão que se adaptar ou fenecer, mas o conteúdo continuará sendo o ativo de maior valor. Como dizem os americanos, "*content is, more than ever, King*".

Esta é a razão pela qual haverá de existir livros e as editoras que os publicam. As mídias se complementam, mas nenhuma substitui a potência do livro e sua narrativa contínua, de fôlego, para expressar a imaginação e o conhecimento humanos em sua plenitude.

O mundo pós Covid-19 terá de decifrar graves e complexas questões: depois do vírus, devemos tentar voltar o mais rapidamente possível à vida que conhecíamos, ou buscar refazer a economia de uma forma diferente e melhor? Qual o equilíbrio ideal entre os meios de controle social para frear a disseminação de doenças e a liberdade individual? A desglobalização, o crescimento do Estado e o populismo representam a decadência da democracia liberal? A indústria do livro vai contribuir para o debate e a reflexão sobre essas e outras questões. O ensaio de Paolo Giordano, mencionado na abertura deste texto, foi apenas o precursor. Obras de ficção também virão, germinadas pela experiência da pandemia. Os canais e processos da indústria editorial vão evoluir no mundo pós Covid-19, mas o livro continuará sendo uma ferramenta única, com o poder de alargar nossa mente e restaurar nosso ânimo. Espelho e labirinto, antes e depois do vírus.

NOTAS

1 *The New York Times*, 9 de abril de 2020, matéria de Anna Momigliano.
2 *The New York Times*, 23 de abril de 2020, artigo de Orhan Pamuk.
3 Idem.
4 *Rats, Lice and History*, de Hans Zinsser, publicado por George Routledge and Sons, Londres, 1935, p. 13
5 *Rats, Lice and Zinsser*, de Geral Weissmann, disponível em www.cdc.gov/eid. Vol. 11, n.º 3, março de 2005.

HUMOR

O RETORNO À VELHA REALIDADE E A REINVENÇÃO DO NOVO FUTURO

Marcelo Adnet

Eis que nosso cotidiano sonolento, viciado, angustiado e despropositado se depara com a pandemia. A tragédia das vidas perdidas e das patuscadas das autoridades diante do desconhecido ficará para a história. Mas, apesar da aparente inércia, surge daí uma grande e única oportunidade: a de tirar a sociedade contemporânea da tomada e esvaziar os espaços, renovar o ar, revisar as gavetas, os projetos, o sentido da vida — colocar as coisas em seu devido lugar. Entre os militantes da apressada volta ao "normal" e os que esperam o surgimento de um Renascimento humanitário e solidário em plena era digital, fico com o caminho do meio. A humanidade mostra uma perversidade orgulhosa, principalmente em lugares como o Brasil. São terras férteis para o fanatismo, revisionismo e fundamentalismo. Igualamo-nos a nações negacionistas, como as ex-soviéticas Turcomenistão e Bielorrússia, o que torna nossa situação ainda mais surreal. A ignorância "empoderada", única alegoria que insiste em desfilar pelas ruas, seguirá se esquivando da realidade no ritmo do contorcionismo conspiratório. Ela não poderá ajudar. Os mais sensíveis e dotados de empatia e altruísmo, por outro lado, serão capazes de criar situações inovadoras, que nos trarão mais meios de exercer nossa cidadania. Os que hoje lotam os calçadões em orgulhosa e retrógrada marcha poderão mudar o rumo e seguir caminhos menos batidos. Mas há oportunidade na crise.

É nesse contexto de tragédia e esperança, de evolução e atraso, que o humor se mantém como uma das poucas instituições democráticas em funcionamento no Brasil. Impulsionado pelo encontro de marés tão opostas, ele segue navegando e deslizando em alta velocidade sobre águas sombrias. Quanto mais mexido o mar, maior a capacidade de rir, de engasgar-se com a água que nos reflete e nos sufoca. O humor é uma ferramenta confiável e uma poderosa arma de comunicação. No Brasil, está presente em tudo, e estamos ávidos por ele. Paródia, montagem, provocação, "gemidão" e "meme do caixão". O espírito humano tem humor — a sociedade brasileira, em especial. Portanto, falar do futuro do humor é falar do futuro do estado de espírito humano.

Como testemunhas da incerteza, as peças humorísticas ficarão registradas como documentos deste momento caricatural que vivemos. Estamos num lugar privilegiado — humoristicamente, é claro: nunca antes na história deste país houve um presidente tão imensamente... Como posso dizer? Diga você mesmo: os adjetivos possíveis são muitos e tão intensos quanto seus intrépidos apoiadores. Como superar o absurdo de uma realidade com tons de distopia e pitadas de surrealismo macabro? E mais: como fazer rir em tempos de drama mundial? Enquanto escrevo estas linhas, o Brasil chega a dez mil mortes confirmadas pela Covid-19, e o presidente promete realizar um churrasco para dezenas de pessoas que ele mesmo divulgou orgulhosa e publicamente. O que pode ser mais surreal do que isso? Ele acaba de dizer que não passou de *fake news* esse mesmo anúncio e foi passear de jet ski, parando junto a uma lancha que promovia um churrasco. Pessoalmente, passei a reproduzir esses momentos mais do que imaginar cenários ainda mais surreais, aceitando que não há como superar tais absurdos. O que eram para ser vídeos curtos, caseiros, divulgados em minhas redes, viraram um programa diário na plataforma digital GloboPlay. Minha esposa grava com o celular, enquanto eu atuo e envio as imagens para um editor que publica o material pronto duas horas depois. Já tenho o privilégio de viver a nova realidade, mas sou exceção. Descubro na própria jornada, a cada passo, como é pisar neste novo chão, compartilhando com o público o desafio de fazer uma tábua de passar virar um púlpito para um discurso político. A precariedade é uma chave para o humor moderno. Não que as produções profissionais venham a desaparecer, mas o renascimento do gênero não está aí.

Voltemos um pouco no tempo, e depois de uns parágrafos regressaremos a este ponto.

Quando surgiu o YouTube e passamos a consumir vídeos espontâneos de pessoas reais em situações engraçadas, o humor de personagem sofreu um baque. Se na era pré-internet víamos nos personagens arquétipos das figuras com as quais cruzávamos no dia a dia, agora podemos ver figuras ainda mais pitorescas em situações ainda mais esdrúxulas. Lembro que, quando criança, achava que meu tio dançava de forma engraçada. Mas, de uns tempos pra cá, quando penso em dança engraçada, logo me vem à mente o vídeo intitulado "Dance From Belarus, Minsk", em que um jovem dança de forma psicodélica, acelerada e exagerada em meio a casais que bailam colados e contidos numa festa com ares soviéticos na capital da Bielorrússia. As ferramentas multiplicaram o humor, que não precisa estar em cenas ficcionais: ganhamos a concorrência da realidade compartilhada. Houve, então, uma explosão da comédia *stand-up*, que eliminava personagens e se concentrava no texto e nas observações pessoais sobre nosso cotidiano. No entanto, fora do teatro, o formato não avançou em sua forma tradicional e já foi engolido por comediantes com seus (*talk*) *shows*, que por sua vez já foram engolidos por influenciadores que provavelmente não conhecemos e dos quais só ouvimos falar por meio de nossos filhos, sobrinhos ou netos. E agora? A pandemia move o humor para onde?

A situação dos artistas de teatro e cinema sofre paralisia total, ao passo que se deterioram ainda mais os já combalidos quadros dessas duas casas sagradas para todos os atores. Igrejas neopentecostais comem salas de cinema, e a plateia dos teatros não saiu de casa, não pegou o carro e não pagou ingresso. Assiste a tudo do sofá, na tela do celular. O aplauso virou *like*, o boca a boca virou *share* e a vaia virou um comentário de repúdio raivoso. Impõe-se a reinvenção para o teatro retomar sua relevância na concorrência com a terrível megacorporação chamada sofá. Pois vivo permanecerá ainda que esquecido; imagino, afinal, que grandes artistas colocarão o palco em foco novamente como o lugar único e insubstituível que é, diferenciado em meio à experiência de olhar para uma tela. Lembro de Pedro Cardoso me arrancando gargalhadas e sensações de euforia num teatro da Gávea. Só quem viu isso pode entender, pois o teatro gravado e reproduzido em vídeo já não é mais teatro.

Assim seguirá também a busca pela identidade do cinema nacional. Mesmo sob perseguição e criminalização — tido como estratégico na guerra cultural em voga —, ele poderá se reinventar como cultura popular. Já que os artistas têm a oportunidade de atuar em outro meio, não são eles os principais atingidos pelos ataques à cultura. Ao contrário do que alardeiam, os que sofrem economicamente com a destruição da cultura são cinegrafistas, contrarregras, cenógrafos, produtores, iluminadores, sonoplastas, continuístas, bilheteiros, baleiros, camareiros, figurinistas, motoristas e outros técnicos que não aparecem em cena, mas a sustentam e dependem diretamente dela para sobreviver.

Voltando ao ponto, o humor caminhará com ainda mais força para o digital, para o individual e, principalmente, para um lugar distinto da dramaturgia. O humor não pertence ao realismo, mas apenas se apoia nele. A superprodução leva o humor à dispersão, pois faz com que a piada concorra com o objeto de cena, com o figurino, com o figurante, com o movimento sofisticado de câmera, aguando o chope da piada. Na era em que jovens sozinhos e dispondo apenas de um celular produzem conteúdos sofisticados, com recursos de edição, dublagem e fundos de tela, fica ainda mais ameaçado o emprego dos técnicos; o comediante acumula todas essas funções. O custo cai imensamente e a piada, aquela fração de segundo em que sentimos uma cúmplice conexão entre nós e o ator, não perde nenhum recurso com distrações. Ainda mais porque o humor está presente em tudo, disperso entre propagandas, conversas, filmes e séries dramáticas, nas coisas cotidianas. O que separa um *influencer* de um comediante? Um internauta que faz vídeos engraçados de um mestre em palhaçaria? Entre um episódio de *Black Mirror* e um programa em que um clérigo pede trízimo? O humor se encontra na ginga entre as brechas abertas pela realidade.

Na reunião virtual que fizemos para firmar minha participação neste livro, usei um fundo de tela de sauna para quebrar o gelo da reunião, testando um recurso bobo pela primeira vez. Rimos dessa tolice, da mesma forma que, nas redes, viralizou a imagem de um juiz federal, em reunião virtual oficial, usando um fundo de tela de tubarão, pois a neta assim configurara o dispositivo e ele não sabia como mudar. Ele passou a séria e sisuda reunião ameaçado por um imenso tubarão pronto para abocanhá-lo. A comédia das pequenas novas ferramentas já nos engoliu. Quem aí aguenta mais uma *live*?

Enxergo aqui a pandemia como um momento catalisador, de aceleração de um processo que tenderia a se arrastar por muito mais tempo. Trata-se de um processo que vitima os que necessitam de uma estrutura para trabalhar e beneficia os que se viram sozinhos. O humorista pode manter o humor ativo, enquanto o ator de novela tem de esperar a retomada das atividades. Será curto o tempo de quarentena necessário para normalizar situações mais inovadoras, como um filme feito em isolamento ou peças de teatro nas varandas. Todavia, as produtoras e empresas que abrigam programas, esquetes e peças de humor já encaram o fato de que gastam demais para fazer aquilo que se alcança com muito menos. O humor é o precário e vagabundo parente da dramaturgia que não precisa estabelecer uma liturgia na qual o espectador acredita que o que ele está vendo é uma cena realista. "Eles não estão transando de verdade, que falso!", diria um atento espectador sobre um drama. Esse mesmo espectador diria, para uma comédia: "Olha ele fingindo que está transando, que engraçado!" A farsa é amiga do humor e define sua estética na saga de alcançar a perfeição, sabendo que isso será sempre em vão.

Lá no início desta reflexão em forma de ensaio, falei sobre minha aposta no meio do caminho entre o retorno à velha realidade e a reinvenção do novo futuro. Para reforçar a tese da autossuficiência e da necessidade de se adaptar, quantos de nós voltaremos a bater ponto no trabalho ou pegar o carro para uma reunião sem antes nos questionar: "Mas eu não poderia fazer isso de casa?" Nada será como antes, apesar de tudo fluir como sempre. E não importa o que aconteça: lá segue a comédia, inerente à humanidade. O novo humor nunca mais terá alguém como Chico Anysio, unanimidade que juntava o país em frente à televisão. No entanto, seguimos como um gênero dotado de um poder cada vez maior de comunicação e mobilização. Uma piada crítica de um minuto deve atingir mais gente do que um artigo científico que dedica muitas páginas a uma crítica sobre o mesmíssimo tema. Que, nestes novos dias, os menos reconhecidos, os menos privilegiados, os artistas de rua e os que não tiveram voz possam conquistar seu espaço nesta janela de oportunidade democrática e acessível. Que não seja minha utopia, que esteja bem ali, no meio do caminho.

HISTÓRIA

A MORTE E MORRER EM TEMPOS DE EPIDEMIA

Mary Del Priore

Pergunta: você perdeu alguém nesta pandemia? A Covid-19 levou as pessoas, sem que pudéssemos nos despedir delas. Velórios sem abraços, congestionamento de corpos, filas de carros funerários, caixões lacrados e a imagem terrível de fossas comuns, cavadas por presidiários. O Brasil tem palmeiras, sabiás e muitas doenças e mortes. E desmistificar as dores e a morte — essa voz profunda que fala e nada diz — nos ajuda a compreender os múltiplos significados que elas têm em nossa sociedade. Ajuda a melhor compreender o sentido da vida. Contra a extrema vulnerabilidade dos indivíduos, nossa cultura soube organizar crenças e ritos para lutar contra o poder dissolvente da Dama da Foice. Desde sempre, rituais funerários se conjugavam com dramas litúrgicos encarregados de lutar contra o desaparecimento do indivíduo ou do grupo. A morte habitava nossos ancestrais, e seu poder passava pelo doente que sabia seu fim próximo, pela agonia do moribundo e pelos enlutados, mergulhados na dor. No tempo dos ancestrais, encontramos algumas questões para pensar a morte e o morrer em nossos dias.

A percepção da finitude deixou inúmeros registros. No Brasil Colônia, embora as vidas fossem curtas, a definição da morte era longa. Dela dizia o dicionarista Raphael Bluteau: "Ser a separação da alma e do corpo no composto humano e fim da vida ou cessação dos movimentos dos espíritos e sangue nos brutos. Pintaram os egípcios a morte em figura de moça com arco e flecha nas mãos, olhos vendados, asas nos pés, sem orelhas. Moça a fizeram porque se bem a todas as idades faz estragos, principalmente atira a mocidade [...] no véu dos olhos se vê que a morte não distingue as pessoas, mas a grandes e pequenos, bons e maus, igualmente leva. Mostram as asas nos pés a velocidade com que a todas as partes se acha tirando vidas; a falta de orelhas é demonstração de que não ouve a ninguém, a razões e gemidos sempre surda. A morte entrou no mundo para castigo do pecado, mas não deixa de ser útil ao mundo, porque, se não fora o medo da morte, seria imortal a malícia humana."

Medo de morrer? Não. Medo de não se preparar para a morte. De não estar pronto e, por isso, não aceder ao paraíso. E como se aparelhar? De início por uma disposição testamentária que contava com o dedo da Igreja: a legislação canônica favorecia os legados *ad pias causas*. Quem dispunha de seus bens, sem contemplar a instituição, se arriscava a não receber a extrema-unção e não ser enterrado em solo sagrado. E o medo de se perder nas chamas do inferno fazia com que os indivíduos fizessem o possível para deixar esmolas ou encomendar missas em benefício de sua alma, sempre pecadora. Para redimi-la, se derramavam doações e esmolas.

Quem habitava a Colônia, sabia a morte "coisa muito ordinária, natural aos homens". No dizer simplório de um desses homens, "como ser humano, sou mortal e posso morrer", ou no entendimento poético de outro, "somos, afinal, de fino metal e por não saber da morte nem da vida". O importante era "aparelhar-se para bem morrer enquanto são, rijo, valente e de pé". Não se esquecendo nunca, no momento de testar, de dizer que se estava "com todo o seu juízo e siso e comprido entendimento com todos os seus cinco sentidos perfeitos, potências, memória e entendimento corporal".

A grande maioria dos moradores fazia testamento. Faziam-no desde indigentes como Maria Leite, "tão pobre e tão carregada de filhos", que pedia uma cova pelo amor de Deus, até gente muito abastada ou viajante. O bandeirante Antônio Rodrigues de Miranda testou "por estar de caminho para o sertão buscar meu remédio e por ser mortal e não saber a hora que hei de dar conta da minha vida".

O motivo que levava nossos antepassados a fazer testamento estava sempre declarado no proêmio dos documentos. "Temendo-me da morte e desejando por minha alma no verdadeiro caminho da salvação" ou "considerando quão incerta é a hora da morte e a estreita conta que devo dar ao meu Redentor e Criador". Ou, como esclarecia certa Isabel Sobrinha, "para consertar suas cousas de maneira que ficassem postas em ordem e maneira que todo cristão tem obrigação fazer". Muitos só se lembravam da morte quando essa se fazia lembrada. O tabelião encontrava o doente "em cama, ferido a espingarda", "doente numa rede", "muito mal, com grandes dores", "enfermo na mão de N. Sr. Jesus Cristo e no regaço da Virgem N. Senhora", "doente de uma flechada que lhe deram os topiões no sertão de Paracatu".

Se o achaque permitisse, mulheres recebiam o oficial, "assentadas em seu estrado". Nesses casos, era melhor nomear a Morte por eufemismos e não invocá-la com insistência: "Fazendo Nosso Senhor alguma coisa de mim... Quando deste mundo de misérias e vale de lágrimas sair... Quando esta minha alma do corpo terreno de todo sair... No dia do meu transe."

A importância de estar preparado levou à divulgação de manuais como certo *Breve aparelho e modo fácil para ajudar a bem morrer o cristão*, publicado em Lisboa, em 1627. Utilizado "naquela hora de aperto quando, do apartamento da vida, as dores do corpo, a lembrança do tempo passado malgastado, os temores do Juízo eterno de Deus, a vista dos Demônios e, finalmente, a lembrança da eternidade perturbem de tal maneira a sua pessoa que com a fraqueza das potências corporais fica uma alma em grande tribulação".

O manual continha orientação para ministrar os sacramentos, em especial a confissão. Um interrogatório particular era desejável, no caso de se estar morrendo um "converso" ou cristão-novo: para se ter certeza de que não jurara a Maomé, não fizera feitiçaria ou superstição, não comera carne na quaresma ou cometera pecado nefando, não desejara pecar por obra ou casar com alguma infiel. Não se evitavam perguntas íntimas: se o moribundo pecara com alguma mulher prometendo casar com ela e depois não satisfez a promessa. Se pecou com animal ou contra a natureza. Se se deleitou em ver partes desonestas suas ou de outras pessoas e se falou palavras censuráveis. Quais filhos ilegítimos herdariam e quais não herdariam, além de recomendar que se deixasse "alimentos" para os bastardos. Esmolas para casar órfãs, ajudar hospitais, reparar igrejas e mosteiros eram sempre bem-vindas. E o manual terminava consolando o doente com palavras pias e santas. A confissão era considerada "um remédio". Acreditava-se que, se corpo e alma eram um só, aliviar a alma implicava aliviar o corpo.

As aventuras do corpo depois de morto tinham variações que ficavam gravadas no testamento. Falava-se com detalhes do enterro. Por exemplo, receosa de ser enterrada viva, Antônia Gonçalves recomendava que seu corpo não fosse "dado à sepultura" antes de "24 horas acabadas". Já o bem-estar da alma estaria assegurado pelo número de missas cantadas, "com responsos", vésperas e ladainhas. Havia os que queriam pompa no enterro: "Todo o acompanhamento que for possível [...] todos os sacerdotes que na vila estiverem [...] com a bandeira da irmandade e a cera que houver." Havia os que desejavam um enterro na mais absoluta discrição: "Sem pompas, mas honesto." Tinha moribundo cuja consciência em paz ou o bolso apertado, pedia apenas "doze missas pelas almas do fogo do Purgatório".

Os locais de inumação também eram escolhidos criteriosamente: "Na matriz desta vila, do pau do arco grande para dentro", "diante do altar de Nossa Senhora do Rosário", "das grades para dentro". Um se contentava com a cova em bom lugar. Outro pedia "ao reverendo vigário que me enterre na matriz porque assim minha alma é lembrada de meus parentes". Os preços do enterro variavam. Mais caro dentro da igreja, nas partes mais próximas do altar. Mais barato nas partes baixas, no solo e adros. Anjinhos, se batizados, ficavam "dentro". Sem batismo, nas biqueiras das casas ou muros do cemitério. A importância dada à sepultura e, em particular, à conservação do corpo no túmulo permaneceu para a cristandade como fator extremamente importante com vistas à ressurreição. O uso do sarcófago, ou do caixão, tradição antiga, devia estar reservado à gente importante, por questões de hierarquia e fortuna.

O testamento providenciava também o bem da alma que devia se elevar, embalada por missas, muitas missas. Podiam ser "missas cantadas com responsos, com vésperas e ladainhas, ofícios de nove lições em riba do corpo, ofícios noturnos". Sem receio de exagerar, o testamento de João Leite da Silva pedia "um milhar de missas, repartidas por todos os sacerdotes que houver". Luiza Leme pedia 600 missas no Brasil e 400 em Portugal e legava ao seu filho, Padre João Leite, escravos cujos serviços pagassem as missas. Escravos trabalhavam não só em vida, mas, depois da morte de seus senhores, também.

O esforço de apagar as faltas confirma que nossos antepassados temiam o inferno e criam na ressurreição da alma. Os moribundos prefeririam não incomodar diretamente a Deus, mas pediam intercessão de advogados, como, por exemplo, "a Virgem Nossa Senhora e no seu santo nome, e ao anjo de sua guarda e ao arcanjo São Miguel e a todos os santos e santas da corte dos céus e às onze mil virgens e a todos os anjos, arcanjos, querubins, patriarcas e profetas que sejam em sua ajuda e favor quando a alma deste mundo e seu corpo sair".

Nos testamentos, as "almas do purgatório" eram lembradas. Representadas em pinturas, nas caixas de esmolas às portas das igrejas e toda sorte de confrarias, as almas tinham importante papel entre as elites. Só para brancos? Não. A cativa forra Jacinta de Siqueira, moradora da vila do Príncipe, no momento da morte reafirmou a posição que conquistara em vida. Amortalhado com o hábito de São Francisco, seu corpo foi enterrado na matriz, acompanhado da Irmandade das Almas e Nossa Senhora do Rosário, a que pertencia, sendo celebrada uma missa de corpo presente. A filiação à Irmandade das Almas, que congregava as elites locais na primeira metade do século, o hábito com que ia amortalhada e o enterro na matriz com toda a pompa — sinais exteriores de honra — mostraram que ela conseguira, em vida, se retirar do mundo de desclassificação que a cor e a condição de escrava lhe impingiram inicialmente. Em seu testamento, Jacinta determinou que seus bens fossem repartidos entre as quatro filhas igualmente, sem proteção a qualquer uma delas.

Demonstrou ser mãe e avó zelosa, pois no ato do casamento dotara cada uma das filhas com três escravos; além disso, ainda em vida, dera a cada uma das netas dois mulatinhos e, para a sua bisneta, um. Quanto aos seus bens imóveis, era proprietária de uma fazenda, de uma rocinha e da casa onde morava, além de se dedicar à mineração de ouro e diamantes, tendo vários escravos matriculados na Intendência. Possuía vinte e sete escravos, plantel significativo para a sociedade da época. Situação que consolidou sua entrada para a dita irmandade. Afinal, riqueza nunca teve cor.

Já os comerciantes portugueses, preocupados em engajar-se em irmandades que denotassem distinção social, não admitiam misturas. Nada de "judeus, mulatos e hereges". Desejavam os que fossem reconhecidos como "cristãos-velhos de limpo sangue, sem rumor em contrário", o que não impedia a participação de cristãos-velhos ou comerciantes menores reunindo 25,8% de comerciantes que buscavam se inserir na elite colonial. As frestas para a mobilidade social existiam em toda parte.

Confrarias, ou melhor, irmandades e ordens terceiras, associações religiosas de leigos que se reuniam para louvar um santo, foram nevrálgicas nos ritos de morte. Na Colônia elas eram milhares: de brancos, mulatos, pardos e negros, livres, forros e escravos. A possibilidade de reunir-se oficialmente em confrarias congregadas por nações permitiu aos negros a vivência de cultos africanos: dentro das igrejas veneravam os santos católicos, e fora delas, seus orixás. Nas festas dos santos e santas das irmandades dos homens pretos e pardos, as tradições africanas se manifestavam.

Sim, havia um hiato entre os rituais oficiais em torno da morte e as práticas africanizadas. O retrato minucioso feito pelo missionário americano Daniel Kidder corrobora a impressão:

Devemos aludir a outra espécie de funeral que atesta a existência de costumes pagãos entre os africanos do Brasil. Os numerosos escravos da propriedade rural do Imperador têm permissão de adotar os costumes que quiserem. Logo depois de nossa mudança para o Engenho Velho, tivemos, um domingo, a atenção atraída para trás de nossa casa, por uma interminável gritaria na rua. Olhando pela janela vimos um negro com uma bandeja de madeira sobre a cabeça, na qual levava o cadáver de uma criança, coberto com pano branco e enfeitado de flores, com um ramalhete atado à mãozinha. Atrás do negro, seguia uma multidão promíscua no meio da qual cerca de vinte negras e numerosas crianças, quase todas adornadas com tiras de pano vermelho, branco e amarelo, entoavam algum cântico etíope cujo ritmo marcavam com um trote lento e cadenciado; o que levava o corpo parava frequentemente e girava sobre os pés como se dançasse. Entre os da frente sobressaía pela exagerada gesticulação a mãe da criança, conquanto não pudesse, pela mímica, determinar com exatidão se eram de alegria ou de tristeza os sentimentos que a empolgavam. Assim foram eles até o adro da igreja, onde entregaram o corpo ao vigário e ao sacristão. O cortejo voltou então, cantando e dançando com mais veemência — se possível — que na ida. A cena se repetiu várias vezes durante a nossa permanência naquele bairro do Rio de Janeiro. Jamais a presenciamos em outro lugar.

Já o viajante suíço-alemão Carl Seidler assistiu a um fato na Misericórdia do Rio de Janeiro, entre 1833 e 1834, que o chocou profundamente:

Ao referir esse cemitério acodem-me lembranças que me arrepiam. Na verdade, é indiferente que um dia nosso cadáver repouse aqui ou ali, que nos comam os tubarões ou os vermes: o morto nada percebe. Mas a questão muda para os queridos sobreviventes: para estes deve ser horrível saberem o parente ou o amigo enterrado de uma forma que causa horror ainda ao mais indiferente passante. Sem esquife, muitas vezes sem a menor peça de roupa, em absoluta nudez, são atirados os mortos desse hospital numa cova que nem tem dois pés de profundidade. Dois negros conduzem o morto para a sepultura, em uma padiola ou rede presa a uma comprida vara, atiram-na ao buraco, como um cão morto, põem um pouco de terra solta por cima e então, se por causa da pouca profundidade da cova alguma parte fica descoberta, socam-no com pesados tocos de madeira, de forma que acaba formando um horrível mingau de terra, sangue e excrementos.

Por outro lado, não eram incomuns os gestos de solidariedade de membros da nação do defunto indigente, no sentido de conseguir os recursos necessários ao sepultamento mais barato, "na Santa Casa de Misericórdia, onde este tipo de inumação custa três patacas". As ruidosas pompas fúnebres ocorriam ao anoitecer, como era costume, ao som de palmas e "rufar de tambores". O cadáver seguia dentro de uma rede "envolto em folhas de bananeira", condição dos pobres que não conseguiam alugar um esquife, ao custo de "dois francos".

Na outra ponta das comunidades africanas, ocorriam os enterros de príncipes, como o gravado pelo pintor e desenhista Jean-Baptiste Debret. Nesses momentos, mantinha-se a tradição tribal de reverenciar antigas elites mesmo que escravizadas e privadas de suas insígnias. Assim "saudar respeitosamente o soberano de sua casta", beijar-lhe a mão e pedir bênção eram atitudes que permaneciam nas práticas dos cativos.

Era quase um funeral de Estado a que compareciam membros políticos de outras nações.

Morto, o soberano ou seu filho era estendido em sua esteira, com o rosto descoberto e a boca fechada com um lenço. Era costume também colocar uma moeda na boca do morto. Se ele não tivesse peças de suas vestes africanas, o melhor artista dentre seus vassalos compensava a falta de trajes reais desenhando seu corpo inteiro num muro próximo e "vestindo-o com seu grande uniforme embelezado com todas as cores", no dizer de Debret. O povo jogava água benta sobre "seu corpo venerado". O soberano era visitado também por delegações oficiais de outras nações negras, compostas por três dignitários: o diplomata, o porta-bandeira e o capitão da guarda. Ao chegar, cada grupo nacional era apresentado por seu capitão da guarda, que abria caminho no meio da multidão. Durante um dia inteiro, do amanhecer até a noite, os vassalos do soberano ficavam em sua casa, tocando seus instrumentos nacionais, batendo palmas juntos, num ritmo de três rápidas e duas lentas, ou duas rápidas e uma lenta, enquanto se disparavam fogos de artifício de tempos em tempos. Por fim, às seis ou sete horas da noite, organizava-se a procissão do funeral.

Um mestre de cerimônias liderava a procissão que saía da casa do soberano morto e, com grandes golpes da sua bengala, fazia a multidão de negros abrir caminho. Seguindo-o, vinha o homem negro que soltava os fogos e três ou quatro acrobatas que realizavam piruetas. Depois desse grupo ruidoso, vinha o grupo silencioso de amigos e delegações nacionais que guardavam o corpo, transportado numa rede coberta com "um pano mortuário", com uma grande cruz. Durante a cerimônia na igreja, uma missa obviamente fúnebre, as pessoas do lado de fora soltavam mais fogos, batiam palmas, tocavam instrumentos africanos e cantavam suas canções nacionais.

Cada qual com sua morte. Morte que trazia alegrias, muitas vezes. Graças a ela, escravos ganhavam liberdade, bastardos eram reconhecidos, restituía-se dinheiro emprestado ou roubado, distribuíam-se patacas aos necessitados. Os moribundos se lembravam de parentes mortos, de injustiças cometidas, de brutalidades contra escravos ou desafetos. Para descarregar a consciência e evitar ir para o inferno, restituíam-se até tostões, pediam-se missas para escravos mortos ou índios trucidados. Outros alforriavam seus escravos "por amor" e perdoavam dívidas sabendo que a caridade era imprescindível à salvação. Alguns recomendavam um membro da família a outros, sobretudo quando se tratava de uma amante ou concubina: "Peço aos meus filhos, ponham os olhos nesta mulher, pois foi mulher de seu pai."

Doava-se por amor, também. Maria Joaquina Silva Pereira, negra da Costa da Mina, ao falecer em Salvador, deixou uma terça de terra para seu marido "em atenção ao amor, fidelidade e zelo com que sempre me tratou e a boa união que sempre fizemos". Distribuíam-se bens, casas, animais, utensílios domésticos, roupas, joias, moedas à parentela, aos agregados e escravos. Os homens nomeavam os filhos bastardos e as concubinas. As mulheres, seus amantes e "filhos do coito danado". Legava-se às irmandades, incumbindo-se os padres a administrar juros de "mil-réis", para ajudar em festas religiosas e rezar missa pela alma do agonizante.

O momento que se seguia à morte era crucial e, em alguns aspectos, perigoso. Ele exigia todo um conjunto de serviços a prestar tanto ao corpo quanto à alma, já separada da carne. Os cuidados com o corpo eram tão mais importantes, pois quanto este não era considerado ainda totalmente morto — só a putrefação determinava o fim. Falava-se, pois, com o morto, preparando-o para a viagem. Depois de fechar os olhos, na frente da família, do padre e de quantos quisessem vê-lo morrer, o indivíduo era banhado, por uma parteira, curandeira ou um parente próximo; acreditava-se que, lavando o corpo, lava-se a alma. Ele era ainda embelezado por um corte de cabelo, de barba e de unha, e vestido com a mortalha de sua irmandade. Guardavam-se os pelos para feitiços. Em casas distintas, as "choronas", vestidas de branco e cobertas com véus negros, gemiam no velório.

Iniciava-se a vigília, com a chegada de mais parentes, membros da comunidade e da irmandade, à luz de uma fogueira acesa no quintal: a sentinela. Mulheres entoavam *incelensas*. O fogo aceso marcava, simbolicamente, a casa do morto e a presença de sua alma. Esta última era vigiada. Havia quem a visse instalar-se numa coruja, borboleta bruxa ou outro animal. Toda uma estratégia com as portas e janelas era acionada, para deixá-la partir. Nos velórios circulavam bebidas de fabricação doméstica, o aluá de milho ou de abacaxi, o vinho de caju ou de jenipapo, a cachaça com casca de laranja, o café bem forte. As comidas eram secas, especialmente os doces tradicionais. Nada de garfo e faca. Era refeição fúnebre, rápida, silenciosa, contrita.

Nossos ancestrais aceitavam a morte por doença, com resignação. Ela permitia a preparação do indivíduo para o desenlace e a tomada de providências. As mortes repentinas, traiçoeiras, inesperadas provocavam uma revolta silenciosa, um sentimento de não aceitação. Naufrágios, raios, picadas de cobras, ataques de índios e assassinatos não davam tempo aos rituais que pudessem garantir uma relativa tranquilidade no Além. E enchiam as casas e famílias de temor da volta do defunto a cobrar providências ou transformado em fantasma.

Enquanto alguém morria, a casa se agitava, pois outros cuidavam do velório. Os parentes masculinos eram chamados para organizar o funeral. Quem podia contratava um "armador", para "armar a casa", o que significava decorá-la com uma gama variada de panos negros que anunciavam o luto. Cobria-se a porta de entrada. Fazia-se anunciar a morte pelo choro da carpideira ou por uma campainha que a irmandade a que pertencia o defunto mandava tocar pelas ruas. As famílias abastadas mandavam avisar os amigos por "carta-convite" especialmente entregue pelos escravos.

O cortejo fúnebre iniciava-se na própria casa do defunto, cujo corpo era conduzido à igreja e daí à sepultura. Paragens no trajeto, como as que eram feitas diante da Santa Casa de Misericórdia, para cantar responsos ou rezar, acentuavam a dimensão pública do funeral. A saída do féretro constituía um momento especialmente celebrado. Em torno do corpo se reuniam familiares, amigos, vizinhos e todos aqueles cuja presença havia sido pedida pelo defunto, com o objetivo de intercederem por sua alma: pobres, doentes, clérigos eram pagos ou retribuídos por participarem nesses cortejos de acompanhamento à última morada.

Tendo saído o enterro, apagavam-se os rastros da morte em casa. As roupas do defunto e as de sua cama eram distribuídas ou queimadas: seu colchão ou rede, destruído ou jogado fora. Varria-se a casa com especial cuidado de jogar a poeira pela porta da frente, que ficaria semicerrada, impedindo o retorno da alma. Jogava-se a água do último banho e enterravam-se cabelo e unhas cortadas em lugar previamente selecionado. Embaralhavam-se as pistas. Para o morto, não havia mais lugar em casa.

Depois da morte, o nome do defunto deixava de ser pronunciado; guiada por São Miguel, aspirada pela Lua, sua alma deveria passar à Via Láctea. Caso não tivesse recebido a absolvição dos pecados, ela continuava a perambular pela Terra durante três dias. O morto poderia voltar? Na tradição portuguesa, sim. Em algumas festas: Natal, Dia de Reis, São João e Corpus Christi eles partilhavam os restos das refeições que lhe eram deixadas nos cemitérios.

A viagem para o Além podia ser atrapalhada por espíritos malignos capazes de estender ciladas aos mortos. Na tradição ibérica, as orações pediam proteção contra o diabo, "potestas aéreas", "anjos aterrorizadores" e "príncipes das trevas" como seres perigosos e capazes de desviar a alma do bom caminho.

Na excursão, os bons iam para o céu, de onde traziam boas notícias e apareciam com mensagens de outros mortos. Os danados ardiam no inferno. Para o limbo, partiam as crianças que não receberam batismo. As almas do purgatório apareciam em encruzilhadas, nas cruzes de estrada, nos ossuários e cemitérios. A crença na "luz trêmula" da vela como mensageira de outro mundo, recado autêntico das almas, se encontrava de Norte a Sul. Estalidos e o crepitar da chama exigiam imediato sinal da cruz de quem estivesse por perto. Muitos vivos mandavam recados aos seus mortos, aproximando-se do ouvido do morto e dirigindo-lhe a palavra como se fosse pessoa viva.

O morto seguia vivo no túmulo. Imóvel, mas consciente. A sepultura era apenas uma outra residência, cela do dormitório onde aguardaria o despertar no Dia do Juízo. Eis porque sua interferência no cotidiano era possível, sobretudo quando se tratava de fazer justiça, arrancando línguas de maldizentes, realizando vinditas implacáveis, punindo mentiras. Ele voltava para punir pecados sociais, sentenciando e condenando. O morto como sombra ou fantasma podia manifestar-se aos vivos de forma perturbadora e terrível, sobretudo quando por alguma razão não teve sepultura e rituais fúnebres, caso de muitos escravos, suicidas e náufragos. O morto podia, também, proteger invisivelmente os vivos, nomeadamente seus parentes. E amigos que recordassem com piedade o seu nome, e por ele oferecessem preces, sacrifícios e até esmolas. O morto assegurava aos vivos prosperidade e fecundidade, protegendo-os dos perigos e inspirando-lhes suas decisões.

Na segunda década do século XXI, a Covid-19 não produziu só mortos. A epidemia matou formas de morrer. Enterrou tradicionais ritos que cercavam o moribundo e o morto. Criou um novo *curriculum mortis*. A família transferiu o moribundo para o hospital, que por sua vez o transferiu para profissionais. Técnicos cuidam de apagar qualquer traço de agonia, poupando os vivos e "respeitando a imagem dos mortos". O defunto passou a ser tratado como mercadoria. Hospitais e funerárias funcionam juntos, os familiares encontrando nas empresas mortuárias uma maneira rápida de resolver o "problema". Nunca mais velórios na igreja ou em casa. E, sim, no salão dos cemitérios. Ali, um novo ambiente: a emoção e o choro em excesso só no semblante dos amigos e familiares mais próximos. A serenidade, expressão de "boas maneiras", revestindo o rosto dos conhecidos. O "bem morrer", que, durante séculos, pôde ser identificado com certo padrão ritual, se perdeu. Sobre os que são levados, resta, apenas, a pergunta que não quer calar: como suportar a ausência, quando ela se torna maior do que a presença?

EDUCAÇÃO

INCERTEZAS, POSSIBILIDADES E O QUE HAVERÁ DE SÓLIDO NA EDUCAÇÃO DEPOIS DA PANDEMIA

Antônio Gois

Estimar as consequências de uma crise em dimensão nunca antes vista para a atual geração é um exercício extremamente desafiador, mas necessário. A tarefa é ainda mais complexa se considerarmos o alto grau de incerteza no momento em que este texto estava sendo escrito, em abril de 2020. No caso da educação básica, era ainda impossível saber as reais dimensões do estrago causado pela Covid-19. A suspensão das aulas presenciais em todos os estados brasileiros já caminhava para uma duração maior que quarenta dias, e ninguém ainda era capaz de assegurar até quando esse quadro perduraria.

Diante de tanta incerteza, a proposta deste texto é fazer a reflexão sobre possíveis cenários futuros a partir do pouco que já estava sólido. No Brasil e em quase todos os países do mundo, é fato que escolas tiveram que interromper abruptamente as aulas presenciais e migraram, sem que tivessem tempo para se prepararem, para um modelo de aulas emergenciais remotas, mediadas pelas tecnologias disponíveis em cada contexto. As famílias, também subitamente, tiveram que se adaptar a uma nova rotina, tendo uma função ainda mais essencial do que antes na educação dos filhos. Num país marcado por desigualdades tão abissais, é certo que os impactos causados pela pandemia serão bastante distintos na sociedade.

Três dimensões serão tratadas neste texto, todas profundamente interligadas e com consequências para o futuro: os impactos da migração súbita para um modelo de ensino remoto, o papel dos pais na educação e o agravamento das desigualdades.

Sobre o ensino remoto, um primeiro ponto a destacar é o tamanho do desafio imposto aos professores e gestores dos sistemas educacionais. Diante de um problema grave, súbito e inesperado, foi preciso encontrar não as soluções perfeitas, mas aquelas que estavam disponíveis no momento. Num cenário ideal, as tecnologias seriam testadas e mapeadas, conteúdos adaptados para outros formatos, professores receberiam treinamento, e alunos e famílias teriam tempo para se adaptar à nova rotina. Mas nada disso foi possível.

Entre paralisar por completo todas as atividades de aprendizagem até o retorno às aulas presenciais ou tentar achar meios para manter os estudantes minimamente engajados, a escolha da maioria dos sistemas educacionais do planeta foi pela segunda opção. Era a mais sensata, mas não isenta de prejuízos.

A eficácia do uso de tecnologias para aprendizagem remota sempre foi um tópico bastante controverso no debate educacional. A discussão não precisa ser binária, sendo resumida a simplesmente ser a favor ou contra. O mais importante é questionar para quem a educação a distância melhor se adequa, de que forma e com quais limitações. É certo, por exemplo, que esse é um debate praticamente sem sentido para a educação infantil, que abrange a faixa etária de zero a cinco anos no Brasil. Nos ensinos fundamental e médio, a idade dos alunos é um fator crucial a ser considerado, pois, quanto menor ela for, mais limitações haverá para seu uso.

Até o momento, nada indica que a educação a distância seja uma boa substituta completa do ensino presencial, e são pouquíssimas as escolas de educação básica no mundo que se aventuraram por esse caminho.

INCERTEZAS, POSSIBILIDADES E O QUE HAVERÁ DE SÓLIDO NA EDUCAÇÃO DEPOIS DA PANDEMIA

Uma das poucas experiências avaliadas de forma rigorosa aconteceu com escolas charters (geridas pela iniciativa privada, mas mantida com recursos públicos) nos Estados Unidos. E os resultados foram péssimos, como demonstrou um estudo do Credo,[1] um centro de pesquisas educacionais baseado na Universidade Stanford. A comparação do desempenho acadêmico de estudantes nessas escolas em relação a alunos com características similares em turmas presenciais mostrou que a perda de aprendizagem chegava ao equivalente a 72 dias letivos em linguagem e a 180 (quase um ano letivo inteiro) em matemática.

Essa e outras evidências sinalizam que a migração repentina para o ensino remoto por causa da pandemia terá impactos negativos na aprendizagem, e eles serão tão mais graves quanto maior for o tempo forçado de isolamento social. As respostas que os sistemas educacionais darão num futuro próximo a isso serão cruciais na vida de milhões de estudantes, mas, em especial, entre aqueles mais vulneráveis, com maior risco de evasão.

Se no curto prazo as perspectivas são pessimistas, há, ao menos, oportunidades que não deveríamos desperdiçar. O acesso às novas tecnologias pode ser extremamente desigual, mas todos os estudantes no planeta são de alguma forma afetados por elas. Mesmo no Brasil, é fato que a maioria das famílias, incluindo as mais pobres, têm ao menos acesso a um aparelho de telefone celular.[2] Sem preparo prévio, milhões de professores no mundo todo, alguns mais e outros menos familiarizados com essas tecnologias, viram-se subitamente forçados a experimentar novas maneiras de interagir com seus alunos, nos cenários mais desafiadores. Sairemos dessa crise certamente com muitas soluções a serem mapeadas, para que possam ser disseminadas.

Não sabemos se a migração em massa para o ensino remoto emergencial será necessária em mais ocasiões no futuro próximo. As soluções que virão da ponta, no entanto, poderão ser adaptadas inclusive em outros contextos, como tragédias locais, novas epidemias, ou mesmo para beneficiar individualmente alunos que, por qualquer razão, se virem impedidos de frequentar normalmente as aulas. Entre o entusiasmo exagerado com o potencial da educação a distância e a interdição do debate sobre qualquer experiência que caminhe nessa direção, há um meio do caminho que os sistemas educacionais poderão percorrer, aprendendo, na prática, como melhor aproveitar novas tecnologias em benefício dos alunos.

Outro aprendizado que podemos ter com a pandemia diz respeito ao papel dos pais. Aqui, novamente, é preciso reconhecer primeiro que as consequências imediatas não devem ser nada animadoras. Uma das evidências mais sólidas no campo da avaliação educacional é que o principal fator a impactar o desempenho acadêmico dos alunos é o nível socioeconômico dos pais. O primeiro estudo a identificar isso data da década de 1960, feito pelo sociólogo norte-americano James Coleman.[3] Desde então, inúmeros estudos, inclusive no Brasil, vêm confirmando a tese. A injustiça nesse achado é a de que, desde muito pequenas, crianças que nascem em diferentes condições terão suas trajetórias acadêmicas impactadas não por seu mérito ou esforço pessoal, mas simplesmente pelo azar ou sorte de terem nascido num lar de pais com mais ou menos escolaridade.

É por isso que as escolas públicas têm um papel tão importante. Uma característica marcante dos melhores países do mundo na educação é o fato de serem mais equitativos[4] na distribuição das oportunidades educacionais, amenizando assim a desvantagem que crianças mais pobres herdam de berço.

Uma evidência mais recente do impacto que a suspensão de aulas traz para os alunos mais pobres vêm de um fenômeno conhecido como Summer Gap.[5] Estudos internacionais mostram que, após as férias de verão, alunos retornam à escola com perdas de aprendizagem, o que é absolutamente esperado, dado que não estavam frequentando as aulas. O problema é que essa perda é mais intensa entre os alunos de famílias mais pobres e menos escolarizadas.

No momento em que este texto estava sendo escrito, ainda não havia estudos que mensurassem como a interrupção das aulas presenciais afetou diferentes grupos sociais. No entanto, por tudo que sabemos a respeito do impacto das famílias na aprendizagem dos filhos, é muito provável que outro efeito imediato da atual crise seja o agravamento de desigualdades já existentes.

Mas, também neste caso, há possíveis aprendizagens que podemos tirar. Se é fato que o nível socioeconômico das famílias tem peso brutal no desempenho dos filhos, também há evidências de que, quando apoiadas e bem orientadas pelo sistema educacional e por outras políticas sociais, as famílias podem fazer diferença, mesmo em contextos vulneráveis. Os trabalhos do prêmio Nobel de Economia James Heckman,[6] por exemplo, mostram justamente o impacto duradouro, ao longo da vida dos beneficiados, de políticas de primeira infância que combinaram um atendimento de alta qualidade em pré-escolas com orientação às famílias de menor nível socioeconômico. No Brasil, estudos feitos por um grupo de pesquisadores da UFRJ[7] mostram também que há ações de orientações a famílias que impactam positivamente no desenvolvimento cognitivo de crianças pequenas — como o incentivo à leitura de livros, contação de histórias e brincadeiras lúdicas entre pais e filhos —, mesmo em lares mais vulneráveis.

De novo, aqui está uma oportunidade única para mapear as melhores soluções encontradas por professores e sistemas educacionais do mundo no momento em que se viram obrigados a fornecerem aos pais, de todas as classes sociais, orientações sobre como melhor ajudar no desenvolvimento acadêmico de seus filhos.

A maneira como trabalharemos para amenizar os prejuízos e aproveitar essas oportunidades geradas pela crise da Covid-19 vai determinar se sairemos maiores ou menores dessa pandemia. Quando há muita incerteza em relação ao futuro, é importante prestar bastante atenção naquilo que é bastante sólido em cada campo do saber. No caso da educação, há ao menos uma certeza inabalável: excluindo os fatores externos à escola (caso do nível de pobreza e renda das famílias), nada é mais importante do que o professor como determinante do bem-estar e aprendizado dos alunos. Dar a eles uma carreira atrativa, formação sólida e boas condições de trabalho será sempre essencial. Tanto em tempos de normalidade quanto em situações absolutamente excepcionais, como a que vivemos em 2020.

NOTAS

1 Estudo disponível em <https://credo.stanford.edu/publications/online-charter-school-study>.
2 De acordo com a pesquisa sobre o Uso de Tecnologias de Informação e Comunicação em domicílios brasileiros (TIC), realizada anualmente pelo Centro Regional de Estudos para o Desenvolvimento da Sociedade da Informação, 93% dos domicílios brasileiros registram a posse de ao menos um aparelho de celular.
3 Coleman, J.S. et al. *Equality of Educational Opportunity*. US Government Printing Office, 1966.
4 Barber, Michael; Mourshed, Mona; Company, McKinsey. *How the World's Best-Performing School Systems Come Out on Top*, 2007.
5 Uma revisão da literatura acadêmica neste tópico pode ser acessada em <https://www.brookings.edu/research/summer-learning-loss-what-is-it-and-what-can-we-do-about-it/>.
6 Heckman, James J.; Moon, Seong Hyeok; Pinto, Rodrigo; Savelyev, Peter A.; Yavitz, Adam, "The rate of return to the HighScope Perry Preschool Program", *Journal of Public Economics*, Elsevier, v. 94 (1-2), pp. 114-128, fevereiro, 2010.
7 Bartholo, Tiago Lisboa; Koslinski, Mariane Campelo; Costa, Marcio da; Barcellos, Thais. *O que as crianças sabem ao ingressarem na pré-escola na cidade do Rio de Janeiro?* Ensaio: aval.pol.públ.Educ.[on-line]. 2020, v. 28, n. 107, pp. 292-313.

EDUCAÇÃO BÁSICA

EDUCAÇÃO BÁSICA PRIVADA E COVID-19

Duda Falcão

De repente, escolas fecham seus portões. Cessa a educação presencial. Um direito básico. Em 192 países, afetando 1,6 bilhão de alunos.[1] Medo, incerteza e ansiedade dominam o ar. Famílias ficam em quarentena, e a escola vai para dentro de casa. E assim seguimos por dias, semanas, meses. Seguimos, ainda com a incerteza do amanhã. Mas quando tudo isso passar — e vai passar —, como será essa volta às aulas?

Mudaremos o ritmo, porém não a direção. As tendências já anunciadas serão aceleradas. Chegaremos antes aonde imaginávamos chegar só mais para a frente. Há esperança no pós-crise.

Primeiro, vale destacar a tecnologia como ferramenta de apoio no Ensino Fundamental II e no Ensino Médio, com foco principal no conteúdo acadêmico tradicional. Nesse período de pandemia, os alunos se engajaram e aprenderam usando computadores, tablets e smartphones — recursos por vezes banidos das salas de aula presenciais. Graças a esses dispositivos, alunos passaram a acordar todos os dias, alguns colocando o uniforme, para dedicar até seis horas ao ensino on-line de forma independente. Por algumas horas, tudo parecia rotina.

A tecnologia foi a única responsável? Não. A tecnologia foi o meio, e a escola teve de ser reinventada. A distância, adotou práticas educacionais dos países que mais se destacam no PISA:[2] aulas mais curtas, com maiores intervalos entre si; aulas contextualizadas falando da pandemia; ferramentas instantâneas para medir qualidade e dar *feedback* em tempo real, entre outras.

Com isso, portas se abriram. Mais do que nunca, há possibilidade de se implementar escolas em tempo integral, em modelo híbrido. Parte virtual e parte presencial. Acaba o conflito físico (ou seja, as escolas podem continuar a ter dois turnos presenciais) e nasce um modelo mais acessível.

O Brasil, quem sabe, poderá dar um salto de qualidade relevante por dois motivos. Primeiro, pelo óbvio: alunos ganham mais horas de ensino. E ter mais horas significa maior aprendizagem, como nos mostra a melhor literatura sobre o tema. Segundo, porque será possível ampliar o currículo da escola para além do ENEM, foco atual de muitas instituições.

A dimensão on-line poderá concentrar-se mais no ensino acadêmico tradicional, conteudista. Nascem os professores "estrelas", com aulas fascinantes vistas por milhares de alunos. Estes professores muitas vezes se tornam maiores do que a própria escola, ganhando uma renda adicional considerável, às vezes milionária, como vemos na Coreia do Sul.[3] Surge, ainda, a possibilidade de unir continentes numa única aula. Por exemplo, alunos do Brasil, China e EUA podem debater o mesmo problema. Isso fortalece a pluralidade de ideias, tão necessária num mundo global.

Já o momento presencial na escola poderá focar nas habilidades socioemocionais, no ensino baseado em projetos e na criação de valores. Em tudo o que depende da socialização.

Há desafios para a implantação desse modelo. Precisamos de um marco legal que reconheça o ensino a distância (EAD) para além do ensino superior. Até a pandemia, não era permitido o EAD no Ensino Fundamental, ao passo que, no Ensino Médio, só seria possível uma transferência de 20% da carga horária para esse modelo no turno diurno. Contudo, bastaram as primeiras semanas da crise para isso mudar. Rapidamente, as Secretarias de Educação dos estados do Rio de Janeiro e de São Paulo, entre outras, liberaram o EAD, sem restrições, para o Fundamental e o Médio. Será que essa medida emergencial veio para ficar?

Outro desafio será, ainda, repensar a "mochila" do aluno. Antes, livros físicos, cadernos e lápis. Agora, internet, computador e um ambiente que permita concentração. Será que todos têm isso?

Precisamos, por fim, criar uma noção de cidadania digital. Assim como na escola presencial, o aluno no ambiente on-line lidará com questões como plágio e cola, porém sem o acompanhamento presencial do professor. Esse desafio pedirá ética, respeito e responsabilidade.

A segunda tendência é a importância das habilidades socioemocionais, que consistem na capacidade de lidar com nossas emoções, de se relacionar com os outros e de gerenciar objetivos de vida. Por bastante tempo, nossas crianças viveram uma realidade na escola em que a inteligência do conteúdo acadêmico tradicional, do passar em provas, foi dominante. Isso passou a mudar a partir de diversos estudos[4] e das demandas do mercado de trabalho. A pandemia intensificou ainda mais essa tendência. Exigiu de nós várias habilidades para sobrevivermos como planeta: solicitou colaboração; pediu pensamento crítico e resiliência; cobrou criatividade. Tanto na dimensão local quanto global. Além de ter mexido com nossas emoções.

Percebemos como é importante ter um espaço de escuta e falar de nossos sentimentos. Respirar para ir adiante. Não é à toa que uma grande maioria de escolas definiu a saúde física e mental de sua comunidade como principal pilar durante esse período, antes mesmo da aprendizagem do aluno. Sem saúde mental, é impossível aprender. O PISA e a BNCC,[5] ainda que de forma tímida, reconhecem as habilidades socioemocionais como essenciais à formação do jovem. Após a pandemia, qual será o espaço do socioemocional na escola?

A terceira tendência trata da inclusão de matérias de conhecimento pragmático na grade escolar, que deem ferramentas para o aluno enfrentar desafios e colaborar com o mundo. A educação, em qualquer nível de ensino, precisa estar cada vez mais conectada com as necessidades globais. O português e a matemática continuam relevantes, sem dúvida, mas poderíamos ver escolas cada vez mais abertas para aulas que trabalhem noções básicas de Direito e justiça, finanças, saúde, psicologia, entre outras áreas. Esses são conteúdos relevantes para qualquer jovem, independentemente da profissão que vier a escolher.

Poderíamos também ver aulas que pedem para o jovem resolver problemas reais e que lhe confiram uma noção forte de comportamento em sociedade – de dar e não só cobrar. Tudo indica que isso dará bons frutos. Afinal, mesmo sem termos ainda uma cultura forte de doação, vimos um Brasil que se mobilizou.

A última tendência é a da necessária evolução cultural da escola, do professor e da sociedade. A escola sempre demorou para inovar pelo medo de errar. Por um lado, com razão, dada sua tamanha responsabilidade – não podemos errar com nossos jovens. Por outro, o medo de errar não pode ser maior do que a vontade de evoluir.

Do dia para a noite, escola e professor começaram a operar de forma "ágil", como nas melhores *start-ups* de tecnologia. Professores que antes não sabiam nem mesmo tirar uma *selfie* baixaram aplicativos de reunião virtual e criaram aulas diárias, muitas vezes síncronas, dando um show de empatia. Atuaram, como descreve a psicóloga e professora de Stanford Carol Dweck, com mentalidade de crescimento,[6] sendo incansáveis. E, ao mesmo tempo, vimos um movimento mais intenso de troca. *Chats* com mais de cem escolas dos mais diversos países surgiram. Todas dividindo os desafios e compartilhando melhores práticas. Veremos escolas misturando cada vez mais tradição com inovação?

Não só a escola e o professor mudaram culturalmente: a sociedade também teve um despertar. Se no começo a escola era percebida com o único objetivo de fazer o aluno aprender, de repente ficou mais clara sua importância na estabilidade da família. E, em seguida, o mundo percebeu o tamanho do papel do professor. Entende agora como é difícil coordenar por tanto tempo tantas crianças. Só mesmo com formação e competência. Com muita paciência, dedicação e amor.

E, nesse caminho, o inesperado acontece com os adolescentes. Eles, que sempre "detestaram" a escola, como todo bom "aborrescente", revelam sua saudade e o desejo de voltar à escola o quanto antes. Fica nítido que a escola educa o aluno, garante a rotina da família e também é polo de felicidade para os estudantes. A escola junta, conecta, cria relações. É alegre.

Vale destacar também o que não muda. A presença de tecnologia na Educação Infantil e no começo do Ensino Fundamental I encontrou desafios. Escolas mundo afora encontraram barreiras durante essa pandemia. A essência desses segmentos é, acima de tudo, o contato físico e afetivo entre professor e aluno, entre alunos e alunos. Nada que a internet possa substituir completamente. Sem contar que os pequenos precisam de ajuda, o que causou mais impacto na rotina das famílias.

Contudo, a tecnologia serviu, sim, para preservar o passado, ainda que não tenha necessariamente deixado um legado para o futuro. Ter visto o sorriso de sua professora e brincado com seus amigos pelo computador foram vivências que ajudaram as crianças a manter seus vínculos. Quem sabe até mesmo deixaram memórias doces neste momento de compreensão tão difícil para essa faixa etária.

O mais relevante é que não evoluímos, ainda, na questão da igualdade. A mudança da escola presencial para a escola virtual foi bastante desigual, sobretudo, entre escolas públicas e privadas. Com raras exceções, essa nova "mochila" do aluno virtual não é a realidade dos milhões de jovens no ensino público. Para começar, e principalmente, falta infraestrutura: internet, computador e aquele cantinho silencioso na casa.

Até agora, vivemos meses difíceis. Escola e professores vêm dando o seu melhor, entre erros e acertos. Pais ficaram exaustos — e frustrados — conciliando *home office*, trabalhos domésticos e as atividades on-line da escola.

Mas, apesar de tudo, as movimentações impulsionadas pela Covid-19 podem mudar as escolas de forma positiva no médio prazo.

A tecnologia pode continuar presente, facilitando o modelo de escolas em tempo integral. O currículo pode ser expandido para além do ENEM, com maior foco em habilidades socioemocionais e em conteúdo pragmático. Uma mudança cultural pode permanecer: escolas e professores mais abertos ao novo; pais valorizando mais o papel do professor; e alunos cheios de vontade de ir à escola!

Ainda é preliminar, mas já começamos a ver o retorno às aulas presenciais em alguns países, como China e Dinamarca. Quando a rotina vai se normalizar no Brasil é ainda uma incógnita, mas certamente a volta será bastante diferente. Até descobrirmos uma vacina, o que aparentemente não acontecerá tão cedo, teremos diversas restrições e novos protocolos escolares.

Ao que tudo indica, será necessário um distanciamento relevante, seja no pátio, na sala de aula ou no refeitório. Alunos e professores terão de higienizar as mãos de hora em hora. Ao entrar na escola, todos precisarão ter sua temperatura medida. Nesse contexto, a escola continuará usando a tecnologia para complementar o aprendizado e nivelar as desigualdades. Precisará abrir um espaço relevante para tratar do trauma pelo qual muitos alunos passaram, seja com a perda dos avós, com a crise financeira na família ou com a rotina caótica do passado. Cada aluno viveu uma experiência de isolamento diferente. Cada aluno voltará diferente.

Fechem os olhos e imaginem esse primeiro dia de volta às aulas. Imaginem a ambivalência de sentimentos no ar. Por um lado, a necessidade de separação para minimizar contágios. Por outro, o desejo de viver e relembrar o afeto tão presente na escola, o abraçar e o brincar juntos. Como vamos gerenciar tamanhos sentimentos? Conciliar razão e emoção no processo do conhecimento e da vida como um todo, mais do que nunca, será uma agenda permanente.

NOTAS

1 Cf. McKinsey & Company, "School-system Priorities in the Age of Coronavirus", abril de 2020.
2 Programa Internacional de Avaliação de Estudantes. Trata-se de uma pesquisa sobre educação mundial divulgada a cada três anos pela Organização para Cooperação e Desenvolvimento Econômico (OCDE).
3 Cf. "Fast Earners: South Korea's Millionaire, Celebrity Schoolteachers", *The Guardian*, 16 de janeiro de 2015.
4 Como o do economista e ganhador do Prêmio Nobel James Hackman, que mostrou a importância da inteligência emocional para obter sucesso na vida.
5 Base Nacional Comum Curricular: documento normativo para redes de ensino e suas instituições públicas e privadas. Constitui referência obrigatória para a elaboração dos currículos escolares e das propostas pedagógicas para o Ensino Infantil e Ensino Fundamental.
6 Cf. *Mindset: A nova psicologia do sucesso*. São Paulo: Objetiva, 2017.

DEFESA E SEGURANÇA

A SEGURANÇA DO FUTURO
Sergio Etchegoyen

> *Você pode não estar interessado na guerra, mas a guerra está interessada em você.*
> Leon Trótski

As consequências da pandemia da Covid-19, é inevitável, alcançarão todas as áreas da atividade humana. Defesa e Segurança não serão exceções, em face dos impactos que produzirão nos Estados e suas relações, nas sociedades e na vida das pessoas.

Defesa não é um conceito tão amplo quanto o termo tenta definir. É, na verdade, uma concessão ideológica à desaprovação da expressão "segurança nacional", reduzida em passado recente a instrumento de luta política. Defesa é uma atitude que visa obter, manter ou recuperar o estado de segurança em todos os seus aspectos, como segurança alimentar, segurança energética, segurança pública, segurança sanitária, segurança nacional, segurança social, segurança financeira, segurança industrial e segurança da informação, por exemplo.

Segurança pública é valor caro aos cidadãos e ocupa posição de destaque dentre as prioridades dos eleitores. Defesa não frequenta o rol das preocupações da cidadania em geral nem empolga o eleitor, a despeito de sua importância. No entanto, Defesa e Segurança têm um vínculo profundo no Brasil e um longo e exitoso histórico de cooperação e integração, não obstante as diferenças de suas missões constitucionais e dos respectivos encargos na organização do Estado.

O emprego dos meios de ambas só serão eficazes quando organizados e preparados a partir de legislação clara e abrangente, que confira legitimidade e ofereça segurança jurídica. Isso vai se dar na medida em que essas leis sejam complementadas por políticas e planos que indiquem objetivos, estratégias, princípios, regras de atuação, prioridades e outros aspectos indispensáveis ao exercício dessas prerrogativas do Estado. O Brasil é um dos poucos países que dispõem de uma estrutura documental completa, moderna e adequada às próprias circunstâncias históricas e geopolíticas, fundamentada na realidade em que estamos inseridos sem descuidar das evoluções mais prováveis dos cenários nacional e internacional, com acompanhamento permanente para ajustar direção e ritmo se e quando necessário.

SEGURANÇA PÚBLICA

No plano interno, assistimos nas últimas três décadas a um crescimento da criminalidade praticamente sem resistência e de grande amplitude, seguido de uma posterior onda de associações em grupos criminosos. Esses grupos, de alcance inicialmente local, se expandiram rápido pelo território nacional até ultrapassarem nossas fronteiras e se estabelecerem nos países lindeiros. Verdadeiras multinacionais do crime organizado (CO).

Trata-se de organizações de base prisional, estruturadas a partir do domínio de presídios e dirigidas desde o interior deles por lideranças históricas da criminalidade, que definem, planejam e financiam as ações do lado de fora e gerenciam as iniciativas de assistência aos internos e suas famílias.

Com igual velocidade e liberdade, o crime saiu às ruas de muitas de nossas cidades, criando um sentimento de insegurança e medo que até então não conhecíamos. Isso provocou uma nova estética urbana, com grades, cercas, muros altos e outros obstáculos que enfeiam a arquitetura.

A distribuição das competências legais em segurança pública entre os entes federados sofre com importante lacuna desde a Constituição de 1824, a partir da qual a imprescindível coordenação federal nos é negada. O problema se agrava com a expansão nacional e externa do CO e o papel quase marginal atribuído ao governo nacional no setor. O combate à criminalidade de tais dimensões deve fundamentar-se em dois pilares: pessoal qualificado técnica e moralmente e integração de esforços.

Segundo o Anuário Brasileiro de Segurança Pública 2019, produzido pelo Fórum Brasileiro de Segurança Pública, os gastos públicos na atividade acompanharam o incremento da criminalidade e cresceram 116% entre 1995 e 2018. A taxa de homicídios, surpreendentemente, subiu 74% no mesmo período. É notável que temos uma deficiência gerencial abissal, incompatível com a tarefa a realizar.

Os órgãos de segurança pública (OSP), particularmente nos estados, carecem de políticas de pessoal, apresentam sérias lacunas no treinamento de seus agentes e convivem com índices inaceitáveis de corrupção. A iniciativa de integração dos OSP, tanto vertical (União, estados e municípios) quanto horizontal (na mesma esfera da administração pública), apesar de ainda recente, vem dando bons frutos, especialmente pelas estruturas de comando e controle criadas pelos governos federal e estaduais, pelos êxitos obtidos em inúmeras operações interagências e pela adesão espontânea dos OSP.

Já as ferramentas mais modernas, presentes nos países com sucesso no combate ao CO, são a atividade de inteligência e tecnologia.

Os estados despenderam em 2018 0,6% do montante de recursos destinados à segurança pública com inteligência. O número fala por si e escancara um diagnóstico sombrio do equívoco na escolha e no emprego dos instrumentos mais eficazes.

Inteligência precisa e oportuna direciona a ação preventiva e coercitiva para toda a cadeia criminosa, de forma a desarticulá-la de cima para baixo, interrompendo o fluxo de recursos que a sustenta. A tecnologia avança de mãos dadas com a inteligência no apoio à segurança pública. Articuladas, ambas poupam vidas, recursos e tempo.

Monitorar 16,5 mil quilômetros de fronteiras terrestres, outros 7 mil de litoral, 8,5 milhões de quilômetros quadrados de território emerso, 4,5 milhões de águas oceânicas, nossas metrópoles e também milhares de infraestruturas críticas é tarefa impossível sem o emprego de um vasto e eficiente sistema de sensores de alta tecnologia, espaciais e de superfície, meios de comunicação confiáveis, bancos de dados integrados e facilmente acessíveis, equipamentos operacionais modernos, meios de investigação científica atualizados e uma rede de estruturas de comando e controle que proporcione o tráfego e o processamento das informações necessárias ao processo decisório em tempo real. A alma disso tudo é a tecnologia.

Os cronistas destes tempos praticamente coincidem que o *dia seguinte* à Covid-19 nos fará ainda mais digitais, fenômeno que já se percebe pelos novos hábitos que o isolamento social vem impondo. Governos e empresas encontraram meios mais baratos, rápidos e cômodos de gestão, correspondência e reuniões. Importantes decisões estão sendo tomadas por profissionais confortavelmente protegidos em suas residências, conectados por sofisticados recursos cibernéticos. Novos e inexperientes usuários tiveram que recorrer ao universo de facilidades dos smartphones para alimentar-se, pagar contas, vestir-se e mais, no refúgio seguro de seus lares.

Eventos dramáticos de largo alcance social sempre vieram prenhes de forte poder transformador. Não está sendo diferente desta vez, mas, como tratamos de segurança, é preciso ter em mente que a cada passo que se avance neste movimento de digitalização da vida corresponderá outro das quadrilhas virtuais. É inevitável que a sofisticação de uns induza a de outros, e que a criminalidade, com toda a sua flexibilidade, rapidamente encontre novas formas de atuação.

A administração pública brasileira cada vez mais desloca seus balcões de atendimento para o mundo digital. As relações laborais, a vida financeira, a educação, a aquisição de bens e a contratação de serviços, o lazer, as relações interpessoais, tudo vai se movendo para este ambiente virtual. O universo cibernético rapidamente se amplia como espaço de exercício da cidadania, e ao Estado cabe garantir a segurança das interações ali praticadas e dos usuários, além da universalidade do acesso àquele ambiente.

É um novo mundo, ilimitado em possibilidades, sem fronteiras, sem guichês de imigração ou aduanas, onde a riqueza circula livremente, até mesmo em novas soluções monetárias não estatais, criptomoedas fora dos controles de bancos centrais ou organismos internacionais, sem qualquer lastro que não a confiabilidade e a portabilidade neste mercado informal.

Esse fartíssimo rol de comodidades, facilidades e oportunidades, aliado à redução de estruturas e custos e à súbita *migração digital* provocada pela Covid-19, faz deste mundo peculiar um atrativo inevitável tanto aos negócios quanto, infelizmente, às atividades criminosas, com iguais talento e velocidade.

Todas essas circunstâncias sugerem um incremento tecnológico da ilegalidade, seja como ferramenta, seja pelo deslocamento de parte de seus interesses para os domínios digitais, onde a informalidade, a ubiquidade e a invisibilidade oferecem vantagens inexistentes na vida material, sem o risco do recurso à violência física que alteraria profundamente a natureza e as consequências de um crime puramente patrimonial.

DEFESA

O objetivo de todas as guerras é a paz, uma paz que, no entanto, será sempre a que convier aos interesses do(s) vencedor(es). Breno sintetizou isso no século IV a.C. com sua famosa frase "ai dos vencidos".

Dois exemplos do século passado nos ensinam que a paz imposta pode resultar tanto em um desastre ainda maior, como com o Tratado de Versalhes de 1919, quanto em nova esperança, como com os Acordos de Paris de 1973, que puseram fim ao conflito do Vietnã. Quaisquer que sejam os resultados, duas lições emergem incontestáveis dessas considerações: a paz é sempre uma imposição que visa preservar o *status quo* das relações de poder estabelecidas após o conflito, e não há reparo possível à soberania ferida.

Assim, na verdade, a paz é uma ficção provocada pela ausência de beligerância que apenas encobre as tensões produzidas no movimento das placas tectônicas do tabuleiro do poder mundial. Ela durará enquanto o desequilíbrio de forças que a sustenta não for rompido.

As estruturas de Defesa de um país, por seu lado, expressam o quanto ele está disposto a preservar a sua soberania e a forma como enxerga sua inserção no jogo de poder internacional na luta pelos seus interesses. Defesa é, portanto, essencialmente um elemento da política externa, nas palavras de Clausewitz, "a política por outros meios".

A organização, o preparo e o emprego das Forças Armadas para a defesa de um país partem, pelas razões já expostas, da compreensão multidisciplinar de suas realidades históricas, geográficas, sociais, econômicas, políticas, dos interesses em jogo e da projeção dessas circunstâncias.

O mundo vive, desde o fim da Guerra Fria, um tempo de rearranjo de poder. A tendência multipolar que caracteriza o momento atual no tabuleiro político-estratégico internacional e a ascensão da China nos empurram para uma provável multipolaridade com a consequente reacomodação de nações, individualmente ou em blocos, em torno de novos irradiadores de influência.

A sobrevivência das sociedades que compartilham espaços geográficos contínuos depende, nos dias correntes, da intensidade com que consigam acordar objetivos para superar ameaças e antagonismos comuns, partindo do emprego integrado dos seus elementos de poder nacional de forma a criar condições de gerar, com a necessária autonomia, o seu próprio polo de poder.

Neste contexto, o Brasil entende a América do Sul como seu entorno estratégico. Essa massa territorial contínua onde se abrigam doze soberanias que, com as solitárias exceções do Suriname e da Guiana, possuem origens comuns e evolução histórico-cultural semelhante. Junte-se a ela o Caribe e a África Atlântica também como áreas prioritárias para a segurança nacional.

América Latina é uma expressão, apenas isso. Não consegue ser um conceito que aponte origens, etnias, realidades socioeconômicas, formações históricas e outros aspectos que sejam comuns aos países que tenta agrupar. Mais do que isso, é conceito excludente e preconceituoso que pasteuriza a visão da América não anglo-saxônica, igualando países e sociedades que não guardam semelhanças entre si de maneira bastante conveniente a objetivos e abordagens extrarregionais.

O Caribe é vizinho contíguo e rota de saída de exportações para América do Norte, Europa, Ásia e Oceania. A África Atlântica engloba os países de língua portuguesa daquele continente, exceto Moçambique, com os quais temos relações privilegiadas pela Organização dos Países de Língua Portuguesa, o que facilita enormemente nossas interações. Nessa vasta região repousam nossos interesses prioritários para a Defesa, cuja concepção levará em conta o cenário global.

O casal Toffler, em sua obra *Guerra e anti-guerra*, identifica apenas três semanas sem confrontos bélicos entre 1945 e 1991. Desde então, assistimos à tragédia dos Bálcãs, a segunda Guerra do Golfo, a invasão do Afeganistão, a campanha da Crimeia, a crise da Síria, a divisão do Sudão e a luta fratricida na República Democrática do Congo, entre outras. O prestigiado Instituto Internacional de Estudos Estratégicos, sediado em Londres, alerta que os gastos reais com Defesa em 2019 subiram 4% em relação ao ano anterior, o dobro do registrado de 2018 para 2019.

Esses claros sinais de instabilidade são ainda mais preocupantes diante da avançada perda de eficácia do sistema internacional de segurança. As Nações Unidas caminham para a irrelevância na medida em que seu Conselho de Segurança é frequentemente ignorado por iniciativas unilaterais. O Tratado de Não Proliferação de Armas Nucleares, passados cinquenta anos de existência, é a crônica de um fracasso. Temos hoje o dobro de países nuclearmente armados do que em 1968, e as chamadas potências nucleares fizeram letra morta do Artigo VI:

> Cada Parte deste Tratado compromete-se a entabular, de boa fé, negociações sobre medidas efetivas para a cessação em

data próxima da corrida armamentista nuclear e para o desarmamento nuclear, e sobre um Tratado de desarmamento geral e completo, sob estrito e eficaz controle internacional.

A extensão, duração e profundidade da crise econômica gerada pela Covid-19 tem potencial para desestruturar e provocar o colapso de países, provocar novas ondas migratórias e disputas por recursos naturais.

A necessidade de os governos atenderem as demandas internas e os problemas enfrentados por alguns países para a obtenção de equipamentos de saúde essenciais para o tratamento da pandemia obrigarão os governos a rever a globalização das cadeias produtivas, de forma a evitar a recorrência de episódios semelhantes.

É previsível um recrudescimento de posições nacionalistas e de isolamento.

Às instabilidades do pré-Covid, o mundo agregará incertezas, novas disputas e ainda mais inseguranças.

Lamentavelmente, os belos atributos que regulam as relações interpessoais não estão presentes na relação entre os Estados nacionais; nesta, como já se disse, prevalecem os interesses. A estratégia prioritária em matéria de Defesa, em tempo de paz, é a dissuasão, e seu objetivo é deixar claro que o custo a ser pago por uma eventual agressão será tão elevado que a desencoraje.

Dissuasão, que não é o mesmo que *soft power*, exige musculatura, afinal belos discursos não asseguram interesses, mas é conceito que privilegia a racionalidade e investe na segurança internacional na medida em que permite modelar os meios militares às variações conjunturais. Como no caso brasileiro, pode ser exercida por intermédio de ações de cooperação, e não elege inimigos a derrotar, mas riscos, tipos de ameaças, princípios, interesses e coisas a defender.

A política externa brasileira fundamenta-se primariamente na Constituição Federal:

Art. 4.º A República Federativa do Brasil rege-se nas suas relações internacionais pelos seguintes princípios:
(...)
IV — não intervenção;
V — igualdade entre os Estados;
VI — defesa da paz;
(...)
VII — solução pacífica dos conflitos;
(...)
IX — cooperação entre os povos para o progresso da humanidade;
(...)
Parágrafo único. A República Federativa do Brasil buscará a integração econômica, política, social e cultural dos povos da América Latina, visando à formação de uma comunidade latino-americana de nações.

O Livro Branco de Defesa Nacional (LBDN), edição 2012, orienta:

> No plano regional, especialmente o sul-americano, a relação entre as políticas externa e de defesa deve ocorrer no sentido de fomentar e expandir a integração, de maneira a fortalecer a ação sul-americana no cenário internacional.
>
> Deve ser, ainda, fator agregador na capacidade de articulação com os governos vizinhos para afastar ameaças à paz e à segurança na região.

A Política Nacional de Defesa (PND), edição 2012, estabelece:

4. O AMBIENTE REGIONAL E O ENTORNO ESTRATÉGICO

4.1 A América do Sul é o ambiente regional no qual o Brasil se insere. Buscando aprofundar seus laços de cooperação (...)
4.6. Como consequência de sua situação geopolítica, é importante para o Brasil que se aprofunde o processo de desenvolvimento integrado e harmônico da América do Sul, que se estende, naturalmente, à área de defesa e segurança regionais.

Objetivos Nacionais de Defesa:
(...)
II — defender os interesses nacionais e as pessoas, os bens e os recursos brasileiros no exterior;
(...)
IV — contribuir para a estabilidade regional;
V — contribuir para a manutenção da paz e da segurança internacionais;
VI — intensificar a projeção do Brasil no concerto das nações e sua maior inserção em processos decisórios internacionais;
(...)

A Estratégia Nacional de Defesa (END), edição 2012, impõe:

10. Priorizar a região amazônica
11. Desenvolver a capacidade logística, para fortalecer a mobilidade, sobretudo na região amazônica.

(...)
18. Estimular a integração da América do Sul.
(...)
24. Participar da concepção e do desenvolvimento da infraestrutura estratégica do País, para incluir requisitos necessários à Defesa Nacional.

A participação brasileira no condomínio sul-americano significa, segundo dados do FMI, 52% da população, 47% do território e 48% da economia da região. Hoje, mais da metade dos sul-americanos falam português, e o ensino do espanhol é obrigatório nas escolas públicas brasileiras.

A Amazônia representa 62% dos 8,5 milhões de km² do território brasileiro, que foi recentemente acrescido, com base na Convenção do Mar e aval das Nações Unidas, de 4,5 milhões de km² na plataforma marítima continental, a Amazônia Azul, onde estão localizadas vastas reservas petrolíferas na camada do pré-sal.

Os aquíferos Guarani, compartilhados com Argentina, Paraguai e Uruguai, e Alter do Chão, na foz do Amazonas, guardam $1,3 \times 10^{17}$ litros de água potável.

Dono de uma economia sofisticada e diversificada, o Brasil produz de grãos a aeronaves modernas, e faz divisa com outros dez países. Nas fronteiras brasileiras, a vida, as pessoas e a sociedade transitam livremente nos dois sentidos. Casa-se, estuda-se e consome-se de um lado e de outro, indistintamente. Comemora-se, integra-se, celebra-se e trabalha-se.

A fronteira simplesmente não existe para aquelas populações.

É assim em Foz do Iguaçu, no Paraná; em Tabatinga, no Amazonas; em Bela Vista, Ponta Porã, Aral Moreira, Coronel Sapucaia e Paranhos, no Mato Grosso do Sul; em Uruguaiana, Quaraí, Livramento, Aceguá, Jaguarão e Chuí, no Rio Grande do Sul; e em muitos outros pontos dos nossos 16 mil quilômetros de fronteira terrestre.

Essa vocação para integração e cooperação é um patrimônio brasileiro e sul-americano.

CONCLUSÃO

Fomos capazes de um avanço tecnológico inimaginável. Em pouco mais de duas décadas criamos arsenais com tal poder destrutivo que podem extinguir algumas vezes a vida no planeta, mas ainda tateamos no escuro à procura de soluções preventivas para pandemias como a que vivemos. Somos mais competentes para exterminar a vida do que para salvá-la.

O fim da pandemia não trará, lamentavelmente, um mundo mais seguro. Enfrentaremos novas ameaças e disputas.

A desagregação de países é uma possibilidade tristemente real de repercussões imprevisíveis. A violenta retração prevista para a economia global aprofundará nossas já intoleráveis diferenças sociais e as assimetrias com os demais países da região.

O sucesso no enfrentamento dos desafios trazidos aos sistemas de Defesa e Segurança pela pandemia passa por iniciativas que já são tardias. É urgente a definição de estrutura nacional que trate dos aspectos de segurança cibernética e de proteção de dados para enfrentar o crescimento dos crimes digitais e permitir a defesa de nossas infraestruturas de tecnologia da informação.

Faz-se necessário encontrar fontes de financiamento e estabilidade orçamentária para os projetos tecnológicos de monitoramento e controle do território brasileiro e as infraestruturas críticas que contêm.

A expansão nacional e internacional do CO exige o incremento dos esforços de integração e cooperação, tanto no âmbito da administração pública quanto com os países do nosso entorno. A América do Sul carece de um instrumento de integração dos esforços de combate ao crime transnacional que torne rotina o compartilhamento de bases de dados, de troca de informações e de artifícios que deem mais agilidade às investigações, perseguições policiais, perícias técnicas e persecução penal.

A caminhada até a completa superação da presente crise sanitária será longa e difícil. É impossível antever todos os seus desdobramentos e alcance, o que empresta ainda mais incertezas aos naturalmente incertos domínios da Defesa e da segurança pública.

Cidadãos e cidadãs terão papel decisivo na superação das dificuldades, particularmente da crise social que se arrastará até que o mercado reabsorva a mão de obra desocupada pela crise. Nenhum sacrifício terá valido a pena se deixarmos alguém para trás pela falta de mão solidária e caridosa.

Nada será como antes, mas tudo poderá ser melhor do que já foi, depende apenas de nós, brasileiros.

REFERÊNCIAS BIBLIOGRÁFICAS

ACÁCIO, I.D.P. "Política de defesa em perspectiva comparada: a percepção de ameaças em potências regionais". In: LIMA, Maria Regina Soares de. *Relações interamericanas: a nova agenda sul-americana e o Brasil.* São Paulo: Lua Nova, n. 90, dez. 2013.

BRASIL. *Constituição da República Federativa do Brasil,* 1988.

_____. *Estratégia Nacional de Defesa (END),* 2013.

_____. *Livro Branco de Defesa Nacional (LBDN),* 2013.

_____. *Política Nacional de Defesa (PND),* 2013.

_____. *Anuário Brasileiro de Segurança Pública (FBSP),* 2019.

CALLE, Fabián. "El espacio sudamericano como 'zona de paz' a preservar frente a factores de turbulencia intra y extra-regionales". In: JOBIM, N.A.; ETCHEGOYEN, S.W.; ALSINA, J.P. (Orgs.). *Segurança Internacional: Perspectivas Brasileiras.* Rio de Janeiro. FGV, 2010.

TOFFLER, A. e H. *Guerra e anti-guerra.* Rio de Janeiro: Record, 1993.

The Military Balance 2020, The International Institute of Strategic Studies, Londres, 2020.

ESPORTE

POR UM "MODO REINVENÇÃO"

Bernardinho

A pouco mais de quatro meses dos Jogos Olímpicos de Tóquio, a Covid-19 se transforma numa pandemia, fazendo o sonho de atletas, treinadores, profissionais do esporte e fãs apaixonados ser adiado por um ano. Campeonatos continentais e regionais de várias modalidades interrompidos, competições dos mais de 47 esportes olímpicos canceladas...

Todos os canais de TV e plataformas de conteúdo esportivo passam a especular sobre prazos e datas para o retorno às atividades; preenchem suas grades com material histórico, reprisando grandes finais e momentos inesquecíveis. A expectativa de futuras emoções cede lugar às marcas indeléveis do passado.

Essas são considerações iniciais sobre a parte mais visível da atividade esportiva.

No entanto, me vêm à mente os jovens atletas que ansiavam por participar de uma competição estudantil; a criança que participaria de um festival de esportes no final de semana e queria orgulhar seus pais e sua família pelo seu desempenho; aquele rapaz que faria exame para mudar de faixa no judô, atividade a que ele resistira no princípio, mas pela qual se apaixonara, dando razão à insistência de seus pais, que desejavam que ele se tornasse mais disciplinado.

Esporte é contato, interação, aglomeração de pessoas... Por melhor que seja o nível técnico de uma disputa, sem a presença do público, com sua vibração, emoção e energia, o espetáculo perde seu brilho. Se as pessoas não conseguem ir às arenas, aos palcos dos embates, elas se juntam nos bares ou em casa para, em grupo, poderem torcer e se emocionar juntas. Há um sentimento mais forte do que a paixão do torcedor: a paixão compartilhada.

Diante disso, enquanto os países não comungam de uma visão unânime e contundente sobre a melhor forma de combater uma pandemia como a da Covid-19, a questão central que se debate nesses dias é: quando e como poderemos nos aglomerar novamente? Ou mesmo: *poderemos* nos aglomerar novamente?

No entanto, antes de tentarmos antecipar o pós-pandemia, quero lembrar uma máxima do esporte que utilizamos em momentos de crise e que faz muito sentido, especialmente hoje: *return to basics*. Falo da importância de voltar ao básico, retornar à essência. Neste momento de grande reflexão e de tentativas de ressignificar o verdadeiro sentido das coisas, os nossos propósitos, considero essencial também pensar nos valores do esporte, pois são eles os pilares que o sustentam, principalmente em tempos incertos.

Há dois elementos que são extremamente relevantes para superarmos essa fase: disciplina e resiliência. E o esporte é certamente um campo onde ambas são trabalhadas e exigidas permanentemente.

Não há como obter êxito no esporte (e talvez na vida), em qualquer nível que se pratique, sem disciplina. Disciplina são os hábitos que criamos, os nãos que temos de dar ao que gostaríamos de fazer a fim de que cumpramos o que é preciso cumprir para atingir nossas metas. A disciplina é mais importante que a motivação, e a meu ver está na base do crescimento. As mais diversas histórias de times e atletas, ao longo dos anos, nos mostram que apenas o talento não é suficiente. Só a preparação intensa, a dedicação contínua e a entrega no processo nos permitem evoluir.

O segundo ponto, a resiliência, que tem origem na física, é entendida como a propriedade de alguns materiais de retornar à sua forma original após terem sido submetidos a uma deformação elástica. No esporte e na vida, a resiliência é a capacidade de alguém se recobrar de um "golpe" ou se adaptar às mudanças. Tem a ver com a capacidade de lidar com as frustrações, com os nãos que a vida nos apresenta, com as derrotas e os percalços, retornando à condição anterior. Poderíamos ir além e falar num conceito de que gosto muito, do pesquisador libanês Nassim Taleb: a antifragilidade. Pois, enquanto o resiliente resiste a choques, retorna à forma prévia e permanece o mesmo, o antifrágil com os choques fica melhor. O esporte nos treina a lidar com a passagem do tempo, a entender que a vida "não será sempre justa" e que, mesmo assim, temos de retomar nossa caminhada.

Como pai e treinador, tive a oportunidade de acompanhar a história de vida de milhares de atletas, amadores e profissionais. Foi com base nisso que construí a visão que compartilho aqui. A prática esportiva gera a possibilidade de desenvolver "virtudes" como a disciplina, a resiliência, mas também muitas outras. Por exemplo, a capacidade de trabalhar em equipe, de entender o verdadeiro valor do time, ampliando o olhar sobre o coletivo num mundo tão contaminado por uma visão individualista. Além disso, é campo para a formação de líderes, de jovens que demonstrarão capacidade de excelência em momentos de enorme pressão e dificuldade, que ajudarão seus companheiros... O esporte os treina a se adaptarem aos mais diversos cenários — muitas vezes adversos —, desenvolvendo a habilidade e o protagonismo que os fazem querer ir além. Do mesmo modo, cada categoria traz consigo suas regras, e os jovens aprendem a respeitá-las: se transgredirem, serão punidos; devem respeitar seus companheiros e adversários. Esses são aspectos fundamentais em qualquer âmbito da vida.

Eis a essência, os valores que gostaríamos que eles vivenciassem e assimilassem. O alto rendimento é o objetivo, o que inspira; com suas cores intensas, nos revela histórias de superação, de dor e recomeço, de vitórias e derrotas, as quais despertam paixão e devoção.

Ouvi recentemente, de alguns treinadores europeus, que o esporte é quase que "luxo", algo que um mundo em crise, com tantas incertezas, sequer irá considerar. Minha resposta a esse tipo de observação é de que se trata de um enorme erro, pois os ensinamentos, as ferramentas e capacidades que o esporte pode desenvolver em nossos jovens são os pilares sobre os quais podemos projetar a "reconstrução" de nosso país, quiçá do mundo — sem qualquer pretensão, mas com profissionais preparados, conscientes de sua missão de educar por meio da transmissão e prática de valores fundamentais para a nossa sociedade.

Olhando para o pós-crise, acredito que o foco do investimento público deva ser no esporte de base, com foco nos profissionais/técnicos/educadores e na ampliação da base de praticantes. É preciso repensar o modelo esportivo brasileiro e construir um que leve o esporte a ser sinônimo de educação.

Além disso, quando se trata de alto rendimento inserido na indústria do entretenimento, devemos rever o sistema eleitoral das instituições e dirigentes do esporte, que se reelegem "vitaliciamente" e não demonstram qualquer capacidade de lidar com os desafios de inovação e adaptação que o novo momento irá exigir.

O "modo reinvenção" deverá estar ligado. Não se pode imaginar que a forma de sucesso que nos trouxe até aqui será a mesma nesse novo mundo pós-crise. Cabe observar os procedimentos e protocolos adotados nos grandes polos esportivos e nas grandes ligas; adaptar essas medidas à nossa realidade; retomar as atividades de forma progressiva. Num primeiro momento, sem público. Depois, permitindo a presença de torcedores, com os cuidados que forem necessários.

Paralelamente, é importante que encontremos formas de manter o enorme público consumidor próximo ao ambiente esportivo, de transferir os canais de contato e engajamento dessa enorme massa de fãs para plataformas on-line. Como consequência, podem-se convocar mentes empreendedoras, tecnológicas, para construir esse novo ambiente, no qual empresas possam expor suas marcas e levar a emoção do esporte a pessoas distantes e, muitas vezes, sem condições financeiras que as permitam estar nos locais dos eventos. Ampliar a base de praticantes, como mencionado acima, e a audiência não implica a construção de grandes arenas, e sim soluções inovadoras. Algumas, inclusive, já vêm sendo testadas com o uso da "realidade virtual".

Fica, pois, em aberto a última questão: será possível, num futuro próximo, a criação de uma solução inovadora, baseada em tecnologia, mediante a qual as pessoas, mesmo distantes e não aglomeradas, poderão compartilhar a paixão pelo esporte?

MERCADO FINANCEIRO

IMPACTO, FIDÚCIA E A DEMOCRATIZAÇÃO DOS MERCADOS

Alessandro Horta

Em tempos soturnos e difíceis, é ainda maior o desafio de fazer previsões. Adoraria ser como Aldous Huxley, que retornou um pouco mais de duas décadas ao seu *Admirável Mundo Novo* apenas para constatar que o que foi imaginado aconteceu mais rápido do que a literatura. Posição de certa forma ainda confortável é ser vítima da maldição de Apolo, confrontando-se com a incredulidade perante previsões corretas e assim ser taxada de louca — apenas mais uma Cassandra. Mas o mais provável é ser simplesmente um certo alguém tentando tatear no escuro do momento, buscando uma luz no fim do túnel da incerteza.

    O que se conquistou ao longo da história nas relações humanas foi uma consolidação da confiança, da fidúcia, que se traduziu na estruturação de um mercado de ativos financeiros complexo, plural, eficiente e global. Como sairemos do outro lado desta pandemia, se vivenciamos um impacto brutal no *modus operandi* desta imensa colcha de retalhos? Difícil dizer, pois neste exato momento estamos em mares nunca dantes navegados, com o petróleo sendo negociado a valores negativos em decorrência do gargalo no ecossistema logístico de armazenamento dos barris produzidos. Há também em curso uma intervenção gigantesca dos governos nestes mesmos mercados, para, basicamente, permitir que esta confiança se mantenha e os efeitos danosos nos elos mais fracos dessa corrente (cidadãos ou empresas) sejam minimizados. Repetindo: como sairemos do outro lado, no que diz respeito a esta machucada colmeia de agentes que difundem valores, investimento e informação? Podemos ser otimistas e esperar que sairemos melhores.

Estamos diante de uma oportunidade única de reforçar a tendência de se medir o impacto dos investimentos de capital. Esse movimento já se consolidava, e a cada dia uma nova forma de se permitir uma total liberdade dos fluxos financeiros, e conseguir simultaneamente que decisões privadas se alinhassem com o interesse comum da sociedade, avizinhava-se. Percebeu-se que apenas incutir o conceito de investimentos de impacto via estrada da filantropia não era suficiente. Afinal, precisamos que sejam sustentáveis, perenes e tenham escala global. Inicialmente imaginou-se que a observação dos conceitos absorvidos de ASG (Ambientais, Sociais e de Governança) e toda a sua estrutura de monitoramento seriam um bom caminho, mas é preciso ir mais fundo. Estamos diante desta oportunidade e deste desafio agora. No momento em que as questões sanitária e social se apresentam de forma definitiva, sabemos que é necessário planejar o futuro. A busca por retornos vai permanecer, setores que fornecem o que queremos como consumidores perseverarão, mas é necessário medir também o impacto que, em paralelo ao retorno puramente financeiro, os investimentos terão em todos nós como sociedade. Não estamos falando em limitar, direcionar, inibir, incentivar, mas puramente medir. E medindo poderemos decidir onde queremos investir. Sêneca nos deixou a simples constatação de que "tentar é correr o risco de fracassar". E mesmo que no final, para a maior eficiência do fluxo de capitais, a avaliação dos impactos não financeiros seja irrelevante para o bom funcionamento do sistema distributivo que faz as engrenagens girarem, ter a informação é melhor do que não ter. Mas a consciência das consequências dos investimentos, mesmo que marginal, terá o seu efeito.

Uma importante inversão que poderá ocorrer por conta da disseminação global da Covid-19, e o consequente bloqueio das cadeias de suprimento, é a visão dos governos de revisitar a legislação que estimula ou restringe a exportação ou a internalização da produção de bens e serviços. Seja pela limitada produção de produtos essenciais e estratégicos na crise, como respiradores, máscaras e medicamentos, bem como por conta de um apanhado mais geral da fragilidade relativa da rede de abastecimento, muitos governos farão importantes reflexões. Talvez isso desemboque numa revisão de tarifas e incentivos que serão postos com o intuito de nacionalizar uma série de elos na cadeia de produção. Um mundo de integração *just in time* sincronizado globalmente poderá se tornar mais local. Por mais que se concorde ou discorde, é um discurso político bastante palatável para uma parcela da população de qualquer país, num ambiente posterior ao aumento de desemprego em diversas nações.

Aproximando a lupa do efeito a ser observado nos mercados financeiros por conta disso, teremos provavelmente um deslocamento de fluxo de capitais para o financiamento dessas novas capacidades produtivas. Isso se dará principalmente próximo a grandes mercados consumidores, mas que por questões de custos de produção afastaram ao longo dos anos uma série de elos da cadeia para regiões de custo mais baixo. Naturalmente, veremos esses efeitos no tempo, o quão mais rápido os países criarem regras de incentivo (ou desincentivo) à produção nacional *versus* estrangeira. Podemos projetar, em cenários mais radicais, uma importante nacionalização de atividades outrora não presentes em alguns países, o que poderia acarretar uma redução da média de tamanho das empresas globais em alguns setores, ao mesmo tempo em que veríamos o crescimento do número das mesmas com atuação regional mais restrita.

Os mercados de ações nacionais poderiam ver o crescimento de opções de investimento em número de ativos. Isso teria como origem a redução da abrangência de um grande fornecedor de determinado produto, que teria os seus clientes divididos com outras empresas menores de outros países. Podemos facilmente imaginar isso acontecer, ainda mais em certos setores industriais e de serviços. Ao mesmo tempo, o mercado de crédito privado também teria que se modificar para nacionalizar-se, criando uma maior diversificação para lidar com essa nova configuração de cadeias produtivas. Neste particular, veríamos uma concomitante nacionalização do mercado de crédito por conta das questões de descasamento de moeda.

Quando muitos podem interpretar esta previsão de nacionalização de partes das cadeias para o lado bom ou ruim, outra possibilidade sem dúvida seria bastante positiva: a da democratização do acesso ao capital. Apesar desta crise até o momento não guardar similaridade com uma crise do sistema financeiro formal, as atitudes de certas autoridades monetárias ao atuar diretamente nos mercados de capitais demonstraram o importante valor da pulverização para seu bom funcionamento. O fato de, apesar de os mercados terem reagido mal, a disfuncionalidade com auxílio, ter sido em parte resolvida garantiu um caminho. A manutenção dos instrumentos de liquidez e preços mesmo com um dos maiores eventos de cauda já vistos reforça a estrada da desintermediação dos mercados. Muitas vezes a abrangência e a horizontalidade dos agentes que atuam em determinado mercado, como por exemplo no setor de Gestão de Recursos, agem de forma importante para dividir focos e expertises, num momento que todo esforço e toda capacitação são necessários. Isso mostra cabalmente que quanto mais profundo e desenvolvido é o mercado, e quando existem atores de porte e bem preparados em várias verticais, a resposta é mais profunda e eficiente tanto em tempos normais quanto em excepcionais. Como é dito de forma precisa sobre o prestador de serviço ideal: "Grande o suficiente para ser relevante, pequeno o suficiente para se importar."

O isolamento social global que testemunhamos vai também deixar seu legado no funcionamento dos mercados. Com a obrigatoriedade dos participantes deste mercado de ficarem em suas casas, utilizando-se da tecnologia para se comunicar, decidir e trocar informações, será constatado que muitas práticas antigas podem ser aperfeiçoadas. Um ganho de produtividade e eficiência vai ser encontrado com uma grande redução de contatos presenciais e viagens. Além disso, modelos mais flexíveis de trabalho foram testados e serão mais aceitos. Falando objetivamente do setor de Gestão de Recursos como exemplo, em que uma gestora nada mais é que uma catalisadora de capital, ideias e talento, teremos formas cada vez mais criativas de estruturar essa "máquina". Podemos sem dúvida conectar esses talentos usando a tecnologia, e em muitos casos aceitar modelos de trabalho mais flexíveis, eficientes e sustentáveis.

O otimismo de darmos grandes passos em momento difíceis deve nortear as nossas decisões. Podemos e devemos tirar lições da situação extrema, e buscar esses novos caminhos. Não é uma questão de enxergar um futuro através de lentes cor-de-rosa. Mas de acreditar que podemos construir novas realidades no mercado, buscando aprender com o que foi vivido. Lembrando o que foi dito por Churchill, em sua obra *Grandes homens do meu tempo*: "Os caprichos do destino são imprevisíveis, e seus métodos, insondáveis. Às vezes, quando ele parece maldosamente voltar-se contra nós, está preparando suas dádivas mais fascinantes."

CINEMA

A REALIDADE É MAIS ESTRANHA QUE A FICÇÃO

Bruno Barreto

> *It's no wonder that truth is stranger than fiction.*
> *Fiction must be credible.*
> Mark Twain

Quando somos crianças, pedimos aos nossos pais que nos contem uma história ao nos colocarem para dormir. Minha mãe, quase sempre, preferia tocar piano — a música também conta uma história, dizia ela. Paz e harmonia era o que eu sentia à medida que as histórias eram contadas. Eu começava a dormir e, é claro, a sonhar.

Quando crescemos, a necessidade de histórias continua — e até aumenta. Apenas a forma como elas são contadas é que muda: filmes, novelas, séries, livros, peças de teatro etc.

Como adultos, somos surpreendidos pela realidade diariamente. Nossas expectativas são frustradas. Tentamos entender o porquê — afinal, ainda somos animais racionais —, a fim de que a sensação de decepção não se repita. Mas, cada vez mais, a realidade não faz sentido, é absurda, difícil de acreditar, inverossímil. Daí a necessidade diária de ficção, que tem na sua essência a verossimilhança, condição fundamental para conseguirmos processar alguns dos acontecimentos inacreditáveis do nosso cotidiano. Sem a ficção, não dá nem para começar a aceitar a realidade. Não usei o termo "entender", mas "aceitar", porque muitas vezes a realidade é como a mulher: *indecifrável*.

Indecifrável, também, é o nosso futuro. *Inverossímil*, o nosso presente.

Quando imaginaríamos estar passando pelo que anda acontecendo agora? Ruas vazias, com poucas pessoas — e andando com máscaras. Isso não parece um filme-catástrofe ruim, com um roteiro pior ainda? A realidade nunca daria um bom roteiro, nem a verdade. Discordo de Jean-Luc Godard,[1] que disse que o cinema é a verdade 24 vezes por segundo (a velocidade normal de filmagem e projeção é de 24 fotogramas por segundo). Para mim, a magia e a ilusão, muitas vezes acusadas de serem mentirosas, são o melhor caminho para se chegar à verdade, que a meu ver é, sempre foi e continuará sendo relativa, jamais absoluta. Do contrário, a verdade seria desumana.

Num mundo dominado pelas mídias sociais, a palavra narrativa nunca foi tão usada. Se você não tem uma narrativa, você não tem identidade. E, sem identidade, você não existe. Muitas vezes, está aí a raiz das *fake news*: a necessidade de criar, a qualquer custo, uma narrativa verossímil — que se assemelha à verdade, mas não é. Trata-se da vitória da versão sobre o fato. Essa distorção do comportamento humano sempre existiu, mas hoje, talvez por causa da promiscuidade digital, ela atingiu uma intensidade e capilaridade extremamente perversas.

Nunca a polarização foi tão necessária — sim, porque sem ela não se constrói uma narrativa. Conflito é a palavra-chave. Sem ele, não se estrutura um roteiro de cinema ou uma peça de teatro. A narrativa da qual tanto se fala hoje é vizinha de porta da dramaturgia. A literatura mora em outro país. Contar uma história, sobretudo por meio dos conflitos entre os personagens, é a regra número um do dramaturgo. Até uns vinte anos atrás, a maioria das histórias contadas no cinema e na TV se apoiava no bem contra o mal, no mocinho contra o bandido. Apenas alguns filmes traziam personagens mais complexos — não totalmente bons ou ruins. Os filmes de autor, como eram chamados, sempre agradavam aos críticos e ganhavam prêmios em festivais, mas os filmes *mainstream*, comerciais, não tinham essas sutilezas, como também os seriados para a TV e as novelas.

Até que começaram as séries, inicialmente nas TVs a cabo — recordam *The Sopranos* e *Sex and the City*, para citar duas apenas? Hoje, elas estão também, e sobretudo, nas plataformas de *streaming*: GloboPlay, Netflix, Amazon Prime e HBO Go, por exemplo. Se me perguntassem qual a principal característica desse novo formato de entretenimento audiovisual, minha resposta seria apenas uma palavra: complexidade. Os personagens são bons e ruins ao mesmo tempo. Até em seriados que se apoiam na dramaturgia clássica — a tragédia grega —, nos quais o bem contra o mal é o conflito central, os personagens não são previsíveis: *Game of Thrones* é um exemplo. O conflito, elemento fundamental a gerar a tensão dramática da narrativa, continua presente, mas não às custas da complexidade dos personagens. O fato de o espectador não conseguir prever o comportamento do protagonista, uma vez que ele tem diferentes camadas na personalidade, traz até mais suspense para a narrativa. Essa humanização dos personagens, com suas qualidades e defeitos, faz com que o espectador acredite mais no que está vendo. A ficção se torna real por causa da verossimilhança, ao passo que a realidade fica absurda, pois sua polarização maniqueísta entre o bem e o mal é inverossímil.

A ficção dramatúrgica (as narrativas audiovisuais e o teatro) já provou que tem o poder de mudar comportamentos. Lembram-se de como várias mulheres ao redor do mundo começaram a usar gravata e boina como a Annie Hall, personagem vivida por Diane Keaton no filme *Noivo neurótico, noiva nervosa*, de Woody Allen? Ou de como as camisas, gravatas e ternos Armani quase viraram uniforme para homens jovens e urbanos depois que Richard Gere apareceu vestido com essas peças no filme *Gigolô americano*? A ficção, muitas vezes, está à frente de seu tempo; noutras, não envelhece com ele. Como é bom ver de novo o clássico *Casablanca*...

Agora, em tempo de distanciamento social por causa da pandemia, sinto que a necessidade da ficção é maior do que nunca, sobretudo no que diz respeito a narrativas cujo foco é o humano, e não a polarização entre o bem e o mal. Precisamos da ficção para nos reencontrar e, então, nos conectar com o outro.

Com as plataformas de *streaming*, um filme — sim, porque também são produzidos longas-metragens para serem lançados diretamente nelas — ou uma série podem ser vistos por 28 milhões de pessoas só num fim de semana. Foi esse o caso de *Modo avião*, produção nacional realizada para a Netflix e lançada em janeiro de 2020 que se tornou o filme em língua não inglesa mais visto da história do gigante do *video on demand*. Dois terços da audiência eram de fora do Brasil. A língua não é mais um problema: o entretenimento audiovisual se globalizou para valer. Quando poderíamos imaginar que, apenas com um clique, sentados no sofá de nossa casa, conseguiríamos acessar uma série sueca, um filme israelense ou um seriado coreano?

Para citar apenas um caso, só a Netflix ganhou mais de 16 milhões de novos assinantes graças ao coronavírus. E é claro que as outras plataformas também se beneficiaram. A frequência das salas de cinema já está em queda faz algum tempo. Para piorar, não sei se voltará ao nível em que estava antes da pandemia. Uma coisa, porém, é certa: continuaremos a sair de casa, sim, para ver os filmes que nos trouxerem narrativas mais sensoriais, casos em que o tamanho da tela e a espacialidade do som fazem diferença. A grande diferença, a maior de todas, a experiência coletiva de assistir a um filme com a plateia reagindo e te contagiando — sem ser com a Covid-19! —, não vai acabar. Afinal, viver é interagir.

NOTAS

1 Cineasta francês de origem suíça e um dos expoentes do movimento *nouvelle vague* nos anos 1960, junto com François Truffaut (meu preferido).

ENTRETENIMENTO

O QUE NÃO VAI MUDAR DEPOIS DA PANDEMIA: A NATUREZA HUMANA

Roberto Medina

Há uma tentativa de explicação recorrente para a Covid-19. A pandemia seria uma "freada de arrumação" da natureza, com o objetivo de enfrentar os efeitos desastrosos da produção predatória e do consumo irresponsável — de produtos que são projetados para logo se tornarem obsoletos; de modismos rapidamente descartáveis, alimentados por estratégias de marketing cada vez mais sofisticadas; da exploração a qualquer custo dos recursos naturais, como se não houvesse amanhã; da transformação da água e do ar em latas de lixo da espécie humana... Tudo isso não poderia continuar indefinidamente, sob pena de virmos a tornar o planeta inabitável. Como observou o astrônomo Carl Sagan, "vivemos numa nave espacial sem meios de reabastecimento".

Estamos aprendendo da pior maneira — a maneira que geralmente funciona melhor — a refletir sobre o presente, o passado e o futuro, num momento em que o susto nos dá motivação e o confinamento nos oferece o tempo necessário para o pensamento crítico. É certo que quase nada será como antes. Descobrimos que o trabalho a distância funciona, que menos carros nas ruas são menos mortes no trânsito e menos poluição, que não precisamos de tanta compulsão para sobreviver. Mas percebemos, também, que falta nos fazem a liberdade de ir e vir e o convívio com os parentes, os amigos, até mesmo com os estranhos que passam por nós e compõem a paisagem urbana. Liberdade e convívio: necessidades vitais do ser humano, ânsias que não desaparecerão depois de o vírus esgotar seu ciclo.

Nascemos equipados de virtudes que nos permitem enfrentar os duríssimos desafios de cada dia: inteligência, força, resistência, coragem, criatividade. Mas, ao mesmo tempo, fomos premiados por Deus ou pela natureza com o dom da alegria e o direito ao sonho, os quais nos fazem sentir que a vida vale a pena. Neste momento dramático, em que sonhamos com a volta à nossa cota de felicidade, é justamente a mobilização da alegria que surge como a mais poderosa arma a ser empregada, na retomada do dinamismo econômico, com vista à criação de empregos e à expansão da renda de empregados e empregadores. E nenhuma atividade responde à demanda social por alegria com mais eficácia, rapidez e a um custo tão baixo quanto o turismo receptivo.

Os turistas brasileiros gastam, todos os anos, 75 bilhões de reais no exterior. Com a eclosão da pandemia, milhares desses turistas foram surpreendidos lá fora com o risco iminente de adoecer e com toda sorte de dificuldades para voltar ao Brasil. Isso causou um trauma profundo em toda a sociedade, que hoje teme sair do país em viagens de lazer e compras. A tendência, num país como o nosso, tão cheio de atrações de norte a sul, é de opção pelo turismo interno. Numa estimativa realista, pode-se antecipar que, com tal mudança de foco, boa parte do atual dispêndio externo será canalizado para o consumo de bens e serviços dentro de nossas fronteiras. E esse dinheiro irrigará um amplo espectro da economia nacional, desde o vendedor de mate na praia aos templos da gastronomia, desde a pousada romântica na serra à rede hoteleira urbana, desde a revitalização dos teatros aos espetáculos a céu aberto.

Essas considerações que faço têm o lastro da experiência pessoal. O Rock in Rio, criado em 1985, em meio à epidemia de outro vírus igualmente devastador, o HIV, reúne a cada edição bienal cerca de 700 mil pessoas, vindas de todos os estados brasileiros e de outros países, em sete dias de espetáculos. Sua próxima edição no Brasil será em setembro de 2021, e a de Lisboa, que seria em junho de 2020, também será transferida para o ano seguinte. Assim como o Carnaval de 1919, quando os brasileiros festejaram com euforia o fim da gripe espanhola, o Rock in Rio 2021 poderá ser a síntese de uma celebração especial na história do entretenimento. Minha aposta é que a sociedade inteira saciará o desejo hoje reprimido de viver e conviver com a emoção da liberdade.

De fato, nada substitui o calor de um abraço amigo. Ficou claro neste afastamento forçado que a liberdade compartilhada não tem preço. No que me cabe, continuarei a vender esperança, alegria, empatia. E, como resposta à crise, vou fazer o melhor Rock in Rio de todos os tempos. Com certeza os habitantes da cidade do Rock irão celebrar como nunca fizeram!

E onde entra o poder público na saga da recuperação? Em primeiro lugar, tem de entrar com a mudança da mentalidade. Tem de se convencer de uma vez por todas de que festa popular não é concessão demagógica nem gasto irresponsável. É investimento de retorno multiplicado, imediato e garantido para o erário, na forma de tributos arrecadados em volume crescente. Além do mais, o negócio do entretenimento é uma atividade que distribui imensa renda pelos mais diversos pontos do território nacional e pelos mais variados ramos da indústria, do comércio e da prestação de serviços. A função do Estado é dar a partida, com financiamento criterioso ao empreendedor e a oferta de infraestrutura adequada e serviços públicos de qualidade. O resto é com a iniciativa privada. Sob a ótica das parcerias público-privadas, não vejo outra opção com tão poucos riscos, inclusive ambientais, e tão boa relação custo-benefício.

Tomando como referência o Rio de Janeiro, que é o portal receptivo do país, o turismo gera um impacto econômico anual de 27 bilhões de reais. E esse valor pode crescer muito mais a partir de investimentos equivalentes a apenas 10% do que os brasileiros gastam hoje no exterior — isto é, R$ 7,5 bilhões —, num vibrante calendário anual de eventos apoiado por comunicação de forte presença. A infraestrutura receptiva está pronta desde os Jogos Olímpicos, a capital está mais segura e, com o dólar nas alturas, tudo ficou comparativamente mais barato.

Se governantes e empresas se articularem com profissionalismo, podem fazer do turismo a poderosa alavanca do desenvolvimento com pleno emprego que ele é capaz de ser. O retorno não só será rápido, compensador e de efeito duradouro, mas também adicionará um lucro intangível na forma de valorização de imagem ante a sociedade, e isso tanto das marcas engajadas na distribuição de alegria quanto das instituições públicas e seus dirigentes sintonizados com os anseios da população.

Sim, muita coisa vai mudar depois da pandemia. Mas a natureza humana continuará a ter na alegria a estrela mais brilhante da sua constelação de emoções, apontando o rumo para um futuro mais sábio e mais feliz.

ENERGIA

APENAS OS PRINCÍPIOS DA NATUREZA SERÃO PRESERVADOS

David Zylbersztajn

Considera-se que, atrás do nascimento de pessoas, energia é a atividade antropogênica mais deletéria para a preservação da sustentabilidade humana. As enormes consequências da crise mundial causadas pela Covid-19 impactarão em cheio a maneira de produzir e consumir energia. Assim como todos os outros temas desenvolvidos neste livro, o setor energético e a relação das pessoas com a reorganização dos setores produtivos, do comportamento corporativo, dos modos de transporte e dos hábitos de consumo nunca mais serão os mesmos.

O setor energético nos últimos cinquenta anos foi o pivô de boa parte das crises mundiais, tanto no que se refere à economia quanto aos embates geopolíticos por disputa de poder e hegemonia mundial. Os choques do petróleo em 1973 e 1979, assim como a crise do racionamento de energia elétrica no Brasil em 2001, foram causados por situações distintas, que não cabem aqui serem discutidas, mas que tiveram sua gênese e suas setas lançadas de dentro do setor de energia para atingir em cheio as economias e a vida das pessoas. O petróleo e as fontes de energias fósseis, em geral a partir dos anos 1990, começaram a ser alvo de ataques, inicialmente da comunidade científica internacional, sendo considerados os grandes vilões da produção dos gases responsáveis pelo aumento do efeito estufa e da consequente elevação média da temperatura terrestre. Hoje, com exceção de algumas (porém importantes) vozes, os efeitos das mudanças climáticas são uma rara situação de convergência de quase toda a comunidade científica (este assunto está sendo tratado competentemente em outro capítulo deste livro).

Ao mesmo tempo, as fontes renováveis foram ganhando espaço cada vez maior, por conta de ganhos de escala, progresso tecnológico e da pressão de grupos ambientalistas. O petróleo, símbolo da pujança no século XX, tornou-se o inimigo a abater no século XXI. No Brasil, com atraso de mais de um século, o petróleo foi apelidado de "passaporte para o futuro", o pré-sal, de "bilhete premiado", e já no início do século estávamos apostando nosso futuro na energia do passado. Ressalte-se que a matriz energética brasileira historicamente é uma das mais renováveis e menos poluentes do mundo, fato este decorrente essencialmente da produção de energia elétrica de fonte hidráulica, com 57% da produção de eletricidade. A esta fonte foram sendo agregadas novas fontes renováveis, como a energia eólica, a energia solar, as pequenas centrais hidrelétricas e os biocombustíveis, com 26%, enquanto a produção a partir de combustíveis fósseis soma 17%.

Voltando ao cenário mundial, desde o início da década o mundo vinha passando por um processo crescente de transição energética em direção às fontes renováveis e, no caso dos hidrocarbonetos, a uma progressiva substituição do carvão e do petróleo pelo gás natural, que queimado emite menos CO_2, o principal gás responsável pelo efeito estufa. Por conta disso e de processos cada vez mais eficientes, além de um crescimento econômico modesto e de um forte incremento da oferta (falarei disso um pouco mais à frente), houve um cruzamento das curvas, e a progressão da oferta passou a ser mais vigorosa do que a demanda, em termos globais. Esse fenômeno ocorreu de forma jamais prevista por qualquer análise disponível, quando os Estados Unidos passaram a produzir gás natural e óleo a partir do sistema com água e microfraturas (*Hydro fracturing*) de rochas hospedeiras de hidrocarbonetos. O país, maior produtor e consumidor mundial de energia, estava à beira de tornar-se fortemente dependente (novamente) do petróleo do Oriente Médio e de países não tão amigos, como a Venezuela. Em pouquíssimo tempo deu-se a grande virada, e os americanos passaram não apenas a se tornar independentes, entrando também para o clube de exportadores mundiais de energia. Aos preços vigentes de petróleo, poder-se-ia imaginar uma riqueza infinita, muito mais do que suficiente para atender a demanda futura por muitos anos, até que estivesse completada a transição para uma matriz energética predominantemente renovável.

No Brasil, a produtividade do pré-sal também causou uma enorme e positiva surpresa, sendo considerada a maior do mundo em campos *offshore* em águas profundas, com um custo muito aquém dos inicialmente previstos. A expectativa era a de que em pouco mais de cinco anos o Brasil estivesse entre os quatro ou cinco maiores produtores mundiais de petróleo.

Este era o contexto, de forma muito simplificada, do cenário energético mundial, e, por tabela, onde o Brasil estava inserido, até o final de fevereiro, início de março de 2020. Como foi explanado, o mundo já vinha em um processo (de forma lenta, porém consistente) de sobreoferta de petróleo. Um fato, contado a seguir de forma bastante resumida, deu início a um processo que, como veremos, teve suas consequências aceleradas com o patamar de preços despencando como um caminhão sem freios após a eclosão da pandemia causada pela Covid-19.

No início de março, em reunião, os ministros de petróleo da OPEP+ (países da OPEP e outros produtores, a Rússia sendo o mais importante) decidem propor uma redução na produção do grupo, o que causaria, supostamente, uma pressão sobre a demanda e o consequente aumento de preços. Os russos não concordaram, o que desencadeou uma guerra de preços por parte da Arábia Saudita, com redução agressiva do valor do barril. A Rússia não piscou, e sim os Estados Unidos, para quem preços abaixo de determinado valor (cerca de US$ 35, como referência) colocariam em risco boa parte da produção americana e, por consequência, a sua independência energética. O presidente Trump entrou no circuito e conseguiu um acordo, para muitos considerado insuficiente e tardio, de um corte global de 10 milhões de barris diários, a partir de maio de 2020. O mercado mal teve tempo de respirar ou mesmo avaliar o acordo, e fomos todos varridos pela crise da Covid-19.

A partir daí, a crença de que um novo mundo se configura se torna cada dia mais unânime, e não poderia ser diferente no âmbito da energia. No momento em que escrevo estas linhas, estamos todos estupefatos com o fato de termos o petróleo sendo vendido a preços negativos, ou seja, um produtor paga para que levem seu petróleo, os estoques estão transbordando, e a locomotiva do desenvolvimento recente da humanidade escorre pelo ralo com o desprezo da sociedade. Isso vai mudar, claro, mas, repito, o mundo do "ouro negro" foi derrubado por um vírus. Daqui para a frente, o que dizem os analistas, cientistas e oráculos?

Esta crise ocorre em um momento em que o mundo já vivenciava um profundo e lento processo de transformações. Uma das características marcantes é que por conta da comunicação e da digitalização o usuário cidadão passa a ter voz, passa a ter escolha. No setor de energia não seria diferente. Uma das primeiras percepções é o forte reflexo em um mercado até então dominado por "gente grande", verticalizado e oligopolizado, no qual o usuário não exerce seu direito de escolha, sendo a ele imposto qual é o consumo que ele deveria ter, e não onde, quando e como. As pessoas estão aperfeiçoando seu novo poder de escolher, em que cada vez menos é preciso se deslocar para ter acesso àquilo que lhe convém e assim, progressivamente, a dependência das grandes estruturas energéticas para satisfazer suas próprias necessidades é cada vez menor. Temos aí uma grande mudança de paradigma.

O setor energético mundial, inclusive o brasileiro, não voltará a ser o mesmo. Um exemplo disso são as projeções da Agência Internacional de Energia, de que em 2040 as viagens aéreas para fins comerciais seriam reduzidas em 50% por conta da evolução dos meios digitais de comunicação. Hoje este número é circunstancialmente maior, e na retomada as estimativas da AIE serão mais próximas de 2025 do que 2040.

Dado o absoluto ineditismo em relação aos métodos previsionais (ao menos os científicos), surgem questões, isto é, mais "o que não sabemos" do que afirmações ou cenários. Temos clareza de que o mundo e nós que aqui habitamos não seremos mais os mesmos após este vírus, que, ao contrário do meteoro que extinguiu os dinossauros, tem um diâmetro médio de 120nm, que equivale a um bilionésimo de metro.

Vamos ao que não sabemos:

- No contexto da conjunção queda dos preços do petróleo e Covid, isso vai interromper a expansão de sistemas energéticos sustentáveis? Ao mesmo tempo, qual a velocidade adquirida nos processos de digitalização, descarbonização da economia e democratização de acesso? A crise atual é essencialmente de curto prazo, global e profunda, algo inédito em tempos de paz. Não temos referências.
- Para o mundo da energia, o impacto atinge tanto a demanda quanto a oferta, quando equipes especializadas estão isoladas em *offshore*, colocando a produção em risco. Quais são os limites?
- A recuperação da qualidade do meio ambiente, especialmente do ar, em diversas metrópoles chama a atenção do mundo e torna evidente o impacto que o uso voraz da energia traz em nosso cotidiano. O que acontecerá daqui para a frente?
- A transição energética é um processo consolidado e irreversível? Qual o futuro das fontes renováveis? No congresso americano o grande embate se trava entre republicanos, que desejam apoio às companhias de petróleo, e democratas, para quem os subsídios deveriam ser voltados para fontes de menor emissão de gases de efeito estufa. As próximas eleições, ainda sob as cicatrizes da pandemia, poderão dar as respostas.

- Em recente artigo publicado na *MIT Technology Review*, um dos autores questiona se o Acordo do Clima de Paris, em 2015, não terá sido o ápice da cooperação mundial, e não o seu início. Isso coloca em causa o movimento de cooperação internacional de uma maneira geral, e mais especificamente aquela no setor de energia, que, junto com o desmatamento, forma a linha de frente das emissões dos gases de efeito estufa. As estratégias regionais irão prevalecer sobre as estratégias globais?
- Caberia resgatar o planejamento pelo Estado como estratégia para reduzir o risco de cenários críticos?
- Qual o impacto para os diversos segmentos que produzem e consomem energia diante dos novos hábitos de comunicação impostos pela adversidade da pandemia? Quanto deste mundo "parado" voltará a se deslocar como antes? Por exemplo, se para a aviação o alívio dos custos de combustível (aproximadamente um terço do custo de um voo) melhora suas margens, quanto irá significar a inevitável redução do volume de passageiros transportados?
- A expansão do *e-commerce* e do delivery levará menos gente às ruas e, por consequência, menores deslocamentos e menor consumo de energia?

Em resumo, temos no setor de energia um movimento que absolutamente se espraia por todos os tópicos tratados neste livro, qual seja o de acelerar previsões e expectativas e trazer para perto coisas que nem sequer se preconizavam para um futuro longínquo. O dito mundo contemporâneo que conhecíamos até poucos dias atrás deixou de existir. Com que e de que forma de energia iremos produzir, plantar, nos deslocar, nos climatizar e iluminar? Para a resposta, apelo para uma frase do genial físico dinamarquês Niels Bohr (1885-1962): "É difícil fazer previsões, especialmente sobre o futuro."

CLIMA

AS MUDANÇAS DO CLIMA NUM MUNDO APÓS A PANDEMIA DA COVID-19

Izabella Teixeira

> *Deus sempre perdoa.*
> *O Homem sempre perdoa.*
> *A Natureza nunca perdoa.*
> Ditado popular

Colapso! Algo impensável aconteceu e, de repente, o mundo parou. Todos fomos conduzidos de volta para casa, numa espécie de "cativeiro" ou *bunker* doméstico. Os dias passaram a ser marcados por incertezas e riscos. A humanidade tomou para si uma dimensão de "vulnerabilidade globalizada" nunca experimentada anteriormente. A crise que ocupa o mundo espalhou-se em menos de três meses e não foi discricionária: atingiu a todos e a tudo pelos quatro cantos do mundo.

O futuro foi bloqueado? Muitas pessoas reagem julgando ser possível retomar o mundo que existia até ontem — algo como contar novas histórias baseadas no passado. Ou, ainda, creem possível pular ou apagar 2020, fazer a vida ser retomada em 2021 tendo o ano de 2019 como ponto de (re)partida. Outros pontuam que, quando a crise acabar (afinal, tudo passa), o mundo não será mais o mesmo.

A pandemia da Covid-19 revelou uma condição de perigo incipiente que atinge a todos de maneira aleatória e devastadora. Provocada por uma zoonose, tendo um vírus (micro-organismo) como seu agente destruidor, ela impactou e eliminou vidas, economias e formas de viver. E, ainda, denunciou, sem adiamentos e de forma terminativa, a insustentável relação do homem com a natureza.

A integridade da vida no planeta foi exposta pelo ataque à saúde da espécie humana. As desigualdades "inter" e "intra" sociedades acabaram estampadas de modo visceral, e a impotência dominou governos, sociedades e indivíduos. Os efeitos de dissolução social do vírus não reconhecem fronteiras. Os desdobramentos dessa crise poderão ser sentidos nas esferas geopolítica, política, econômica, social e ambiental por décadas.

Antes da pandemia, a demanda por grandes transformações no mundo já se anunciava, motivada pela necessidade de novos caminhos para a economia global e pelo urgente enfrentamento das mudanças do clima. A urgência do futuro já estava impressa no presente, a despeito da relutância de muitos de enxergar e lidar com seus efeitos nos dias atuais. Se de alguma forma os alertas sobre as causas e possíveis efeitos mobilizavam sociedades e governos, o ritmo da mudança era lento e distante dos caminhos e da prioridade que a ciência declarava.

A crise econômica de 2008 e seus desdobramentos ainda determinam a busca por novos caminhos para o desenvolvimento global. A ciência avisa que a ação estratégica não mais se circunscreve à mitigação de emissões de gases de efeito estufa (GEE). É preciso ir adiante — e rápido — com a agenda de adaptação. A concentração de CO_2 na atmosfera cresce numa velocidade inaudita, fazendo com que os limites adotados pelo Acordo de Paris possam se revelar obsoletos antes mesmo de 2030. Assistimos atônitos aos incêndios florestais na Austrália e na Califórnia; às queimadas na Amazônia; à seca prolongada ou a inundações cada vez mais frequentes em tantos lugares no mundo; à aceleração da perda da biodiversidade e das funções ecossistêmicas, bem como ao degelo do Ártico. Trata-se de evidências concretas da natureza em transição.

A crise da Covid-19 mostra que o tempo não deve continuar a ser percebido pela humanidade como abundante. Transições mais lentas e progressivas, como as que vinham sendo buscadas nas agendas econômica e climática, não parecem ser suficientes. O vírus expressou seu domínio abruptamente. Os países fecharam suas fronteiras abruptamente. Nossas vidas mudaram abruptamente. A economia urbana colapsou abruptamente. O comércio global se viu ameaçado. O preço do barril de petróleo ficou negativo. Os mercados pararam. O desemprego anuncia-se como a ponta de outro iceberg no horizonte do mundo. Passamos a viver o desconhecido e a percepção de que o mundo deixou de ser seguro. Abruptamente!

Todos se voltam à ciência e à medicina para encontrar a solução a esse ataque à saúde humana. A superação do vírus não acontecerá somente com esforços nacionais. Como lidar com o futuro marcado pelos efeitos dessa pandemia, mas também pelas crises climática e econômica? É preciso uma nova visão de mundo. E também uma nova maneira de cooperar e agir globalmente.

Embora possível e desejável, essa mudança de rumos não é tão trivial assim. É bom lembrar que, em 2008, por conta da crise econômica, as emissões globais de carbono experimentaram uma queda da ordem de 1,4%. No entanto, o que se observou nos anos seguintes foi a retomada do crescimento do perfil de emissões e o fracasso das negociações de um novo acordo global de clima em 2009, quando da Conferência de Copenhague.

O mundo assumiu um novo alinhamento para o enfrentamento das mudanças climáticas em 2015, com o Acordo de Paris, no qual todos os países passaram a ter responsabilidades diante desse problema global. Criticado por alguns *players,* o acordo redefiniu o escopo político e a temporalidade do regime climático adotado na Conferência Rio-92, sem alterar o sistema de governança e os princípios da Convenção-Quadro Sobre a Mudança do Clima. Os países passaram a ter obrigações (identificadas *a priori* como voluntárias), ao mesmo tempo que o imperativo moral e ético nascido das diferenciadas responsabilidades das nações desenvolvidas foi preservado.

Essas responsabilidades também encerram o quadro de emissões de países emergentes e em desenvolvimento, na busca (ainda tímida) de um novo consenso político e econômico sobre a prioridade da agenda climática. As novas regras globais foram acordadas e adotadas por 196 países. A questão-chave que resiste é sua implementação e a consecução dos objetivos globais de redução de emissões. Isso tudo depende dos Estados soberanos, da liderança política em torno dos interesses nacionais e da convergência de interesses internacionais que possam levar aos desejados benefícios.

A urgência da agenda climática apontada pela ciência ainda não foi recepcionada por todos os países signatários do acordo. Em 2019, os esforços feitos pela ONU na Climate Summit, que tiveram por objetivo aumentar as ambições do acordo a ser firmado em 2020, bem como suscitar expressiva manifestação das sociedades em todos os cantos do planeta quanto à necessidade de priorização dessa agenda, não se mostraram suficientes para que os governos se movimentassem com mais celeridade frente à indicação de uma crise climática em 2040.[1] Passados cinco anos da adoção do Acordo de Paris, as condições geopolíticas e políticas que o possibilitaram já não mais existem. Assistimos ao desembarque dos Estados Unidos do acordo. O Brasil, embora ainda parte dele, voltou-se a posições contraditórias em relação ao sistema multilateral e à agenda ambiental global. O governo brasileiro passou recentemente a referenciar o negacionismo climático, colocou sob forte desconfiança a ciência do uso da terra no Brasil (reconhecida como referência no mundo por sua excelência) e foi instado a lidar com a retomada do crescimento das emissões de carbono associadas ao aumento das queimadas e do desmatamento ilegal na Amazônia. Esse breve contexto é bem ilustrativo das dificuldades políticas encontradas, dos limites do modelo de governança climática vigente, bem como dos processos voltados à fragilização do sistema multilateral e da diplomacia climática.

A alteração da ordem mundial revela-se com os Estados Unidos e a China protagonizando uma nova expressão da "Guerra Fria", com a Europa se reorganizando no pós-Brexit e com o estabelecimento de novos eixos de cooperação resultantes da "orientalização" do mundo, em que Rússia, Índia, Japão, Cingapura, Coreia do Sul, além da própria China, buscam exercer novos papéis. Encena-se uma nova ordem internacional multipolar ou bipolar (entre China e Estados Unidos), a qual compõe outras dinâmicas da globalização. As Nações Unidas (ONU) também se movimentam em torno de reformas com vistas a um próximo momento do multilateralismo.

É nesse contexto de alteração da ordem internacional que a crise da Covid-19 e suas consequências acontecem. Não sabemos ainda o que vai ocorrer. A anunciada crise econômica deverá pautar os rumos do mundo nos próximos anos. Superada a crise da saúde, esses processos que envolvem a nova ordem global e uma nova era exigirão prioridades e melhor planejamento, além de modelos mais eficazes de governança.

A informalidade, o desemprego e as desigualdades são desafios que ganham em magnitude na crise econômica, quando da urgência do atendimento à demanda de vulneráveis. Por outro lado, a emergência de uma economia de inovação e o seu potencial interruptivo sinalizam o surgimento de outros caminhos e oportunidades.

Os possíveis caminhos de uma economia de baixo carbono dependem, em parte, de tecnologias disruptivas cujos impactos possam influenciar diretamente na relação entre o homem e a natureza e num novo bem-estar individual e coletivo. O aparecimento de outras realidades contemporâneas baseadas em novos ecossistemas econômicos, industriais, energéticos, agrícolas, comerciais e tecnológicos levará ao redirecionamento do jeito de viver, de produzir e de cooperar no planeta. Isso pode ser possível e até desejável, mas não é necessariamente provável no curto prazo.

O bloqueio ou a parada das dinâmicas econômicas que o mundo experimenta já resulta numa melhoria da qualidade ambiental provocada pela despoluição. Essa realidade circunstancial também deve impactar a agenda climática, com uma queda estimada de até 5% das emissões globais em 2020. Teremos aí uma *wake-up call* em relação às mudanças necessárias para uma nova relação entre homem e natureza, bem como à priorização do combate às mudanças do clima? A humanidade saberá usar esse momento para adotar novas rotas e desviar-se da crise climática? Ou a primeira fase da implementação de Paris (2020-2025) e sua revisão (2025-2030) já estão comprometidas?

Essas são perguntas sem respostas dadas. Nos próximos anos, duas realidades políticas poderão se fazer presentes (e não necessariamente de forma excludente), disputando espaços e decisões na busca desenfreada pela retomada da economia: (i) interesses individuais, nacionais e corporativos talvez expostos à falência, mas determinando ao passado um peso que gera dificuldades para o que precisa ser feito no futuro; e (ii) novos interesses e estímulos para investir em economias do futuro, dando mais espaço para o DNA da transição de baixo carbono e propiciando que os interesses nacionais dos Estados soberanos possam interagir com os interesses de uma nova ordem global de cooperação internacional.

A disputa não será trivial. Todavia, não se podem ignorar os efeitos da pandemia e tampouco como esses efeitos poderão pressionar e influenciar as escolhas dos indivíduos e sociedades no futuro. A Covid-19 fez com que o futuro atravessasse o presente. Por outro lado, também revela como o passado pode atropelar o futuro quando da adoção de soluções e rumos. Se, por um lado, faz-se importante avançar na resiliência global a novas incertezas, por outro é essencial que as sociedades se mantenham abertas, conectadas e livres. É igualmente importante melhorar os efeitos das crises iminentes nas populações mais vulneráveis, segundo uma percepção contemporânea de incertezas e riscos. Além disso, torna-se imperioso que se avance nos processos de governança internacional, de modo a se levar adiante, minimamente, a coordenação entre países e a minimização dos efeitos de antagonismos e guerras de narrativas.

Não podemos deixar de lado ou deixar escapar os impactos e aprendizados dessa crise sanitária. Mudanças possivelmente serão observadas nos comportamentos individuais e coletivos. Novos jeitos de viver e de produzir terão lugar na demanda de produção e consumo de bens e de serviços. O ativismo político poderá ser exercido não mais limitado às *constituencies* e aos domínios conhecidos, mas motivado por combinados questionamentos que relacionem temas globais, o lugar onde se vive, a percepção de vulnerabilidades e as interações entre pessoas, comunidades e sociedades. O mundo mudou, e não há razão para que as manifestações por inserção política e inclusão econômica também não sejam outras e ocorram de outros jeitos. Como nos conectamos e como viver melhor a relação entre homem e natureza serão parte dos novos referenciais da sociedade contemporânea.

No Brasil, além dos efeitos da crise provocada pela Covid-19, também lidaremos com a retomada dos processos de desenvolvimento nacional. Isso exige o enfrentamento dos impactos numa economia que ainda estava em recuperação, do colapso econômico de suas cidades, do endividamento público, do desemprego, da informalidade, bem como das desigualdades sociais e ambientais. Outrossim, não se pode deixar de lado os efeitos de uma crise crônica que assola o país: a devastação da Amazônia.

O desmatamento desenfreado de seus ecossistemas florestais pode tornar a Amazônia um *hotspot* de vírus/*arbovirus* (aqueles transmitidos por artrópodes) e de eclosão de novas zoonoses. O quadro pode ser mais complexo e não se limitar ao agravamento das crises ambiental e climática. Pode fazer também emergir certa sinergia com outras crises: a social (desenvolvimento humano, pobreza), a das desigualdades, a dos direitos humanos (populações tradicionais e indígenas, urbana), a dos assentamentos humanos e a da democracia. A maximização da proteção da Amazônia deve ser buscada como uma prioridade da pós-pandemia no Brasil. Uma associação inovadora que interrompa a acelerada perda de biodiversidade, enfrente as mudanças do clima e busque novos patamares de segurança em saúde é desejável e precisa compor os caminhos de desenvolvimento econômico e humano da Amazônia, bem como de sua defesa e integração ao resto do Brasil.

Os momentos que virão são de importantes (novas) escolhas. Neles, os brasileiros poderão optar por estar sozinhos diante do futuro ou ser parte da geração de um novo mundo, de uma nova era. Em tempos nos quais os modelos de civilização vivem uma crise profunda, outros caminhos precisam estar presentes no Brasil e voltados para um futuro que não seja uma ficção. Afinal, como gosta de cantar essa gente bronzeada:

> Todo dia o sol levanta
> e a gente canta
> ao sol de todo dia.
>
> Fim da tarde a terra cora
> e a gente chora
> porque finda a tarde.
>
> Quando a noite a lua amansa
> e a gente dança
> venerando a noite.

Que o Brasil não desembarque do mundo e do século XXI. Temos escolhas. Precisamos acreditar, decidir e agir.

NOTAS

1 Um relatório do Painel Intergovernamental de Mudança do Clima (IPCC, na sigla em inglês), publicado em 2018, pede mais esforços para a ação climática, com o intuito de limitar o aquecimento global a 1,5°C em relação ao período pré-industrial. A ciência deixa claro que o cenário de 1,5°C é mais seguro do que o de 2°C. As consequências do aumento das temperaturas globais em 2°C seriam ainda mais devastadoras, incluindo a perda de habitats naturais e de espécies, a diminuição das calotas polares e o aumento do nível do mar — o que impacta nossa saúde, nossos meios de subsistência, nossa segurança alimentar e humana e nosso crescimento econômico. Ainda segundo o IPCC, as emissões atuais levarão à quebra de pontos de inflexão, causando impactos irreversíveis e com potencial de nos levar a limites em que a adaptação será pouco eficiente, ou até mesmo impossível. As estimativas do IPCC mostram que a crise climática, com o planeta mais quente em 1,5°C, pode se dar em 2040, e não no final do século.

PROJETOS SOCIAIS

MUITO ALÉM DA PANDEMIA, A SOLIDARIEDADE SALVA VIDAS

Rosa Célia Pimentel Barbosa

Falar sobre a importância dos projetos sociais, para mim, é como revisitar a minha própria história.

Enfrentamos uma situação completamente nova, inimaginável tempos atrás, que é a pandemia de Covid-19. Fica claro que, se houvesse mais estrutura por parte do Poder Público, não seria necessário que o terceiro setor tivesse papel tão relevante. Que dessa situação, ao menos, fique o aprendizado para o futuro.

No entanto, antes de falar do que estamos colhendo e ainda vamos colher desse aprendizado, para alguém com uma trajetória como a minha é necessário olhar para trás e para dentro a fim de vislumbrar um mundo após o turbilhão causado pelo coronavírus.

Conheci desde muito cedo mãos amigas (e rígidas) que me apontaram caminhos e me acolheram. Contarei um pouco da minha história para que vocês entendam como um trabalho solidário pode transformar e ser um aprendizado em tempos tão desesperançosos.

Nasci em Palmeiras dos Índios, Alagoas, em uma família muito simples, com um total de onze irmãos. Quando eu tinha cinco anos de idade, nos mudamos para São João de Meriti, na Baixada Fluminense, em busca de condições melhores.

Nada mudou.

Minha mãe era muito articulada e, como forma de sustento, vendia perfumes nas repartições públicas. Foi numa dessas idas que um secretário do ministro da Educação se comoveu com sua história e disse que poderia conseguir vagas num internato para dois filhos. Quem "dava problemas" em casa era meu irmão, dois anos mais velho que eu. Éramos muito ligados e, por esse motivo, acabei sendo escolhida com ele.

Lá fomos, então, os dois pequenos, eu com sete e ele com nove anos.

Após ingressar no projeto social União das Operárias de Jesus, não retornaríamos à nossa casa e nossos pais só poderiam nos visitar uma vez por ano. Minha mãe partiu sem olhar para trás; seguramente, estava chorando pela despedida.

Naquele momento, perdi minha referência.

A União das Operárias era uma instituição que nada tinha a ver com os modelos conhecidos de internatos. Havia muito estudo, profissionais qualificados. O Colégio Maria José Imperial era a Escola de Aplicação da PUC-RJ. Empresários benfeitores mantinham a instituição e a frequentavam regularmente para verificar sua excelência e a aplicação de recursos. A direção carregava valores muito rígidos e cobrava muitas responsabilidades. Era praticamente impossível ser parabenizada por algo certo, enquanto a cobrança em cima dos erros era constante.

Na entrada da União, ademais, havia um instituto educacional que pertencia ao internato, o Colégio Maria José Imperial. Todavia, não demorou muito e transferiram o meu irmão para a filial de Petrópolis, na Serra Fluminense. Ele, porém, não suportou ficar longe de mim e fugiu.

Não tenho ideia de quanto tempo vivi a tristeza pelo sentimento de abandono. Minha única forma de sobreviver foi buscando meu lugar naquela nova família, a do internato. Muito cedo, portanto, assumi as rédeas da minha vida. Tornei-me uma criança forte. Entendi, muito jovem, que o meu futuro a mim pertencia.

(Ainda assim, senti o acolhimento muitas vezes, inclusive em momentos em que fraquejei ou falhei como aluna. Havia mãos estendidas. E sou muito grata por isso.)

Aos dezoito anos, retornei para o convívio com minha família. Perdia mais uma vez a referência que havia construído à minha maneira. Onze anos sem nenhum contato, afinal. Aquele era um mundo totalmente estranho.

Porém, antes disso, algo já havia mudado em mim de uma forma irrevogável.

Foi na adolescência que, além de descobrir que desejava seguir a medicina, estruturei uma ideia que deu significado à minha vida e me transformou para sempre: o Sonhos com Direção, que serviu para que depois eu viesse a retribuir tudo o que recebera. Descobri e passei a difundir, como filosofia, a importância de três patamares para que os sonhos se materializem:

Base: qualificação acadêmica e de valores.
Caminho: requalificação acadêmica e de valores.
Meta: Foco, determinação e perseverança.

Ter esses pilares muito claros em mente me trouxe uma grande certeza, a qual ficou ainda mais evidente no momento em que nos deparamos com o coronavírus e passamos a precisar de uma sociedade unida em nível local, nacional e mundial: a de que é preciso acabar com a cultura do Apagar Incêndio tão reinante, sobretudo, em nosso país.

Sou médica e busquei retribuir, de alguma forma, o que aprendera com o projeto social que tanto me ajudou. Posso dizer, com convicção, que somente a medicina não conseguiria dar cabo de uma pandemia dessa magnitude. Mas, com um planejamento correto, é possível atacar em outras frentes para que o Estado cumpra seu dever.

Não se trata apenas de salvar vidas em hospitais, mas, sim, de se preocupar com quem está em casa e sofreu com o isolamento; com quem está nas ruas e sequer tem comida, abrigo ou água e sabão para lavar as mãos; ou com quem está nas comunidades carentes e não tem saneamento básico, que dirá máscara ou álcool em gel… Trata-se, acima de tudo, de se preocupar com o ser humano. Ciência e filantropia precisam estar de mãos dadas, porque, num momento como esse, uma só faz sentido se a serviço da outra.

A boa notícia é que, num mundo doente (e nós já havíamos adoecido como sociedade muito antes de o coronavírus sair da China e afetar o planeta), há sempre a chance de encontrar boas iniciativas e tirar lições. O mais belo disso tudo é ver que muitos despertaram para a caridade, olharam para si, buscaram significados para a própria existência e encontraram respostas na ajuda ao próximo. Espero (e acredito muito, pois acredito na humanidade) que esse seja um caminho sem volta, uma semente plantada que nos trará mais solidariedade.

Um dos momentos mais inesquecíveis de minha vida veio justamente de uma ajuda que recebi de um dos benfeitores da instituição onde estudava, o Dr. Condy Meira. Ainda adolescente, consegui ter acesso a ele e pedi-lhe que me auxiliasse em meu sonho de ser médica. Ele me respondeu que falaria com sua esposa, Dona Charlote, para permitir que eu morasse com eles enquanto estudava para o vestibular de medicina. Ela concordou. Fui bolsista no preparatório para o vestibular. Não fazia mais nada na vida a não ser estudar, estudar e estudar. Depois, passei a receber algum recurso financeiro por ter sido indicada, pelos professores, para dar aulas particulares a outros alunos.

No final do ano, surpresa e revés: não passei no vestibular. Enchi-me de uma tristeza inexplicável e de uma sensação de decepção única. No entanto, sentia que não era o fim de nada. Não poderia ser... Havia recebido tantas lições da vida já tão nova, tantas portas abertas — e não era o caso de desistir.

Foi aí que mais uma porta se abriu: consegui um emprego e a permissão para morar na Casa de Saúde Dr. Eiras, onde trabalhava no horário diurno e frequentava o curso pré-vestibular à noite. O porão da Casa de Saúde era meu dormitório.

A perseverança que eu aprendera a partir dos valores do Sonho com Direção me levou aonde eu queria. Passei em 18.º lugar para a Faculdade Nacional de Medicina do Rio de Janeiro. Chorei durante quase uma semana de emoção.

Eu estudava de dia e trabalhava à noite. Permaneci na Casa de Saúde Dr. Eiras até o terceiro ano da faculdade... Até aparecer mais um anjo em meu caminho.

Meus momentos de estudo eram na Biblioteca Nacional. Um empresário benfeitor do internato, Jayme Silva Telles, me seguia e sempre deixava algum dinheiro na mesa onde estavam meus livros. Certa vez, não me encontrou na biblioteca por dois dias consecutivos e foi atrás de mim, para saber o que estava havendo. Eu havia contraído tifo e ainda me recuperava.

Ele ficou assustado por me encontrar dormindo no porão, em meio a roupas sujas. Pediu então à sua esposa, Dona Zulmira, que me deixasse morar com eles. Mais uma porta se abria. Ficamos muito ligados, e eu cuidaria dos dois, Jayme e Zulmira, até que a saúde deles não aguentasse mais e eles partissem deste mundo.

Pouco tempo depois deste novo acolhimento, me graduei na Faculdade de Medicina. Fiz concurso e fui aprovada como médica do Hospital Miguel Couto e do Hospital da Lagoa, ambos no Rio. Três anos após essa conquista, passei por uma difícil escolha: decidi ir para Londres mesmo sabendo que iria perder meu emprego no Hospital da Lagoa. Conseguira patrocínio do British Council para fazer lá meu *fellowship*, assessorada pela Dra. Jane Somerville, referência em cardiologia pediátrica.

Ao terminar meu estágio e querendo me qualificar ainda mais, fui como médica concursada para o Texas Children's Hospital, nos Estados Unidos, uma referência em cardiologia. Eu vivia um aprendizado sem fim.

Retornei ao Brasil e iniciei minha clínica particular e minha consultoria na Unidade Neonatal da Clínica São Vicente, na Gávea, Rio de Janeiro. Fiz novo concurso para o Hospital da Lagoa, fui aprovada e ali criei o Departamento de Cardiologia Pediátrica. Tratava-se de um atendimento de referência: ambulatorial, com exames não invasivos, cateterismo cardíaco e cirurgia do coração. Fizemos a primeira valvuloplastia em uma jovem portadora de estenose valvar pulmonar crítica, com cateteres que eu havia trazido do Texas Children's Hospital.

No final da década de 1980, me aposentei do serviço público. Fiquei sem base hospitalar para cuidar de crianças com uma equipe multidisciplinar. No mesmo ano, passei por mais um momento decisivo no meu caminho, indo me requalificar no Boston Children's Hospital. E lá fiquei com a minha família por seis meses. No retorno, dei início ao Departamento Pediátrico no Hospital Pró-Cardíaco.

Mães de crianças carentes desesperadas me procuravam na clínica, onde podíamos fazer atendimento clínico e os exames ambulatoriais. Contudo, não tínhamos onde realizar os procedimentos cirúrgicos. Em 1996, portanto, deu-se um acontecimento crucial. Sem poder ignorar o choro de pais com medo de perder seus filhos, fundei o Projeto Social Pro Criança Cardíaca, a fim de cuidar do "Pequeno Carente com o Coração Doente". Comecei a bater em todas as portas de amigos, artistas e empresários no intuito de angariar recursos financeiros. Firmei um importantíssimo convênio com o Hospital Pró-Cardíaco.

Em 2001, inauguramos a sede do Pro Criança Cardíaca em Botafogo, Rio de Janeiro. Dois anos depois, implantamos um consultório odontológico na nossa sede. Tudo parecia perfeito, até que fomos informados de que o Pró-Cardíaco não manteria o Departamento Pediátrico e teríamos que sair.

Para onde iríamos a fim de cuidar das crianças com igual estrutura? Para onde encaminharíamos as crianças carentes? Não esmoreci, porém: queria cuidar dos pequenos independentemente de sua condição social. E, para manter o padrão de atendimento às crianças carentes, precisávamos de uma estrutura hospitalar.

Foco, determinação e perseverança — jamais esquecendo a importância da minha base. Ensinamentos, mais uma vez, do Sonhos com Direção.

Bati na porta de um dos empresários parceiros e disse que tinha de sair em busca da construção de um hospital próprio. Não tínhamos outra opção. Por outro lado, tudo aquilo parecia impossível. Eu não tinha noção, direção e nem um tostão.

No entanto, veio dele um primeiro cheque. Muitos se seguiram.

Saímos à procura do local para a construção. Nessa busca, nos deparamos com uma surpresa animadora: em frente ao Hospital Pró-Cardíaco, um prédio velho de três andares estava à venda, bem como a casa acoplada ao prédio, que pertencia ao mesmo dono. Negociamos a compra dos dois. Demolimos tudo para iniciar as obras.

Houve vários momentos em que, por falta de recursos, a construção seria interrompida. Foi necessário mais foco em busca de apoio financeiro. Outro empresário fez uma doação maravilhosa. A obra não parou.

Em setembro de 2014, inauguramos o abençoado Hospital Pediátrico Pro Criança Jutta Batista. Em 2020, portanto, comemoramos 24 anos do Projeto Social Pro Criança Cardíaca e seis anos do hospital.

Temos um time multidisciplinar envolvido em todos os processos. O atendimento dos pacientes é realizado sempre pela mesma equipe médica. A primeira consulta é agendada na sede, onde se realiza a avaliação clínica, um eletrocardiograma, ecocardiograma e Holter 24 horas, se houver indicação. Os exames radiológicos e hematológicos são feitos no hospital.

Após a primeira avaliação, a família é orientada quanto aos cuidados com a criança e a data para o retorno. Quando há indicação para cirurgia ou cateterismo cardíacos, estes serão realizados no hospital pela mesma equipe. Após a alta hospitalar, a primeira avaliação é agendada na minha clínica, onde os pacientes são submetidos a exame clínico, eletrocardiograma e ecocardiograma. Já saem com a prescrição dos medicamentos de que farão uso e com indicação de retornar ao projeto para o acompanhamento. Além de assistência médica de alto nível, os pacientes têm atendimento odontológico; as famílias também recebem os medicamentos necessários e cesta básica.

Para fornecermos este padrão de assistência, dependemos dos nossos benfeitores, que não nos abandonam com doações financeiras regulares. Recentemente, fomos eleitos uma das cem melhores ONGs do Brasil.

Com o objetivo de dar sustentabilidade à instituição e continuidade ao atendimento às crianças do projeto, o Hospital Pediátrico Pro Criança Jutta Batista foi arrendado para a Rede D'Or. Mantivemos o mesmo DNA e a mesma filosofia de atender a crianças de todos os níveis sociais e condições de saúde, com a excelência de uma das maiores redes hospitalares do Brasil.

Em 23 anos, o Projeto Pro Criança Cardíaca já atendeu mais de quinze mil crianças carentes, realizou mais de trinta mil atendimentos ambulatoriais e 1.500 procedimentos invasivos, como cirurgias e cateterismos, tanto diagnósticos quanto terapêuticos.

Tendo passado por tudo isso, trago comigo a certeza de que não vivo na primeira pessoa do singular. Não sou nada sozinha. Em tudo o que faço, dependo de todos. E isso reforça a minha fé na humanidade — a qual, mesmo no meio de todos os percalços, nunca me faltou.

Julgo muito importante focar nos pilares que nortearam a minha trajetória. Seguindo-os, seguramente teremos menos pobreza e atingiremos nossas metas, a exemplo do que ocorreu com a fundação do Projeto Social Pro Criança Cardíaca. O sucesso desta empreitada só foi possível graças à generosidade do ser humano.

Diante dessa pandemia sem precedentes, em que o risco não respeita classe social, poder e dinheiro, nunca esteve tão claro que somos todos iguais. O momento é de muita reflexão para melhorarmos como seres humanos e, juntos, construirmos um mundo melhor. Sempre com o olhar para o outro.

É interessante perceber que muitas pessoas com excelente base, cujas metas e, consequentemente, caminhos seguiam desconectados com o do servir, despertaram para essa outra opção de vida durante a pandemia. Muitos acordaram para esse propósito maior e passaram a se mobilizar, com iniciativas novas ou juntando forças com projetos e organizações já existentes. Uma quantidade enorme de pessoas, em todas as partes do mundo, de perfis diversos, traçou novos objetivos para suas vidas.

Tenho muita esperança de que essas mudanças de trajetória permanecerão, de modo que mais e mais pessoas sejam beneficiadas. Deixo aqui, nesse contexto, as palavras inspiradoras do empresário Joey Reiman, as quais valem não somente em períodos de crise, mas para toda a vida: "A competição feroz não é sustentável. A compaixão é. Nas décadas que estão por vir, as empresas vão se concentrar no negócio da vida e trabalharão para o maior cliente de todos: a Humanidade."

TELEVISÃO

DAQUI PRA FRENTE... NEM TUDO VAI SER DIFERENTE (PARAFRASEANDO ROBERTO CARLOS)

Boni

A televisão não consta como peça da Bíblia. Não esteve no ar no Egito e, portanto, não cobriu as dez pragas. Mesmo em era recente não estava atuante na Peste de Atenas, na Peste Antonina e na Peste Negra, na qual, em frase atribuída ao escritor italiano Boccaccio, "as pessoas almoçavam com os amigos e jantavam com os ancestrais". Também não havia televisão na Grande Peste do século XVI, que se estendeu por trezentos anos e chegou ao Brasil no final do século XIX. Os transportes, ainda precários, pouco contribuíram para a velocidade de transmissão da doença. Em 1917, o rádio inaugurou seus serviços com informações esparsas sobre a Primeira Guerra Mundial, já próxima do final, e sobre a chamada gripe espanhola.

No final de 1920, iniciaram-se os testes da possibilidade de transmissão de imagens, em movimento, a distância. No final dos anos 1930, a televisão dava início às transmissões regulares, mas teve sua trajetória interrompida pela Segunda Guerra Mundial. Somente após o conflito veio a se tornar o maior e mais popular veículo de comunicação existente. Atualmente, com a televisão e o acréscimo da internet e dos aplicativos móveis, a cobertura da Covid-19 alcançou uma magnitude nunca vista numa tragédia que envolve a humanidade como um todo. E é por meio da televisão que recebemos as mais completas informações sobre a pandemia. Da mesma forma, e em igual intensidade, ela também nos traz alarmantes estatísticas sobre a contaminação e as mortes rápidas, seguidas de ameaçadores sepultamentos em massa, o que reforça na população o sentimento de medo — seja o medo da antecipação da própria morte, o medo da perda de familiares e de amigos queridos, o medo da extinção da fonte de sustento, ou mesmo do fim do mundo...

Desde que a civilização existe, filósofos, teólogos e cientistas dedicam-se ao estudo da vida e, por consequência, da morte e do medo da morte. A relação do homem com Deus, nos períodos de ameaças e insegurança, pode ser de aproximação extrema, quando se busca proteção, ou de descrédito e abandono da fé. Não vamos abordar as diferentes visões religiosas porque trata-se de crenças particulares, subjetivas e, portanto, inquestionáveis. Deixemos isso para os teólogos.

Por outro lado, do ponto de vista científico, o medo pode ser considerado uma consequência natural da evolução. Afinal, quem sente medo, ao evitar o perigo, tem maior probabilidade de sobreviver e passar seus "genes" para as próximas gerações. Esta teoria foi sustentada por Richard Dawkins, notório revisionista de Darwin, ao afirmar que "os que sobreviveram foram os que construíram máquinas de sobrevivência para si".

O filósofo italiano Nicolau Maquiavel, em seu livro *O príncipe*, afirma que não há política sem medo ao questionar se é melhor "ser amado ou temido". Conclui que ambas seriam opções desejáveis, mas, por ser difícil juntá-las, é mais seguro ser temido e não amado, visto que "os homens têm menos escrúpulo em ofender a alguém que se faça amar do que a quem se faça temer".

Podemos pinçar algumas ideias da obra do filósofo franco-lituano Emmanuel Levinas, falecido em 1995. Para Levinas, o homem tem mais medo da vida do que da morte; ele define a "morte primeira" como a morte do outro, sustentando que esta é mais importante que a própria morte por ser a prova cabal da nossa finitude. No falecimento do outro, a perda de expressão facial e a assustadora transformação do corpo em matéria pétrea são motivos que perpetuariam, no ser humano, o medo da morte.

Contemporaneamente, Michel Bitbol, cientista e filósofo francês, especialista em mecânica quântica, traz conceitos atuais sobre o medo. Em 2015, num simpósio da Federação Francesa de Psicoterapia e Psicanálise, apresentou o texto "*Le Peurs*", em que transita por uma infinidade de medos. A professora e pesquisadora Patricia Kauark-Leite (UFMG/CNPq) fez uma tradução rica e impecável do artigo de Bitbol — "O medo da morte e a experiência do tempo" —, leitura imperdível na quarentena ou a qualquer momento. Bitbol começa por definir o medo da morte como medo fundamental, que origina todos os outros. Para o estudioso, o medo é o conjunto de ameaças à identidade do indivíduo, e o medo da morte coletiva, em guerras ou catástrofes ambientais, é exatamente o medo da extinção da humanidade.

Recentemente, surgiu na televisão, e viralizou nas redes sociais, um poema atribuído à escritora Kathleen O'Meara, supostamente escrito no século XIX. O curioso no poema são as coincidências com o momento que estamos vivendo. O poema tornou-se tão popular que ganhou declamação impecável do ator Antônio Fagundes. Por já ter sido largamente reproduzido, transcrevo apenas seu final:

> E quando o perigo acabou.
> E as pessoas se encontraram.
> Eles ficaram tristes pelos mortos.
> E fizeram novas escolhas.
> E sonharam com novas visões.
> E criaram novas maneiras de viver.
> E curaram completamente a terra.
> Assim como eles estavam curados.

Caso houvesse sido realmente escrito em 1864, a autora teria se decepcionado muito cedo. O sonho, afinal, não deu certo. Na realidade, mesmo com todas as transformações ocorridas, com as conquistas tecnológicas, os êxitos econômicos e os avanços científicos, o ser humano não mudou praticamente nada. No entanto, descobriu-se recentemente que o poema foi escrito em 2020, em meio à atual pandemia, o que explica a coincidência com os dias correntes. Portanto, sua verdadeira autora, a advogada americana Catherine O'Meara, pode se preparar para a frustração, pois o perigo não passou nem vai passar. A doença do mundo é muito maior que a Covid-19 e não se cura com lirismo. Não se muda o comportamento humano em meses, ou mesmo em anos. Talvez em séculos ou, talvez, nunca.

A própria Covid-19 está nos fazendo repensar a vida e enfrentar de vez nossas mazelas e fraquezas. Para começar, nos obriga a admitir a insignificância do ser humano, definido por Blaise Pascal, no século XVII, como o mais frágil bambu da natureza, "um caniço, embora pensante, mas um caniço".

Em contrapartida, devido à pandemia, o planeta Terra esboçou uma reação, mesmo que tímida; com a diminuição forçada da atividade econômica, provou-se que somos nós os responsáveis pela sua degradação. Num instante melhorou a qualidade do ar, e pássaros surgiram voando para espalhar a paz com seu canto. Em algumas baías, as águas ficaram transparentes, os peixes voltaram à superfície e a vida marinha se exibiu feliz. Entretanto, tratou-se apenas de um momento poético, porque o efeito do aumento da concentração de gases do efeito estufa, advindos da queima dos combustíveis fósseis e outras ações do homem, não só perdura por séculos, como também as atividades devem, em breve, retornar ao seu curso predatório.

Com a Covid-19 acentuou-se o descrédito no poder público e ficaram mais evidentes a falência das instituições e o despreparo dos que detêm o poder. O despreparo da saúde pública tornou-se exposto, revelando que, até mesmo em países desenvolvidos, os sistemas são subdimensionados para lidar com pandemias de rápido espalhamento. No Brasil, com as habituais filas de pacientes, com moribundos à espera nos corredores e até com a recusa de tratamentos, nós já sabíamos que era assim. Não foi surpresa.

A Covid-19 mostrou também que por muito tempo tentamos, em vão, combater a mentira, o egoísmo, o orgulho, a desonestidade, a ganância e o consumismo, características humanas conhecidas desde os primórdios da história e, provavelmente, imutáveis (pelo menos no horizonte temporal relevante). Gastaríamos muito menos energia se nos focássemos mais na construção de uma sociedade global resiliente aos nossos defeitos do que em tentativas de mudar nossas características intrínsecas.

As cortinas de um palco esfarrapado e nada iluminado foram abertas pela pandemia. Num cenário assim sombrio, a televisão fez sua estreia num drama mundial tão extenso e complicado. Essa tragédia nunca havia sido escrita e, portanto, nunca poderia ter sido ensaiada. Tratava-se de uma atuação de improviso, sem nenhum parâmetro. Poderia ter sido um desastre, mas a televisão se comportou bem em todo o mundo. Lidar com o medo é sempre um perigoso desafio. Mantê-lo no nível necessário para a nossa proteção e não deixar que se transforme em pânico é, a meu ver, o principal mérito.

Em pesquisa realizada pelo instituto Datafolha, durante a pandemia a televisão obteve o primeiro lugar em confiabilidade, acima de todas as outras mídias. Registre-se o expressivo número de horas transmitidas, o volume de informações úteis, o serviço público prestado intensamente e sempre atualizado, o cuidado com a veracidade de cada detalhe de cada matéria. Com esse posicionamento, a televisão tornou-se o veículo indispensável em meio à pandemia. Acrescentem-se a abertura gratuita de canais pagos, as campanhas de ajuda, a divulgação contínua de atos de solidariedade de empresas e instituições comerciais, as *lives* de importantes artistas locais e mundiais, as emocionantes transmissões de confraternização entre cidades, países, bairros e pessoas, com exibições de talentos artísticos naturais em terraços, janelas e sacadas de todo o planeta...

A televisão, com os programas de entretenimento, nos alimenta para suportar o distanciamento social e o isolamento familiar e individual. E, se a Covid-19 nos pegou de mau jeito, temos de agradecer a existência de tecnologias, plataformas e meios que nos mantiveram conectados —

como a web, a telefonia móvel, as redes sociais, FaceTime, Skype, Zoom, Google Duo, Instagram, Facebook, Twitter e tantos outros. E cada vez mais precisaremos de todos esses recursos. Agora e no pós-pandemia.

Pela minha proximidade com a televisão, sempre me perguntam o que vai mudar nessa área. É claro que algumas mudanças vão ocorrer, mas lamento dizer que serão poucas, e só podemos falar em tendências que já vêm despontando. Mundialmente, como tudo após a Covid-19, dependeremos da velocidade da recuperação econômica. No Brasil, estaremos à mercê, também, do ambiente político, uma vez que a pandemia foi politizada e, lamentavelmente, usada como plataforma eleitoral.

A televisão é composta de duas partes que se integram: distribuição de sinais e produção de conteúdo, seja de entretenimento ou jornalístico. A televisão brasileira é uma das poucas do mundo que produz a maior parte do que veicula. A televisão comercial é sustentada pelos anunciantes e a fechada, pelos assinantes, ou por pagamento, ou por demanda. Olhemos o assunto sob três pontos de vista: o mercado, a tecnologia e o conteúdo.

O mercado será fator decisivo em qualquer alteração da televisão no pós-pandemia. A TV a cabo poderá sofrer perdas importantes de seus assinantes, pois será gradualmente substituída pelo serviço de VoD (*video on demand*). Já os operadores de *streaming* se verão envolvidos numa grande luta pela hegemonia mundial. Com o impacto econômico da pandemia, é inevitável que desapareçam alguns anunciantes na televisão. Por um lado mais otimista, tudo seria apenas um empurrãozinho no processo natural da virtuosa "destruição criativa", termo cunhado pelo economista austríaco Joseph Schumpeter. A destruição criativa descreve o processo no qual novas tecnologias surgem como ondas aleatórias que aumentam a produtividade, tomando o espaço de suas concorrentes tecnologicamente defasadas. No Brasil, por exemplo, o *e-commerce*, que engatinhava em relação a boa parte do mundo, teve um belo de um impulso com a pandemia. Portanto, anunciantes tradicionais serão apenas substituídos, a médio prazo, por outros ainda mais fortes.

Entrando no campo tecnológico, é bom ressaltar que a transmissão de imagens ao vivo e a cores, com qualidade superior à cinematográfica, de onde quer que se esteja para qualquer ponto que se imagine, sem utilizar fios, cabos de vídeo ou telefonia, é uma das tecnologias mais modernas que existem e prerrogativa da televisão. Mesmo com as outras que vierem a se fazer disponíveis, a televisão enquanto tecnologia tem muito futuro pela frente. Será fácil nos adaptarmos a qualquer novidade que ocorra. A adoção do 5G, que sofreu atraso, trará novas formas de distribuir sinais televisivos para todas as telas existentes ou que vierem a surgir. Aproveitando tecnologias disponíveis, a educação a distância deverá ganhar espaço e substituir parte da educação presencial.

O terceiro e mais importante ponto é o conteúdo. A informação, a dramaturgia, o humor, a música e o esporte estarão sempre presentes em todo o mundo, uma vez que são hábitos arraigados nos seres humanos. Realidade e ficção são inerentes às nossas vidas e farão parte do mundo enquanto a humanidade existir. Poderemos até mudar a maneira de consumir conteúdo ou mudar o tipo de conteúdo a ser consumido, mas, historicamente, esse hábito é tão forte e tão profundo que não há como abandoná-lo.

No Brasil, indivíduos das camadas mais simples da população sofreram um impacto que os deixou tão perplexos que tiveram de aprender e entender coisas, até mesmo para se defender. Com relação às classes média e alta, a televisão soube aproveitar a oportunidade e aumentou a presença do jornalismo na grade. O distanciamento social e a necessidade de acompanhar o comportamento do vírus e das crises políticas fizeram crescer o consumo de notícias e informações, e parte desse incremento deverá ser mantido no pós-pandemia. Também poderão crescer os conteúdos baseados em histórias reais de heroísmo e solidariedade, assim como o humor deverá subir de patamar. Como vimos nas postagens e mensagens de WhatsApp e Instagram, o brasileiro não deixa de rir nem na tragédia. E quando ela passar, haverá demanda por críticas, sátiras, personagens caricatos e histórias cômicas. O leque de novas possibilidades é enorme e especulativo. Nem tudo, porém, será diferente. Os produtores confiáveis de notícia e os produtores de entretenimento de qualidade continuarão ativos, importantes e terão vida longa.

Em 1964, o biógrafo Albert Goldman criou o termo "Lei de Lindy", baseado na crença de que comediantes de TV tinham um repertório limitado e que a expectativa de sobrevida de suas carreiras era inversamente proporcional ao tempo de exposição que tinham no ar. O termo "Lindy" refere-se à antiga *delicatessen* Lindy, em Nova York, onde os comediantes se reuniam todas as noites.

Em 1982, o matemático polonês Benoît Mandelbrot se aprofundou no tema e descobriu que, na verdade, o efeito é oposto. Mandelbrot observou, em seu livro *A geometria fractal da natureza*, que os comediantes não têm repertório limitado e que, estatisticamente, quanto mais aparecem no ar, mais longevas tendem a ser suas carreiras.

Nassim Nicholas Taleb, investidor de sucesso, filósofo e profundo estudioso das questões relacionadas à incerteza, apresentou uma versão das ideias de Mandelbrot no seu livro *A lógica do cisne negro: o impacto do altamente improvável*. Mais tarde, em *Antifrágil: coisas que se beneficiam com o caos*, o autor formalizou a questão, cunhando o termo "Efeito Lindy". A constatação estatística é simples: dentro do domínio de coisas não perecíveis, como um livro (imagine a Bíblia) ou uma tecnologia (como a roda), pode-se esperar que algo bem-sucedido dure duas vezes mais que os outros. Passemos a acreditar num mundo viável que dure outros milhões de anos e a torcer por um sucesso em dobro para a televisão brasileira, que completa setenta anos em 18 de setembro de 2020.

MEIO AMBIENTE

UM MARCO NA CONSCIÊNCIA AMBIENTAL PLANETÁRIA

Fernando Gabeira

A pandemia do novo coronavírus será um marco na consciência ambiental planetária.

Já tivemos, porém, outros momentos importantes. Um deles foi o relatório do Clube de Roma, em 1972.

O Clube foi ideia de um empresário e cientista no fim da década de 1960. Ele reuniu personalidades do mundo inteiro e, em 1972, lançou um documento intitulado "Limites do crescimento".

O que se dizia ali era basicamente isto: se a humanidade continuar produzindo e consumindo no mesmo ritmo, os recursos naturais estariam esgotados em cem anos.

A partir desse momento, foi-se construindo o conceito e a prática da sustentabilidade. Muitos protestaram contra a conclusão, pois acharam que se tratava de uma espécie de freio ao progresso.

Depois desse momento, surgiu outro: a constatação de que a temperatura no planeta estava subindo e que isso era consequência do efeito estufa, por sua vez produzido pela emissão de gases, sobretudo o CO_2.

O aquecimento global representava um perigo para a própria sobrevivência da humanidade no planeta e traria, como na verdade já está trazendo, inúmeros e destruidores eventos extremos, como tempestades, furacões e secas prolongadas.

O aquecimento global mobilizou o planeta. Produziu dois grandes compromissos internacionais, materializados no Protocolo de Quioto e, depois, no Acordo de Paris.

Nesses grandes debates, a segurança biológica, ameaçada por grandes epidemias, ainda estava em segundo plano, exceto entre alguns cientistas e milionários influenciados por eles, como é o caso de Bill Gates.

Epidemias como a SARS e a MERS chegaram com um grande potencial de mortalidade, mas não acabaram por impulsionar uma iniciativa global de grande envergadura.

Então veio o novo coronavírus. Ele estava, de certa forma, anunciado nas imagens dos mercados chineses, onde animais selvagens eram empilhados e vendidos para o consumo humano. Ou mesmo no interior da Indonésia, onde açougueiros compram morcegos para vendê-los a seus clientes.

O vírus deu um salto entre espécies e se alojou no corpo humano. Sua capacidade de propagação é maior do que todos os outros, e ele muito rapidamente acabou paralisando a humanidade, levando milhares de vidas, devastando a economia e desempregando milhões de pessoas.

O que significa isso para a consciência ambiental? Certamente se terá, como sempre, de lutar contra os negacionistas. Quando se falou do esgotamento de recursos naturais, surgiram os defensores do progresso ilimitado; diante do aquecimento global, confirmado pela maioria esmagadora dos cientistas, o ceticismo permaneceu o mesmo. No caso do coronavírus, assim como foi com o desastre de Chernobyl na Rússia, os negacionistas têm ainda um fator que os favorece: a invisibilidade do inimigo.

Muitos negaram os efeitos da radioatividade liberada em Chernobyl porque ela não era visível. O coronavírus também é invisível, e alguns o consideraram no máximo uma gripezinha, como é o caso do presidente Jair Bolsonaro. Negacionistas mais sofisticados, diante da evidência das mortes, reconhecem o coronavírus e afirmam que ele, sim, era o real perigo: o aquecimento global fora um falso adversário.

Todos sabemos que os fatos são interligados. No campo da segurança biológica, constatei pessoalmente como a febre amarela voltou ao Brasil por causa do desmatamento. Tive a oportunidade de trabalhar no tema no norte de Minas, entrando na mata, pois nesse caso a existência de uma vacina nos deu maior liberdade de investigação.

O governo brasileiro e os destruidores da Amazônia estão se aproveitando da pandemia para seguir destruindo o ecossistema. No ano de 2020, a destruição da Amazônia deve alcançar 16 mil km².

É possível imaginar a quantidade de animais que terão seu habitat destruído e o desequilíbrio ambiental que esse processo traz consigo. Além disso, na medida em que a Amazônia é destruída, aumenta o aquecimento planetário, subverte-se o regime de chuvas, reduz-se a produção de alimentos — enfim, uma cadeia de consequências se desdobra.

Existe, portanto, relação entre destruição ambiental e segurança ecológica. Mas não só. Outro capítulo é aberto pela pandemia de coronavírus para a reflexão humana: nossa relação com os animais.

A China, há algum tempo, tinha se comprometido a controlar os mercados onde se vendem animais selvagens, cujas condições de higiene, para piorar, eram mínimas. Dessa vez, decidiu proibir. No entanto, sabemos que práticas culturais não desaparecem de uma hora para outra, por mais eficaz ou mesmo autoritário que seja o sistema repressivo chinês.

Por incrível que pareça, porém, o foco da relação com os animais não se limitou aos fétidos mercados da China. Ele se estende a toda a produção moderna de proteína, aos matadouros que processam carne de boi, porco ou frango. Suas condições industriais já não correspondem às necessidades de nosso tempo. Os animais não têm espaço e são, em alguns casos, entupidos de antibióticos.

Alguns frigoríficos americanos apresentaram alto índice de contaminação pelo novo coronavírus entre seus funcionários. Tudo indica que a atmosfera é biologicamente insegura. Portanto, é provável que o mundo pós-coronavírus não só revolucione os antigos mercados chineses como também a indústria da carne em todos os grandes países.

Contudo, a relação com os animais talvez seja reavaliada de forma ainda mais radical, no sentido de que não se pode tratá-los como objetos insensíveis, e sim como seres que merecem respeito e, inclusive, como pensam alguns autores modernos, devem usufruir de alguns direitos.

Indiretamente, a pandemia vai atingir ainda a visão de consumo. A quarentena e a proximidade da morte talvez tenham reforçado em muitas pessoas a capacidade de distinguir entre o essencial e o supérfluo.

Com a inevitável e profunda crise econômica, certamente as pessoas pensarão mais nas suas escolhas de consumo, e talvez, ao cabo de tudo, um novo equilíbrio se instale. A quarentena, por exemplo, nos alertou para a importância do comércio local e do pequeno produtor que está próximo de nós.

Isso pode levar também a movimentos que valorizem os produtores regionais, o que tem inúmeras vantagens, entre elas a economia de transporte e, logo, de emissões de CO_2.

Em todos os debates sobre o futuro, tomo o cuidado de não divagar muito. No Brasil, podemos nos embriagar com as hipóteses maravilhosas que a tecnologia nos abre e nos esquecer de algumas realidades gritantes.

Ainda estamos no século XIX quando se trata de saneamento básico. Esse é um fator de insegurança biológica. Se a pandemia de coronavírus nos impulsionar a resolver esse problema num prazo mais curto, já teremos dado um passo fundamental.

As pessoas adoecem e morrem por contaminação hídrica. Essa é uma realidade cotidiana ignorada pelos políticos e pela parte da população que dispõe desse serviço básico. Agora, talvez essas pessoas compreendam como isso é necessário — não só por um impulso solidário, mas também por um instinto de sobrevivência.

O saneamento básico é uma obra que não aparece. Os políticos não ganham votos facilmente com ele. Além disso, a esquerda durante muito tempo se recusou a aceitar a presença da iniciativa privada nessa esfera. Talvez a pandemia apresse no Brasil a tendência pragmática que a China viveu no século passado e que vem expressa muito bem nesta frase: não importa se o gato é preto ou branco; o importante é que pegue o rato.

Todas essas considerações se baseiam na hipótese de que encontraremos uma vacina ou um antiviral eficaz para o coronavírus. Antes disso, nosso futuro será determinado por ele — o que não significa que, mesmo com a vacina, alguma coisa restará, como a massificação do hábito de lavar as mãos, a preferência por atividades ao ar livre e, possivelmente, certa contenção nos abraços e beijos tão enraizados em nossa cultura.

RELIGIÃO

O RISCO DE UMA FÉ VIRTUAL?

Gerson Camarotti

Aquela tarde do dia 27 de março do ano da pandemia do novo coronavírus foi um divisor de águas para muita gente. Até esta data, todos nós já tínhamos visto imagens de muito impacto. Mas nada tinha sido tão forte quanto a cena do Papa Francisco em oração num Vaticano completamente vazio. Um vazio inédito na história milenar da Igreja. A Praça de São Pedro sem um único fiel. E o Papa Francisco caminhando lentamente para o centro num entardecer chuvoso.

Naquela data, a Itália atingia o recorde de mortes pela Covid-19 num único dia: haviam sido registradas 919 mortes em 24 horas. Como nunca antes, o Santo Padre não escondia o seu profundo abatimento ao rezar diante do "crucifixo milagroso". (Era uma cena completamente diferente daquele 13 de março de 2013, quando Francisco fora anunciado para uma multidão que lotava a Praça de São Pedro: sete anos antes, aqueles fiéis aguardavam de forma festiva o resultado do conclave que escolhera o cardeal Jorge Mario Bergoglio. Para quem cobrira o conclave, como eu, a nova imagem de um Papa sozinho na imensidão da praça transmitia um sentimento de tristeza.)

Não por acaso aquele crucifixo milagroso foi levado para o Vaticano. A peça que fica exposta na Igreja de São Marcelo é objeto de profunda veneração pelos fiéis de Roma desde 1519, quando permaneceu ileso em um grande incêndio que destruiu a igreja no centro da cidade. Pouco tempo depois, em 1522, foi usado em uma procissão pelas ruas da capital italiana. Ao crucifixo foi atribuído o fim da Peste Negra que atingiu Roma há cinco séculos.

De volta aos acontecimentos do início do século XXI, é importante observar o simbólico que tomou conta da cerimônia conduzida pelo Pontífice. Como imaginar — mesmo num filme de ficção — uma imagem como aquela?

Nas redes sociais, onde as pessoas passaram a se expressar mais, as mensagens eram de reflexão diante daquele gesto. Francisco deu a bênção *Urbi et Orbi* (à cidade e ao mundo), uma das mais importantes do catolicismo, e que em geral é apenas reservada a ocasiões especiais, como o Natal e a Páscoa.

O líder espiritual de 1,3 bilhão de fiéis pelo mundo também mandou o seu recado: "Uma profunda escuridão está sobre nossas praças, ruas e cidades." Em seguida acrescentou: "Ela tomou conta de nossas vidas, preenchendo tudo com um silêncio ensurdecedor e um vazio angustiante que interrompe tudo ao passar, sentimos isso no ar, nos sentimos com medo e perdidos." Então, numa mensagem muito mais ampla do que uma fala direcionada apenas aos católicos, ressaltou: "Estamos no mesmo barco. Estamos frágeis e desorientados, mas ao mesmo tempo somos importantes e necessários, todos convocados a remar juntos, cada um precisando confortar o outro."

Durante a Páscoa, as cenas de um Papa sozinho no Vaticano seriam repetidas. Nas cerimônias da Paixão de Cristo e da Vigília Pascal, na Basílica de São Pedro, mais uma vez a ausência de fiéis. Dessa vez, também não houve batismos. Na vigília, Francisco lembrou que a Páscoa constitui "um anúncio de esperança": "Tudo vai ficar bem, dizemos constantemente nessas semanas, agarrando a beleza de nossa humanidade e trazendo palavras de encorajamento de nossos corações. Mas, à medida que os dias passam e o medo cresce, até mesmo a mais intrépida esperança pode evaporar", disse Francisco, para em seguida enfatizar que "a escuridão e a morte não têm a última palavra".

Durante esses dias, muitos amigos de outras religiões e até mesmo agnósticos e ateus falaram comigo, reflexivos diante daquelas cenas transmitidas direto de Roma. Até então, muitos ainda estavam enfrentando a pandemia no modo automático. Mas aquele Papa sozinho na praça fez a ficha cair em muitas pessoas.

O Brasil e o mundo estavam encontrando uma nova forma de conexão espiritual. De suas casas, acompanhavam em transmissões ao vivo, pela internet ou televisão, aquelas cenas carregadas de novidade. Em tempos de pandemia, estávamos diante de uma nova forma de expressão da fé e da religiosidade? Certamente, o Papa deu o tom para os católicos em todo o mundo. No Brasil, as celebrações passaram a ser majoritariamente virtuais. As igrejas adaptaram as Missas sem a presença de fiéis e com transmissão pela internet.

Entre as várias denominações evangélicas, pastores seguiram o mesmo caminho. Os luteranos decidiram realizar cultos on-line e as devoções mais curtas foram gravadas e disponibilizadas pelos grupos de WhatsApp. Os espíritas também passaram a adotar cuidados para evitar a contaminação. Passes e palestras tornaram-se virtuais. Em Brasília, por exemplo, a Comunhão Espírita organizou o atendimento fraterno on-line.

Pelo mundo, o mesmo. Como visto com os cristãos, também mulçumanos e judeus passaram a lidar de forma diferente diante da crise do coronavírus. As tradicionais celebrações das três religiões monoteístas, que aconteceram neste período, tiveram que sofrer adequações para o período de pandemia.

Como a Páscoa, Ramadá e Pessach coincidiram com o auge das medidas de isolamento impostas no combate à Covid-19. Com a proibição de reuniões em vários países, foi preciso encontrar criatividade para a manifestação da fé. Nas três celebrações, ocorrem cultos e também reuniões de família. Com o desafio do isolamento social, foi preciso o uso de tecnologia e a flexibilidade para manter as tradições.

Ainda no início de março, a Arábia Saudita anunciou a suspensão de todas as peregrinações a Meca, conhecidas como Umra. Pouco antes, o país já havia suspendido, por conta do novo coronavírus — que na ocasião já começava a se espalhar pelo Oriente Médio —, a entrada de muçulmanos estrangeiros que planejavam visitar o santuário. Nos primeiros dias de abril, o Egito tornou-se o primeiro país árabe a anunciar a suspensão de todas as atividades coletivas para o mês sagrado do Ramadã. (Com isso, não foi possível festejar o fim do jejum diário em grande roda. O Ramadã é o mês de jejum em que os muçulmanos não podem comer nem beber nada, desde o nascer do sol ao crepúsculo.) No islã, cresceu rapidamente o consenso de que se tratava menos de uma questão teológica e muito mais de um grande desafio para a humanidade.

Em Israel não foi diferente. Em 6 de abril do ano da pandemia, o primeiro-ministro, Benjamin Netanyahu, anunciou no país quarentena obrigatória durante o Pessach, a Páscoa judaica. O Pessach celebra a libertação dos judeus do Egito segundo a Torá. Foi quando os israelitas fizeram a longa travessia do deserto, fugindo da escravidão. Num pronunciamento pela televisão, o primeiro-ministro avisou do endurecimento das restrições de viagem no período em que, normalmente, os israelenses costumam se deslocar para se reunir com as famílias para as celebrações do feriado religioso. Netanyahu anunciou um toque de recolher na noite em que aconteceria o Sêder de Pessach, um jantar cerimonial, para evitar reuniões entre pessoas. Amigos judeus relataram que, para comemorar o Sêder, famílias foram interconectadas pela internet.

É lógico que as exceções existiram. Na contramão das recomendações científicas, alguns líderes religiosos contribuíram para a disseminação do coronavírus. O caso mais notório foi na Coreia do Sul. A Igreja de Jesus de Shincheonji, seita dedicada a expandir a ideia de que seu fundador, Lee Man-hee, é a segunda encarnação de Jesus Cristo, chegou a esconder das autoridades os nomes dos fiéis que estavam infectados — e alguns deles viajaram pelo país.

O governo responsabilizou o líder religioso e sua Igreja por contribuir para a disseminação do surto ao se recusar a fornecer uma lista completa de seus membros, apontado como o maior foco de disseminação da pandemia no país. De acordo com o jornal americano *The New York Times*, centenas de membros da Igreja cristã permaneceram incomunicáveis, dificultando os testes conduzidos por autoridades de saúde.

O RISCO DE UMA FÉ VIRTUAL?

No Brasil, alguns líderes de igrejas neopentecostais fizeram coro com o presidente Jair Bolsonaro e minimizaram riscos da pandemia do novo coronavírus. Em resposta ao apoio recebido, Bolsonaro publicou decreto que incluiu templos religiosos entre os serviços essenciais, o que causou grande embate jurídico. Ainda assim, esses exemplos foram pontos fora da curva por aqui e no restante do planeta.

Em plena pandemia, a escritora polonesa Olga Tokarczuk, Prêmio Nobel de Literatura, escreveu longo artigo publicado no Brasil pela *Folha de S.Paulo*. Na reflexão, afirmou que "diante dos nossos olhos se esvanece, feito fumaça, o paradigma civilizatório que nos moldou ao longo dos últimos 200 anos — que somos os senhores da criação, podemos fazer tudo e o mundo nos pertence". E concluiu: "Novos tempos estão por vir."

Na religião, não sabemos como será o comportamento das pessoas em relação à manifestação da fé depois de passada a pandemia. Mas, certamente, novos tempos estão por vir.

Isso ficou claro num alerta feito por um bispo católico ao Papa. Na homilia do dia 17 de abril, o próprio Francisco revelou que esse bispo lhe escrevera para o repreender pelo fato de que a Basílica de São Pedro estaria vazia na Páscoa. O Pontífice contou que, no momento em que recebeu o alerta, não entendeu. Mas que, depois, sim.

Relatou Francisco o que disse o bispo: "Esteja atento para não virtualizar a Igreja, para não virtualizar os Sacramentos, para não virtualizar o Povo de Deus." Em seguida, o Papa acrescentou: "A Igreja, os Sacramentos, o Povo de Deus são concretos. É verdade que neste momento devemos ter esta familiaridade com o Senhor desse modo, mas para sair do túnel, não para permanecer aí. E essa é a familiaridade dos apóstolos."

Questionei um sacerdote amigo sobre qual seria a preocupação do Santo Padre. "O Papa alerta para o risco da fé 'virtual', sem contatos humanos reais, vivida unicamente através do *streaming* que virtualiza os sacramentos." Para as religiões, talvez esse seja o grande desafio depois da superação da pandemia do ano de 2020, que mudará em definitivo o comportamento da humanidade.

COMPORTAMENTO SOCIAL

A CERTEZA DA INCERTEZA

Rosiska Darcy de Oliveira

A pandemia do coronavírus desmoralizou o vão esforço da futurologia, que tende a projetar como futuro, com um toque de design moderno, as tendências já presentes na realidade contemporânea. Quando a imaginação extrapola essas tendências, passa a se chamar ficção científica e cai no campo suspeito e um tanto maldito da literatura. Nem uma nem outra, futurologia e literatura, ousaram um roteiro tão aterrorizante quanto esse que é hoje o nosso dia a dia, atingido com a rapidez e imprevisibilidade de um raio que reduziu a cinzas um conjunto de convicções duramente construídas.

Só me ocorre como ilustrativo de tamanho horror o quadro *O triunfo da morte*, de Pieter Bruegel, pintado em 1562 e hoje exposto no Museu do Prado, em Madri. Ali, a evocação da morte com que uma sucessão de guerras e pestes devastou a Europa na Idade Média e na fronteira do Renascimento.

Esse quadro, por razões que me escapavam então, me parecia insuportável ao olhar — um olhar nada ingênuo que sempre conviveu com as imagens e relatos de outros tantos infernos de que o século XX não nos poupou. Mas esse *Triunfo da morte*, por alguma razão misteriosa, premonitória talvez, eu sempre evitei. Cinco séculos depois dos tempos torturantes que inspiraram o quadro, ainda havia pessoas que, como eu, temiam que aquela imagem se fixasse em suas retinas e lhes tirasse o sono para sempre.

Hoje penso que talvez uma memória ancestral me trouxesse do inconsciente a fragilidade do destino humano e a crueldade da história, eu que sou filha de uma sociedade onipotente, orgulhosa de sua ciência, a cada dia mais penetrante nos mistérios, do micro ao macro, da célula ao espaço sideral, da massa de segredos de que é feito o cérebro, uma ciência que foi mesmo capaz de inventar um mundo paralelo, o ciberespaço, e reinventar os homens na clonagem, na inteligência artificial. Que pensava tudo controlar, obcecada pela ideia da segurança, pretendendo a saúde perfeita e flertando com a imortalidade, mas hoje confrontada com uma tragédia apocalíptica em que já não controla quase nada, vítima de um vírus desconhecido e destruidor, que se espalhou pela Terra e se esconde em qualquer lugar.

Essa queda tão rápida e inesperada nas trevas enlouqueceu a bússola de um mundo que agora, aflito e sem instrumentos eficazes que lhe indiquem um caminho seguro para combatê-lo, assiste à humanidade em carne viva adiar *sine die* seu futuro, seus planos, engavetar seus sonhos e ser reduzida a uma luta cotidiana pela mera sobrevivência. Um inevitável cara a cara com a morte, com o terror dos sintomas e do contágio, todas as vidas suspensas à imprevisibilidade — justamente o que nossa sociedade sempre abominou, algo com o qual nunca aprendeu a conviver nem soube integrar em suas formas de construir o conhecimento.

Dirão alguns que homens como Bill Gates ou Barack Obama alertaram para um risco sanitário maior que o nuclear. Essa Terceira Guerra Mundial, a ameaça sanitária, ficou restrita a agências especializadas, como a Organização Mundial da Saúde; e, talvez por desinformação, não me lembro de ter lido ou ouvido nenhum debate sério sobre o assunto. Em dezembro de 2019, no Fórum Econômico Mundial de Davos, as epidemias surgiram na lista das mais graves ameaças à humanidade, mas a questão jamais, nem de longe, penetrou a consciência mundial, que, confrontada com sucessivos eventos naturais extremos, visíveis e irrefutáveis, mal começava a digerir a ameaça climática.

Uma adolescente, Greta Thunberg, comoveu o mundo inteiro ao acusar os poderosos de lhe terem roubado o futuro. Pelo avesso nos ameaçava com o fim do mundo, e, mesmo se para uma grande maioria esse fim de mundo parecia adiável e controlável, cada vez mais gente se preocupava com essa falência do futuro.

Eis que de repente para a máquina do mundo, o motor enguiça, como se um extraterrestre nos tivesse paralisado a todos, trancados em casa, colados na frente da televisão. O medo foi morar conosco e tomou o lugar dos abraços. Medo não só do que se está vivendo, dos dias de pesadelo, mas também do mundo desconhecido e talvez arruinado que emergirá dessa policrise planetária. Medo do mundo de amanhã, depois que tudo isso passar, depois do confinamento, depois da quarentena, depois do luto, colocando para nós mesmos um horizonte imaginário de imortalidade que ignora a foice que ronda cada vida e já ceifou milhões.

Essa companhia constante do medo talvez seja a mudança mais perturbadora e corrosiva de nossos dias. Creio não ter havido na história um tempo em que toda a humanidade partilhasse de um mesmo sentimento num mesmo momento. Certamente todos os seres humanos já tiveram medo de morrer, mas não todos ao mesmo tempo, vivendo em alerta permanente contra a infecção possível, todos fechados sem aviso prévio em suas casas, impossibilitados de contato físico com as pessoas amadas.

Esse trauma deixará marcas; e, se no plano individual cada um irá metabolizá-lo como puder, no plano coletivo é legítimo prever que a memória desse trauma por muito tempo ainda assombre as pessoas e torne menos espontâneos os contatos sociais, além de injetar nos espíritos insegurança face ao futuro.

Afinal, não é todo dia que se vive um longo período sob ameaça de morte. A juventude, para quem o fim costuma ser algo longínquo e inimaginável, está sendo exposta muito cedo à mais horrenda face do destino humano. Como essa convivência prematura agirá sobre seu futuro, sobre as escolhas que farão no presente, resta, a exemplo de tudo mais, uma incógnita sobre a qual só se pode especular. Ou talvez se possa afirmar que, para os jovens, essa convivência precoce com um medo até então bem conhecido somente dos idosos é injusta e nada saudável.

A pandemia, em um mês, tornou obsoletas todas as questões que considerávamos essenciais e para as quais não tínhamos resposta. Mudou as perguntas, e sobre estas não sabemos nada. Ao contrário das religiões, que lidam com certezas, as verdades científicas lidam com experimentação e erro: são verdades transitórias que, para o bem e progresso da própria ciência, se autocorrigem — são por natureza biodegradáveis. Perplexos, os cientistas se perguntam: Haverá uma vacina? Quando? Como combater esse monstro desconhecido, onde está o remédio? Quanto tempo levará essa neblina? Voltará ou ficará entre nós esse vírus insidioso, pronto a atacar qualquer um a qualquer momento?

Hoje, 1.º de maio de 2020, escrevo de casa, em um isolamento que já dura 45 dias e não tem prazo para terminar. Tudo é incerto. Como então saber, ou mesmo imaginar, o que poderá vir a ser da sociedade depois da pandemia? Haverá um depois em que todas as aflições se dissiparão? Ou, ao contrário, daqui para a frente, outro mundo emergirá a partir da pandemia? Como se relacionarão as pessoas, como se comportarão entre si? Como prever o comportamento social depois ou a partir da pandemia, se não chegamos ainda à fronteira desse inferno?

A única previsão que faço é que tudo o que for previsto será desmentido amanhã pelo inesperado. Escrevo na escuridão. A pandemia no Brasil sequer atingiu seu pico. Meu olhar é deformado pelo meu próprio isolamento, um campo de observação restrito ao cotidiano e embaçado pelas misérias que se sucedem.

Se fizesse um exercício de futurologia, esse mesmo que já critiquei no começo desse texto, exacerbaria para o futuro tendências observadas no presente. Então diria que as balizas de nossas vidas desabaram: o uso do tempo, a habitação do espaço e a fronteira entre a vida e a morte.

Vínhamos de um mundo em que o tempo se tornara raro, com a aceleração da vida cotidiana provocando um estresse coletivo. Em um ensaio recente, "Vidas sustentáveis", eu dizia, então, que sendo o tempo o meio ambiente impalpável onde nossa vida evolui, a relação com o tempo é uma relação ecológica, marcada no mundo contemporâneo pela poluição das horas. O tempo é um recurso não renovável e, como tal, tem alto valor, já que o homem mais rico do mundo não compra tempo, pois a morte não vende.

Nos anos 1970, o Clube de Roma, que reunia cientistas, empresários e intelectuais, introduzira nos espíritos a noção de limite. Os recursos da terra não eram inesgotáveis nem renováveis. Essa noção, porém, não se impregnou na vida cotidiana sob forma de cuidado com esse recurso não renovável que é o tempo de cada um. Continuamos tratando nosso tempo como tratávamos a natureza no marco da predação, como se a vida e as energias humanas fossem infinitas.

O paradigma da falta de limite, de energias inesgotáveis, contaminou o cotidiano das pessoas, numa multiplicidade descontrolada de vidas que não cabem e transbordam das 24 horas do dia. O presente transborda no amanhã. Essas muitas vidas são cada vez menos viváveis e compatíveis. Insistimos em viver vidas insustentáveis.

"Reconstruir vidas sustentáveis exige uma transformação profunda nos tempos de pelo menos três atores principais do cotidiano: a vida privada, a vida profissional — e a articulação entre elas — e as cidades, cenário que tem vida própria", concluía eu nesse texto que já me parece tão longínquo.

Quando a máquina do mundo parou, a flecha do tempo se inverteu. De repente, essa vida insustentável se viu transformada pela força das coisas, e não pela opção de ninguém, em uma estranha forma de vida. O isolamento social, outro nome do confinamento em casa, impôs uma mudança radical no uso temporal, fazendo sobrar um tempo que antes não existia, impondo uma nova invenção dos dias e a reorganização da vida doméstica.

Embaralharam-se as cartas da existência de todos nós. Os dias transcorrem e se parecem, cada um tentando manter uma rotina, memória esfumada de algo vivido em outra vida. Apagam-se as semanas, confundem-se as horas. Que dia é hoje? Ninguém sabe, os marcadores convencionais perderam autoridade. O fato de ter tempo nos fez perder a noção mesma do tempo.

Estar sempre em casa torna esse lugar seguro, que nos é tão familiar, um espaço estranho, que cheira vagamente a álcool, cenário de uma peça desconhecida que já não nos abriga como antes, com uma segura evidência, uma coisa nossa que está sempre lá e aonde chegamos no fim do dia, cansados, um refúgio onde se tira os sapatos, onde nos movimentamos com o automatismo que traz a intimidade com um espaço que nos pertence. A casa onde somos soberanos perdeu a obviedade e está sendo vivida por muitos como prisão.

Uma espécie de promiscuidade entre vida privada, a casa, e vida pública, a rua, impôs novos modos de trabalho e de convivência nas famílias, até então impensáveis e contra os quais havia resistência forte. Que efeitos essa reviravolta nos estilos de vida, essas experiências impostas por uma realidade indesejada e incontornável, vão operar no futuro é cedo para prever. Talvez tornem mais claro o que já existia antes em embrião.

Nas famílias onde havia harmonia, a solidariedade terá se solidificado e o gosto de maior convivência familiar, ainda que em condições adversas porque imprevistas e cercada de um medo onipresente, será mais valorizado. Onde havia explícita ou latente carga de brutalidade e desentendimento, e por vezes malquerença, a agressividade terá aumentado, como provam os atuais registros de acentuada incidência de casos de violência doméstica.

Apanhada de surpresa e posta à prova nesse exílio forçado, a verdade familiar vem à tona, quebram-se silêncios ou meias-palavras. O que a comédia social encobre, a pandemia descobre.

A conflituosa relação entre trabalho e vida privada está tendo de se resolver por si mesma, acrescida de um dado insólito: o esvaziamento das ruas. De certa forma, a rua também perdeu sua materialidade, mudou-se para o mundo virtual. O trabalho em *home office*, afetos desinfetados vividos a distância, academias virtuais, aulas de tudo, escolas a pleno vapor, *lives* sobre todos os assuntos substituindo auditórios, levantam a suspeita de que escritórios, restaurantes, lojas e prédios escolares tenham se transformado em museus de um tempo vencido, estruturas a serem repensadas quando a vida se reduz ao essencial. O que era burburinho das calçadas se fez um estranho silêncio. Os shoppings fechados, o consumo transformado em delivery, rigidamente controlado pela higiene de cada pacote suspeito de contaminação, tornaram obsoletas as superfícies das grandes lojas. A rua perdeu sua realidade concreta como lugar de existência e de encontros. Voltará a ser como sempre foi? Ou vai mudar-se de vez para o mundo virtual?

À primeira vista, há uma desmaterialização dos gestos cotidianos. O mundo do lado de fora foi transformado em terreno minado, em que o vírus é senhor; tudo se fez virtual e nós mesmos, uma incorpórea população.

Mas quem quer uma vida reduzida ao essencial? E o convívio, continuará a ser um bem essencial? A julgar pela intensidade do uso de instrumentos virtuais para garantir a comunicação entre pessoas involuntariamente isoladas, tudo indica que sim. Da ausência do convívio em carne e osso todos se queixam. Esse momento incorpóreo que uma tragédia planetária nos impôs parece ter nos dado uma dimensão do que o convívio real, palpável, representa na vida de todos, como alimento e alegria. Perguntem aos amantes separados, aos pais sem os filhos, aos filhos sem os pais, aos avós proibidos dos netos. Aos amigos sem amigos — não aos milhares que nos seguem na internet, mas àqueles poucos que se sentam à nossa mesa nos almoços de domingo, esses mesmos que nos mandam flores de verdade nos nossos aniversários, e que hoje ainda se encontram no Zoom com um copo na mão, brindando no vazio.

Saberemos o que ficou desses prazeres da existência real do outro quando chegar esse momento, tão idealizado na imaginação de muitos, que será o mundo depois do fim da pandemia, quando pudermos enfim flanar livremente pelas ruas.

Restam os vivos e os mortos, reunidos pela ameaça que poupa um e não o outro. Que memória aguda, que ferida aberta para sempre ou que desejo de esquecimento restará desse medo que hoje está em cada casa, em cada um, o tempo todo? Os que sobreviverem ficarão impunes? Não creio. O preço pago pela sobrevida terá sido nunca mais escamotear a presença da morte, em geral ausente dos nossos pensamentos, ocupados em fingir que nos acreditamos imortais.

O que restará, repito, dessas experiências que têm um quê de irrealidade? Ninguém sairá ileso desse mundo virado pelo avesso. Não voltaremos ao "tudo como era antes". Nem a como éramos antes. Há um núcleo íntimo que terá sido talvez afetado, ferido, alguma coisa que está sendo destruída e que, com certeza, poderá ser superada, mas deixará uma cicatriz.

Minha única certeza, essa, sim, certeza, é que doravante a incerteza será a regra do mundo e com ela teremos de viver. Na travessia do agora e no mundo de amanhã.

RELAÇÕES INTERNACIONAIS

O BRASIL EM SUA NAVEGAÇÃO
Marcos Azambuja

Os caminhos que viriam a ser os da futura política exterior do Brasil começam a ser desenhados lá atrás, quando ainda éramos parte de Portugal — país que sempre teve de enfrentar, em terra, a vizinhança ameaçadora da Espanha e, nos mares, os desafios de dois outros grandes atores, então poderosos impérios marítimos: a Inglaterra e a Holanda.

Portugal sempre precisou de uma boa diplomacia; não só e simplesmente para sobreviver, mas também para se projetar, por tanto tempo, em tantas e distantes direções. Nós, também.

Nossos fundadores tiveram boa escola e não costumavam dizer, escrever ou fazer bobagens. Cairu, Feijó, José Bonifácio, Bernardo Pereira de Vasconcellos e o Visconde do Uruguai iam buscar inspiração e lições no passado, quando Antonil, o padre Antônio Vieira, Alexandre de Gusmão e outros já anteviam o Brasil que nasceria e que está aqui conosco até hoje. Rio Branco, Nabuco e Oswaldo Aranha prosseguiram nesse caminho e sempre entenderam o essencial. Mais tarde, Santiago Dantas, Afonso Arinos e Araújo Castro continuaram a obra e foram em frente. Minha lista não esgota, nem de longe, os nomes daqueles que previram ou guiaram nossas navegações internacionais e contém flagrantes omissões. Serve apenas como uma indicação geral de rumo.

Meu velho chefe e mentor, Gilberto Amado, me lembrava sempre, quando o Brasil derrapava e se associava ao indefensável, que nosso destino era, em última análise, o de sermos um país decente. Segundo ele, não havia como escapar dessa fatalidade.

Não sei, com precisão, definir em termos acadêmicos a palavra "decente", mas acho que entendo visceralmente o que significa. Quando maltratamos nossa natureza, violamos direitos humanos e agimos de forma cruel e irresponsável, quando nos comportamos de maneira insensível ao que de nós se pode razoavelmente esperar, estamos traindo uma inescapável vocação — a qual, no nosso caso, deve ser destino nacional e também, idealmente, opção pessoal.

Fui aqui tão longe no tempo para melhor explicar minha decepção com o desvio de rota e com o esquecimento da história e das boas práticas que a política exterior do Brasil de hoje reflete. Talvez seja, em nosso já extenso caminho, um dos momentos em que nossa visão do mundo foi mais estreita e medíocre.

Depois de uma longa vida profissional em que busquei usar as palavras com cautela e evitar os perigos das generalizações e das simplificações, corro o risco de violar meus próprios cânones ao tentar dizer aqui, de maneira categórica, até que ponto o que estamos agora fazendo me parece prejudicial ao interesse nacional e contrário mesmo a nossa natureza e identidade.

É útil começar pela listagem dos valores centrais que informam nossas relações com o mundo. São expressos na nossa Constituição, notadamente em seu artigo quarto, que é claríssimo em seu enunciado. Não precisamos, portanto, nem reinventar a roda, nem traçar um novo caminho. Temos uma importante tradição de racionalidade e equilíbrio a preservar. Já não somos um país tão jovem assim.

Comecemos pelas nossas circunstâncias. Temos fronteiras comuns com dez países, e só a Rússia e a China possuem mais vizinhos. Desfrutávamos, até pouco tempo atrás, de muito boas relações com todos, e isso era um ativo inestimável. Agora temos graves e desnecessárias tensões com a Venezuela, cujo governo reconhecidamente não é democrático e deve ser induzido a voltar às boas práticas de ordenamento doméstico e de convivência externa. Com relação a essa grave e urgente questão, nas palavras e no ativismo, já fomos além do que devíamos e precisávamos.

Com o atual governo argentino, criamos tensões inteiramente desnecessárias, e perdeu-se a qualidade fluida e confiante do diálogo que mantínhamos com as autoridades eleitas por eles em décadas recentes, qualquer que fosse sua orientação política e ideológica.

Há queixas de outros países próximos a nós pela geografia ou pela história. A diplomacia brasileira hoje trava uma batalha — no fim das contas inglória e perdedora — com todas as esquerdas, qualquer que seja sua configuração e legitimidade. Iremos nos desgastar inutilmente nessa luta contra moinhos de vento que não nos ameaçam nem nos causam prejuízo. Devemos apenas, e sem proselitismo e militância, prosseguir no caminho liberal e democrático que é o de nossa vocação.

No Oriente Médio, onde um extremo cuidado é sempre recomendável, passamos a favorecer posições perigosas e desequilibradas. Abandonamos o que costumávamos fazer e que era, de um lado, reconhecer sem hesitações o direito de Israel de viver em paz e em segurança e reconhecer, aos palestinos, seu direito de terem também um espaço nacional. Passamos a patrocinar, com um punhado de outros países, atitudes que passam longe dos consensos que antes ajudávamos a criar.

Do comportamento diplomático marcado por um pragmatismo exercido com responsabilidade, em muitos terrenos passamos a ter um discurso de acentuado fervor ideológico, e mesmo religioso, que surpreende a quem o ouve lá fora e estivera acostumado a um Brasil tolerante e construtivo. Também surpreende aqui dentro a muitos de nós, que não sabemos aonde finalmente se quer chegar.

Em condições internacionais mais estáveis, tudo isso seria indesejável, mas haveria maneira não muito onerosa de controlar as avarias. No momento que atravessamos, quando procuramos colocar nossa casa em ordem e vemos que uma ordem internacional longamente estabelecida começa a ser substituída por outra de contornos ainda imprecisos, o que estamos fazendo acrescenta riscos e danos ao que já é uma situação incerta e de difícil previsibilidade.

É impossível não reconhecer que o mundo criado logo depois da Segunda Guerra Mundial está acabando. Os Estados Unidos, com Donald Trump, presidem a desconstrução do século que foi essencialmente construído por eles mesmos. É fácil ver o que termina. Não é fácil identificar os contornos do que começa a nascer.

Antecipava-se alguns anos atrás um choque de civilizações entre o Ocidente e o mundo islâmico. Essas tensões e conflitos persistem, mas agora, no curtíssimo prazo, a preocupação maior é com o crescente enfrentamento de interesses e valores entre a China e os Estados Unidos, gigantes que estabeleceram, na rivalidade comercial e tecnológica, seu campo de batalha até agora preferencial. É importante que essa tensão não se estenda e aprofunde, para que possa ser mais bem administrada.

Vivemos uma grande inquietação mundial, e as imensas migrações são prova dela. O Brexit mostrou que mesmo a arquitetura da integração europeia, que parecia duradoura, é frágil. A Covid-19 que enfrentamos revela que haverá sempre novos, inesperados e imensos perigos para todos nós.

A economia e o comércio internacionais vêm sofrendo nos últimos meses brutais golpes e dramática retração. Fomos atingidos de forma violenta pela pandemia quando ainda estávamos fragilizados por vários anos de pífio crescimento. Temos, para dentro e para fora, um imenso desafio, e não é hora de dar tiro no pé, de ofender os grandes parceiros e fregueses ou desaproveitar oportunidades financeiras e comerciais. Já somos, de fato e sem bazófia, um *global player*, e não existe região ou grande tema no mundo que não nos interesse ou afete.

Teremos assim, logo que a presente tempestade passar, a tarefa imensa e urgente de fazer o mundo voltar a funcionar e recuperar o que serão, sem sombra de dúvidas, imensas perdas, nossas e de todos. Não será coisa fácil, e o Brasil deve buscar restabelecer, como fazia antes e o fizera por longos períodos, a mais ampla e amistosa colaboração com uma sociedade internacional que não nos via como adversários, mas como sócios naturais das boas causas e construtores de uma agenda que, mais do que nunca, deverá ser global e multilateral, já que o tamanho da crise exige esse tipo de solidariedade e resposta.

TECNOLOGIA

NO RETROVISOR DO FUTURO

Cora Rónai

Quando comecei a editar o caderno de informática do *Globo*, em março de 1991, precisávamos abrir parênteses sempre que escrevíamos a palavra "internet": "(rede mundial de computadores)". Fazíamos isso porque, mesmo entre os leitores do *Informática etc.*, uma tribo bastante antenada, havia quem não soubesse do que estávamos falando. Naquele tempo a editoria, por tecnológica que fosse, ainda recebia deles cartas enviadas pelos correios, muitas vezes manuscritas. A internet chegara ao governo e às universidades brasileiras havia meros três anos, e sua exploração comercial começou apenas em 1994 — e, mesmo assim, mediante um projeto piloto sem grande alcance. Alguns anos se passariam antes que os parênteses perdessem a razão de ser.

Desde aquele tempo, contudo, já se falava em *home office*, então designado por "SOHO" (*Small Office, Home Office*). Aquela seria uma tendência universal, diziam os especialistas, já que, um dia, todos os computadores do mundo estariam conectados. Em 1984, John Gage cunhou uma frase que ficaria famosa: "*the network is the computer*", "a rede é o computador". John foi o 21.º empregado da Sun Mycrosystems, fabricante de estações de trabalho de Santa Clara, no Vale do Silício, e o que ele queria dizer era, em outras palavras, que a união faz a força. Numa época em que pouquíssimos computadores conversavam entre si, a frase tinha um tom místico e profético, e foi usada como *tagline* pela Sun durante anos. (*Taglines* eram pequenas frases que todos nós, pessoas físicas e/ou jurídicas, usávamos ao pé das mensagens. A ideia era transmitir um recado, celebrar um credo, não raro as duas coisas simultaneamente. Ao usar a frase de John Gage, a Sun manifestava sua vocação e sua crença na força das redes.)

Quase quarenta anos se passaram. A ideia do *home office* foi e voltou, criou raízes, se estendeu pelos *coworkings*, mas ainda estava longe de ser uma realidade abrangente e universal quando a pandemia chegou. De repente, de um dia para o outro, empresas e funcionários, antes relutantes em adotar o trabalho a distância, descobriram que ele não só era possível, como podia até ser mais produtivo do que o que se estivera fazendo no escritório.

A grande pergunta pós-Covid não é mais se podemos trabalhar de casa, mas se vamos querer voltar ao esquema antigo, enfrentando novamente horas de trânsito e de estresse para passar o dia longe de casa, dos filhos, dos animais de estimação. As empresas também vão se perguntar se vale a pena continuar a manter estruturas tão pesadas e investir tanto em espaço físico. No mundo daquele trabalho que pode ser feito a partir de uma escrivaninha e de um computador, nada mais será como antes — e mesmo quando os escritórios voltarem a funcionar, trabalhar de casa já não será um bicho de sete cabeças. Novas rotinas serão desenhadas, novos horários e modos de vida.

Para nossa sorte, a tecnologia estava pronta para a quarentena. Há apenas dez anos, só pouco mais de um quarto da população mundial tinha acesso à internet; hoje somos quase 4,6 bilhões de usuários, dez vezes o que éramos no ano 2000, quando menos de 5% da humanidade estava conectada. No ano passado, o número de smartphones ativos — 230 milhões — ultrapassou o número de habitantes no Brasil. Seu uso está tão popularizado que o governo não hesitou em distribuir o auxílio emergencial por meio de um aplicativo. Foi um caos, como vimos, mas por causa da implementação atabalhoada, e não pela falta de recursos.

É preciso pensar no passado para avaliar o presente e, eventualmente, entrever o futuro. O ar limpo e as ruas vazias nos encheram da nostalgia de épocas mais serenas, sem pressa, sem engarrafamentos e sem poluição. Descobrimos que, sob vários aspectos, o mundo antigo era de fato melhor. Mas a quarentena foi mitigada em larga escala pelo que temos de mais contemporâneo, os nossos computadores e celulares, e por uma constelação de aplicativos que tornaram o isolamento suportável.

A infraestrutura estava a postos, já suficientemente robusta para atender ao aumento súbito da demanda. Até 1997, por exemplo, quando nasceu um serviço chamado Disk Cook, apenas pizzarias e cadeias de *fast-food* faziam entregas no país; logo depois, já na virada do milênio, pouco se vendia on-line além de livros e CDs.

Imaginem se a pandemia nos pega vinte anos antes, sem delivery e sem *streaming* — conceitos tão recentes que ainda nem aportuguesamos seus nomes?

No ano passado, os mensageiros do hotel em que me hospedei em Chicago eram robôs, maquininhas de um metro de altura, com uma tampa no cocuruto que se abria para revelar o que quer que tivesse sido pedido ao *front desk*. Eram mais brinquedos do que outra coisa, mas eram também extremamente eficientes, e suas funções humildes embutiam o ensaio para outras possibilidades. Durante a pandemia, robôs iguais foram utilizados para fazer entregas de comida e de pequenas compras em bairros e condomínios, e em alguns telejornais dos Estados Unidos os vi em corredores de hospitais — já tão comuns que os repórteres nem se davam ao trabalho de explicar a sua presença.

A tecnologia nos manteve juntos, ainda que separados. Bastaram dois meses para que avôs e avós usassem ferramentas de teleconferência com a mesma desenvoltura de executivos de multinacionais: Zoom, Skype e Hangouts viraram palavras familiares. Não à toa, suas fabricantes liberaram todas as restrições de uso — é de se esperar que, tão cedo, não haja oportunidade igual para demonstrar do que são capazes. Essas ferramentas continuarão presentes nas nossas vidas e ficarão melhores.

As câmeras frontais de celulares, tablets e notebooks receberam um imenso estímulo. Consumidores que até ontem só se preocupavam com as características das câmeras traseiras dos aparelhos começarão a fazer perguntas novas aos vendedores: as minúsculas lentes tornaram-se agentes da nossa presença em entrevistas e reuniões de trabalho, aulas, encontros de família, consultas médicas.

Assim como a educação on-line, a medicina a distância também evoluirá na esteira da pandemia. Precisará de diretrizes e de regulamentação, mas isso virá mais rápido do que imaginaríamos há alguns meses. É na sua ponta mais simples que vamos observar mais novidades: consultas pelo smartphone em breve serão rotina para triagem e casos pouco complicados.

Para tudo isso é preciso ter ótima internet, e essa é a promessa do 5G. Mas não só. A nova geração da mobilidade tem menor latência e maior capacidade de tráfego. *Latência*, em "internetês", é o tempo que uma solicitação leva para ser transferida de um ponto a outro: por exemplo, clicar num botão e, com isso, motivar uma ação numa página. *Capacidade de tráfego*, que não preciso explicar, mas explico ainda assim, é o que permite (ou não) que vários aparelhos se conectem ao mesmo tempo num mesmo lugar. Com isso teremos uma quantidade infinita de novas experiências, desde carros autônomos trocando informações entre si no trânsito a eletrodomésticos interligados.

Reparem: coisas, não pessoas. Coisas não têm vírus e podem ser facilmente desinfetadas. Coisas que fazem coisas são o ideal de um mundo em distanciamento social, de modo que, se a economia não naufragar de todo, talvez a pandemia acelere a propagação do 5G.

Independentemente disso, porém, o coronavírus estreitou de vez nossas relações com a tecnologia. Acelerou mecanismos de integração e, nesse processo, deu nova urgência a debates antigos, como o do direito à privacidade. O uso de dados de geolocalização de celulares para controlar o isolamento e evitar aglomerações causou polêmica no Brasil — como sempre, atrasada, pois a geolocalização não inclui necessariamente o monitoramento de dados pessoais. Até Google e Apple já se uniram para desenvolver um aplicativo de rastreamento de contato, que permitirá aos usuários saber se estiveram próximos a alguém com Covid-19.

A questão é: diante de um inimigo como o coronavírus, ainda podemos nos dar ao luxo de lutar por privacidade?

(E o que é privacidade? E, acima de tudo: privacidade existe? Estou convencida de que não, não existe; e não, não a temos, nem nunca a tivemos. A privacidade foi uma ilusão temporária de uma fatia privilegiada da humanidade que, durante o século XX, acreditou num manto de intimidades secretas. Desde que o mundo é mundo, humanos vivem empilhados e sabem tudo, absolutamente tudo, a respeito de seus vizinhos. Durante milênios não existiu privacidade nem nas pequenas aldeias nem nos palácios dos reis, como até hoje não existe privacidade entre os pobres. Perguntem sobre privacidade em Kibera, em Dharavi ou na Rocinha. Mas divago: isso é assunto para outro livro.)

Quando as primeiras câmeras de segurança foram instaladas em Londres para combater o terrorismo, no começo dos anos 1990, discussões furiosas eclodiram por toda parte a respeito disso. Para muitos ingleses, a vigilância das ruas era uma intromissão inaceitável do Estado na vida dos cidadãos. Eles foram voto vencido. Hoje, 630 mil câmeras depois, o foco da discussão mudou: a polícia pretende instalar sistemas de reconhecimento facial — e isso, sim, gritam outros ingleses, é inaceitável. Eles também serão voto vencido.

(A Inteligência Artificial está permitindo aos computadores *enxergar* cada vez melhor, a tal ponto que o uso de máscaras não é obstáculo.)

O futuro pós-pandemia já pode ser visto na China, onde questões sobre privacidade sequer chegam a ser ventiladas. Lá, estimados 600 milhões de câmeras de vigilância se espalham pelas cidades, com técnicas de reconhecimento facial de ponta. Além disso, já nos primeiros meses do ano, quando a pandemia ainda nem era reconhecida como tal, sistemas de reconhecimento térmico por infravermelho foram instalados em fábricas, aeroportos, estações e transportes públicos, a fim de apontar quem estivesse com febre.

Não é exatamente o futuro com que sonhamos; mas também não temos o presente com que sonhamos. Apenas o passado funciona, e ainda assim filtrado pela memória e pelo esquecimento.

JUDICIÁRIO

E SE FIZÉSSEMOS DIFERENTE?

Luís Roberto Barroso

I. INTRODUÇÃO

Em 11 de março de 2020, a Organização Mundial da Saúde reconheceu formalmente que uma nova doença, de alto poder de contágio, se espalhara pelo mundo. Subitamente, incorporamos às nossas vidas um novo vocabulário e novos conceitos: Covid-19, pandemia, isolamento social, achatamento da curva e imunidade de rebanho, entre outros.

Escrevo este texto no final de abril. Tento olhar para o futuro, mas minha bola de cristal está completamente embaçada. Mesmo o horizonte ali na frente está difícil de enxergar com clareza, em meio à fumaça, à espuma e à gritaria. Além da crise sanitária, econômica e humanitária, uma coisa parece certa: vamos demorar a voltar à vida normal. Se voltarmos. Um dos consensos que se criou foi o de que haverá um novo normal.

A seguir, alguns dados e reflexões sobre o momento. Tudo ao vivo, em tempo real, sem o benefício de comentar o videoteipe.

II. A QUESTÃO SANITÁRIA

Segundo o noticiário, o vírus começou a se disseminar a partir da cidade de Wuhan, província de Hubei, na China. Os primeiros casos foram identificados e reportados em dezembro de 2019, mas imagina-se que o vírus tenha começado a circular em outubro. Só a partir de janeiro a doença passou a ser monitorada.

A China é a segunda maior potência econômica, após os Estados Unidos. Num mundo globalizado, em poucas semanas o novo coronavírus, causador de uma doença identificada como Covid-19, passou a estar em toda parte. Muitos países demoraram a reconhecer o potencial destrutivo da doença e reagiram com atraso. Itália e Espanha foram dois deles, que vieram a apresentar números dramáticos de óbitos. Coreia do Sul e Cingapura se anteciparam nas medidas e viveram situações menos trágicas.

O isolamento social apresentou-se como a principal solução à falta de vacina ou remédio de eficácia comprovada. A permanência em casa foi a recomendação da OMS e das autoridades sanitárias em geral. O objetivo era o de promover o denominado "achatamento da curva", expressão que entrou no vocabulário comum da população. Significa procurar evitar que um número excessivo de pessoas contraia a doença ao mesmo tempo, esgotando a capacidade de atendimento dos sistemas de saúde. Não há UTIs, leitos e respiradores para gente demais simultaneamente.

E, de fato, nos Estados Unidos, por exemplo, a Califórnia adotou o isolamento social e teve baixa incidência. Nova York demorou a adotá-lo e bateu recordes de mortes. Situações semelhantes ocorreram em outras partes do mundo: Portugal e Noruega saíram na frente nas medidas preventivas e tiveram resultados muito melhores do que Espanha e Suécia, que relutaram em determinar a seus cidadãos que permanecessem em casa. Quem subestimou a doença pagou o preço mais alto. Líderes como Donald Trump, nos Estados Unidos, e Jair Bolsonaro, no Brasil, entraram em tensão com as autoridades sanitárias que defenderam o isolamento. Com o tempo, a gravidade do problema se impôs, e os discursos foram se readaptando, ainda que com pouca convicção.

Nos últimos dias de abril, o mundo caminhava para três milhões de casos reportados e duzentos mil óbitos. Os números mais do que dobraram em um mês. E o ritmo ainda não começara a arrefecer. Nesse mesmo período, nos Estados Unidos, o número de casos se aproximava de um milhão, e o de mortos já se encaminhava para os sessenta mil. No Brasil, onde a doença chegou semanas depois, o número de casos já ia na direção dos sessenta mil, com o número de mortos se aproximando de quatro mil.

Ao encerrar-se o mês de abril, o isolamento social continuava a ser a principal medida preventiva. Mas oferecia o risco de inanição para os que dependem de sair de casa e de trabalhar para sobreviver. Centros científicos em todo o mundo procuravam desenvolver uma vacina, saltando etapas nos ciclos normais da pesquisa científica. Inúmeros remédios vinham sendo testados, sem que nenhum tivesse sido comprovado verdadeiramente eficaz. As máscaras, importante meio de prevenção, desapareceram em muitos lugares. Os testes em massa, mecanismo imprescindível para monitorar a evolução da doença e embasar decisões, enfrentavam as dificuldades de custo e escassez.

Diante desse quadro, governantes em toda parte se debatiam com a questão do momento ideal e do ritmo adequado para o relaxamento do isolamento social. Políticos e autoridades sanitárias continuavam em tensão. Outra expectativa para a contenção do vírus em algum momento era a chamada "imunidade de rebanho": após a contaminação de um percentual expressivo da sociedade, o vírus perderia sua capacidade de transmissão. A verdade, porém, é que não há certezas. Teme-se, inclusive, que, sem o desenvolvimento de uma vacina, possa vir uma segunda onda de contaminação.

Em suma: no que diz respeito à saúde pública, o momento ainda é de medo, perplexidades e indefinições.

III. A QUESTÃO ECONÔMICA

Uma grande recessão mundial se apresenta como inevitável. Alguns autores falam em depressão, evocando a crise de 1929, quando da quebra da bolsa de Nova York. Há, ainda, quem sustente que recessão e depressão são termos insuficientes para identificar o estado de quase absoluta paralisia de boa parte dos setores da economia mundial. Ocorre o que os economistas denominam de choque de demanda e choque de oferta: não se produz nem se compra.

O Fundo Monetário Internacional estima uma retração da economia mundial de 3%. Esse novo quadro colherá o Brasil após anos de recessão doméstica e recuperação tímida. Segundo estimativa do FMI, o tombo aqui será de 5,3%. Serão inevitáveis a quebra em série de empresas e a elevação drástica dos níveis de desemprego, que já se encontravam na faixa de 12% entre nós. Com o auxílio emergencial, o governo começou a distribuir R$ 600,00 para trabalhadores informais mais vulneráveis. Inicialmente, eram estimados pouco mais de cinquenta milhões de beneficiários, mas os números vêm sendo reajustados para cima, talvez setenta milhões.

Como intuitivo, crises econômicas e sociais dessas proporções colocam grande pressão sobre o Estado e sobre o gasto público. Essa urgente demanda de recursos encontra o Estado brasileiro já largamente endividado e com crônico déficit no orçamento público. Como na canção, "sabe lá o que é não ter e ter que ter pra dar". As necessidades virão de todos os lados: empresas, desempregados, sistema de saúde... O desarranjo é geral. É certo que alguns setores vão se beneficiar em alguma medida, notadamente o que se move pela economia digital. Para o futuro do Brasil, é decisivo que os gastos emergenciais e imperativos não se tornem permanentes, agravando a crise fiscal que já asfixiava o crescimento do país.

Olhando para o mundo, é difícil antecipar as mudanças geopolíticas que ocorrerão. A dependência da economia global em relação à China se revelou de uma forma solar. É provável que haja alguma reação para a redistribuição da produção mundial. Talvez, quem sabe, aí possa estar uma janela de oportunidade para o Brasil. Parece fundado, igualmente, o temor de que venha uma onda de nacionalismo, fronteiras fechadas e protecionismo. O multilateralismo, que já vinha sofrendo o impacto de Trump e do Brexit, enfrentará novas agruras. Como todos sofreram imensas perdas, dificilmente haverá um Plano Marshall, no qual alguém que tenha escapado relativamente ileso possa ajudar os demais. Por outro lado, naturalmente, sempre é possível desejar e esperar que os países resolvam marchar unidos e solidários na recuperação. A interdependência geral de todos, em um mundo globalizado, pode impor soluções nessa linha.

IV. REFLEXOS JURÍDICOS E INSTITUCIONAIS

A pandemia da Covid-19 desencadeou uma profusão de leis, medidas provisórias e atos normativos administrativos em áreas diversas. O próprio Congresso Nacional editou decreto legislativo (DL 6, de 20.03.20) flexibilizando as normas da Lei de Responsabilidade Fiscal (LC 101/2000), reconhecendo situação de calamidade pública e emergência de saúde pública de importância internacional.

Foram editadas normas de *natureza sanitária* para o enfrentamento do surto (Lei 13.979/2020) e definidos os serviços públicos e as atividades essenciais que não deveriam sofrer solução de continuidade (Decreto 10.282/2020). Além disso, foi liberado apoio financeiro aos estados e municípios para mitigar dificuldades financeiras decorrentes da pandemia (MP 938/2020).

No *plano econômico*, foram adotadas medidas emergenciais protetivas da aviação civil (MP 925/2020), do turismo e da cultura (MP 948/2020) e do setor elétrico (MP 950/2020). Também foi aberto crédito especial para empregadores manterem os empregos (MP 844/2020), assim como créditos extraordinários em favor de organizações e entidades públicas (MP 921/2020 e outras). Também se alteraram os parâmetros para caracterização da situação de vulnerabilidade social para fins de recebimento do BPC (Benefício de Prestação Continuada) (Lei 13.982/2020).

No *plano tributário/fiscal*, houve redução de alíquotas de contribuição ao chamado sistema S (MP 922/2020), extinção do Fundo PIS-PASEP e incorporação ao FGTS com autorização de saque (MP 946/2020) e redução do IOF (Decreto 10.305/2020). No tocante às *relações de trabalho*, foram previstas medidas como teletrabalho, antecipação de férias e de feriados (MP 927/2020), bem como redução de jornada de trabalho, remuneração e suspensão do contrato, mediante acordo individual (MP 936/2020).

Também se instituíram normas lidando com *questões educacionais*, relativamente, por exemplo, à carga horária (MP 934/2020), e, mesmo em *matéria penal*, recomendação do CNJ procurou lidar com a contenção da epidemia no sistema penitenciário (Recomendação CNJ 62/2020).

No Supremo Tribunal Federal, grande quantidade de ações foi ajuizada postulando providências diversas. Destacam-se aqui algumas das discussões mais importantes: (i) suspensão do pagamento de parcelas de dívidas de estados com a União para emprego na saúde; (ii) não aplicação da emenda do teto de gastos a ações de combate à pandemia; (iii) constitucionalidade da flexibilização de normas trabalhistas; (iv) distribuição entre União, estados e municípios da competência para o estabelecimento de medidas sanitárias de combate ao coronavírus; (v) requisição administrativa de bens e serviços para combate à pandemia.

No plano institucional, o Brasil se aproximava do clímax da pandemia em meio a uma crise de liderança e de coordenação, contrapondo governo federal e governos estaduais. Limitações cognitivas, desinformação e espertezas diversas acrescentavam galões de gasolina ao incêndio. No meio da balbúrdia, deixaram os cargos os ministros da Saúde e da Justiça e Segurança Pública. E, dando um toque de caricatura à tragédia, o ministro das Relações Exteriores insinuou que o coronavírus é parte de um "plano comunista".

V. CONSTATAÇÕES

O conhecimento convencional é no sentido de que o mundo atravessou, nos últimos séculos, três grandes revoluções industriais: a primeira é simbolizada pelo uso do vapor (final do século XVIII), a segunda pelo uso da eletricidade (final do século XIX) e a terceira pela rede mundial de computadores (final do século XX). Já agora nos encontramos nos primórdios da quarta revolução industrial. A tecnologia da informação, a biotecnologia e a inteligência artificial deram asas à imaginação humana, num universo que vai da internet das coisas à engenharia genética.

Quando já começava a sonhar com a imortalidade e com o poder sobre a criação, subitamente a humanidade redescobre sua imensa vulnerabilidade, o risco da existência potencializado por um microrganismo desconhecido e até aqui incontrolável. Uma ferida narcísica profunda e insidiosa. A ciência piscou e uma legião de agnósticos se voltou para a fé. É possível que tudo passe logo adiante, mas, como no refluxo de um tsunami, haverá barcos nos telhados e templos destruídos. Um rescaldo assustador. Deve demorar para as coisas voltarem à ordem.

Uma segunda constatação, na verdade, apenas dá mais visibilidade a um problema que constitui a causa inacabada da humanidade: a abissal desigualdade entre nações e dentro de cada uma delas. Lançando os olhos sobre o Brasil, todos se deram conta de que milhões de pessoas vivem em condições sub-humanas. Habitações precárias, inclusive em zonas de risco de catástrofes ambientais, aglomeram pessoas em espaços de poucos metros quadrados, sem infraestrutura básica e sem serviços públicos essenciais. A pobreza extrema chegou ao horário nobre das TVs.

Outra constatação é a da falta de lideranças globais. Os Estados Unidos, com a filosofia do *"America first"*, perderam essa condição. Ninguém lidera proclamando "Eu primeiro". A Europa, que já vivia uma crise de identidade agravada pelo Brexit, apressou-se em fechar as fronteiras até mesmo para os países-membros. A livre circulação de pessoas, bens e serviços, que foi o mantra de muitas décadas, pode se tornar uma vaga lembrança. Ah, sim: a pandemia pode até ter encoberto, mas não dissipou a crise que vinha levando milhões de imigrantes a fugirem de países que haviam falido econômica e institucionalmente.

Uma quarta constatação é a progressiva perda da privacidade. Diversos países do mundo já vinham reagindo ao uso indevido e desautorizado de dados pessoais de informações sobre preferências de cada um, armazenados pelas plataformas eletrônicas e pelos diversos atores da indústria on-line. Já agora, porém, o risco vem mesmo por parte de governos, monitorando deslocamentos e contatos. Aplicativos de celulares já começam a viabilizar essas possibilidades. Cogita-se, também, a exigência de medição de temperatura para desembarcar em aeroportos ou ingressar em determinados ambientes. Ainda que a situação de pandemia possa justificar algumas dessas medidas, há o temor de que esse seja um gênio difícil de voltar para a garrafa. Passaremos a ser uma sociedade sob monitoramento permanente.

Por fim, em quinto lugar, a pandemia jogou luz sobre uma distinção que, em tempos de fartura, pode passar despercebida: entre governos eficientes (e cidadania disciplinada) e governos ineficientes (e cidadania voluntarista). Note-se bem: a diferença não é entre países autoritários e democráticos, mas eficientes e ineficientes. No parâmetro democrático, a Alemanha sai bem na foto. Taiwan e Coreia do Sul, também. Itália, Espanha e os Estados Unidos saem com menos brilho do episódio, sobretudo no capítulo inicial. A contabilização dos mortos exibe o preço maior ou menor da competência dos governantes.

VI. CONCLUSÃO

Parece inevitável que todos ficaremos, ao menos temporariamente, mais pobres do ponto de vista material. Porém, na vida, tudo pode servir de aprendizado. Sou convencido de que podemos sair do desastre humanitário da pandemia da Covid-19 mais ricos como cidadãos e, talvez, também espiritualmente. Para isso, procuro alinhavar, em conclusão, uma agenda pós-crise, mas que já pode ser colocada em prática desde logo. Toda escolha dessa natureza tem alguma dose de subjetividade, mas eis a minha lista de propostas: integridade, solidariedade, igualdade, competência, educação e ciência e tecnologia.

A *integridade* é a premissa de tudo o mais. Ela precede a ideologia e as escolhas políticas. Ser correto não é virtude ou opção: é regra civilizatória básica. Não há como o Brasil se tornar verdadeiramente desenvolvido com os padrões de ética pública e de ética privada que temos praticado. Um pacto de integridade só precisa de duas regras simples: no espaço público, não desviar dinheiro; no espaço privado, não passar os outros para trás. Será uma revolução.

Solidariedade significa não ser indiferente à dor alheia e ter disposição para ajudar a superá-la. Ela envolve, para quem foi menos impactado pela crise, a atitude de auxiliar aqueles que sofreram mais. Como, por exemplo, continuar pagando por alguns serviços, mesmo que não estejam sendo prestados. Da faxineira à manicure. E, evidentemente, caridade e filantropia por parte de quem pode fazer.

A superação da pobreza extrema e da desigualdade injusta continua a ser a causa inacabada da humanidade. Vivemos num mundo em que 1% dos mais ricos possui metade de toda a riqueza. E num país no qual, segundo a organização Oxfam, seis pessoas somadas possuem mais do que cem milhões de brasileiros. A pandemia escancarou o déficit habitacional, a inadequação dos domicílios e a falta de saneamento, em meio a tudo o mais. Já sabemos onde estão as nossas prioridades.

Quanto à *competência*, precisamos deixar de ser o país do nepotismo, do compadrio, das ações entre amigos com dinheiro público. Aliás, uma das coisas que mais dão alento no Brasil é o fato de que, quando se colocam as pessoas certas nos lugares certos, tudo funciona bem. Há exemplos recentes, no Banco Central, na Petrobras, na Infraestrutura e na Saúde. Precisamos derrotar as opções preferenciais pelos medíocres, pelos espertos e pelos aduladores. É hora de dar espaço aos bons.

O déficit na *educação básica* — que é a que vai do ensino infantil ao ensino médio — é a causa principal do nosso atraso. No Brasil, ela só se universalizou cem anos depois dos Estados Unidos. Elites extrativistas e incultas escolheram esse destino. A falta de educação básica está associada a três problemas graves: vidas menos iluminadas, trabalhadores de menor produtividade e reduzido número de pessoas capazes de pensar soluções para o país. Ao contrário de outras áreas, os problemas da educação têm diagnósticos precisos e soluções consensuais. Há tanta gente de qualidade nessa área que é difícil entender o descaso.

E, por fim, há a urgente necessidade de mais investimento em *ciência e tecnologia*. O mundo vive uma revolução tecnológica e está ingressando na quarta revolução industrial. A riqueza das nações depende cada vez menos de bens materiais e, crescentemente, de conhecimento, informação de ponta e inovação. Precisamos prestigiar e ampliar nossas instituições de pesquisa de excelência, assim como valorizar os pesquisadores. A democracia tem espaço para liberais, progressistas e conservadores. Mas não para o atraso.

Tem se falado que, depois da crise, haverá um novo normal. E se não voltássemos ao normal? E se fizéssemos diferente?

MOBILIDADES

COMO TRANSFORMAR A MENTE DO HOMEM?

José Luiz Alquéres

Panta rei, ou tudo flui (em grego), ensinou Heráclito em 500 a.C. Tudo flui como resultado de uma permanente tensão entre contrários, à procura de um ponto de equilíbrio. Não podemos entrar duas vezes no mesmo rio, pois a água é outra. Sedimentos das margens e do fundo foram carregados e, assim, as coisas se modificaram e o rio não é mais o mesmo. Nem mesmo aquele que entra no rio é o mesmo, pois, entre um mergulho e outro, as experiências que viveu podem também transformá-lo.

Ontem, em 2000, Zygmunt Bauman escreveu que em nossos tempos as relações escorrem entre os nossos dedos, como se líquidas fossem. Afirma que é impossível pensar em continuidade institucional, pois as condições que justificaram a existência das atuais instituições desapareceram na rapidez da mudança de valores, de meios de vida e das crenças. Indo além, diz que possivelmente outras que inventemos já nascerão velhas. Tudo é líquido e tudo flui, sustenta o autor.

Como trabalhar políticas, se não permanentes ao menos aplicáveis durante certo intervalo de tempo? Como identificar políticas robustas, aquelas que produzam os resultados esperados no quadro fluido que nos cerca?

Analogamente ao "tudo flui", tudo é móvel no quadro abrangente das mobilidades que abordaremos nas presentes especulações sobre o mundo pós-pandemia. A mobilidade física, a mobilidade social e a mobilidade mental.

A mobilidade física é a primeira das preocupações que a pandemia gera. Como o vírus se propaga mais rapidamente em aglomerações, há que se evitá-las impedindo concentrações de pessoas em lojas, transportes públicos, locais de trabalho, de culto ou de confraternização, praias, locais de lazer e centros esportivos. Para cada um desses espaços, rígidas regras de uso foram estabelecidas e, caso não obedecidas, punições definidas. Dentro destes locais ninguém pode se aproximar do outro. Em outras palavras, nada deve fluir. Salvo, talvez, olhares — de longe e com extremo cuidado.

Desde a Revolução Industrial e sua espacialização e setorização em busca de produtividade, tudo se concentrou segundo suas funções: bairros residenciais, comerciais e industriais, locais para cultos, espetáculos, audições. Matérias-primas são extraídas em um lugar e transportadas para outros. Cadeias de suprimento têm que assegurar a entrega *"just in time"* de componentes oriundos de distintos locais do planeta em uma montadora situada em determinado país, assim tornando possível a montagem de um produto final. Esse efeito, que requer uma intensa utilização da rede de transportes, vai mudar.

A pandemia da noite para o dia traz mudanças radicais. Em relação a essas mudanças ainda vivemos uma fase adaptativa. Participamos de *lives* de atualização, trabalhamos em casa e empregamos logísticas diferenciadas. Não vamos mais às compras. Elas vêm a nós. Reuniões, ainda que pequenas, nem pensar. Muitas mudanças na interação familiar e social.

Enquanto freneticamente buscamos novas vacinas e novos remédios que, ao que tudo indica, levarão ao menos dois anos para estarem disponíveis em massa, na melhor das hipóteses, podemos antever maiores crises para o futuro. Uma vida muito diferente: escola a distância com crianças em casa exigindo cuidados contínuos. Telemedicina exigindo redes potentes de dados e novos profissionais (de treinamento longo).

Máquinas e equipamentos de produção fabril comandados a distância e uma nova filosofia de controle de qualidade. Coisas como cruzeiros marítimos, viagens aéreas e deslocamentos diários para trabalho deverão ser evitadas. As pessoas circularão de máscaras. Grandes shows, raves, espetáculos esportivos e comícios só no intervalo de pandemias, após vacinação em massa.

Esse tipo de mobilidade física já é o mais afetado. Ruas vazias. Transportes vazios. Consumo de petróleo reduziu 30%. Seus preços despencaram. O aeroporto de Belo Horizonte movimentava 150 aviões em média por dia — no último domingo foram quatro. O Santos Dumont outro dia teve apenas dez voos. O turismo acabou. As visitas a museus, idem. As salas de cinema fecharam, e não se sabe, com segurança, quando reabrirão.

Se assim for, o que esperar? Internet 5G, 6G... 10G. Mais robôs nas fábricas e nos escritórios. Ruas e avenidas nas cidades sendo reabertas para cabeamentos óticos de alta capacidade. Férias no campo valorizadas. A exploração dos limites do virtual — em todos os segmentos e para todos os públicos. Negócios desaparecerão e novos serão criados. Tudo flui e fluirá mais ainda. Às nossas vistas, entre nossos dedos, como disseram Heráclito e Bauman.

A expressão "mobilidade social", no sentido ascendente ou descendente, é muito usada para caracterizar alterações no padrão de qualidade de vida de grandes segmentos da população, para melhor ou para pior. Ela tem um forte impacto político e, portanto, é passível de manipulação.

Dou a seguir um exemplo hipotético com números inventados, mas possíveis de ocorrer. No último mês de determinado ano, o PIB era dois trilhões de reais e o dólar estava cotado a quatro reais, ou seja, em dólares correntes, como se costuma usar em estatísticas internacionais, o PIB deste país, cuja moeda se chamava "Real", equivalia a quinhentos bilhões de dólares. Digamos que um ano depois o PIB não tenha crescido nada, ou seja, que a produção tivesse sido exatamente a mesma. Consideremos que o câmbio, porém, tenha se valorizado e o dólar tenha recuado a três reais. Isso teria feito com que o mesmo PIB expresso em dólares representasse 666 bilhões de dólares, um aumento de 33%. Um crescimento formidável do ponto de vista numérico, mas que não modificou as condições correntes de vida ou a concentração de riqueza no país. Imaginemos que no primeiro ano o salário de uma pessoa fosse seiscentos reais, ou seja, 150 dólares e, assim, esta pessoa estivesse abaixo da linha de pobreza então definida como 180 dólares por mês. Um ano após, com a nova taxa de câmbio, seu salário seria de duzentos dólares, e ela estaria acima da linha da pobreza. Na prática, nenhuma mudança. Na propaganda, um feito fantástico. Milhões de pobres virando classe média.

Por essas e por outras, os próprios economistas costumam ridicularizar o poder das estatísticas, especialmente o de querer traduzir em um único indicador situações sociais complexas e fazer comparações entre países e regiões. Por outro lado, quando se consegue medir o crescimento econômico efetivo e a qualidade de vida reais, temos uma ideia bem melhor do sentido ascendente ou descendente da mobilidade social observando indicadores de educação, domicílios servidos com água tratada, esgoto, energia elétrica, incidência de doenças transmissíveis, mortalidade infantil, expectativa de vida etc.

Em anos recentes falou-se muito na diminuição de pessoas na faixa de pobreza, em função de uma "mobilidade social ascendente". É verdade que isso ocorreu em função de dois motivos. Primeiramente, nos governos Itamar e Fernando Henrique, que, ao conseguirem reduzir a inflação e estabilizarem a moeda, aumentaram a renda real dos mais pobres, uma vez que o pouco que estes ganhavam deixou de ser corroído pela inflação. Depois, no governo Lula, durante o qual aos efeitos anteriores se acrescentaram medidas como a expansão da cobertura do Bolsa Família e a redução da cotação do dólar, por efeito da elevação do saldo do nosso comércio exterior com a China e do "milagre" da agroindústria brasileira.

A crise econômica do governo Dilma, com a economia real crescendo menos do que o crescimento demográfico e os ajustes econômicos consequentes, provocou inversão da tendência e a mobilidade tornou-se descendente. O desemprego que se seguiu nos levou a uma situação pior do que a original. Agora, ao se empregar o raciocínio das taxas de câmbio acima, o retrato da nossa condição se agrava tremendamente. Em matéria de números, com o que assistimos nos últimos meses de pandemia, o dólar saindo de 3,30 reais e caminhando para o dobro desta cotação, o efeito é o de uma guerra. Deitamos para dormir ricos, acordamos miseráveis.

Toda questão tem dois lados. Podemos imaginar que algumas pessoas detinham dólares e poderão comprar ativos (ações de empresas, terrenos, apartamentos) pela metade do que valiam antes da pandemia. Por outro lado, pensemos também que muitos empobrecerão, pois terão que vender suas posses "na bacia das almas" para poder comer ou pagar por serviços médicos. Assim, parece que a pandemia concentrará a riqueza em uma escala brutal e aumentará a já perversa distribuição de renda.

Antes da pandemia já se especulava nos centros de pesquisa sobre vários desses temas, e a indústria ensaiava a adaptação com prudência. O problema agora é que tudo se tornou extremamente urgente. Não há tempo para espera. O mundo se deu conta de que precisa e pode funcionar de outra forma. E ambas as mudanças, nas mobilidades física e social, serão de alto impacto.

Para que elas ocorram, caímos no terceiro tipo de mobilidade ou fluidez, o das nossas mentalidades. Tudo em que até então acreditávamos com nossas mentes marcadas por previsibilidade, estabilidade, segurança, controle de riscos... derreteu-se em poucas semanas. Perdemos as referências. Para recuperá-las, só mesmo alterando o lento ritmo das mudanças por evolução e adaptação e partirmos para as mudanças revolucionárias nos modos de pensar e agir.

Vemos o pós-pandemia sempre associado à esperança de retorno das coisas ao seu estado anterior. Isso não ocorrerá. Elas já mudaram e vão mudar mais. E, pior (ou melhor), a partir daí as mentalidades deverão voltar a pensar como Heráclito: "Tudo flui. Tudo é móvel." Heráclito viveu feliz e segundo suas convicções por muitos anos até que, necessitando de serviços médicos, teve que voltar a Éfeso. Lá, buscando a cura, acabou tendo uma morte trágica.

Como transformar a mente dos homens em uma mente aberta para mudanças, fluida e leve? A das mulheres será mais fácil. Já dizia Verdi, no *Rigoletto:* "*La donna é mobile, qual piuma al vento, muta d'accento e di pensiero...*", sendo, portanto, um ser que afirmará sua superioridade nesses tempos que virão.

Porém, "...o sapo não pula por boniteza, mas por precisão...", falou um personagem pela pena de Guimarães Rosa, "precisão", neste caso, sinônimo de "necessidade". E nós assim o faremos.

Para não acabar este texto de forma bem brasileira, com muito diagnóstico e nenhuma proposição, levanto algumas abaixo, sabendo o quão difícil é fazer previsões. "No Brasil até o passado é imprevisível", *apud* Pedro Malan.

O que fazer para começar? Pensar o futuro, claro. E ir se preparando para ele. Vamos estudar mais filosofia e humanidades. Se as cabeças não se abrirem, acabaremos por aprofundar o fosso que nos separa de países desenvolvidos, onde não se veem presidentes da república sem formação técnica arvorando-se em receitar remédios ou definir o que é melhor para a população em matéria sanitária. Um pouco de matemática para médicos e jornalistas também não faria nada mal. As famosas PA e PG, progressão aritmética e progressão geométrica, andam muito esquecidas, sem falar nas curvas logarítmicas, essenciais nesta hora de explorar tendências. A qualidade da informação pública precisa melhorar.

Um mundo mais globalizado? Vamos estudar inglês e mandarim. Ninguém produziu mais *papers* sobre pandemias do que a China, que até agora parece liderar com sucesso a luta contra a Covid-19, impondo medidas drásticas e colhendo melhores resultados sanitários e econômicos. Além disso, tornou-se o maior fornecedor mundial de máscaras, aventais, camas sofisticadas, testes, vacinas, remédios e tudo mais.

Um mundo mais tecnológico? Vamos apoiar mais a ciência e a pesquisa. Um dos poucos setores onde isso foi feito hoje sustenta o Brasil e mata a fome do mundo: o agronegócio. Devemos tal sucesso ao trabalho constante de muitos anos e gerações de pesquisadores. Temos técnicos de alto nível, criativos, que na maioria das vezes ganham pouco, mas conseguem, com sacrifício, material de laboratório apropriado para promover nosso avanço. Essa visão deveria ser alargada para outros setores. Temos ótimos cientistas dispostos a encarar os reveses conhecidos que uma vida dedicada à ciência obriga, se houver um investimento para o mínimo necessário.

Um mundo mais digital? Vamos nos familiarizar com computadores, notebooks e smartphones. Nisso o brasileiro é competente. Não só para elaborar engraçadíssimos *sketches*, jogos, desenhos animados e outras formas de entretenimento, mas para desenvolver algoritmos para complexos modelos matemáticos, resolução de matrizes, dinâmica de sistemas e programação linear. Vamos explorar mais possibilidades sensoriais e dar um *leapfrog* abreviando o progresso da nossa inqualificável educação, entregue, com algumas exceções, a políticos analfabetos. Temos que promover a maior revolução de todos os tempos na educação. O que nos remete de volta a primeira preocupação: cabeça aberta, entender que tudo fluiu entre os nossos dedos e que temos que correr para encontrar as soluções.

E as atuais indústrias e comércios? Eu sugiro que os empresários nem pensem duas vezes: paguem duas horas por dia de treinamento para todos no que Cingapura chamou treinar para o *second skill*. Torneiros mecânicos devem saber operar as máquinas de um CTI. Treinadores de atletas devem saber cuidar de idosos, vendedores de varejo devem ter disponibilidade de serem acessados remotamente e mandar entregar sua mercadoria em meia hora na casa do cliente com um drone comandado pelo seu colega da caixa. Enfim, há que começar hoje os treinamentos. Leva tempo.

Vamos encarar os fatos e sem demora mergulhar no preparo para um novo mundo.

POLÍTICA DE GOVERNO

COLABORAÇÃO, RESILIÊNCIA E RECUPERAÇÃO: POLÍTICAS PÚBLICAS; RESPONSABILIDADE PRIVADA

Eliane Lustosa

> *This pandemic serves as a warning that only by coming together with a coordinated, global response will we meet the unprecedented magnitude of the challenges we face.*
> Dalai Lama

Para lidar com a atual pandemia da Covid-19, é preciso, antes de mais nada, compreendê-la. Estamos diante de uma crise pelo imprevisto e imprevisível ou diante do *"same same, but different"*, como diz a frase popular no Camboja? Eventos desastrosos, mesmo que de baixa probabilidade mas de alto impacto, devem ser previamente mapeados, permitindo definir processo de mitigação de riscos e recuperação de desastre. E não podemos dizer — nem o Brasil nem o resto do mundo — que essa é a primeira nem, tampouco, que será a última pandemia.

Da Aids, passando pela gripe aviária, o vírus ebola, dentre outros, o mundo ainda não foi capaz de lidar com as deficiências do sistema de saúde, nem concentrou esforços e investimentos relevantes em Pesquisa e Desenvolvimento (P&D) para estudar possíveis desdobramentos e desenvolver as vacinas necessárias. Segundo Badiou,[1] a primeira doença desconhecida do século XXI, a SARS (Síndrome Respiratória Aguda Grave), estaria na origem da atual Covid. Esta, portanto, deveria ser denominada SARS 2. Diante disso, chama atenção o fato de as autoridades mundiais não terem, desde então, concentrado esforços e recursos para agir preventivamente em vigilância sanitária, com planejamento prévio de gestão de crise e de recuperação de desastres. Essa, claramente, não foi, até o momento, a prioridade em termos de políticas públicas, apesar dos custos decorrentes dessa omissão.

Com a epidemia se alastrando, observa-se posições conflitantes das várias instâncias do pacto federativo, dificuldade no processo de compra dos insumos necessários para prevenir e tratar o vírus, além da ausência de estratégia única que equilibre a indispensável proteção da população e o grau necessário de paralização econômica. Temos assistido aos debates no Brasil e no mundo sobre como lidar com o problema, com muitos governos hesitando e revertendo posições. Observa-se pouca articulação e cooperação, especialmente entre governos federal, estaduais e municipais, cujo relacionamento pauta-se muito mais por estratégia política do que pelo interesse nacional.

No que diz respeito ao processo de compras públicas, apesar de importantes avanços, cabe, ainda, aprimoramentos, de forma a evitar, por um lado, que a burocracia seja obstáculo à pronta resposta, e, por outro, permitir mecanismos que impeçam ou dificultem o uso indevido de recursos públicos. Na esteira das medidas emergenciais para enfrentar o novo coronavírus, aprovou-se a dispensa de licitação para aquisição de bens e serviços pela administração pública,[2] mas, na prática, o processo ainda tende a favorecer preço em detrimento da qualidade. A implementação do conceito de "melhor combinação técnica e preço",[3] por embutir subjetividade, contrasta com o chamado "risco CPF" dos gestores públicos que, no intuito de evitar questionamentos futuros,[4] acabam optando pela alternativa mais barata. Este é um desafio que permeia todo o setor público, de cunho comportamental, que poderia ser tratado via detalhamento de processos e alinhamento com órgãos de controle.

A atual pandemia vai passar, mas a incerteza e o medo de que a saúde, a vida e a segurança daqueles que amamos estão ameaçadas se somam à certeza de que enfrentaremos severa recessão econômica, de proporções ainda maiores do que a própria crise da Covid. Acredita-se que a chamada "segunda onda", advinda da grande paralização, seja ainda mais dramática do que a grande depressão de 1929. Segundo dados recentes do Banco Mundial, espera-se queda de 5% no PIB brasileiro em 2020. O impacto, no entanto, não será linear entre os setores. Como consequência direta da pandemia, haverá disrupção de cadeias produtivas, com maior impacto negativo naquelas mais globalizadas. As empresas que conseguiram desenvolver boas plataformas de *e-commerce* terão melhores oportunidades de crescimento. Nesse ano, espera-se que a indústria brasileira tenha queda de mais de 10%, enquanto o setor agropecuário deve crescer. Dentre os perdedores, teremos setores como aviação, hospitalidade e turismo, e, como vencedores, aqueles de logística, agronegócio, empresas de telecomunicação e de tecnologia em geral e, ironicamente, setores do segmento de saúde.

Vale notar que o sistema global já vinha enfrentando desafios, como a guerra China/Estados Unidos; o Brexit na Europa; além de percalços no multilateralismo. Com a pandemia, muito se discute a respeito dos formatos das curvas de recuperação da economia, a qual provavelmente não será rápida, em V, mas, sim, lenta, em formato de U, com possibilidade de repique, a depender de eventuais novas ondas de pandemia nos países. A recuperação mais lenta deve se justificar em função do tempo necessário para se recuperar o grau de confiança da economia e recompor as linhas de montagem, o que se agrava em contexto de elevada alavancagem do setor produtivo.

Assim como na crise de 2008, no primeiro momento, observa-se muita volatilidade e movimentos especulativos nos mercados. A falta de previsibilidade congela decisões de longo prazo, como é o caso dos investimentos e compra de bens duráveis. Difícil mensurar o impacto da pandemia no crescimento econômico, notadamente por se tratar de fenômeno sem precedentes. De qualquer forma, não se questiona a importância de políticas expansionistas para proteger as populações mais carentes. No médio prazo, no entanto, teremos que lidar com ainda maior restrição fiscal, como consequência das medidas de estímulo à economia, as quais, embora muito necessárias, impactarão significativamente o já elevado déficit primário e a dívida pública, não apenas no Brasil, mas no mundo. À luz desse cenário, de recursos públicos escassos, como o governo poderia realizar os gastos essenciais para fortalecer sua infraestrutura social e apoiar a retomada sustentável (e inclusiva) do crescimento?

Além das iniciativas urgentes para atravessar a pandemia, a retomada sustentável dos investimentos requer estabilidade de regras e ambiente de negócios mais favorável, que deve contar com a aprovação, pelo congresso, das reformas estruturantes do setor público, não apenas do ponto de vista macroeconômico, como é o caso das reformas administrativa e tributária, mas também setoriais, como é o caso do novo marco do setor de saneamento. Esse processo requer articulação, liderança, visão e planejamento, planejamento, planejamento... e gestão.

O mundo pré-pandemia já evidenciava severos desafios, como mudanças climáticas, escassez de água, desigualdade crescente, fome, pobreza estrutural e guerras, dentre outras distopias. Com a crise, que atingiu ricos e pobres, afloraram reflexões ainda mais profundas sobre o agravamento do atual estado de coisas e a enorme desigualdade na sociedade contemporânea. Teremos capacidade de refletir e modificar os critérios que balizam nossas escolhas e prioridades, especialmente em relação à forma que lidamos com a saúde, o meio ambiente e a desigualdade social? E aqui não se trata de algo tão abstrato como abraçar árvores, mas, sim, tomar decisões concretas pautadas por esses conceitos básicos. Um exemplo simples: em nossas aplicações financeiras, questionamos o grau de responsabilidade social e ambiental das empresas em que investimos, seja via *equity* ou dívida?

Good and bad news no horizonte. Do lado positivo, investidores institucionais têm cada vez mais reconhecido a importância dos chamados fatores ASG (Ambiental, Social e Governamental, ou ESG, na sigla em inglês) na determinação da relação risco-retorno de médio e longo prazos de seus portfólios.[5] Além disso, cresce nas gerações mais novas a percepção de que o investimento sustentável é importante, passando de 67% na geração dos *baby boomers* (1949-1967) para 86% na geração dos *millennials* (1983-2000).[6] Ganham destaque, também, os chamados investidores sociais e de impacto, que utilizam instrumentos de mercado de capitais como estratégia para seus investimentos e ações de filantropia de forma mais duradoura.

A má notícia é que esse processo ainda é muito incipiente. Para termos uma dimensão do potencial impacto transformador dessa mudança de *mindset* nos agentes de mercado, pode-se fazer uma conta bem grosseira, mas que permite fixar o conceito: se compararmos o volume global de ativos financeiros atualmente negociados, de aproximadamente 350 trilhões de dólares, com o valor estimado para financiar os ODS — Objetivos de Desenvolvimento Sustentável da ONU — ao longo dos próximos dez anos, chegamos à conclusão de que pouco mais de 1% daquele valor ao ano se mostra suficiente para financiar todas as 169 metas até 2030.[7]

Investidores sociais, ao atrair a atenção para determinadas ações de cunho filantrópico, permitem a mobilização de recursos mais baratos, podendo atuar como forma de conscientização e alavanca para iniciativas de impacto com externalidade positiva relevante para a sociedade. Nesses casos, ao ajustar a relação risco-retorno de um projeto, assumindo parcela mais do que proporcional dos riscos (por exemplo, adquirindo cotas subordinadas sem receber remuneração adicional em relação às cotas seniores), pode-se atrair e alavancar capitais de mercado para viabilizar o volume de recursos necessários à sua implementação. Trata-se, portanto, de "jogo de soma positiva", formado pela sinergia de interesses entre ações filantrópicas e de impacto com instituições e agentes financeiros, públicos ou privados.

À medida que cresce a consciência social dos indivíduos, que passam a cobrar "qualidade social" em suas aplicações financeiras, cria-se círculo virtuoso, aumentando o incentivo de gestores e investidores institucionais a exercer suas respectivas responsabilidades fiduciárias, buscando alocar seus recursos em investimentos mais inclusivos e de impacto. Dito de outra forma, ao passo que investidores pressionam, empresas buscarão se ajustar para atrair aludidos recursos. Aqui se observa importante oportunidade de políticas públicas mais inclusivas, qual seja: utilizar os chamados instrumentos *blended finance* para alavancar o capital privado em prol de investimentos ESG via instrumentos de mercado de capitais.[8]

Em se tratando de infraestrutura, os investidores concessionais (como agências multilaterais e bancos de fomento) têm utilizado recursos públicos como alavanca para atrair investimento privado, notadamente no período pré-*completion*, quando os riscos do projeto são mais elevados. Após o início da operação, com a relação risco-retorno mais equilibrada, o incentivo inicial pode ser significativamente reduzido ou eliminado, permitindo, via mercado de capitais, a substituição dos recursos públicos por capital privado. O sucesso de estratégia *blended* depende, por um lado, de criteriosa mensuração, *ex ante*, do volume de recursos e/ou garantias aportados pelo setor público, evitando deixar as perdas apenas no colo do governo. Por outro lado, sempre que possível, deve ser temporária, avaliando constantemente as possibilidades de saída. Ou seja, uma vez maduros, investimentos bem estruturados podem prescindir da intervenção pública. Não se trata aqui de escolher campeões ou viabilizar interferência pública nas empresas estatais. Longe disso. Estamos falando de instrumentos de indução que devem ser estruturados e implementados de forma transparente e ombro a ombro com o setor privado. Não podemos repetir os erros do passado.

Essas soluções, contudo, não são bala de prata, devendo ser somadas às demais iniciativas de políticas públicas. Dentre os "setores inclusivos", e, portanto, elegíveis para receber tal incentivo, podem-se destacar saneamento, energias renováveis — como projetos de eficiência energética, geração solar distribuída e outros tipos de energia limpa —, além do setor de inovação, que tem relevante impacto transversal, ou seja, em todos os demais setores de infraestrutura social. Vale sempre ressaltar que, mesmo nesses setores, projetos que atraiam naturalmente capitais privados não devem receber incentivos públicos, pois podem culminar em processo de *crowding out*, ou seja, gerar distorções que acabam afastando o mercado de capitais. Essa estratégia, sempre que possível, além de temporária, deve contar com estudos recorrentes de demanda, avaliando a evolução dos mercados, e monitoramento sistemático da performance e do impacto dos projetos apoiados *vis a vis* às metas inicialmente definidas e pactuadas.

No contexto público-público, o governo federal tem importante papel no apoio a estados e municípios na estruturação e implementação de soluções bem-sucedidas, notadamente de base tecnológica e replicáveis. Ou seja, com visão mais ampla de planejamento, iniciativas de sucesso em um estado e/ou município poderiam ser "copiadas" para os demais, aproveitando ganhos de escala e interconectividade. Ao desenhar arcabouço robusto de governança e gestão, pode-se atrair o setor privado, de vez que este terá a confiança na adequada gestão de seus recursos. Assim, investidores sociais podem colaborar com a estratégia de governo, agregando não apenas recursos, mas, também, capacidade de diagnóstico, gestão e visão de mercado.

Os governos federal, estaduais e municipais deveriam focar nos objetivos que os unem e colocar em segundo plano a adversidade política. Trabalhar de forma integrada, utilizando suas instituições de fomento como instrumentos de incentivo à coordenação, facilitando ações de cooperação entre público-público (governos federal e subnacionais) e público-privado, utilizando e replicando soluções tecnológicas testadas e bem-sucedidas, de forma a fortalecer a infraestrutura social. Este, infelizmente, está longe do cenário que temos observado.

É papel do Estado, sem dúvida, apoiar o uso de inovações científicas e tecnológicas que nos capacitem a melhor enfrentar os desafios e os perigos inerentes à situação-limite de sustentação e resiliência da biosfera. Diversos são os exemplos no mundo de tecnologias disruptivas utilizadas em prol do bem público, tais como integração de bases de dados, usos da Internet das Coisas — IoT —, infraestrutura de TI e migração de sistemas para a nuvem com resposta em tempo real dos sistemas de monitoramento.[9] Na área de saúde, o uso da telemedicina pode trazer enormes benefícios, desafogando hospitais públicos, bem como disseminando excelência e conhecimento a menor custo. O mesmo se aplica a setores como educação, segurança pública, mobilidade urbana e tantos mais, nos quais o uso de inteligência artificial permite enormes ganhos de eficiência para o setor público em geral.

Dentre as ferramentas que podem ser utilizadas para atrair recursos privados com foco no atingimento dos ODSs, cabe destacar mecanismos de reforço de crédito, como seguros de performance, fundos garantidores ou, ainda, instrumentos de mercado de capitais, como cotas subordinada ou junior em estruturas de FIPs (Fundos de Investimentos em Participações), FIDCs (Fundos de Investimento em Direitos Creditórios) ou *social impact bonds*, estes ainda pouco utilizados. *Crowdfunding* também se revela como importante instrumento utilizado para contribuir com essa estratégia, especialmente se a atual mobilização de cunho solidário for duradoura.

No que tange aos incentivos setoriais, muitos utilizam recursos públicos de forma descoordenada e sem estratégia bem definida. No setor de tecnologia, maior coordenação com as ações voltadas para a melhoria da infraestrutura social brasileira seria fundamental para a boa implementação de políticas públicas, especialmente se aliadas a recursos privados voltados para causas sociais comuns. No caso, por exemplo, do FUST (Fundo de Universalização dos Serviços de Telecomunicações), criado para contribuir com a universalização de serviços de telecomunicação e levar meios de informação e comunicação a áreas remotas e pobres, a implementação e coordenação de estratégias de cunho tecnológico no fortalecimento dos setores de saúde, educação e segurança pública poderia ser transformacional.

Fundos patrimoniais, ou *endowments*, também poderiam alavancar recursos para causas sociais específicas de interesse comum nos diversos níveis de governo, sempre em parceria com o setor privado e adotando mecanismos de transparência e *accountability* que permitam o devido monitoramento por parte da sociedade civil. Nesse contexto, uma parcela dos recursos advindos dos processos de privatização poderia ser alocada nesse esforço, o que facilitaria o apoio dos setores mais diretamente afetados, conforme interessante conceito de *Philanthropication thru Privatization* — PtP, cunhado por Lester Salamon.[10] Ou seja, firmar-se-ia um grande pacto de coordenação em prol de iniciativas de cunho socioambiental, com objetivos e indicadores de performance bem definidos e monitoramento realizado por instituição independente e de notório saber, observando as mais estritas regras de governança e gestão. Sonho? Talvez, mas possível.

Nesses tempos líquidos, como diz Bauman,[11] nada é estável, tudo flui, e conceitos como solidariedade e coletividade vêm sendo substituídos por individualismo e consumismo. Esse é o cenário no mundo atual, muitas vezes denominado de VUCA — ou VICA, na sigla em português para Volátil, Incerto, Complexo e Ambíguo —, de muito desencanto, perplexidade, medo e até desespero. Surgem, então, as perguntas que podem mudar completamente o jogo: a atual mobilização social de apoio às populações mais carentes faz parte de um processo estrutural de mudança de comportamento? Conseguiremos aproveitar esse momento de isolamento e desaceleração mundial para nos conscientizarmos da responsabilidade de cada um de nós, indivíduos e empresas, migrando para o conceito *stakeholder value*, ou seja, incluindo todas as partes interessadas? Investidores e consumidores conscientes e responsáveis — ou seja, que consideram as consequências, ainda que marginais, de suas ações individuais no coletivo — poderiam ser o motor propulsor de um novo paradigma civilizatório.

Os desafios, já sabemos, são os de sempre, agora exacerbados pela crise. Algo novo? Não. *Same same, but different.* É diante de uma grande ameaça que podemos encontrar a mobilização em prol da quebra de paradigmas, para sairmos mais fortes, coesos e preparados para os novos desafios que o mundo pós Covid-19 vai desvendar. Na tempestade, a falta de sintonia e racionalidade afunda navios, empresas e países.

Gengis Khan, há quase um milênio, dizia que "um clã é como uma flecha, facilmente quebrado. Muito clãs são como muitas flechas, impossíveis de se quebrar". Nesse mesmo sentido, declaração recente de Dalai Lama, na epígrafe deste texto, reforça a importância de coordenação e ação global para lidar com a crise da Covid-19. Esse movimento exige líderes inspiradores e comprometidos com o bem comum, infelizmente material escasso na atual conjuntura nacional e global.

NOTAS

1 Badiou, Alan. "Sobre la situación epidémica". In: *Sopa de Wuhan: pensamiento contemporáneo en tiempos de pandemias*. ASPO, 2020, pp. 67/78, Disponível em: <http://tiempodecrisis.org/wp-content/uploads/2020/03/Sopa-de-Wuhan-ASPO.pdf?fbclid=IwAR386959-_q7FG9ZCeGsEFSxGBOerZNNMf3s1hmLn8nYjcie-T4QA-yyx6zE>, acesso em 3 de abril de 2020.

2 Lei 13.979/2020.

3 Vide Lei 13.303/2016, também conhecida por Lei das Estatais.

4 Esse tema assume importância especial na contratação dos serviços técnicos no âmbito dos programas de privatizações e concessões. Em 2019, o governo, no âmbito do PPI, avaliou eventual medida provisória para viabilizar o processo de Colação, mas não foi adiante. Apesar dos desafios, o atual arcabouço legal vigente já permitiria vislumbrar formas mais eficientes de contratação pelo ente público. A esse respeito, vide Silva, Pedro Ivo Peixoto da, "Regulamentos de licitações editados sob a lei 13.303/2016: instrumentos de inovação ou repetição?", dissertação de mestrado, Ebap/FGV, Rio de Janeiro, 2018.

5 De acordo com PRI 2018 Reporting Framework responses, 68% dos *asset owners* signatários do PRI (Principles for Responsible Investment) ativamente incluem critérios ESG em seus contratos. Em março de 2019, o PRI contava com mais de 2.200 signatários no mundo e, em 2017, representava volume de recursos AUM (*asset under management*) de cerca de 70 trilhões de dólares.

6 "Global perspectives on sustainable investing — Global Investment Study", Schroders, 2017.

7 Gorini, Marco. Disponível em <https://www.linkedin.com/pulse/ods-0-como-voce-tem-feito-escolhas-marco-gorini>, acesso em 19 de abril de 2020.

8 Vide "Covid-19: how blended finance responds". In: *convergence.finance*, 8.4.2020.

9 No setor de segurança pública, o Banco Interamericano de Desenvolvimento (BID) tem apoiado e desenvolvido projetos e estudos que possibilitam identificar *benchmarks* internacionais e nacionais. No Brasil, vale citar os seguintes projetos-piloto, que poderiam ser aprimorados, integrados e replicados com enorme impacto em outras regiões brasileiras: SPIA — Sistema Policial de Indicativo de Abordagem, criado pela PRF do CE; Detecta SP — parceria entre a Microsoft e o Estado de SP; ISPGeo — resultado de parceria entre os setores privado, via Instituto Igarapé, e público, via ISP — Instituto de Segurança Publica do RJ; além de iniciativas de monitoramento urbano, redes de banda larga para as forças de segurança pública; softwares de gestão operacional das forças, barreiras digitais, comparadores balísticos, integração e replicação de centros de controle; equipamentos de OCR (Optical Character Recognition), tecnologia que permite reconhecimento de placa, dentre outros.

10 A esse respeito, vide Megginson, William L. e Salamon, Lester M. "How to Apply PtP to State-Owned Enterprises". *Philanthropication thru Privatization How-To Booklet* n. 2, Nova York e Baltimore: East-West Management Institute, 2018.

11 Vide Zygmunt Bauman, *Tempos Líquidos*. Editora Zahar, 2007.

ARTES

FUTURO DO PRETÉRITO

Fernanda Torres

Deixei o consulado de Portugal às seis da tarde. Havia chegado às onze. Sete horas de fila, espera e apreensão. Fui recebido pelo cônsul no apagar das luzes, meia hora antes do fim do expediente. Era um senhor antigo, metido num terno *démodé*, com um bigode achatado por detrás da máscara N95. Ele passou em revista a papelada e só demonstrou interesse quando abriu o envelope com o exame de sangue, contendo as taxas de anticorpos para a Covid-19. Você teve?, perguntou. Tive, respondi, um ano atrás, estou imune. Com um muxoxo aliviado, ele se livrou da proteção do rosto e seguiu atento às vacinas de febre amarela, hepatite A e B, H1N1, varíola e sarampo. O sujeito era movido a café, a tremedeira das mãos e as cinco xicrinhas vazias na mesa denunciavam o mau hábito. Sorumbático, quis saber o motivo da viagem. Um festival literário em Lisboa, respondi, chamando atenção para o convite oficial, anexado em lugar de destaque no relatório. Ele indagou o porquê de eu não participar do evento por videoconferência. É o está a dar, disse, ouvindo de mim um tímido… preferiria não.

Portugal controlara bem a epidemia, fechara a tempo as poucas divisas, passara pelas três ondas de contágio sem sobrecarregar o sistema de saúde e, agora, se dava ao luxo de retornar a uma normalidade mínima. O Teatro Dona Maria e alguns cinemas da avenida da Liberdade voltaram à ativa, mantendo um espaçamento de três cadeiras vazias para uma ocupada; as casas de fado também reabriram com lotação controlada, assim como os museus e shoppings. O Brasil, ao contrário, ainda empilhava cadáveres aos montes. A terceira onda fora a pior, sem médicos, enfermeiros, respiradores ou vagas nos hospitais estropiados.

    Há dois anos não se produziam filmes em terra pátria, tampouco peças de teatro. Os estúdios de televisão permaneciam fechados, às moscas desde março de 2020, época da primeira quarentena. Cantores viviam de apresentações ao vivo pela internet e os poucos documentários lançados no *streaming* não diferiam das matérias longas dos jornais monotemáticos. Era corona, corona e corona... Uma exploração vergonhosa da tragédia alheia, que eu desistira de acompanhar. Os poemas lidos em *close*, por intérpretes emoldurados por estantes repletas de livros, logo se esgotaram; também caíram no vazio os esquetes de humor que falavam das privações do confinamento. Sem novelas inéditas, o público acabou rejeitando as reprises. A massa viciada em memes pedia novidade. Alguns atores passaram a registrar o cotidiano de suas vidas tediosas, trocando os dramas dos papéis que os eternizaram pela relação com o cachorro, os filhos, a sogra e o cônjuge. As *lives* diárias caíram nas graças do público, e os executivos de televisão que não haviam sido demitidos propuseram aos poucos contratados exibirem a própria intimidade. O rame-rame domiciliar sustentou o mercado durante a segunda onda da epidemia, até atingir o pico do desinteresse. Foi quando convocaram roteiristas profissionais para desenvolverem falsas histórias e ressuscitarem o filão. O amor incondicional deu bons resultados no início, depois veio a leva das brigas e separações, seguido da viuvez para segurar o ibope. Os casais do ramo levavam vantagem por atuarem em dupla. Passado um ano, a maioria não sabia mais o que era verdade e o que era imposição da nova teledramaturgia. Eu tentei me adequar, mas não aguentei. Depois de escrever duas temporadas de conflitos para a família de um galã mediano, pedi as contas e me empenhei num livro que, há muito, desejava escrever. Eram as memórias do tempo em que se andava sem medo nas calçadas, quando ainda havia fronteiras abertas e aviões cruzando o espaço aéreo.

No dia em que Trump proibiu a entrada de sul-americanos nos Estados Unidos, eu não lamentei. O meu passaporte estampava o visto MIAMI ONLY, mas, com o veto, o carimbo perdeu a validade. Desisti dos States entre o puto e o humilhado. Nunca liguei para Nova York e detestava Los Angeles, embora juntasse o que não tinha para voltar endividado da Itália. Isso quando ainda havia Itália e o livre ir e vir dos mortais.

A União Europeia ruiu no fim da terceira onda de infecção, rachada pela mágoa de a Alemanha ter demorado a liberar a vacina desenvolvida por um laboratório de Darmstadt para os vizinhos da região. Os países latinos colapsaram e, desde então, cada embaixada seguia à risca o próprio protocolo. A França, a Alemanha e a Espanha concediam vistos de entrada apenas em casos especialíssimos, de exílio e perseguição política. A Holanda e a Bélgica nem isso. A imunizada Suíça era privilégio dos muito ricos, exigindo um depósito compulsório de cem mil francos para cruzar os Alpes. Enquanto a UE discutia os termos da cisão, miseráveis em fuga continuavam arriscando a travessia do Mediterrâneo em botes precários, vindos das guerras de sempre, da fome e do vírus, que se alastrara pela África. Para conter a invasão, foi construído um porto na Sicília, ao lado de um campo para abrigar refugiados que jamais pisariam na bota.

Portugal era o único país europeu a se dispor, ao menos, a analisar os pedidos de visto dos antigos colonos. Dez míseros voos mensais ainda ligavam o Brasil ao resto do planeta. Quatro deles partiam de Goiás, a Goiás do agronegócio, tendo como destino Hong Kong e Pequim. O de Lisboa saía de São Paulo todo dia vinte e quatro do mês. A organização do festival, por milagre e insistência, conseguira reservar um assento e arcaria com a passagem caríssima, mas a hospedagem e a alimentação sairiam do meu bolso. Quando meu pai morreu de Covid, no fim de 2021, incinerei o apartamento de sala e dois quartos que recebera de herança, dei adeus à televisão e vivi do dinheiro, enquanto escrevia as memórias. Com o pouco que sobrou, planejava me sustentar na terrinha, apesar do valor irrisório do novo real. Eu evitava fazer a conversão para o euro, que, com os dias contados, ainda resistia como moeda comum dos europeus. Um problema por vez. Caso o visto fosse negado, não sei o que faria, não via saída. O aeroporto era a minha última quimera.

As Forças Armadas, que assumiram o poder desde a queda de Bolsonaro, condicionavam uma futura eleição democrática ao controle das guerrilhas milicianas. As facções armadas de ex-policiais se aliaram ao crime organizado e, agora, dominavam regiões extensas do Rio de Janeiro, São Paulo, Minas Gerais, Pernambuco e Ceará. Situação grave, com estradas bloqueadas, barricadas nas ruas e combates à luz do dia. Eu era um escritor de classe média, branco, com doutorado em Letras e prática em roteiros de ficção. Havia escrito as lembranças de um tempo em que a minha existência fazia sentido, mas nada sobrevivera ao vírus. Os amigos, os amores, a faculdade, o emprego, a praia, o bar; Bandeira, Drummond e Chico, era tudo passado. Não à toa, ignorado aqui, meu livro de memórias mortas acabou aceito na antiga metrópole que nos pariu.

Terminada a avaliação do dossiê, o cônsul ergueu a cabeça, tirou os óculos e perguntou quantos dias eu pretendia ficar em Lisboa. Um mês, eu disse, despertando os sentidos do cão farejador.

— Um mês não é tempo demais para um encontro literário? — perguntou seco. Minhas pernas fraquejaram. Eu tinha planos, não muitos, mas tinha. Desde o convite, uma voz interior me convencia a fugir. Largar tudo. Imigrar.

— Meu livro acaba de ser lançado... Tenho entrevistas marcadas. O editor sugeriu que eu fosse ao Porto... — menti. — Está aí, na documentação...

Aflito, estendi a mão para pegar a carta da editora, perdida entre os papéis. O instinto o fez recuar. A proximidade física caíra em desuso. Recolhi o braço e me limitei a apontar o documento. Ele recolocou os óculos, balbuciou uma rabugice inaudível, leu com atenção a missiva, checou tudo pela última vez e depositou minha pasta numa pilha fina, ao lado de outra mais volumosa. Era um bom presságio. Acreditei estar entre os poucos a quem seria dada a chance de cruzar de novo o Atlântico. Sem mais, o cônsul deu por terminada a sessão. Sorri sem receber um sorriso em troca e nos despedimos sem aperto de mão. Há muito, o gesto fora abolido do convívio social.

Lá fora, anoitecera. A fim de proteger o corpo diplomático, a sessão de vistos havia sido transferida do consulado de Botafogo para um endereço na rua Chile. Apertei o passo em meio à escuridão dos escritórios fantasmas. O trabalho de casa virara imposição. Nem os mendigos frequentavam mais o Centro. A verdade é que grande parte deles havia morrido da moléstia sem cura. Catei a bicicleta e atravessei o Aterro sem carros. A lua nascia na baía da Guanabara, iluminando o perfil do Pão de Açúcar. Como é bonita a Terra, pensei. Apesar de tudo, era bom estar vivo.

O crepúsculo, a lua cheia... Pedalei sem rumo em direção a Copacabana, queria percorrer a orla. Mas foi cruzar o túnel para o celular disparar o alarme. Eu havia ultrapassado o limite permitido. Meu raio de circulação não abrangia as praias oceânicas. Dei meia-volta e rumei para casa, na rua Bambina, onde o claustro me aguardava.

Tirei o sapato na porta, joguei a roupa da rua na máquina, tomei banho, os anticorpos adquiridos não mudaram a rotina. O noticiário anunciava a imunização em massa do México, por vacinas doadas pelos Estados Unidos. A proximidade privilegiava a América Central. A salvação demoraria a chegar aqui. Suspeitava-se que a curva zerada de contaminação da China, no fim do primeiro ano da pandemia, se dera através de vacina, e não do isolamento. Mas o país só oficializou a prática depois que os suíços, os alemães e os americanos o fizeram. Houve trocas de insultos na ONU e farpas nas embaixadas. Quem apostou num mundo unido pelo combate ao micróbio morreu de ingênuo. Teorias conspiratórias espocavam nas redes todos os dias. A demora dos chineses em admitir a descoberta do antídoto alimentava o delírio de que o vírus fora utilizado como arma biológica. Um amigo revoltado chegou a me telefonar, dizendo que o irmão de um primo da mulher do pai dele, residente no Mato Grosso do Sul, jurava que as terras do estado estavam sendo negociadas com os amarelos, em troca da remessa de três milhões de vacinas. Era loucura. Pura loucura.

Desliguei a TV, dando um basta às más notícias. Abri a janela e mirei a calçada sem gente.

Um ex-colega de faculdade me convidara para assistir a Lima Duarte, ao vivo, lendo trechos de Guimarães Rosa. Os teatros, cinemas e casas de show estavam proibidos por lei de funcionar, mas aquela era uma sessão de resistência. Todos os meses, uma apresentação clandestina acontecia num porão diferente da cidade. Para participar, era preciso conhecer alguém ligado à organização e enviar um zap com o teste de anticorpos para a Covid. O endereço secreto era disponibilizado aos inscritos uma hora antes da sessão. Para burlar o controle de circulação, deixava-se o celular em casa antes de rumar para o local indicado. Quatro meses atrás, eu assistira a *A alma boa de Setsuan*, do Brecht, numa boate extinta de Copacabana, a La Cueva. A protagonista era uma atriz jovem de teatro que eu não conhecia, gostei demais. A segunda experiência, no entanto, fora um desastre completo, uma criação coletiva com atores imberbes vociferando verdades. Só não sai no meio porque a plateia era mínima e eu não quis parecer grosseiro. A mensagem apitou no celular, o Guimarães do Lima se materializaria no subsolo do Teatro Municipal. Valia, valia muito a pena, mas dispensei a noite de gala, o cansaço falou mais alto. Deixa para a próxima, pensei, já checando o site pornô.

Dei sorte. Love Light estava disponível. Love Light, vulga Marialva. Depois de dez sessões pagas, algumas risadas boas, gozos histéricos e conversas jogadas fora, Marialva me dera um outro número, onde poderíamos nos ver de graça. Mantive as sessões do canal oficial, para não complicar a vida dela, e passamos a nos falar no particular. No quinto contato íntimo, Love me confessou o nome de batismo. Era uma prova de amor. Ela morava em Chapecó e estava feliz. A carência da quarentena quintuplicara seus ganhos, sem obrigá-la a trocar fluidos com os tarados que, volta e meia, atendia de corpo presente. Com o que faturara na pandemia, comprara uma casa para a mãe e outra para si. Marialva dançou pra mim, fez um strip, trepamos virtualmente, visceralmente, e nos desejamos bons sonhos. Éramos fiéis um ao outro.

Sem sono, tentei assistir a uma série sueca. Com receio dos sindicatos entrarem com processos trabalhistas, devido à morte ou contaminação pelo corona durante as filmagens, a indústria de audiovisual americana só retornou, de fato, depois da imunização. O vácuo abriu espaço para as culturas que primeiro controlaram a peste. A China, o Japão, a Coreia, a Alemanha e a Suécia aproveitaram a janela e fidelizaram espectadores. Mas eu não estava com cabeça para os dramas existenciais daqueles louros castiços e nem para o *kung fu fighting* dos asiáticos. A tarde no consulado me cansara à vera.

Deitei a cabeça no travesseiro, olhei as paredes, as estantes, os móveis, meus objetos. Minha vida pequena. Eu não queria imigrar. Não havia Lima e nem Rosa naquela Lisboa ansiada. Não havia Copacabana e nem o Aterro. Eu poderia continuar a ver Love, mas Marialva só existia aqui. Um ano, nem isso, a rotina voltaria ao normal, ou não. Não importa.

Adormeci rezando para que o cônsul rejeitasse o visto.

SUBJETIVIDADE

QUEM SABE, A HORA DE MUDAR DE JOGO?

Benilton Bezerra Jr.

OS EFEITOS DA PANDEMIA

De que modo a pandemia nos afetará no futuro próximo? Neste momento, é impossível saber. Se medicamentos e vacinas eficazes aparecerem logo, é bem provável que, passada a surpresa traumática, as tentativas de volta ao *status quo ante* prevaleçam. Se, no entanto, como é mais provável, a crise sanitária se estender no tempo e for aprofundada pela crise econômica e social, o mundo não será mais o mesmo. Nossa experiência como sujeitos, as normas de convivência social, as regras de uso do tempo, do espaço, dos objetos, a relação com a natureza, tudo isso deverá sofrer transformações profundas. O século XX começou efetivamente em 1918, com a reconfiguração do mundo produzida pela Primeira Guerra Mundial. Talvez o século XXI somente agora esteja mostrando a sua cara.

Será que depois da crise estaremos melhores como sociedade, mais coesos, mais conscientes do valor da solidariedade, do respeito à natureza, da busca do bem comum ou, passada a urgência, veremos ressurgirem o chauvinismo nacionalista, a xenofobia, as restrições autoritárias às liberdades individuais, o agravamento da crise climática, o aprofundamento da desigualdade em escala planetária? Provavelmente, o futuro nos aguarda com um pouco de tudo isso. Mas o que pode fazer diferença é para que lado a balança penderá mais.

As respostas emocionais imediatas à pandemia têm variado. Há a resiliência surpreendente, visível na dedicação corajosa de profissionais e voluntários que se arriscam diariamente, na rapidez com que bilhões de pessoas mudaram drasticamente hábitos e comportamentos arraigados, e na criatividade com que as restrições ao convívio são superadas com a imaginação e as tecnologias digitais. Para muitos, porém, a realidade se mostrou muito perturbadora. Alguns tentam exorcizar a angústia ocultando o real assustador com a peneira da fantasia onipotente — o maior exemplo é o negacionismo da "gripezinha". Outros têm sua normatividade psíquica abalada a ponto de sucumbirem a sintomas psíquicos ou somáticos. O distanciamento social e a quarentena têm aproximado pessoas antes afastadas no cotidiano, mas também têm aumentado a pressão emocional sobre laços afetivos instáveis, o que se pode constatar no aumento de transtornos mentais ou no relatado incremento de pedidos de divórcio na Wuhan pós Covid-19.

Esse cenário se assemelha ao que ocorre em situações de catástrofe, quer naturais, quer provocadas pela ação humana, e, na verdade, nunca esteve muito longe de nós. Por mais surpreendente que ainda possa parecer, essa era a condição de centenas de milhões de habitantes do planeta em dezembro do ano passado — basta lembrar a tragédia massiva dos refugiados arriscando a própria pele e a de familiares em busca da chance de se manterem vivos. O que ocorre agora é que o vírus, sem aviso, nos jogou a todos na condição de refugiados. Não dá mais para desviar o olhar.

As consequências do momento atual, a médio e longo prazo, é que são mais difíceis de imaginar. Temos ainda mais desconhecimento sobre o vírus do que aquilo que já conseguimos decifrar. Falta compreender melhor coisas básicas — a trajetória da pandemia, o tipo de resposta imunológica que o contato com o vírus ou a eventual vacina produzirão a longo prazo, as estratégias de relaxamento das medidas de isolamento social. Sobretudo, ainda não temos como antecipar com clareza todos os seus efeitos econômicos.

Que a crise econômica será profunda e global não resta dúvida, e já se vê que alguns grupos serão mais atingidos que outros. Mas é certo que os efeitos da pandemia reverberarão em amplos aspectos da vida social como um todo. A dinâmica da globalização deverá ser afetada, com rearranjos no cenário geopolítico. O papel dos Estados na economia deverá ser revisto. Será necessário imaginar formas mais ativas de participação da população nas políticas sociais. Como resultado das medidas de distanciamento social, muita coisa provavelmente mudará na nossa experiência de intimidade e confiança em relação ao próprio corpo, na dinâmica dos contatos pessoais, na distribuição das esferas da vida (lazer, trabalho, educação, convivência familiar, relações amorosas), nas mediações entre as esferas privada e pública da experiência pessoal, e assim por diante. Difícil imaginar algum aspecto da existência que siga incólume depois da Covid-19. O mundo, tal como existia antes de sua entrada em cena, ficou para trás.

AS FONTES DO MAL-ESTAR

É bastante conhecida a afirmação freudiana de que o mal-estar inerente à existência humana tem origem no fato de que nossa experiência no mundo é constantemente assolada por ameaças vindas de três direções — a fragilidade de nosso corpo, o poder incontrolável da natureza e as relações com outros. O caráter inevitavelmente conflitivo da experiência humana derivaria justamente de que o mal-estar tanto está na origem do esforço de organização das sociedades como resulta do seu próprio funcionamento. A história da espécie seria então a sucessão — sem redenção ou danação finais — dos experimentos coletivos que ao longo do tempo procuraram resolver essa equação impossível.

De vez em quando, um acontecimento natural inesperado ou uma turbulência provocada pela mão humana mudam a direção do vento e nos levam a criar novas formas de organização da vida coletiva, novos processos de subjetivação, novas maneiras de conceber e vivenciar o que é ser um humano em meio a outros. Epidemias são sempre fortes candidatas a produzir esses efeitos, justamente porque concentram e potencializam o poder dessas três grandes fontes de sofrimento humano.

SUBJETIVIDADE E HISTÓRIA

A prematuridade que caracteriza os humanos ao nascerem e o fato de que dependemos (de forma absoluta, inicialmente, e de forma relativa por toda a vida) da presença e do cuidado de outro humano nos diferenciam de outras espécies de uma maneira decisiva. Somos a única cujo horizonte existencial não é inteiramente determinado pela ordem vital. Embora seres de natureza, somos o fruto do entrelaçamento entre a ordem natural e a ordem simbólica. É desse entrelaçamento que resultam nossa autoconsciência, a experiência da corporeidade, a relação com o mundo natural, a vivência do tempo e do espaço e a nossa extraordinária capacidade de cooperação.

Daí fazer sentido falarmos em *segunda natureza* quando nos referimos à nossa experiência de natureza. Temos instintos prévios à socialização, claro, mas mesmo eles sofrem a influência desse atravessamento pelo simbólico. Basta pensar nos muitos sentidos e experiências da sexualidade na História. São as significações que mantêm em pé o mundo como nós o reconhecemos. Cada época constitui um horizonte de sentido que oferece aos indivíduos roteiros de subjetivação, maneiras de organizar sua experiência de si e do mundo. É nesse plano que podemos supor que os efeitos da pandemia talvez venham a ser duradouros.

Uma epidemia nunca é apenas um fenômeno natural. É um fenômeno complexo que desnuda o entrecruzamento de determinações biológicas e políticas, econômicas e sociais, materiais e subjetivas, que estão na base do funcionamento de uma sociedade.

A pandemia da Covid-19, mais do que atingir a saúde física de indivíduos, tirou do armário e revelou, de maneira abrupta, as consequências de nosso modo de vida, das regras que ordenam nossas hierarquias, da lógica que determina as nossas identidades. Mesmo a esfera propriamente médico-biológica da epidemia evidencia esse atravessamento social. Pode-se traçar uma cartografia diferencial da letalidade do vírus conforme as categorias sociais. Morrem proporcionalmente mais pretos que brancos, mais pobres que ricos, mais gente nas periferias que nos bairros nobres. Nada de surpreendente nisso. Habitamos todos o mesmo planeta, mas vivemos em mundos diferentes. Uma profunda e cruel desigualdade molda o cotidiano de nossas existências. O que a pandemia está provocando, porém, é a percepção de que essa desigualdade estrutural se tornou um problema de todos, e não apenas dos que são excluídos. O que é novo é que estamos todos vivendo na pele o que acontece quando "tudo que é sólido se desmancha no ar". Ainda que muitos insistam, por alheamento, negação ou cálculo político perverso, em se apegar à fantasia de retorno ao mundo de antes, não há como escapar a esta realidade: um longo processo de luto nos espera nos próximos tempos.

O LUTO BEM-VINDO

Do ponto de vista psicodinâmico, um luto bem-sucedido não implica apenas a experiência negativa de uma perda, implica também a experiência positiva de recomeço, renovação. Luto acontece cada vez que ocorre a passagem de um estado de coisas para outro em nossa vida subjetiva. Ele é o processo por meio do qual o reconhecimento de que algo deixou de existir abre caminho para uma reconfiguração do mundo e do nosso próprio lugar nele, viabilizando uma nova paisagem existencial e um novo modo de habitá-la. Para que isso ocorra, porém, é necessária, em primeiro lugar, a aceitação de que algo se perdeu. É preciso não negar essa percepção nem resistir a ela. Além disso, é necessário acolher os efeitos resultantes desse fato — a dor, a incerteza, a angústia diante da tarefa psíquica de sobreviver à perda e abrir-se a um novo estado de coisas. O processo se conclui positivamente quando ocorre a elaboração da perda: algo daquilo que se perdeu é incorporado como um traço do próprio eu, ou da experiência coletiva, num processo de identificação. Algo se perde e algo se ganha. É isso que permite abrir caminho para o investimento subjetivo em uma nova realidade.

A pandemia exigirá de nós um processo dessa natureza. É preciso reconhecer que o mundo pré Covid-19 morreu e que isso não é necessariamente uma má notícia, porque, em grande parte, esse mundo era o problema, e não uma solução. Por outro lado, a epidemia escancarou o fato de que coisas antes impensáveis tornaram-se realidade em questão de dias. A ordem social que parecia estar além de qualquer possibilidade de mudança foi rapidamente virada de cabeça para baixo. Comportamentos individuais e coletivos completamente naturalizados foram substituídos por outros. O vírus não promoveu nenhuma revolução. Mas mostrou que ela não é impossível.

O VÍRUS É UM ESPELHO

O estrago causado pela pandemia também escancarou outras coisas, entre elas o imenso poder da esfera vital não humana sobre os destinos de nosso próprio horizonte. Mostrou o custo de nossa adesão cega aos fetiches do progresso, como crescimento econômico desenfreado, e do conhecimento, como instrumento de controle e exploração ilimitada da natureza — e ele é bem salgado. Em poucas semanas, o vírus impôs uma derrota acachapante a nossas certezas arrogantes quanto a um pretenso domínio sobre a natureza.

Ele forçou o reconhecimento de algo óbvio, mas há muito recalcado: nós não estamos acima ou a salvo da natureza — nós somos parte dela. O vírus nos obrigou a olhar no espelho. A ideia (moderna) que distingue o humano da natureza e o coloca no topo da hierarquia vital foi profundamente abalada. Mesmo a divisão entre seres orgânicos e inorgânicos mostrou seus limites. Estamos todos profunda e inextricavelmente entrelaçados numa existência em que o material, o orgânico e o simbólico se interpenetram constantemente.

O PREÇO DO MERCADO

A pandemia também tornou evidente a verdadeira crise civilizatória provocada pela aplicação sistemática, durante décadas, da lógica do mercado como ordenadora principal da vida social. Não é que o neoliberalismo econômico tenha produzido o vírus, claro. Mas no combate a ele claudicamos por conta dos resultados acumulados de décadas de submissão sistemática das áreas ligadas ao bem-estar comum (saúde, educação, segurança social) à dinâmica de investimento do capital, de obscena concentração de renda em todo o mundo, da degradação do exercício político da cidadania à mera reivindicação de direitos de consumo, da supremacia absoluta do sucesso individual sobre a noção de bem-estar social (o fetiche do "empresário de si mesmo"). Quando a crise sanitária eclodiu, a dinâmica e os recursos do mercado simplesmente se mostraram incapazes de fornecer roteiros de ação adequados. Foram as estruturas estatais, os organismos internacionais e as estratégias fundadas na defesa do interesse comum que abriram caminho para o enfrentamento do problema.

Isso será mais decisivo ainda quando os problemas econômicos se sobrepuserem à crise sanitária. A pobreza, o desemprego e a fome aumentarão muito, não apenas nos países pobres, mas nas periferias de todos os países marcados por uma desigualdade socioeconômica profunda — o que deixa bem poucos de fora do quadro. Haverá um impulso voltado à redistribuição de riquezas? Os estragos causados pelo consumismo sem freios nos convencerão a viver de maneira mais parcimoniosa? Talvez não sejam os bons propósitos a mola propulsora de mudanças nessa direção, mas o simples cálculo pragmático. Diante do vírus, a desigualdade tornou-se universalmente disfuncional. Ou todos estarão seguros, ou ninguém estará. O bem-estar de qualquer grupo passou a depender do bem-estar de todos. Seguros privados, cercas, muros, bairros ou cidades afastadas não resolverão o problema, porque o vírus não reconhece fronteiras. Independentemente de nossas diferenças identitárias, ideológicas, religiosas etc., precisaremos ampliar muito o raio do "nós" (aqueles cujo sofrimento físico ou moral nos concerne). A lógica imunitária tende a nos empurrar para um mundo mais solidário — ou a nos jogar na barbárie.

OS NOVOS ESPAÇOS VITAIS

Um dos elementos decisivos no enfrentamento da pandemia têm sido as tecnologias digitais de informação e comunicação. Sem o acionamento massivo de dispositivos on-line de contato e relacionamento (comercial, afetivo, cultural, político) a distância, teriam sido impossíveis as respostas rapidamente acionadas contra o vírus. Esse processo certamente se ampliará no período pós-pandemia. O processo de integração entre o universo on-line e a realidade off-line já vinha redefinindo nossa experiência de mundo desde o surgimento da internet, mas, com a pandemia, esse movimento se acelerou e se aprofundou de forma exponencial. On-line e off-line, real e virtual, presencial e a distância serão, definitivamente, dimensões mescladas em uma mesma realidade, em um mesmo mundo vivido.

Essa integração crescente é perceptível em transformações no exercício cotidiano de funções mentais como atenção, percepção, pensamento, emoções, volição etc. A memória é cada vez mais estendida aos sistemas de armazenamento de dispositivos digitais, que acionamos com a ponta dos dedos. A experiência de contato com outros se descolou das exigências de proximidade física, abrindo um novo horizonte de possibilidades nas realizações afetivas, profissionais, educacionais etc. A interpenetração entre vida privada e vida pública se intensificou. Vem se consolidando uma esfera intermediária — aquela habitada pelos *perfis*, essa espécie de persona digital que molda a própria experiência do eu e a relação com os outros, tornando-se fiadora de nossa presença no mundo e de nossa imagem no espelho.

Por outro lado, é impossível deixar de perceber como esse movimento tem ampliado exponencialmente a manipulação e o controle dos indivíduos por parte das instâncias capazes de mobilizar a seu favor Big Data e inteligência artificial, sejam as grandes corporações digitais ou Estados autoritários. A coleta constante de dados permite melhor rastreamento de problemas de saúde e dispensação de cuidados precoces. Mas a comercialização abusiva e a manipulação política dos dados coletados pelos algoritmos já se tornaram um sério problema. No velho dilema entre liberdade e segurança tendemos cada vez mais para o segundo polo. Na China, talvez o país de população mais vigiada do mundo, privacidade deixou de ser uma esfera que as pessoas sentem o impulso de proteger. Num ritmo um pouco menos acelerado, o mesmo deve ocorrer nos países ocidentais. De todo modo, o palco digital será progressivamente ocupado pela cena política. Acesso universal à internet deverá ser reconhecido como um direito ligado à preservação da dignidade humana, assim como saúde, educação e moradia.

O QUE DEIXAR PARA TRÁS, O QUE GUARDAR PARA O FUTURO

Voltando ao início, que consequências terá a pandemia para os indivíduos e a sociedade? Não sabemos, mas precisamos fazer apostas. Alguns estão convictos de que nada mudará, tendo em mente Salomão: "O que foi tornará a ser, o que foi feito se fará novamente; não há nada de novo debaixo do sol." Passada a epidemia, "farinha pouca, meu pirão primeiro". Ressurgirão os nacionalismos e a fúria xenofóbica, a desenfreada competição entre países, o retorno da agenda neoliberal na economia, a repressão digital, a criação de novos mecanismos de hierarquia e exclusão baseados em informações biológicas (algo como uma distribuição desigual de status imunitário), e assim por diante. Para outros, porém, a hora é de lembrar de Hannah Arendt e a sua proposição de que os humanos, "embora devam morrer, não nascem para morrer, e sim para começar". A história da epidemia da Aids está ligada, ao longo das décadas que se seguiram ao seu aparecimento, ao movimento de ampliação social da tolerância e à agenda crescente de defesa dos direitos LGBTQ+. O horror da Segunda Guerra Mundial deu origem à social-democracia europeia, ao fim do colonialismo e ao ideário do estado de bem-estar. Quem sabe a pandemia atual poderá resultar em uma renovação do imaginário político e social movida, se não pelo esclarecimento do espírito, pelo reconhecimento de que a solidariedade deixou de ser apenas virtude para se transformar em necessidade vital.

Nos últimos séculos, o centro de gravidade de nosso imaginário político foi predominantemente ocupado pelo valor da autonomia — dos indivíduos, dos grupos de pertencimento, dos Estados-nação. Isso se refletiu muito positivamente nas lutas por direitos civis, pela independência dos povos, pelo direito à diferença. Mas também acabou caucionando o acirramento de aspirações particulares ou individuais em detrimento de necessidades universais, o aprofundamento da desigualdade em escala planetária, o narcisismo das pequenas diferenças.

Talvez a pandemia nos possibilite finalmente compreender que precisamos agregar algo mais ao valor da autonomia: o reconhecimento da interdependência global, a consciência de que precisamos assegurar a existência de sistemas de proteção recíproca, desde o nível pessoal às relações políticas entre países e ao modo de agir com relação à natureza. Talvez possamos enxergar que o exercício da autonomia não colide com o reconhecimento da dependência mútua, ao contrário. Como o vírus nos está demonstrando a cada dia, só a cooperação, fundada na consciência de um destino comum — dos humanos entre si e da espécie junto ao planeta —, nos protegerá de outros acasos devastadores e de desastradas ações humanas.

Assim, apesar de impor um horizonte imediato muito duro, a crise também abriu uma janela de possibilidades. Conseguiremos sair dessa crise vislumbrando um futuro possível mais promissor do que tínhamos antes de sermos engolfados por ela? Até dezembro passado parecíamos condenados a buscar, a cada partida, os melhores resultados dentro das regras do jogo. O vírus chutou o tabuleiro. Talvez tenha chegado a oportunidade de mudar de jogo.

COMÉRCIO

UMA OPORTUNIDADE PARA REPENSAR O FUTURO

Carlos Jereissati Filho

Acompanhando o novo coronavírus se tornar uma pandemia mundial, minha primeira sensação foi a de estar dentro de um filme de ficção. Era como se tivéssemos sido transportados para uma realidade que nossa geração só conhecia pelos livros de história. Como algo que o ser humano nem enxerga e que surge sem uma explicação clara pode, em poucas semanas, promover uma gigantesca transformação na rotina das pessoas de todo o mundo?

Há poucas certezas neste momento, mas uma delas é a de que somos testemunhas de algo inédito. Em trinta anos trabalhando no varejo, nunca nossas operações — e de tantos outros colegas — haviam sido completamente fechadas. A restrição de circulação imposta mundialmente causou uma repentina mudança de hábitos no planeta inteiro.

Talvez o mais marcante dessa pandemia seja o fato de que ela evidenciou a fragilidade do ser humano. Sem alternativas comprovadas para frear o avanço do vírus, a melhor resposta foi pedir à humanidade que ficasse em casa. Mesmo com todo o conhecimento que construímos, toda a tecnologia que desenvolvemos, a única alternativa cientificamente comprovada para conter o vírus num primeiro momento foi o isolamento.

Já fomos até a Lua, nos conectamos com o mundo inteiro da palma da mão, mas nada disso foi capaz de parar o vírus.

Os comportamentos mais banais, como cumprimentar pessoas com um beijo ou um aperto de mão, estão proibidos. O dia que era preenchido por trânsito, saídas para almoço e um jantar com os amigos agora tem mais horas disponíveis. De repente, ganhamos tempo. Por mais surreal que o contexto pareça, a pausa forçada se tornou uma oportunidade para refletir, para focar no essencial e repensar tudo o que construímos até agora.

Fomos arrancados do lugar-comum, o que nos deu a possibilidade de pensar em coisas novas. Como estaremos depois dessa crise? Será que viveremos como antes, ou teremos novos comportamentos? Que consequências ela terá para o varejo? Arrisco-me aqui fazendo algumas apostas.

O QUE ESPERAR DO VAREJO

No universo do varejo, o novo coronavírus deve contribuir para mudar paradigmas. Certamente haverá o que a consultoria de estratégia McKinsey chamou de *shakeout darwinista*: as empresas que já estavam enfraquecidas serão balançadas. As que estavam fortes serão encorajadas a crescer. E as que já estavam sofrendo antes da crise terão um declínio ainda mais evidente. Isso levará a uma maior consolidação dos setores, a uma onda de fusões, aquisições, falências ou recuperações judiciais.

Outra coisa extremamente visível será a aceleração da digitalização dos negócios, com uma adesão em massa ao *e-commerce*. No dia 18 de março de 2020, a empresa de pesquisa Nielsen registrou que 32% dos consumidores que fizeram algum pedido on-line na categoria autosserviço o faziam pela primeira vez. No geral, os pedidos no *e-commerce* aumentaram entre 30% e 40% nas primeiras duas semanas de março, especialmente nas categorias comida e limpeza.

Para nosso negócio, como para vários outros, a pandemia reforçou a aposta na plataforma on-line de *marketplace*, lançada em outubro de 2019: o Iguatemi 365. Por meio dela, continuamos a levar produtos para os clientes, mesmo com as lojas fechadas. Muitos parceiros que têm operações em nossos shoppings estiveram reticentes até há pouco, em dúvida se valeria a pena ou não ingressar na plataforma. Agora, ela tornou-se um meio relevante para seguirem perto dos consumidores — sobretudo de quem está no chamado grupo de risco, que provavelmente terá a circulação restrita por mais tempo.

Os canais digitais não servem apenas para vender o que já existe na loja, mas pode ser uma expansão da oferta. Nem tudo cabe num espaço físico limitado, mas o virtual aceita uma variedade infinita. Isso não significa perder a coerência: é possível usar no digital os mesmos filtros e a mesma capacidade de edição que organiza a loja. O *e-commerce* permite ainda alcançar mais gente. Num país como o Brasil, de dimensões continentais, é um trabalho hercúleo manter pontos de venda em todos os centros urbanos — em cidades com menos habitantes, é impensável. Mas, com a compra on-line e a logística bem organizada, dá para levar ao país produtos muitas vezes restritos a poucos mercados.

Apesar de agora o *e-commerce* dominar a pauta, acredito que o varejo tem também a oportunidade de repensar as lojas físicas. Não se trata de disputa entre físico e digital, mas de a marca estar perto do cliente em todos os canais possíveis. Essa crise restringiu todos às suas casas, mas o que impede de, no futuro, vivermos uma situação que desestabilize as transações on-line? O ataque pode acontecer por outro lado — por exemplo, cibernético. Ter diversidade e flexibilidade é o que deixará qualquer marca segura para continuar operando. Não é um canal "ou" outro. É "e".

Os pontos de venda tendem a ser cada vez mais digitais, seguindo a tendência de *uberização* das lojas — a experiência de sair sem tirar a carteira do bolso. A Amazon Go é um bom exemplo disso. A empresa que ficou mundialmente conhecida pelo varejo on-line lançou sua estratégia no mundo físico, mas isso não significa que faça negócios como todos os outros. Sem qualquer contato com atendentes, o cliente entra na loja, coloca os produtos em sua sacola e sai, recebendo a fatura no seu celular. A tecnologia pode estar em qualquer lugar, melhorando inclusive a experiência do consumidor off-line, com redução de fricção nos pontos de vendas. Vale lembrar que as novas tecnologias sempre aparecem como algo exótico, mas poucos anos depois ficam mais baratas e se popularizam. Portanto, é importante estar sempre acompanhando as novidades e o que poderá ser implementado no médio prazo sem grandes barreiras.

Comprar óculos, por exemplo, provavelmente continuará sendo mais fácil na loja, onde é possível avaliar o que cai bem em seu rosto. Mas por que uma ótica não pode ter os modelos na prateleira, deixando o cliente escolher seu preferido sem necessariamente interagir com um vendedor? No caso de roupas, pegar o produto ao vivo e sentir o tecido ainda é importante para muita gente. Como permitir isso e ao mesmo tempo evitar fila para pagar no caixa? Se o movimento está baixo agora, é um bom momento para refletir sobre as mudanças de longo prazo e as modificações espaciais que poderemos fazer.

Uma tendência interessante que já vinha sendo adotada, mas foi acelerada na quarentena, é a humanização do digital. Vendedoras usam o WhatsApp para se comunicar com seus contatos e fechar vendas, conectando os pedidos ao sistema. O on-line não significa ausência de contato. A tecnologia pode ser o veículo, mas do outro lado existe uma pessoa de verdade conversando com você. Creio que cada vez mais os consumidores vão gostar de ter alguém se interessando por eles, cuidando deles de maneira humana.

Algumas análises, como a feita pela consultoria estratégica Bain & Company, apontam que, após uma demanda reprimida, algumas categorias podem experimentar um pico de consumo. Entre elas estão roupas e acessórios, produtos de beleza e eletrodomésticos. Se isso for verdade, talvez tenhamos um aumento da demanda para os lojistas num primeiro momento pós-isolamento.

Paralelamente, pode haver pressão por maiores descontos — o *discount mindset*. O aumento dos estoques e os consumidores em situação financeira mais frágil devem forçar descontos no varejo em geral. Para reorganizar a oferta, as marcas terão de descobrir maneiras criativas de ganhar valor novamente, repensar a missão do negócio e entender como atrair seus antigos (ou novos) clientes.

Uma aposta que faço também para o curto prazo é a de que, enquanto a maior parte das fronteiras estiver fechada para viajantes internacionais e o dólar renovando suas altas históricas, teremos um aumento na demanda interna. Nos últimos anos, uma parte do consumo foi exportada, com pessoas de alta renda aproveitando viagens para fazer compras. Com a mobilidade reduzida, certamente haverá, circulando no Brasil, um dinheiro que há muito era reservado ao consumo no exterior. Trata-se de uma oportunidade para o país.

Ainda pensando nesse mundo global e interconectado, outro questionamento que deve emergir no setor varejista é sobre a cadeia produtiva. A crise nos mostrou que dependemos muito da China. Vários produtos e insumos vêm de lá — inclusive aqueles capazes de salvar vidas. A França foi um dos países mais prejudicados porque não conseguiu fechar negócio com os chineses para importar máscaras de proteção. Será que realmente faz sentido concentrar toda a produção do outro lado do mundo? É muito provável que surjam discussões sobre como distribuir melhor a produção, a fim de evitar a dependência de um único lugar.

MARCAS QUE SE IMPORTAM

Acredito que é em momentos de crise que os valores afloram — das pessoas e das marcas. Quem é solidário se lança em iniciativas para ajudar da maneira que for possível. Quem é egoísta se concentra em discutir uma única faceta do problema. Ficou evidente, nas semanas de quarentena, que negócios estavam querendo vender a qualquer custo e quais tiveram uma preocupação legítima em apoiar as pessoas, em contribuir com a sociedade.

Falar de propósito é ótimo, está na moda. Mas, quando o calo aperta, quem manteve os funcionários? Quem cuidou do cliente num momento tão frágil? Como disse a publicitária Gal Barradas, os clientes se lembrarão por longo tempo de como foram tratados pelas marcas durante e nos meses seguintes à pandemia. Como queremos ser lembrados é uma escolha de cada negócio.

Essa crise fortaleceu a vontade das marcas de levar carinho e cuidado aos clientes por meio das redes sociais. As áreas de criação de conteúdo foram fortalecidas, com muitos negócios criando uma programação com *lives* no Instagram ou no YouTube, focadas em bem-estar, educação, estilo de vida e entretenimento. Elas transformaram em encontros on-line tudo o que faziam (ou poderiam fazer) presencialmente, a fim de agregar pessoas e conteúdo.

Para os negócios que já tinham a mentalidade de estarem próximos de seus clientes, a virada de chave foi apenas migrar o que era feito off-line para o on-line — e testar novos formatos, que se acomodaram pouco a pouco. Mudaram a plataforma para continuar conversando com as pessoas, se solidarizar e ofertar informações pertinentes.

Percebi que muitas empresas compreenderam o contexto e conseguiram dar uma resposta equilibrada. Pararam, pensaram e se posicionaram. Ajudaram seus clientes a se situar diante dessa nova realidade, com um desejo genuíno de contribuir com as pessoas. Conseguiram também dar apoio interno, reorganizando rapidamente suas equipes e a maneira de trabalhar, com todas as pessoas em casa.

Para quem gosta de inovar, o momento é propício para construir em conjunto novas oportunidades, sem barreiras para imaginar o novo, apesar das adversidades. Todos os preconceitos, tudo o que antes parecia impossível, ficaram para trás. A obrigação de trabalhar com o que estava disponível garantiu uma disponibilidade inédita para a novidade. E isso não vai passar.

NOVOS COMPORTAMENTOS

Não acredito em mudanças rápidas e drásticas de comportamento, mesmo depois de um longo período de isolamento. Quando as restrições de circulação forem suspensas, creio que a maioria das pessoas voltará a viver como antes. No entanto, haverá uma parte da população, principalmente as gerações mais jovens, disposta a ressignificar seus hábitos e sua maneira de consumir. Será um efeito que chamo de "10%" — essa é a parcela de pessoas que provavelmente vai mudar radicalmente e acelerar novas tendências.

A sustentabilidade deve ficar mais em pauta do que nunca. No universo da moda, por exemplo, já estão surgindo discussões sobre a real necessidade de trocar de coleções a cada mês, isto é, com muito mais frequência do que a troca das estações. No início de abril, o estilista Giorgio Armani publicou uma carta aberta na revista *WWD*, considerada por alguns a "bíblia da moda", afirmando que a situação que vivemos mostra que o mercado está em rota de desaceleração, caminho que pode voltar a conferir valor ao trabalho dos criadores. "O luxo não pode e não deve ser rápido. Não faz sentido que uma de minhas jaquetas viva na loja por três semanas antes de ficar obsoleta, substituída por novos itens que nem são tão diferentes", escreveu. Segundo ele, apesar do momento turbulento, há uma oportunidade única para correções — como no ritmo frenético da moda.

Provavelmente, não será apenas o calendário da moda a ser questionado. Questionaremos a velocidade de tudo o que fazemos. Que atividades estão aceleradas demais? O que está ficando velho antes da hora? Qual o ritmo ideal para cada coisa? As pessoas talvez percebam que podem usar os produtos por mais tempo, valorizando o que têm e evitando que tantos itens se tornem rapidamente descartáveis. As marcas poderão focar mais no significado do que fabricam, e não apenas em seu valor financeiro, considerando a qualidade do que colocam no mercado e sua utilidade para as pessoas. Na esteira da vontade de um consumo para o longo prazo, haverá uma valorização da estética, dos detalhes, do acabamento.

Assim como o varejo deve repensar sua cadeia de produção, alguns consumidores questionarão suas relações de consumo e qual sua responsabilidade no rastro de poluição gerado pelo deslocamento de mercadorias. Eles ganharão mais consciência de como a cadeia logística complexa afeta o meio ambiente. Por exemplo, no esforço de ser sustentável, será que faz sentido ter um avião trazendo produtos da China para decorar a casa? Adianta sair de casa a pé se você encomenda toda semana um produto de outro país, que viaja milhares de quilômetros e gasta toneladas de combustível para ser entregue?

É possível que haja uma busca maior por comprar perto de casa e evitar o deslocamento na vida cotidiana. É o que alguns especialistas têm chamado de *buy local* (compre localmente) e *live local* (viva localmente). Mesmo que tenham de pagar um pouco mais por isso, acredito que os consumidores passarão a frequentar mais os negócios vizinhos, a ter prazer em sustentar o comerciante que fica perto de sua casa e a valorizar o produto regional.

Os hábitos de viagens certamente serão afetados. No caso das empresas, as equipes pensarão duas vezes antes de deslocar alguém para uma reunião em outra cidade. A videoconferência, que era uma ferramenta pouco usual para muitos negócios, agora se mostrou eficiente para tomar decisões importantes sem que os envolvidos tenham de sair de suas respectivas cidades.

No caso das pessoas e famílias, potencialmente haverá aumento das *staycations*, isto é, das férias aproveitadas com programas perto de casa, às vezes até na mesma cidade. Durante meses, o descanso se dará mais perto da natureza do que em grandes metrópoles, evitando aglomerações. Sinto que nos últimos anos as viagens de férias se tornaram uma obrigação, uma rotina tão intensa quanto o trabalho, exigindo voos de doze horas, longos deslocamentos de carro e um grande frenesi para visitar o maior número possível de lugares, fazendo com que metade do tempo de descanso seja gasto com logística. Não seria prazeroso, como muitos estão fazendo agora, ter oportunidade de descansar perto (ou dentro) de casa, fazendo atividades como ler e cozinhar?

Creio que surgirá também uma nova etiqueta de relacionamento. Nem tudo precisará ser presencial, especialmente no trabalho. Eu nunca havia pensado que seria possível, na minha posição, fazer *home office*. Hoje vejo que é absolutamente factível e que ficar longe por algumas horas pode inclusive me ajudar a ser mais produtivo. No escritório, estou o tempo todo disponível para interações que muitas vezes não são imprescindíveis. É claro que os encontros continuarão sendo importantes. Tudo demais é veneno. O escritório e o trabalho presencial não vão acabar, até porque o convívio é fundamental para preservar a cultura. Mas ela não precisa ser tão intensa a ponto de virar veneno. Podemos escolher os momentos em que faz sentido estarem todos no mesmo ambiente para ter uma vida mais saudável.

UNIÃO E SOLIDARIEDADE

Uma característica que essa pandemia despertou foi o senso de unidade universal. O mesmo problema enfrentado ao mesmo tempo por várias nações fez com que percebêssemos que somos igualmente frágeis. O vírus não distingue países desenvolvidos e subdesenvolvidos, ainda que a infraestrutura para lidar com os doentes varie de um lugar para outro. A doença não respeita fronteiras nacionais e não pode ser barrada pelo controle de passaporte dos aeroportos. Tampouco distingue ricos ou pobres. Afeta todos, colocando bilhões de pessoas no planeta em posição de vulnerabilidade.

Talvez a situação imposta pelo coronavírus seja apenas um ensaio. Há a possibilidade de que as grandes crises do planeta nas próximas décadas também demandem resolução conjunta e respostas transnacionais — as questões climáticas, por exemplo, como o aquecimento global, que afetará boa parte da humanidade. Não adianta a Dinamarca ser uma referência em preservação do meio ambiente se o resto do mundo não estiver fazendo sua parte; o aumento do nível dos oceanos continuará evidente, impactando as populações que vivem perto da costa. A consciência precisa ser global, pois os problemas cada vez mais ultrapassarão fronteiras.

No Brasil, um forte senso de solidariedade e colaboração contagiou a sociedade. No caso dos shopping centers, houve um diálogo maduro entre os diferentes participantes do setor varejista para entender as necessidades de todos e trabalhar em conjunto para não sobrecarregar nenhum elo da cadeia produtiva, dos lojistas aos vendedores. A maioria das redes de shoppings optou pela suspensão da cobrança de aluguéis durante o período de fechamento, além da redução no valor de condomínio.

Essa solidariedade se traduziu ainda em iniciativas para proteger quem estava em situação mais vulnerável. De acordo com suas especialidades ou ativos disponíveis, as companhias se mobilizaram para fazer doações. Também foi lançado um compromisso coletivo, adotado por várias empresas, de não demitir os funcionários. Houve compreensão e reconhecimento de que as pessoas que dedicaram suas vidas para o sucesso do negócio não poderiam simplesmente ser abandonadas no primeiro momento da crise.

À medida que as semanas passavam, ficou claro o quanto a ponta mais fraca da sociedade estava sendo afetada. Acredito que haverá um questionamento ainda mais forte sobre como a sociedade está organizada e que ações práticas podem diminuir a desigualdade. No curto prazo, está claro que devemos usar os recursos disponíveis para apoiar as pessoas que precisam. Mas, olhando para a frente, é possível que a sociedade e o governo passem mais tempo debatendo como diminuir a burocracia, cortar os gastos desnecessários e criar condições para que as pessoas tenham a oportunidade de ganhar seu próprio dinheiro e construir uma vida melhor.

O "NOVO NORMAL" QUE VAMOS CONSTRUIR

As pessoas são gregárias e não deixaram de sê-lo por conta do isolamento social. Minha aposta, pois, é a de que essa distância forçada está gerando o desejo de encontrar a família e os amigos novamente, de poder estar junto deles e dar-lhes um abraço apertado. O ser humano sempre precisará de espaços onde possa conviver. As cidades são vibrantes justamente pela capacidade de troca, de encontro, de aprendermos uns com os outros. Então, apesar da crise momentânea, a vontade de estar próximo continua forte, e tenho certeza de que espaços como praças, parques e shoppings centers continuarão servindo a esse propósito. Acredito que vamos olhar para os espaços comuns cada vez mais como lugares de convivência e experiência.

Todavia, sejam quais forem as tendências que surgirão ou permanecerão, esse recolhimento está nos trazendo boas reflexões. Precisamos de tempo para parar, olhar para nossas vidas e refletir sobre nossos hábitos. Tendo a ser otimista e acredito que esta pausa obrigatória nos tem feito repensar — e reinventar — o futuro.

QUADRO DE TENDÊNCIAS

- *Shakeout darwinista*: marcas que estavam enfraquecidas terão declínio mais evidente, enquanto marcas que estavam fortes podem sair mais fortalecidas da crise.
- Aceleração da digitalização: as empresas anteciparam sua presença no on-line, que se tornou um canal fundamental para atravessar a pandemia.
- *Uberização* das lojas: momento de repensar o espaço físico, integrando mais tecnologia nos pontos de venda.
- Humanização do digital: o atendimento virtual não elimina a necessidade de oferecer carinho e atenção aos clientes.
- *Discount mindset*: a pressão por descontos será forte em 2020, e as marcas terão de descobrir maneiras criativas de ganhar valor novamente.
- Compre localmente: os consumidores farão menos compras no exterior nos próximos meses e devem valorizar o comércio local no longo prazo, comprando de quem está perto.
- Questionamento da cadeia produtiva: a crise fez muitas empresas repensarem sua dependência de um único país.
- Redução da velocidade: na indústria de moda e em outros setores, a urgência para lançar freneticamente novidades está sendo questionada.

- Consumo com sustentabilidade: poderemos observar um consumo mais consciente e o uso mais racional dos produtos.
- *Staycation*: as férias serão aproveitadas com programas perto de casa, e as pessoas buscarão mais a natureza do que grandes metrópoles.
- Aumento da solidariedade: o forte senso de colaboração e apoio às populações mais vulneráveis deve durar mais tempo do que a pandemia.
- Valorização dos espaços de convivência: no retorno ao convívio social, os espaços de encontro serão ainda mais valorizados.

ADVOCACIA

ADVOCACIA EM TEMPOS DE CRISE

Felipe Santa Cruz

O mundo está em suspensão, como sabiamente afirma o líder indígena Ailton Krenak. Infelizmente, somos obrigados a encarar o fato de que o nosso modo de habitar o planeta necessita de mudanças urgentes. A desigualdade social e a crise climática têm se alastrado mundo afora e revelam que o desafio de enfrentarmos um inimigo comum e invisível é consequência direta da relação predatória que estabelecemos com a natureza. Nesse cenário, os mais empobrecidos arcam com a ausência de políticas públicas que garantam o acesso amplo e irrestrito ao direito à vida e à saúde.

A crise sanitária escancarou o abismo da desigualdade social do Brasil, que coloca uma maioria exposta às vulnerabilidades impostas pelo vírus. Trouxe à tona quem merece viver ou morrer de acordo com o posicionamento de governos autoritários que adotam posturas negacionistas para afrontar determinações científicas.

Vivemos um momento relevante da História do Brasil e do mundo. A maneira como enfrentamos os atuais desafios determinarão os rumos que a humanidade tomará para reconstruir um mundo melhor e menos desigual.

Nesse cenário caótico, a advocacia brasileira recebe o chamado da sociedade civil para cumprir sua missão pública de pacificação social e de defesa dos mais oprimidos. Daqueles que não têm condições de obedecer às medidas de isolamento social, que não podem ficar sem salário, pois não teriam outra forma de pagar o aluguel, comprar comida ou, até mesmo, garantir o mínimo de higiene exigido para o controle do contágio.

Assumindo o dever ético de ser porta-voz da sociedade, a Ordem dos Advogados do Brasil cumpre seu dever institucional. Afinal, o advogado é a voz constitucional do cidadão. Felizmente, figuramos como a instituição mais bem avaliada entre empresas e organizações, com um índice de 66% de confiança da sociedade. Esse importante saldo reitera o que diz o artigo 133 de nossa Constituição Cidadã, que consagrou o advogado como figura indispensável à administração da justiça, sendo, portanto, inviolável por seus atos e manifestações no exercício da profissão.

Somos a maior entidade de classe do país. Contamos, atualmente, com 1.267.641 advogadas e advogados. Isso confere força e legitimidade à nossa voz, mas impõe enormes desafios no que se refere ao atendimento das demandas de profissionais de todo o território nacional. Para isso, precisamos garantir uma entidade forte e vigilante; que se empenhe em garantir condições dignas e seguras para que a advocacia brasileira possa atuar em meio a um contexto de incertezas.

Por ser uma profissão majoritariamente privada, a advocacia depende de crescimento e vida econômica ativa para sobreviver. Sofremos com os impactos das transformações no mundo do trabalho e com a precarização, cada vez mais intensa, das relações de trabalho. Com as restrições impostas pela Organização Mundial da Saúde (OMS), também estamos submetidos às mesmas privações de todos aqueles que estão em isolamento e sofremos com o impacto da consequente redução de honorários.

Em momentos como esse, nossa classe necessita que a Ordem estabeleça condições objetivas e subjetivas para que milhares de advogados e advogadas, especialmente a advocacia mais empobrecida, encontrem oportunidades para continuar exercendo seu trabalho com segurança e dignidade.

As primeiras medidas adotadas pela OAB, por meio da Resolução n. 07/2020, foram a criação do Fundo Emergencial de Apoio à Advocacia (FEA/ADV), a autorização do adiamento do pagamento da anuidade e a instalação do Comitê de Crise Covid-19 da OAB. Além disso, interpelamos a Presidência da República sobre os termos do Decreto n. 10.292, do dia 25 de março de 2020, que alterou a legislação concernente à definição dos serviços públicos e das atividades essenciais em razão do enfrentamento da emergência de saúde pública. A norma citada, ao inserir o inciso XXXVIII, no § 1.º do art. 3.º, reconheceu no referido contexto apenas as atividades de representação judicial e extrajudicial, assessoria e consultoria jurídicas exercidas pela advocacia pública, relacionadas à prestação regular e tempestiva dos serviços públicos.

Nesse sentido, solicitamos a inclusão da advocacia privada no rol de atividades essenciais em respeito ao § 1.º do art. 2.º da Lei n. 8.906/94 (Estatuto da Advocacia e da OAB), que determina: "No seu ministério privado, o advogado presta serviço público e exerce função social." Afinal, somos essenciais para o atendimento das necessidades inadiáveis da comunidade, no tocante à obtenção da prestação jurisdicional, que, se não alcançada, coloca em perigo a sobrevivência, a saúde e a segurança da população.

O Conselho Federal da OAB também adotou ações para requerer a suspensão de prazos processuais administrativos na esfera da Administração Federal; encaminhou sugestões ao Conselho Nacional de Justiça (CNJ) para o enfrentamento da pandemia pelo Poder Judiciário; solicitou aos bancos a manutenção dos pagamentos de requisições de pequeno valor (RPVs) e o levantamento de alvarás durante a crise, assim como a liberação de precatórios e o requerimento ao BNDES para que o auxílio financeiro do Governo Federal chegue aos pequenos escritórios e às sociedades unipessoais de advocacia. Essas e outras medidas visam minimizar os impactos financeiros que atingiram toda a advocacia brasileira.

Somando-se a isso, é importante ressaltar que a OAB desempenha verdadeira função pública, não só em defesa da advocacia, mas também na proteção da sociedade e de todo o sistema jurídico. Este cenário tem exigido intensa atuação da instituição para salvaguardar a ordem jurídica constitucional, devido ao caos na saúde pública, à séria instabilidade política e à grave crise econômica que atravessa o país.

A Ordem dos Advogados do Brasil, ciente de sua missão histórica, recorreu ao Supremo Tribunal Federal (STF) para que o presidente da República, Jair Bolsonaro, cumpra os protocolos da OMS. Entre as medidas de prevenção e contenção da escala de contágio da epidemia, o isolamento social é uma recomendação uníssona entre as autoridades sanitárias nacionais e internacionais e, infelizmente, vem sendo constantemente atacado pelo presidente.

A omissão do Executivo Federal nos impeliu a requerer à Suprema Corte a garantia da competência dos estados e municípios para decidirem sobre o distanciamento social no combate à pandemia. Felizmente, obtivemos a concessão da liminar que determinou o pagamento imediato dos benefícios sociais que visam assegurar uma renda mínima aos mais afetados pela pandemia; e, por fim, conquistamos a suspensão da Medida Provisória 928/2020, que restringia a Lei de Acesso à Informação (LAI — Lei 12.527/2011).

Ademais, nos unimos a várias entidades da sociedade civil para lançar um "Pacto pela Vida e pelo Brasil", ressaltando a necessidade de união de todos os cidadãos, governos e poderes da República para enfrentar a grave crise sanitária, econômica, social e política que assola o país. O objetivo foi garantir a implementação de medidas que mitiguem as consequências da pandemia no campo econômico sem que isso custe mais vidas. Afinal, o lucro jamais estará acima da vida.

Acreditamos que o pacto pela vida perpassa, necessariamente, pela manutenção e pelo fortalecimento do regime democrático. Em nosso país, a consagração jurídica da democracia é recente, resultado de um processo contínuo de luta pela dignidade humana. Sua manutenção depende da unidade coletiva das instituições. No entanto, infelizmente, essas instituições vêm sofrendo sistemáticos ataques, inclusive por parte do chefe de Estado, o que não se via desde a época do regime ditatorial.

Em uma instituição como a OAB, acomodar-se nunca foi uma opção. Estamos cotidianamente sendo desafiados por novas realidades, cujas demandas devemos responder com eficiência. Não enxergar a complexidade da solução dos problemas que assolam nosso país é contribuir para o esvaziamento do nosso papel de advogados. Por isso, a atuação dos advogados e da OAB será sempre um atributo básico e fundamental em qualquer democracia.

A OAB tem estrutura política e institucional para proteger direitos e garantias da sociedade civil. A independência em relação aos órgãos estatais garante à instituição o papel de voz do cidadão em postura contramajoritária, estabelecendo o diálogo entre as instituições e a sociedade de forma apartidária, porém não apolítica. Logo, a postura que se espera de qualquer advogado é a de alerta e combate a atos que violem direitos e garantias. Por esse motivo, não admitiremos iniciativas de apoio à ruptura democrática e à intervenção militar, ou ataques aos Poderes Legislativo e Judiciário.

Representamos o elo entre sociedade e Estado, servindo como instrumento de efetivação de direitos e transformação social. O exercício desse múnus tem como escopo a implementação democrática de um sistema jurídico mais justo, que garanta a difusão igualitária da cidadania e a concretização dos direitos humanos. Cumpriremos um papel essencial no processo de reconstrução do país após a crise, não há dúvidas.

Sairemos fortalecidos e conscientes de que não estamos isolados. Pelo contrário, este período doloroso nos ensinou que só há saídas coletivas e que a solidariedade e a empatia são essenciais para construirmos uma sociedade cada vez mais justa e igualitária. Aprendemos que a saúde e a ciência são bens públicos que merecem os mais altos investimentos por parte do Estado. Essas são as lições que levaremos adiante.

Lamentamos por todas as vidas perdidas. Nesse momento, nos resta prestar toda solidariedade aos familiares que perderam seus entes e agora enfrentam os impactos do pós-crise. Por esse motivo, reafirmo o compromisso ético e político da Ordem dos Advogados do Brasil com a preservação da vida e, sobretudo, com a missão de trabalhar coletivamente para a reconstrução do nosso país. Não será uma tarefa fácil. Ao contrário, abraçamos esse compromisso com a coragem e a ousadia que sempre marcaram nossa trajetória diante dos grandes desafios.

UNIVERSIDADES

PERDAS E GANHOS[1]

Joaquim Falcão

I

Antes de mais nada, preciso revelar. Pernambucanamente brasileiro, como Ariano Suassuna, sou realista esperançoso.

Os danos que o novo coronavírus causou às universidades, ao sistema de ensino superior, foram vários.[2] Inclusive socioemocionais, em alunos e famílias. São, porém, danos sanáveis e transitórios. Infinitamente menores do que as possibilidades de mudança abertas. Sairemos melhores para enfrentar necessidades.

A devastação na saúde e na vida de milhares de brasileiros, paradoxalmente, se transformou em inédita força política. Estimulou mobilizações e experiências científicas, políticas e econômicas. Educacionais também. Renovou inquietações. Todos agora podem ver futuros mais de perto. Quase tocá-los com as mãos. E decidir construí-los. Ou não.

Seremos capazes de aprender com estas dolorosas experiências? O quê? Como?

De acordo com o censo da educação superior do Ministério da Educação, no Brasil há cerca de 38 mil cursos de ensino superior. Mais de 75% das instituições são privadas. Dados da OCDE apontam que, em

2018, somente 19% da força de trabalho tinha ensino superior. Desses brasileiros, quase 14% tinham mais de 55 anos de idade. Cerca de 13% da população brasileira está acima dos 60 anos.

A média dos países da Organização para a Cooperação e Desenvolvimento Econômico (OCDE) para jovens (25 a 34 anos de idade) com diplomas é de aproximadamente 45%. Estamos atrasados. Quando se trata de matrículas em cursos de ciências exatas e naturais, o Brasil possui percentual de 1,4%. Nos países da OCDE, a média é de 7,2%.

Há muito o que fazer estruturalmente. Cerca de 3,4 milhões de alunos ingressaram nos 37.962 cursos de graduação, mais de 83% em instituições privadas.[3] É um quebra-cabeças. Este é parte mínima de contexto, ou descontexto, em que o vírus se instalou.

II

O ensino superior mostrou, em grande parte, inédita capacidade de resposta ao vírus. Com duas características básicas.

A primeira foi a quebra, ou quase quebra, de resistências ideológicas ao uso intensivo da tecnologia educacional. Preferimos falar de medicações tecnológicas do que de EAD, dada a multiplicidade de usos possíveis da tecnologia.

Amorteceu-se a resistência ao ensino virtual por parte de professores que não sabiam usá-lo e nem sequer estavam treinados. De IES sem instalações físicas, plataformas e aparelhagem necessárias. Sem planejamento e *know-how* para novos investimentos. De alunos sem recursos. De limitações curriculares e da própria regulação do MEC.

Até hoje o MEC proíbe ensino a distância em algumas áreas como Direito, enfermagem e psicologia. E em medicina. Nesse caso com certa razão, na medida em que o ensino médico optou por um ensino de evidências. Mas não custa lembrar que os conselhos regionais já permitem a telemedicina. Tem, pois, algum lugar para a medicação tecnológica.

A aula presencial ainda era um Muro de Berlim para a aula virtual. Agora, ambos serão pontes recíprocas. Via dupla. Múltiplos formatos.

Nem um nem outro sozinhos. Ensino híbrido. *"Bridges over troubled waters"*, diria a canção.

Na era da economia do conhecimento serão mais difíceis ensino de massa, intercâmbios locais e globais, complexas redes de pesquisa e o livre fluxo do conhecimento sem as veias tecnológicas abertas pelo vírus.

O acaso do isolamento social foi grande mobilizador. Digo acaso de propósito, lembrando Jacques Monod, Prêmio Nobel de Fisiologia ou Medicina, e epistemólogo. Defendia a tese de que o acaso faz a necessidade. O vírus está fazendo.

III

A segunda característica da boa resposta do ensino superior ao acaso do vírus foi sua instantaneidade. Sua agilidade. O que não é muito comum.

Em pouquíssimo tempo, um número expressivo de faculdades adotou a medicação tecnológica através de múltiplas experiências. Múltiplos currículos. Múltiplas didáticas. Seja no modo sincrônico ou assincrônico. Usando já inteligência artificial ou não. Aumentará com o 5G.

O aluno passivo da "educação bancária" de Paulo Freire, que a aula-conferência, a aula presencial, lousa e giz estimularam, daqui em diante poderá ser sempre o aluno ativista. Militante para si próprio. A universidade subitamente se transformou em seu próprio laboratório. Imenso campo de centeio. Por novos modelos de salas de aula. Por novas aulas fora de salas. Instaurou-se, não mais do que de repente, a multiplicação das experiências. Do conhece-te melhor a ti mesmo, para sobreviver aos novos tempos de cóleras.

O ensino a distância, como tipo da medicação tecnológica, surgiu de baixo para cima. Submodelo ou modelo alternativo. O MEC proibia no diploma de graduação indicar que o título tivesse sido alcançado a distância. Para não o desvalorizar no mercado de trabalho ainda conservador.

A agilidade da resposta é ganho fundamental. Exemplifica que mudanças massivas e profundas, como precisamos, podem ser mobilizadas por um mix de livre convencimento individual e responsabilização coletiva. Com pitada de obrigação legal exigível.

Diante do MEC, as IES estão mais livres para acertar ou errar. Fazer próprias experiências, o que ocorre em grande parte das unidades privadas e encontra maior resistência nas públicas. Não mais *one fits all*.

Uma política educacional em ambiente regulatório feito de pluralismos e estímulos à autoinovação faz parte da resposta adaptativa ao acaso do vírus. Este acaso, porém, não vem sozinho. Cria necessidades a curto e médio prazo.

IV

Este acaso impacta os modelos financeiro e econômico que sustentam entidades públicas, privadas e comunitárias.

As públicas vão sofrer maior constrangimento orçamentário diante do espetacular aumento do déficit fiscal do governo. Serão induzidas a maior eficiência de gestão e a processos decisórios internos mais consensuais e rápidos — o que é difícil diante das forças políticas internas. Dissenso agravado se passar a recente MP do presidente Bolsonaro evocando a si a exclusiva competência de indicar os reitores.

O cenário é de corte de custos. Aumento da produtividade. Criação de novas receitas não estatais. Não necessariamente a universidade pública terá que ser paga. Mas a tendência é crescer a pressão — esta, sim, política — para que alunos com mais recursos paguem. Não sabemos como.

A tendência vai além do educacional. Taxar mais os de maior renda. Como já se fala em futuro imposto sobre dividendos. Ou imposto sobre fortunas. E tanto mais.

A hierarquização desses recursos, se para A ou B, contará menos se a tecnologia interconectar as universidades. A médio prazo, fortalece o sistema como um todo. Grande mudança pode ocorrer na competição entre universidades, faculdades privadas. Não será mudança instantânea, nem linear.

O isolamento social causou danos às faculdades financeiramente mais frágeis. A média de redução de mensalidades deve estar em torno de 30% ou mais. Algumas terão que fechar as portas. Ou entrar em recuperação de empresas. Mesmo sendo organizações sociais. Nos Estados Unidos, já se desenha programa de apoio financeiro dos governos às universidades. Será mais difícil aqui. Não apenas pela política econômica ortodoxa, como pela própria inexistência de recursos disponíveis.

O mercado profissional pós-faculdade estará quantitativamente limitado. O desemprego será maior. A demanda que permitiu a expansão de faculdades privadas no Brasil tinha um motivo estrutural. Estávamos abaixo das médias internacionais. Como mencionamos, segundo dados da OCDE, em 2018, 19% dos jovens brasileiros entre 25 e 34 anos havia concluído o ensino superior. Essa era a média mais baixa entre os países analisados na América Latina: Argentina (40%), Chile (34%), Colômbia (29%) e Costa Rica (28%).

O diploma universitário, mesmo de baixa qualidade, ainda viabiliza maior salário no mercado de trabalho do que um excelente diploma de curso técnico. Os jovens sobretudo de baixa renda tenderão a adiar a formação universitária à espera dos bons tempos.

Chegamos, outra vez, atrasados, no momento em que a empregabilidade do diploma está decaindo globalmente. Ela valoriza a adaptabilidade, e não a carreira linear. Valoriza o empreendedor, as habilidades socioemocionais, o desenvolvedor, a formação tecnológica, a gestação e a interpretação de processos, o programador, o engenheiro, o trabalhador em equipe, o líder potencial, a estatística, a proposta ética da vida. Em qualquer área: administração, Direito, pedagogia, medicina ou arquitetura. E por aí vamos.

O ensino a distância custa menos do que o ensino presencial, mesmo com seu modelo de fordismo, de fábrica. Permite ampliar o número de alunos em salas de aula sem paredes ou divisórias, e cortar custos. Não sabemos quão eficiente será. É apenas um meio. Poderá ser eficiente ou não, tanto quanto o microfone, a Pilot ou o PowerPoint do ensino presencial.

Os grandes grupos educacionais, sobretudo os de vínculos globais, serão mais ágeis na redução de custos. Tentarão aumento de escala: captar maior número de alunos. Intensificar fusões e aquisições. Escalar diminui custos. Dificilmente as faculdades pequenas e médias poderão competir. Embora possam.

Cerca de 70% dos alunos das faculdades privadas devem vir das escolas públicas. São trabalhadores. Muitos gastam cerca de duas horas por dia no transporte. Já estudam nos ônibus através de seus celulares.

V

Costumo dizer: a sala de aula sozinha não nos faz compreender a faculdade. A faculdade não existe sem o campus, e, se não o tem, conta com os corredores. E, se não os tem, com os pátios. E, se não os tem, com as calçadas. E, se não as tem, com os bares etc.

As faculdades resultam tanto do ensino formalizado e regrado quanto das relações pessoais, socioemocionais, culturais e livres que cercam e dão o verdadeiro significado ao ensino. Nesse ativismo estudantil, diferente daquele dos anos sessenta, as famílias, às vezes até mesmo através do Judiciário, os empregadores, todos agora vão fazer parte do processo de cada universidade.

A universidade não é apenas pedra e cal, elevadores e divisórias. Trata-se da imaterialidade da escola. A cultura, as igualdades e desigualdades, as ambições os medos, as ideologias, tudo circula ali por dentro como comunicação e interesse múltiplo. Como um vírus.

Acho que foi Proust quem disse que o hábito é a segunda natureza do homem. Minha experiência como educador me diz que mais difícil é mudar o hábito e a cultura, e as emoções de todos ali participantes, do que mudar um método de ensino ou uma portaria do MEC.

O ensino deverá estar enraizado em sua comunidade. Voltado para o aluno agente, e não para o aluno observador de sua cidade, de seu país. Voltado para o solucionática, e não para a problemática, diria Dadá Maravilha, histórico mineiro jogador de nossa seleção de futebol.

O vírus deu visibilidade ao ensino superior. Ampliou-o com a casa, a família, a classe social, a saúde física e mental: são indissociáveis. Elementos que entraram com força, e com eles vieram desigualdades de todos os tipos.

O século XX foi marcado pela conquista da democracia, implantada em mais de 120 países. Mesmo que essa conquista esteja hoje sob estresse, o século XXI vai ser marcado pela busca das pluralidades e da igualdade econômica. Pela visibilidade dos imigrantes, dos sem-teto, dos discriminados, dos sem tecnologia, dos sem sistemas de saúde pública, dos sem acesso ao ensino superior.

Difícil é fazer da desigualdade que mata, como revelou o vírus, uma arte combinatória, somatória de vidas, e não discriminatória, poderia ter dito Aloísio Magalhães, outro pernambucano, designer de nossa cultura.

Adivinhe quem vem para jantar?

Haverá lugar na mesa das decisões, dos recursos e dos conhecimentos para além de professores, alunos, administração interna, burocracia estatal, mercado profissional, comunidade, do local acima do nacional, e do nacional acima do global?

A ver. Haver.

NOTAS

1 Agradeço a Paulo Augusto Franco, a Antônio Freitas e a Marcos Formiga pela leitura e pelas sugestões.
2 Não vamos falar aqui da função vital da universidade, que é a produção do conhecimento científico. Seria muito. Apenas da formação e capacitação de profissionais
3 Mais de 6,3 milhões de alunos.

TURISMO

O QUE SERÁ DO TURISMO DEPOIS DA COVID-19?

Vinicius Lummertz

TURISMO COMO POTENCIALIDADE ECONÔMICA

Viagens e Turismo, "Travel & Tourism", foram as primeiras atividades econômicas afetadas pela pandemia do novo coronavírus, e sobre seu futuro recaem muitas dúvidas. Voltará ao normal? Qual será o novo normal? Como será o segmento Viagens e Turismo no futuro pós Covid-19? O que se pode fazer nesse momento para diminuir o impacto e criar as bases que sustentarão sua retomada no pós-crise?

Um estudo pré Covid-19 realizado pela consultoria britânica Oxford Economics, partner da WTTC (Conselho Mundial de Viagens e Turismo), revela a importância do segmento na economia brasileira e mundial. De acordo com o relatório, em 2019 o setor foi responsável por gerar US$ 8,8 trilhões para a economia global; transportou 1,4 bilhão de pessoas pelo mundo; pelo nono ano consecutivo cresceu acima do PIB global: uma alta de 3,5% superior à expansão da economia (2,5%). Isso o tornou o terceiro maior setor da economia mundial em termos de crescimento. O referido estudo mostra ainda que ele contribuiu com

10,3% para o PIB global e gerou um em cada quatro de todos os novos postos de trabalho.

No Brasil, segundo a Confederação Nacional do Comércio de Bens, Serviços e Turismo (CNC), nos primeiros sete meses de 2019 o faturamento do segmento de turismo e viagens foi de R$ 136,7 bilhões, o maior registrado nos últimos quatro anos. Em julho desse ano, o turismo faturou R$ 20,4 bilhões e teve um saldo positivo de 25 mil empregos gerados, em comparação com o mesmo período do ano anterior. O número de pessoas empregadas no turismo nacional representou 7,6% do contingente total de empregados com carteira assinada. No estado de São Paulo, para o mesmo período, o faturamento do setor foi de R$ 55,4 bilhões, respondendo por 40,5% de toda a receita obtida com o turismo no país. Em julho, faturou R$ 8,2 bilhões, gerando 6.918 empregos nos sete primeiros meses do ano.

Esse cenário promissor foi atingido em cheio pela pandemia, que não apenas afetou o nosso presente, mas principalmente o nosso futuro. A mesma Oxford Economics previa que em 2028, seguindo o ritmo de crescimento pré-pandemia, o setor de turismo seria responsável por 410 milhões de vagas no mundo, o equivalente a um em cada nove postos de trabalho no ano em questão. Porém, devido ao impacto da crise sanitária no turismo, dificilmente chegaremos a esse patamar.

TURISMO COMO INSTRUMENTO DE PAZ E HARMONIA ENTRE OS POVOS

O turismo é uma das mais nobres atividades humanas, ele integra pessoas e as inclui num mundo mais solidário. Pode ser um instrumento contra a segregação e o *apartheid*. O conceito humanista, nele intrínseco, o torna bandeira de uma mensagem de paz e liberdade para o mundo. Por essa condição, ele deverá ser o primeiro grande movimento impulsionador da retomada para o "novo normal" para o mundo que estará sendo construído nos próximos meses e anos. Reinventado e solidário, será uma vacina contra posições xenófobas, nacionalistas e preconceituosas, que na crise pregam o fechamento de fronteiras. Se não combatidas, serão o caldo no qual se cozinham poderes ditatoriais e repressores.

Para corroborar nossos argumentos, recorremos ao artigo "Na batalha contra o coronavírus, a humanidade está sem um líder", de Yuval Noah Harari, autor de *Sapiens* e *Homo Deus*. No texto, publicado pela revista *Time*, o renomado historiador e filósofo israelense prega a cooperação entre os povos e nações como antídoto para ajudar a conter surtos dessa natureza. Apresentando uma retrospectiva das epidemias e pandemias que dizimaram diferentes povos desde a Antiguidade até os dias atuais, ele argumenta que a tese de desglobalização para conter o coronavírus e os novos vírus que virão é exatamente o pior remédio, pois no longo prazo o feitiço pode se virar contra o feiticeiro: "Na luta contra o coronavírus, a humanidade precisa vigiar rigorosamente as fronteiras; mas não as fronteiras entre países, e sim a fronteira entre o mundo humano e o mundo do vírus."

É certo dizer que não vamos resolver os sérios desafios que temos pela frente apenas com discursos retóricos sobre paz e liberdade. Afinal, a crise sanitária que se espalhou numa velocidade inimaginável pela aldeia global trouxe o uso de máscaras, o distanciamento social, o *lockdown* e milhares de perdas de vidas humanas. Também impactou gravemente o turismo. Com 96% dos destinos globais paralisados no auge da crise, 120 das mais importantes economias internacionais restringindo viagens, 50 milhões de empregos indo pelo ralo e um impacto de 25% no PIB de V&T, o cenário é cada vez mais amedrontador para todos os que orbitam em torno do universo do turismo — nunca se deixou de viajar tanto desde o final da Segunda Guerra Mundial.

A grande diferença é que naquela época a economia global pouco dependia do setor. Hoje, ao contrário, esse segmento movimenta não só turistas, como também é fundamental para comércio, negócios, eventos, feiras e tudo o mais que impacta diretamente em 53 outros setores econômicos. Para além da economia, o setor promove o crescimento pessoal daqueles que fazem turismo — especialmente no que se refere aos aspectos culturais, de experiência e memória, impulsionando o desejo por democracia, paz e liberdade.

É por esse motivo que no pós-guerra o *boom* turístico aconteceu entre as democracias europeias e a norte-americana e não com a Cortina de Ferro; nesses países a ordem era fechar fronteiras! Pode-se dizer que o fechamento também acontecia no Brasil até a década de 1990. Vivíamos em regime ditatorial, num país fechado ao mundo, monopolizado por poucas empresas e setores econômicos. Viajar era um desafio num lugar onde dominava a máxima "ame-o ou deixe-o".

A CRISE SANITÁRIA E AS CRISES MUNDIAIS QUE AFETARAM O TURISMO

De fato ainda não sabemos o quanto a Covid-19 afetará V&T, mas se compararmos a atual situação com as crises do passado recente, o ataque terrorista de 11 de setembro de 2001 contra as Torres Gêmeas, na cidade de Nova York, foi o que teve o maior impacto socioeconômico de toda a história moderna. Pelo ineditismo e dimensão catastrófica. Pessoas perderam a vida e houve imensos danos materiais. Seu efeito indireto impactou economias de forma global, mas o mais chocante nessa tragédia foi o mundo acompanhar os atentados, ao vivo pela tevê, provocando traumas que até hoje não se dissiparam. Neste caso, Viagens e Turismo enfrentou, pela primeira vez na era moderna, o terrorismo global. Dentre as consequências destacou-se o impacto sobre o tráfego aéreo internacional de passageiros, diminuindo-o e quase cessando esta atividade. Situação que teve enormes repercussões para o ecossistema turístico.

As mudanças foram mais sentidas quando os procedimentos de segurança nos aeroportos aumentaram. De um dia para o outro nos vimos em situações que nos chocaram pelo inédito — nos fizeram tirar sapatos, cintos e peças de roupa, vasculharam nossas bagagens e pertences e restringiram ao máximo os embarques. Apesar de tudo, nos adaptamos. Assim como já havíamos deixado de fumar em aviões e aeroportos, implantou-se uma nova normalidade e seguimos com a vida. Complicou por um tempo para as V&T, mas as restrições acabaram nos aeroportos e postos de fronteiras. Dentro dos destinos, a liberdade de ir e vir foi mantida.

Para além do terrorismo, nosso estilo de vida e a ação humana no planeta têm aberto espaço para catástrofes sanitárias, como a que hoje enfrentamos. Tivemos a gripe espanhola, que em 1918 contaminou 50% da população mundial e matou cerca de quarenta milhões de pessoas no mundo.[1] A Aids, que desde 1980 afetou sessenta milhões de pessoas, resultando em vinte milhões de óbitos. Outras doenças como o vírus ebola, a zika, a dengue e a chikungunya estão sendo estudadas pela comunidade científica pelo risco de contaminação mundial, que pode resultar em pandemias.

Mais recentemente, em 2003, a SARS (síndrome respiratória aguda grave) na China e, em 2012, a MERS (síndrome respiratória do Oriente Médio) fizeram com que se desencadeassem respostas sanitárias que levaram ao desenvolvimento de tecnologias, técnicas de higienização e o uso de máscaras que hoje são o novo normal naquelas regiões — e que agora passarão a ser por aqui também.

OS CAMINHOS PARA O TURISMO PÓS COVID-19

A Secretaria de Turismo do Estado de São Paulo (Setur), que dirijo, está a cargo do enfrentamento do problema da Covid-19 no setor Viagens e Turismo. Para isso, criou um comitê de crise com núcleos articulados e ferramentas digitais e também está finalizando seu *Plano Estratégico do Novo Turismo*. O plano prevê uma estrutura organizacional e de governança devidamente aparelhada e funcional para atuar com efetividade no novo mundo do turismo que vai surgir no pós-crise. E incorpora todos os mecanismos de gestão, governança e ação no mundo digital e em rede.

Chamo a atenção para esse destaque, pois minha diretriz para a modernização da Setur deve ser a busca pela *resiliência* do segmento. Acredito, como ensina meu amigo e consultor internacional Oscar Motomura, que a conexão entre o trade, o governo e a sociedade atuando em mutirão deve ser o modelo a ser perseguido.

De fundamental importância nesse momento e mais ainda no pós-crise será a capacidade de atuar de forma coordenada nos diferentes níveis do turismo. A modernização organizacional, com base no digital e num bom planejamento estratégico prospectivo, será o suporte.

O TURISMO DO FUTURO, OU O TURISMO PÓS COVID-19

As questões por mim propostas no início deste artigo — *O turismo voltará ao normal? Qual será o novo normal? Como será o segmento Viagens e Turismo no futuro pós Covid-19? O que se pode fazer nesse momento para criar as bases que sustentarão sua retomada?* — compõem, em seu conjunto, a "pergunta do milhão". Como, dentro da maior crise sanitária da história moderna, preparar, a partir do governo, as bases do novo turismo para o "admirável mundo novo" que ressurgirá das cinzas da pandemia?

Acredito que inicialmente haverá um mutirão mundial, uma corrente de cooperação que poderá ajudar em todos os níveis. A ONU lançou as "Diretrizes das Nações Unidas para a resposta socioeconômica imediata à Covid-19: responsabilidade compartilhada, solidariedade global e ação urgente para as pessoas necessitadas",[2] que demandam a proteção de empregos, empresas e meios de subsistência para iniciar uma recuperação segura das sociedades e economias, o mais rápido possível, de modo a percorrer um caminho mais sustentável, com igualdade de gênero e neutro em carbono — melhor do que o "antigo normal".

Na sequência, devemos pensar em como sustentar a retomada. Analisando e refletindo, vejo o turismo como uma das atividades econômicas que mais tem potencial de alavancar a economia, resgatar empregos e a qualidade de vida. Aqui não me refiro ao turismo burocraticamente tratado como um "setor", "segmento" ou "atividade", mas ao seu aspecto mais transcendental, ou seja, a transmutação de um desejo humano, um comportamento etológico inscrito nos nossos genes.

Minha recusa em tratar burocraticamente o turismo vem da constatação de que suas raízes não são modernas, remontam à época que começamos a povoar a Terra. O *Homo sapiens* tornou-se universal pela curiosidade e pela vontade de conhecer. Podemos situar o turismo em vários períodos da nossa existência terrena. A saída da África, as viagens de Marco Polo, a Era dos Descobrimentos e o início do turismo moderno que surge quando burgueses ricos passaram a enviar seus filhos e preceptores para locais exóticos.

Seguimos nessa epopeia até chegarmos ao modelo que hoje conhecemos como turismo moderno, cuja universalização foi impulsionada pela revolução na tecnologia, pelos meios de transporte e pelo desenvolvimento de todo um ecossistema para recepcionar uma população viajante, primeiramente ávida por conhecimentos e cultura e depois por consumo e diversão. Esta última, aliás, origem do fatídico "*overtourism*", já não deverá mais ter espaço no mundo pós-pandemia.

ONDE ESTAMOS E PARA ONDE VAMOS?

Nossas escolhas civilizatórias e a globalização decorrente dessas escolhas são responsáveis por termos chegado à crise da Covid-19, pois esse vírus é produto do modo de vida moderno. As lembranças e feridas desta crise definirão o novo mundo em que viveremos. Num quadro de desigualdade social e de acesso aos sistemas de saúde, o vírus transita pelo ecossistema que nós mesmos criamos — turismo massivo, cidades imensas, viagens aéreas constantes, entre outros males que ameaçam nossa ideia de futuro "paradisíaco".

Num mundo paralisado, as atividades que até então eram normais no AC (antes da Covid-19) não mais serão normais no DC (depois da Covid-19). Assim, a questão que se impõe está relacionada à necessária adaptação do capitalismo e dos mercados ao novo *status quo* que emergirá após a pandemia do novo coronavírus, tendo em conta que a população mundial chegará a 9,7 bilhões de pessoas em 2050 em relação aos 7,7 bilhões atuais, segundo estimativa da ONU.

Pelas condições particulares da crise que afeta de forma global e indiscriminada a todos e o fato de a cura definitiva não estar num horizonte próximo, penso que a nova normalidade no turismo deverá ser redesenhada. A tendência é que os modelos sejam pautados pela proximidade e pela segurança. A natureza e a cultura poderão facilitar o retorno do turismo, pois possibilitam as condições requeridas pela nova normalidade. Ademais são atividades que agregam valor econômico à experiência estética, permitindo um turismo que satisfaz pelas experiências vividas. Nesse momento, direcionar os esforços para fortalecer a infraestrutura e a superestrutura necessárias significa garantir a sobrevivência do turismo como atividade econômica sustentável, de baixo custo e capaz de dar respostas rápidas às consequências negativas da crise.

Nesse sentido, o Brasil é um dos países com maior potencial do mundo para desenvolver essa modalidade de turismo. Seja pela quantidade, qualidade e diversidade de destinos, seja pela sua imensa potencialidade natural e ambiental. Caminhar nessa direção não significa somente enfrentar as consequências da crise, mas um ponto de mutação no modelo de hiperconsumismo que nos trouxe a Covid-19.

Atualmente, o turismo brasileiro ligado à natureza recebe pouco mais de 12 milhões de visitantes, muito pouco se comparado aos mais de 300 milhões de pessoas que frequentam os parques naturais nos Estados Unidos, país que tem três vezes menos cobertura vegetal e menos biomas que o Brasil. Ainda assim, não é e nunca foi prioridade governamental. O indicador mais claro disso é que o nosso Ministério do Meio Ambiente nem sequer possui uma diretoria de visitação de parques, enquanto vários países do mundo têm estruturas especializadas e poderosas como o Departamento Nacional de Parques nos EUA.

Não só no hemisfério Norte, mas países vizinhos como Chile e Argentina, por exemplo, dedicam bem mais atenção ao tema. Nos países mencionados e em outros como a África do Sul, a Nova Zelândia e a Noruega, os parques, diferentemente do que ocorre aqui, contam com equipamentos, serviços e hospitalidade, tornando-os viáveis tanto nos aspectos econômicos quanto nos sociais. A exceção que confirma a regra, no Brasil, é o Belmond Hotel das Cataratas. Construído na década de 1950, é até hoje o único hotel brasileiro que fica dentro de um parque nacional — fato que demonstra o nosso exacerbado atraso administrativo e a forte ideologização em torno do tema ecoturismo, que não encontra paralelo no mundo civilizado.

Isso não significa que os brasileiros não gostem de parques. Afinal, eles são os maiores clientes dos parques da Flórida! Investidores nacionais do ramo sofrem da falta de priorização estratégica, e os internacionais têm se dedicado à sua expansão no Oriente, Oriente Médio e na Europa, enquanto estamos parados, na fila da burocracia cega.

Não só em parques, os investimentos nos setores náutico, marinas, cruzeiros e portos turísticos também encontram um ambiente de negócio inóspito e desalentador no campo regulatório. Aqui, tanto para uma marina quanto para um resort, pode-se levar mais de dez anos para a execução de um projeto, que mesmo com todas as licenças necessárias ainda viverá sob a ameaça da insegurança jurídica.

Temos avançado desde que fui ministro do Turismo do Brasil, na gestão do presidente Michel Temer, numa questão básica tanto para o pré quanto para o pós Covid-19, a segurança jurídica para os negócios turísticos. Propus, apoiei e coloquei em marcha importantes reformas para garantir que investimentos nacionais e internacionais sentissem segurança de investir no Brasil. Entre elas, destaco a abertura do capital das companhias aéreas; a flexibilização de barreiras por vistos de viagem; a retirada de impostos de importação de equipamentos para parques temáticos; a concessão de serviços em parques temáticos e o projeto de lei da criação da nova Embratur. Agendas essas que são críticas para o trade turístico de estados e municípios brasileiros que, reconheço, foram acertadamente continuadas pela atual gestão do Ministério do Turismo, mas ainda insuficientes para mudar esse panorama.

Porém seguimos tentando. Nesse sentido, temos no governo de São Paulo o programa SP Para Todos, que é ainda mais ousado nas reformas do que foi no governo federal. Criamos uma sinergia positiva de ações, com resultados imediatos. Na aviação, por exemplo, reduzimos o imposto sobre combustíveis de 25% para 12%, movimento estratégico de governo. E tivemos como retorno imediato a abertura de mais de setecentas frequências semanais para mais de dez aeroportos em todo o estado e um vigoroso plano de marketing, que garantiu a presença inédita dos atrativos turístico do estado em todo o Brasil e em uma campanha global da CNN. Ou seja, trocamos impostos por desenvolvimento. Cristalizando os bons resultados, a atividade econômica do turismo cresceu mais 5% em 2019. Tal avanço deve-se ao fato de termos à frente dessa iniciativa o governador João Doria. Profissional egresso do setor e de filosofia liberal, esse tema ocupa um espaço bem importante em sua agenda de prioridades. No pós Covid-19 esse viés reformista tende a continuar acelerado, pois os investimentos ficarão cada vez mais escassos para lugares que não oferecerem bons ambientes de negócios. Disso tenho convicção.

ALTERNATIVAS DE INVESTIMENTO EM TEMPOS DE CRISE

Uma perspectiva a ser levada em conta é a constatação de que a crise sanitária e socioeconômica não afeta a todos os empreendedores da mesma forma. Mesmo na crise, há no mundo dos negócios quem tem capital para investir. É o caso de resorts integrados com cassinos que dispõem, segundo informam, de cerca de sessenta bilhões de reais para aplicar nesse segmento.

Em crises, pensar em resorts integrados a cassinos como estratégia de curto prazo pode ser o diferencial para trazer investimentos para o turismo. Mas isso só será possível se a atividade for legalizada no Brasil. A importância dessa estratégia está intimamente ligada ao peso desse tipo de empreendimento no mundo. Os Estados Unidos, o maior mercado de jogos e cassinos do planeta, movimentam anualmente mais de US$ 500 bilhões, e 71% dos países da OMT têm os jogos legalizados. Além disso, a atividade poderá gerar, quando legalizada, quase 700 mil empregos, na sua cadeia de valor.

CAMINHOS PARA A RETOMADA

O caminho institucional já foi dado pelo governo João Doria no Plano São Paulo, que prevê oito passos para uma retomada segura e planejada da economia e do turismo. Suas premissas estruturantes são baseadas:

numa política de afastamento social, estratégia fundamental para viabilizar o achatamento da curva pandêmica no mundo;

no histórico dos países afetados pela Covid-19 que iniciaram a retomada da normalidade num período entre quarenta a sessenta dias do início da política;

em uma retomada que seja condicionada à não ocorrência de novos surtos e que a tendência das curvas de medição seja de queda; para tanto impõem-se a necessidade de uma alta capacidade de testagem rápida e o monitoramento de sintomas para identificar e conter novos focos da doença e proteger grupos de risco.

A indicação é que os planos setoriais, como o da retomada do turismo, levassem em consideração:

que a retomada dependerá da capacidade de resposta do Sistema de Saúde;

a regionalização da retomada se dará em função do controle da situação da pandemia e da capacidade do Sistema de Saúde;

a retomada deverá ser feita em etapas (faseamento), iniciando por setores de menor risco de contaminação e de maior vulnerabilidade econômica;

a retomada será setorial para definição, implementação e monitoramento de protocolos que assegurem o controle do vírus.

Devido à complexidade da crise, acredito que o modelo tradicional e burocrático de governo, com o qual temos convivido nas últimas décadas, não servirá para pensar o novo turismo. Inteligência, inovação, tecnologia e o mundo digital desenharão as novas regras para o novo contexto pós-crise. Não por acaso, e por acreditar que o segmento teria de ser repensado, implementei já no início da minha gestão na Setur um plano estratégico com foco no novo mundo do turismo. Denominado de São Paulo Politurismo, ele tem como objetivo ser um instrumento para alinhar, no mundo digital e em rede, a educação dual, a inovação, a inteligência e o empreendedorismo, que são elementos fundamentais para o futuro pretendido.

Em seu desenho inicial, o plano já previa diversas ações estratégicas que hoje se mostram atuais para o enfrentamento da Covid-19. Entre elas, destaco: fortalecer a articulação e a integração dos atores da economia do turismo para estimular e desenvolver inovação, empreendedorismo e inteligência; formar profissionais que respondam às atuais e futuras demandas do turismo; estimular o desenvolvimento e a incorporação da inovação e tecnologia nesta cadeia; estimular o desenvolvimento e a incorporação do empreendedorismo no turismo; aprimorar o processo de tomada de decisões estratégicas nos diferentes segmentos da cadeia; e criar um ambiente capaz de estimular e promover sinergia e ações integradas no ecossistema de turismo em São Paulo.

Além disso, temos impulsionado outros projetos estratégicos que serão importantes para assegurar a transformação e a sobrevivência do turismo e do seu ecossistema. Dentre eles, destaco: Distritos Turísticos, pensado para dar sentido e rumo ao desenvolvimento do turismo no estado, melhorando e potencializando a participação de municípios, de empreendedores e do governo. Rotas Cênicas, projeto necessário para criar as bases de um modelo de turismo pós-crise, em que a viagem e as visitações poderão se dar dentro dos protocolos de segurança; e o projeto Centro de São Paulo, que em parceria com a prefeitura e empreendedores privados vai possibilitar o desenvolvimento de um turismo e da convivência cidadã dentro da nova perspectiva de cidades pós-crise.

O MUNDO DIGITAL E O NOVO TURISMO

Tive acesso a *lives* de Silvio Meira, do Porto Digital, e Divesh Makan, da ICONIQ, em que pude perceber que suas opiniões estão muito alinhadas ao que penso e faço. Segundo eles, a digitalização é fundamental:

as empresas terão de abandonar a "gambiarra digital". Ou é digital ou não é. Plataformas digitais competentes, mesmo pequenas, são as que irão sobreviver. E, em relação às V&T, afirmam que os hábitos mudarão radicalmente. Reduzidas, as viagens curtas de negócios serão substituídas pelas *videocalls*, que vão se impor como instrumentos de maior produtividade sistêmica e, paradoxalmente, promover mais encontros. Viagens de lazer serão mais direcionadas para o interior, junto à natureza, em lugares com baixa concentração de pessoas. Estratégia que demandará maior preparação e estruturação deste segmento.

PERSPECTIVAS PARA O TURISMO INTERNACIONAL

O Brasil não já não andava bem no quesito competitividade no pré-crise. Segundo a edição de 2019 do Relatório de Competitividade de Viagens e Turismo,[3] que apresenta a mais recente avaliação do Índice de Competitividade de Viagens e Turismo (TTCI), o país está no 32.º lugar nesse índice e na 137.ª posição em ambientes que favorecem negócios. Essa medição é preocupante em questões críticas para os países que têm o turismo como estratégia para a retomada econômica, pois implica uma mudança radical de rumo. O que antes era fundamental para as estratégias e os negócios, como o turismo internacional, mudou significativamente, e agora passa a ser o fortalecimento do turismo nacional de proximidade o que pode ancorar o novo nesse modelo.

MINHA MENSAGEM

Tenho a convicção de que o turismo ressurgirá da crise. Será diferente, mas virá com toda a força e energia já mostradas no curso da História e na resiliência frente a todas as crises que enfrentou. Esta é uma oportunidade para as mudanças que o novo mundo pós-crise exigirá, e entre elas as que o turismo necessita e clama. Pois, além de ser uma alavanca para a retomada da economia como um todo, penso que não há outro lugar no mundo que disponha das vantagens que têm o Brasil e São

Paulo. Não estou só nessa certeza; essa também é a opinião de entidades internacionais de turismo e de publicações especializadas.

O Brasil já reúne as precondições necessárias para impulsionar o desenvolvimento do turismo em bases sustentáveis e seguras. Não vejo, nesse horizonte, fatores externos que ameacem ou mesmo atrapalhem esta caminhada. Penso que nossos problemas são "*made in Brazil*", ligados à forma como pensamos, agimos e atuamos. Mas a boa notícia é que nas grandes crises as resistências às mudanças diminuem e teremos a oportunidade de atacar a questão cultural por trás da autossabotagem e da ficção política que nos leva a crer que se pode viver no Brasil dentro dos padrões de vida dos países desenvolvidos, sem nada mudar. Um indicador desta diferença, por exemplo, é a nossa produtividade sistêmica, que é um quinto da norte-americana e explica parte do problema que aqui ilustro.

Ao enfrentar o problema da produtividade, em todos os campos, especialmente no turismo, estaremos diante de uma oportunidade de crescimento, que calculo ser mais de 500% quando comparada ao período pré-crise. Situação que, quando acontecer, beneficiará os brasileiros de todos os estratos sociais.

Sabemos que o caminho do turismo não está tão aplanado quanto o do agronegócio, estrela de primeira grandeza na economia brasileira. Isso porque o turismo enfrenta enorme dificuldade em ser prioridade na agenda política e encontra resistências na própria *intelligentsia* brasileira, incluídos aí muitos dos nossos economistas que tratam o turismo como efeito econômico e não como causa. Enfrentar essas questões com rigor e determinação, tanto na política quanto na inteligência, permitirá que se imponha como estratégia a substituição competitiva de importações no turismo.

Temos consciência dos impactos da Covid-19 no mundo, na economia, no turismo e nas pessoas. Isso está provocando uma grande freada no ritmo e no modo de vida a que estamos acostumados. No entanto, essa desaceleração pode e deve ser utilizada com inteligência para repensarmos o que tínhamos por certo e concreto. Muitas das atividades de V&T estão sendo e serão duramente afetadas no modelo que vinham sendo praticadas. Temos que aprender a pensar e atuar no novo mundo pós-crise, pois não existem alternativas nem atalhos, temos que bater de frente e criar nosso próprio caminho.

Nossa agenda estratégica é tornar o Brasil um ambiente amigável e seguro para o turismo. Começando por São Paulo, que concentra o maior receptivo nacional e internacional e onde estão mais da metade das empresas do setor. Para que isso aconteça temos que sair na frente no desenho do novo marco legal que dará sustentação a este modelo. Sabemos claramente quais são os entraves e a forma de resolvê-los, pois não haverá como manter o que restringia não só negócios turísticos, como também os demais negócios brasileiros. Não há como fazer isso de outra forma que não em mutirão, seja ele no Executivo, no Legislativo, no Judiciário e na sociedade.

Carlos Matus, cientista e pensador político, dizia: planejar é pensar antes de agir, mas pensar com método e ciência. O plano estratégico da Setur para a retomada cobre as diferentes alternativas para o enfrentamento e transforma, no processo, o modo tradicional de governar. Trazendo os diferentes atores e os diferentes ambientes que serão transformados, dando lógica e orientação estratégica para desenharmos o turismo pós Covid-19.

O que já planejamos e os cenários que estão sendo desenhados no mundo envolvendo a retomada do turismo mostram que o primeiro passo está na implementação de um novo ecossistema político legal e a preparação, desde agora, do turismo de proximidade, para alavancar os demais. São Paulo é um excelente ambiente de exercícios de mudança para o Brasil e para o mundo. Já possui um modelo de turismo interno que pode ser rapidamente adaptado às condições sanitárias e econômicas pós-crise.

E para fechar esse artigo com suavidade e esperança, pensemos no efeito que terá para a cidade e o estado de São Paulo, por exemplo, o rio Pinheiros despoluído. Será um tremendo impacto positivo para a qualidade de vida, dos negócios e do meio ambiente. O projeto já em curso para ser finalizado em 2022, com investimentos em torno de R$ 2 bilhões, fruto de iniciativa da Sabesp em áreas carentes da cidade, beneficiará diretamente mais de 3 milhões de habitantes e o turismo como um todo.

Nessa mesma linha, podemos imaginar o Centro de São Paulo completamente recuperado para o paulistano, com a participação de todos, independentemente de ideologias, atacando e resolvendo os problemas históricos e resgatando o orgulho e o pertencimento nesse espaço que guarda a história viva da cidade.

Termino marcando a questão estratégica dos nossos parques no novo turismo. Os naturais, com seu esplendor, segurança e benefícios econômicos para as populações locais e os parques temáticos de todo o mundo, que, dentro dos novos padrões sanitários, seriam abrigados em nossos destinos naturais, como o Distrito Serra Azul. Esses parques, recebendo os investimentos compatíveis com a demanda de São Paulo e do Brasil, abrirão caminho para a nova economia do turismo, dando espaço para nossas micros e pequenas empresas que ali atuarão.

E, *last but not least*, não se deve esquecer dos investimentos bilionários em resorts integrados a cassinos que também virão se soubermos convidar e preparar sua chegada, no Brasil e em São Paulo. Investimentos que elevarão as oportunidades para os mundos artístico, cultural, de eventos e congressos para nós brasileiros e para o mundo.

Não podemos controlar o mundo, mas podemos fazer nossa própria mudança — e as mudanças em São Paulo e no Brasil têm potencial grandioso de melhorar a vida da nossa e das futuras gerações. E no caso do turismo, ainda mais, com alegria.

NOTAS

1 Disponível em: <https://www.infoescola.com/doencas/principais-pandemias/>.

2 Disponível em: <https://nacoesunidas.org/um-novo-normal-onu-estabelece-roteiro-para-estimular-economias-e-salvar-empregos-apos-covid-19/amp/>.

3 Disponível em: <http://reports.weforum.org/travel-and-tourism-competitiveness-report-2019/files/2019/09/ABOUT.pdf>.

ALIMENTAÇÃO

VAMOS VOLTAR A CONVERSAR COM AS BATATAS?

Roberta Sudbrack

> *A beleza não está nem na luz da manhã nem na sombra da noite, está no crepúsculo, nesse meio tom, nessa incerteza.*
> Lygia Fagundes Telles

É uma pergunta bastante desafiadora. Bastante difícil escrever quando estamos vivendo, ou fervendo — por que não dizer —, praticamente dentro da panela dos acontecimentos. Um tempo de tantos sofrimentos, tanta perplexidade e incertezas. Nossa rotina foi quebrada em pedacinhos, estraçalhada, tal qual se quebra uma pedra de açúcar com amêndoas para se fazer uma *praliné*. De repente novas realidades foram surgindo, ganhando forma e nos impondo uma sociologia diferente, bem como um esforço significativo de adaptação. Uma receita totalmente diferente da que imaginamos preparar, imposta repentinamente — sem ao menos nos perguntar os ingredientes que tínhamos disponíveis na despensa — para enfrentar esses tempos de pandemia. É possível que tenhamos novas relações de consumo, de trabalho, formas novas de comer e nos relacionar com o alimento, de viver socialmente, mas não sabemos ainda se são movimentos que vão nos melhorar como sociedade e como civilização.

A exemplo das sociedades que emergiram da peste no século XIV; da gripe espanhola em 1918; e das sucessivas crises que marcaram o século passado com duas guerras mundiais, seremos nós, em meio às fragilidades do nosso século, capazes de enxergar o próximo momento como uma chance de recomeço? Será que o aproveitaremos para oferecer um novo caminho aos impasses que já estávamos vivendo? O planeta e a humanidade já corriam perigo antes da Covid-19. E as escolhas são como os resultados de uma receita; elas têm sempre duas direções: a boa e a ruim.

Para mim é impositivo, quando trato do alimento, pensar na sua dimensão afetiva. O alimento é para mim essencialmente afeto e fonte de acolhida. É algo para além da fisiologia. O ato de comer é cultural e tem a ver com nossa ancestralidade. Não é por outra razão que, historicamente, a gastronomia sempre foi tratada como arte e como parte das vivências humanas, sendo capaz de trazer restauração, comunhão, sociabilidade e bem-estar. Gosto de fazer uma aliança e uma conversa harmoniosa entre todas essas sensações, bem como entre passado, presente e futuro.

Mesmo antes da sacudida imposta pela pandemia, nossa relação com o alimento já vinha sofrendo um freio de arrumação. A necessidade de mais informações sobre suas origens e procedências, suas formas de produção e a valorização da agricultura familiar, pela sua importância socioeconômica, já se impunham como uma necessidade. Essa tendência estava sendo percebida não só no contexto da indispensável sustentabilidade do planeta, mas também em contraposição a certa espetacularização que tomara conta das cozinhas profissionais e dos cozinheiros e que, em certa medida, desencadeara um processo de distanciamento humano em relação à comida. A pressa, própria da modernidade, exigindo cada vez mais resultados e novidades, acabou conduzindo o trato com o alimento por um caminho de transformação nem sempre evolutiva. A ideia de acolhimento contida nos fogões a lenha dos quintais de nossas avós fora abandonada e os saberes tradicionais, negligenciados, e deixamos de enxergar o alimento com a simplicidade necessária.

VAMOS VOLTAR A CONVERSAR COM AS BATATAS?

Deu-se início a uma era de excessos que, a meu ver, tornaram as cozinhas muito parecidas, homogeneizadas e com gostos *standardizados*. Suas estruturas, com equipamentos cada vez mais sofisticados, não precisavam mais de cozinheiros, e sim de operadores de máquinas que soubessem ler seus manuais e apertar seus botões. Saíram de cena o fogo, as memórias afetivas e o fazer com as mãos — ou seja, todos os processos responsáveis pelas imperfeições que conferiam, de certa maneira, a nossa distinção, que desafiavam as nossas capacidades e estimulavam a nossa criatividade. Eles foram substituídos em nome da eficiência, do aumento da produção e da padronização. Começava a era que sentenciava o fim da originalidade!

Tudo e todos ficaram muito parecidos na estetização dos pratos, nos gestos, no gosto, nas palavras, no jeito de se vestir e até de agir. Tornamo-nos repetitivos. Seguíamos o sucesso um do outro. Era mais do mesmo, maquiado de novidade. Perdemos a autoralidade. Na era da modernidade líquida — para usar a expressão de Zygmunt Bauman[1] —, o sucesso deixou de ser consequência e passou a ser propósito. Então, passamos a cozinhar para a foto de jornal, para o programa de televisão, para a capa de revista, para os prêmios, para listas e para as estrelas, cuja constelação precisava estar cada vez mais povoada. Caso contrário, não nos sentíamos cozinheiros completos. A restauração, o prazer da mesa, a convivência e o compartilhar haviam sido transformados, como boa parte das experiências deste século XXI, em mais um produto de mercado. E nós, cozinheiros, seus fantoches! Algo havia se partido. Paramos de construir emoções genuínas.

De modo que esse sentimento de inquietude e de certa melancolia com a profissão foi determinante para o fechamento do meu primeiro restaurante, o RS.[2] E, ali, mais uma vez, os ensinamentos de minha avó Iracema foram fundamentais. Ela me disse, num dos últimos diálogos que tivemos: "Se o que você está fazendo não está certo, pare e comece tudo outra vez." Foi esse contexto de ebulição muito pessoal que me fez desenhar intimamente o SUD, o Pássaro Verde.[3] Veio para aninhar formas mais soltas de expressão, com os três fundamentos essenciais da minha filosofia: bons ingredientes, poucos equipamentos e muita humanidade. Pude, assim, me reconectar com a essência que sempre conduzira todos os meus processos e crenças: uma conexão profunda com a natureza, com o produto, com os produtores e com os afetos.

As evidências já indicavam, muito antes da pandemia, que aquele modelo extremamente competitivo, cheio dos exageros glamourosos, dos artificialismos e dos modismos que nos rondavam e sufocavam, havia se exaurido. A impressão era a de que tínhamos perdido a capacidade de entender o que de fato era relevante no ofício de cozinhar, servir e alimentar o outro. E talvez essa consciência do que é ser um cozinheiro — a verdadeira essência da vocação — tenha me permitido atuar tão rapidamente nessa adversidade toda que estamos vivendo, a fim de que pudéssemos continuar entregando acolhimento às pessoas — só que não mais nas mesas de um restaurante, mas em suas casas, já que os tempos são de necessária quarentena e recolhimento.

Essa forma maleável e flexível do SUD foi determinante para que conseguíssemos mudar com tanta rapidez nossa forma de operar, mas sem deixarmos de contar, por meio do alimento no prato, como sempre fizemos, as histórias desse país cuja biodiversidade é uma das maiores do planeta. Por meio de nossa comida, nos mantemos juntos e unidos pela nossa brasilidade, ajudando a aumentar a noção de comunidade e fortalecendo nossa união para um enfretamento conjunto das dificuldades e sofrimentos trazidos pelo vírus.

Com efeito, acredito que o pilar da comida é sua ligação com a cultura, na qual se forja sua identidade e seus saberes. Portanto, nesse sentido, temos, como cozinheiros, a responsabilidade de proteger e preservar essa identidade e esses saberes. São os sertanejos, os índios, os caboclos amazônicos ou não amazônicos, os roceiros, as doceiras da rapa do tacho, os pescadores artesanais e tantas outras populações desse imenso Brasil que formam nossa biodiversidade e que têm muito a nos ensinar sobre os ciclos da natureza e sobre o aproveitamento sustentável das riquezas de nossos solos e demais recursos naturais. Então por que não nos aproximamos mais desses conhecimentos? Por que precisamos eliminá-los da nossa cozinha para sermos modernos ou nos sentirmos globais? São esses saberes que contam, escrevem e reescrevem nossa brasilidade, nossos gestos, nosso jeito de ser, e é por isso que nos sentimos humanamente próximos dos alimentos que incorporam essas histórias.

Quando conseguimos, por meio do alimento, compilar todo esse acervo de histórias de um país tão rico e temperá-lo com a nossa paixão e fraternidade, mesmo diante de um cenário perturbador, onde o modo como comemos desafia nossa alma gregária — bastando observar a era das *lives* que mostram as refeições realizadas virtualmente —, somos capazes de alcançar uma conexão muito forte, que pode significar que as mudanças que se insinuavam antes da pandemia de fato podem ter vindo para ficar no pós-pandemia.

Há sinais de que a Covid-19, para além das tragédias, tenha acendido, em nós, mais de nossa humanidade. São muitas as iniciativas de empatia e colaboração que estão surgindo entre as pessoas — muito mais que entre nações, é verdade. O século XXI em que vivemos vinha se encaminhando de forma estranha: ameaças nucleares, desrespeitos à soberania dos povos e escolhas religiosas, populismos; agíamos desconectados da mãe natureza, num consumo desenfreado e extremamente individual, com quase nenhum espaço para o diferente. Em certa medida, já havia um perigoso distanciamento social, ainda que disfarçado pela ilusão de que estamos todos ligados numa rede imaginária, a internet, que nos confina a uma vida superficial, fluida, conduzida por aplicativos, mídias virtuais e suas atrações.

É verdade: a tecnologia, em vez de meio, vinha se transformando muito mais em fim. Um ovo não era mais um ovo. A carne não vinha da vaca e os cozinheiros eram *start-ups*. E, de novo, em nome desse impulso frenético pela inovação e da ânsia legítima de respostas para os nossos impasses globais, esquecemos que nossa relação com alimento vai muito além da mudança de um hábito que, reconheço, muitas vezes se faz indispensável à conservação do planeta: ela está conectada com nossos sentidos e possui uma carga de identidade e ancestralidade imensa, que orienta a nossa evolução social.

Portanto, por mais que a ciência possa explicar a água fervendo, o cozimento do feijão, a junção do agridoce nas papilas e as ebulições a vácuo, ainda que a tecnologia consiga reproduzir em laboratório outros tantos alimentos, o ato de comer sempre evocará esse desejo antigo de dividir a mesa e o afeto com as pessoas por quem temos amizade e sempre terá relação com sua memória afetiva, com o som das conversas em torno da mesa e do tilintar dos copos e talheres, como, aliás, pensava Proust.[4]

Ao sermos compelidos a enxergar o outro, ainda que pelo pânico que a dizimação da raça humana inspira diariamente no nosso inconsciente por causa da Covid-19, o momento nos confere uma oportunidade dolorida, mas única, de tomarmos atitudes de mais fraternidade e compaixão, bem como de pensar no coletivo e naqueles que estão fora de nosso convívio social — gente que é diferente de nós, embora igualmente humana e, muitas vezes, mais sofrida. O que mais tem surgido nesses dias angustiantes são iniciativas de solidariedade, um sentimento que andava meio sumido de nossa época, que volta à voga em boa hora e que esperamos ter retornado com força suficiente para ficar entre nós quando a emergência sanitária for menor. Temos ouvido bastante que é hora de pensar no outro e se sacrificar por ele; certa ideia de que o coletivo é mais forte do que o indivíduo. Enfrentar a doença — o inimigo comum — juntos fará com que saiamos disso mais rápido e possamos, enfim, não retornar à normalidade pura e simples, mas construir uma nova "normalidade".

Sim, o choque trazido pela pandemia da Covid-19 precisa apontar para mudanças nos paradigmas vigentes antes do vírus e que a pandemia escancara. São exemplos contundentes: as muitas pessoas que ainda morrem de fome, florestas que são devastadas, os agrotóxicos castigando os alimentos... Subestimamos o aquecimento climático. O pequeno produtor sofre com a burocracia e vive ameaçado por políticas erradas, que ignoram seu papel fundamental para a manutenção de uma importante cadeia socioeconômica local e para a preservação de seus saberes tradicionais, que é justo o que faz pulsar a identidade de um povo e sua diversidade culinária.

A crise que estamos enfrentando, quem sabe?, talvez inaugure sistemas sociais e econômicos mais justos e solidários, mais comprometidos com o não desperdício e com a sazonalidade dos alimentos; talvez ajude a intensificar a valorização do produtor local e da agricultura familiar. Pode ser que traga uma consciência maior quanto à preservação das florestas e do meio ambiente. Este é o desafio imposto pela Esfinge do nosso século, a qual, como aquela da antiga Tebas, ainda provoca: "Decifra-me ou devoro-te, homem/mulher, eu sou teu eu interior. Teu verdadeiro eu. Sou teu subconsciente e inconsciente, teus sonhos e devaneios, tuas dúvidas e perplexidades, tuas crenças e valores, teus defeitos e qualidades, amores e ódios, desejos e aversões, fragilidades e fortalezas." E a resposta do enigma imposto a Édipo é a mesma deste colocado pela pandemia: o ser humano.

Então, voltamos à pergunta inicial: no mundo após a pandemia, o que será de nós? Ou, mais detalhadamente: como reagiremos lá na frente a todos os experimentos vivenciados nesses dias catastróficos, sobretudo em termos de vidas humanas perdidas? Será que as experiências vividas hoje se consolidarão? Seremos uma civilização sem beijos, abraços ou encontros? Como ficarão nossas relações humanas? Como alerta o filósofo italiano Giorgio Agamben em recente artigo sobre a Covid-19, as pessoas não podem passar a ser encaradas como contaminadoras. Isso seria desastroso em termos civilizatórios. Há chances reais de esses dias de quarentena serem tempos perdidos?

Concluo compartilhando algumas lições que a pandemia da Covid-19 tem me mostrado nesses dias de luta diária pela sobrevivência.

A primeira é a de que o vírus expôs nossas vulnerabilidades de forma dilacerante, mas que serão nos comportamentos simples que a diferença se fará sentir. Coisas básicas, como lavar as mãos, cuidar da higiene pessoal e ficar em casa, isto é, gestos simples, reforçam a ideia já defendida aqui de que, independentemente da forma como comeremos daqui em diante, as emoções e a simplicidade devem nos orientar quanto ao modo de nos relacionarmos com o alimento. Nesse sentido, é muito importante que o cozinheiro prestigie a cadeia produtiva que envolve o pequeno produtor e respeite os ciclos da natureza. Relembrando a analogia que utilizei recentemente num simpósio internacional, ele deve voltar a "conversar com as batatas".

A segunda lição que tenho aprendido é a de que os movimentos de reconstrução de uma sociedade em termos mais humanos não ocorrerão num movimento unificado, como quando vários povos e continentes se juntaram para vencer Hitler ou reconstruir a Europa. O mundo é hoje muito mais complexo, e muitas ideias obscuras que germinavam nas primeiras décadas deste século continuam pairando no ar, contaminando pessoas, sociedades, governos e países. O vírus não terá o condão de nos esterilizar contra as vozes e os atos dos imbecis espalhados pelo mundo (e por aqui também).

Por outro lado, há também uma terceira lição. Algumas fissuras que foram estabelecidas podem ser importantes para reequilibrar as coisas. Porque fomos capazes de olhar o outro não como um concorrente, mas como alguém que eu devo e quero ajudar, subitamente vimos que não faziam sentido as discussões sobre a alta ou baixa gastronomia: afinal, não se sabe sequer se teremos, no futuro, pura e simplesmente a gastronomia. Talvez tenha ficado mais óbvio a beleza da coexistência. Também vislumbro com satisfação a crescente valorização da produção de um alimento que tenha história para contar e que coloque o pequeno produtor no centro de nossas atenções, bem como a preocupação com formatos menos pomposos dos cardápios, com o desperdício de alimentos e com todo o fluxo da cadeia alimentar. Quando penso nisso, nasce a esperança de que algumas dessas mudanças trazidas pela pandemia possam, sim, conduzir a um resgate do que é verdadeiramente essencial na comida, o que pode ser resumido pelo cantar do pão quando sai do forno.

Podemos, sim, fazer uma faxina e superar velhas práticas. Lembro de Guimarães Rosa: "Eu só preciso de pés livres, de mãos dadas e de olhos bem abertos."[5]

A travessia das civilizações tem sido marcada por outras pandemias, as quais, apesar de trágicas e de possuírem também seus dramas humanos, sociais e econômicos, não foram capazes de banir esse sentimento que temos e que é próprio da nossa natureza: o de estarmos juntos para conversar, ouvir música, confraternizar, ir ao teatro, visitar um museu, compartilhar experiências, assistir a um balé ou a um espetáculo, ensinar e aprender, rezar, rir, dividir afetos e... comer. Portanto, o prazer, a alegria e as boas lembranças permanecerão e farão parte de nós no pós-pandemia. Por enquanto, contudo, o inimigo comum ainda precisa ser vencido, e por isso, para encerrar, escolhi um trecho do poema de W.H. Auden contido no livro *A era dos extremos: o breve século XX*, do historiador Eric Hobsbawn:[6]

> Amanhã para os jovens, os poetas explodindo como bombas,
> As pessoas à beira do lago, as semanas de perfeita comunhão;
> Amanhã, as corridas de bicicletas
> Pelos subúrbios nas noites de verão. Mas, hoje, a luta.

NOTAS

1 Zygmunt Bauman, *A cultura no mundo líquido moderno*. Rio de Janeiro: Zahar, 2013.
2 O RS foi meu primeiro restaurante, no Rio de Janeiro. Após 14 anos, em dezembro de 2016, fechei-o por decisão pessoal, apesar de seu prestígio na cidade, seus prêmios e as sucessivas estrelas Michelin.
3 SUD, o Pássaro Verde é o meu novo restaurante, aberto em julho de 2018 no Jardim Botânico. Ali, tenho mais liberdade para criar e possibilitar que as pessoas provem minha comida.
4 Alain Senderens, Anne Borrel e Jean-Bernard Naudin, *À mesa com Proust*. Rio de Janeiro: Sextante, 2013.
5 João Guimarães Rosa, *Magma*. Rio de Janeiro: Nova Fronteira, 1997.
6 Eric Hobsbawn, *A era dos extremos: o breve século XX, 1914-1991*. São Paulo: Companhia das Letras, 1995, p. 144.

COMPORTAMENTO DE CONSUMO

ALGUÉM AÍ TEM UM CHICLETE?

Maria Prata

Como esse livro chegou às suas mãos? Se ele foi comprado, é bem provável que tenha sido on-line; poucas chances de ter sido presencialmente, em uma livraria; e quase nenhuma de que tenha sido numa livraria de aeroporto — elas já estavam desaparecendo antes mesmo da crise causada pela Covid-19, mas agora quem deve estar desaparecendo são os aeroportos. Será?

Hoje é domingo, 26 de abril de 2020. Dados oficiais relatam mais de 60 mil casos da doença no Brasil e mais de quatro mil mortos. No mundo, são quase três milhões de casos e mais de 200 mil mortos, mas os números reais são possivelmente muito maiores que estes, uma vez que, na grande maioria dos países, assim como no Brasil, subnotificação é regra. Pedro (meu marido) e eu alugamos uma casa no interior e nos fechamos aqui com as meninas. Temos o privilégio de poder ficar em casa, o que não é a realidade da maioria esmagadora dos brasileiros. Não saímos para nada, nem para as compras, que são entregues na nossa porta: hortifruti, supermercado, farmácia, padaria, açougue, peixaria. Em quarentena, o comércio está de portas fechadas, mas serviços essenciais seguem abertos: supermercados, farmácias e padarias entre eles. Mas, entre o risco de se expor ao vírus no meio de gôndolas e o conforto de receber tudo em casa, quem pode pede delivery. Nas últimas semanas, tenho prestado mais atenção a itens não essenciais que compramos: tintas guache para atividades da Laura (nossa filha mais velha), um penico (rosa, em forma de carrinho, escolhido por ela) para o início do desfralde; um xampu difícil de encontrar, para uma alergia de Dora (a mais nova); um mouse para o laptop, que esquecemos em São Paulo; casacos para um frio que não esperávamos; e até um oxímetro para que, num eventual contágio, possamos medir a saturação do oxigênio do sangue antes de termos que ir a qualquer hospital. É aí, afinal, que está o problema: ir. Precisar ir a qualquer lugar, principalmente ao médico ou ao pronto-socorro, é tudo o que ninguém quer agora. A proximidade física é perigosa, evitada ao máximo, temida por todos. Nossas compras dão algumas dicas sobre o tema deste texto. Com a crise global causada pelo coronavírus, quais tendências de comportamento de consumo surgirão?

Primeiro, a constatação óbvia: cada vez mais, é on-line que consumimos. Em ruas esvaziadas, o que não para é o movimento de motoboys e ciclistas com caixas e casacos logotipados das empresas de entregas que faturam alto e pagam pouco — negócios que começaram em *start-ups* a partir de ideias inovadoras de jovens empreendedores para resolver problemas de mobilidade de grandes cidades e, em pouco tempo, viraram unicórnios, empresas com valor de mercado acima de um bilhão de dólares, tamanha a demanda reprimida para este setor. Só a colombiana Rappi, maior delas, recebeu ano passado um aporte no valor de US$ 1,2 bilhão, o maior já feito em uma empresa latino-americana. Isso em 2019, quando nenhum ser humano no mundo havia sido contaminado pelo corona. Segundo estudo da consultoria eMarketer, feito também antes da pandemia, só nos Estados Unidos, o número de consumidores de aplicativos de compras de supermercado e mantimentos deveria saltar de 18 milhões em 2018 para 30 milhões em 2022. Qual será a conta agora? Quanto empresas como esta valerão ao fim (terá fim?) da pandemia? Provavelmente muito mais que isso. Os números, entretanto, nos mostrarão mais que o crescente sucesso de empresas inovadoras lideradas por jovens *millennials*. Serão o retrato fiel de grandes mudanças no nosso comportamento de consumo, traduzido em dados e mais dados sobre o que, quanto e, mais importante, como passamos a consumir depois disso.

Analistas do banco de investimento americano UBS apostam que mais de 100 mil lojas devem fechar as portas nos próximos cinco anos nos Estados Unidos. As que conseguirem sobreviver ao que provavelmente terá sido a maior recessão global da história terão de repensar seus espaços e também a experiência de compra de seus consumidores. Para muitas, faltarão produtos, que deixarão de ser produzidos de um lado do mundo, com matéria-prima de outro, importado para mais outro. Antes abarrotadas de itens, lojas mais vazias precisarão redecorar os ambientes. Para evitar a proximidade física entre consumidores e diminuir o número de funcionários, um contraste curioso: de um lado, lojas movidas à tecnologia, sem vendedores, com compras efetivadas em débito automático (ou sem contato) a partir de reconhecimento facial. De outro, atendimento com hora marcada pode ser uma opção. Tudo personalizado, feito com mais cuidado e tempo. Quem sabe o que for sob medida, artesanal, feito à mão, encontre mais espaço para sobreviver? Em entrevista a Imran Amed, CEO da plataforma The Business of Fashion, a mais respeitada do mundo no setor, a analista de tendências holandesa Li Edelkoort destacou a importância de artesãos que antes produziam peças para grandes marcas encontrarem seus espaços próprios de vendas diretas ao consumidor. "Estamos sendo forçados a fazer o que sempre dissemos que faríamos: construir sistemas menos poluentes, menos estressantes", disse. Tudo isso, com menos gente. Com o tsunami do desemprego que nos espera, vamos precisar produzir em grupos menores — muitas vezes individualmente, até. A manufatura ganha espaço entre produtores e consumidores também. Um exemplo? Segundo Edelkoort, tricôs, crochês e malhas feitas à mão costumam vender muito em tempos de crise. *Nesting, cocooning, comforting*. Os termos foram muito usados por analistas como ela e, em seguida, explorados por marqueteiros mundo afora depois que as Torres Gêmeas desabaram no 11/9/2001. Na Dinamarca, existe até uma palavra que define isso tudo junto: *hygge*. Em inglês ou dinamarquês, traduzem o desejo de se aninhar em casa, vestindo roupas confortáveis, comendo *comfort food*: um macarrãozinho simples, risoto, sopa, mingau. Mas tudo delicioso, no pote quentinho de cerâmica, comido com colher, de preferência aninhado no sofá, vestindo moletom e blusa de (olha ele aí) tricô, meias felpudas e, claro, um cobertorzinho se fizer frio. (Trazendo a cena para 2020, adiciono: assistindo à sua série preferida ou revendo o campeonato de seu time em 1900 e preto e branco.) *Social commerce*, termo cunhado pelo Yahoo em 2005, deve ganhar força. É a ideia de que a gente não precisa sair das redes sociais para fazer uma compra, como já acontece em algumas delas. Falou sobre um tênis com um amigo no WhatsApp? Clique e compre.

Na contramão do artesanal, as maiores varejistas on-line do mundo, como Amazon e Alibaba, ganham ainda mais penetração e se deparam com oportunidades de passar a atuar em áreas pouco exploradas até agora. A maior demanda está no mercado de luxo. Será que grandes grifes, sofrendo o impacto das portas fechadas, vão passar a disponibilizar seus produtos em varejistas de tão grande escala? É uma oportunidade e tanto para as plataformas de vendas a ser analisada por essas grifes. O mercado de luxo tem muito a aprender com a crise. Primeiro, claro, para aumentar a penetração on-line — quem vivia só de vendas físicas, como Chanel, ou se reinventa rápido ou sofre consequências severas. Mas não é só isso. A análise aqui é sobre o comportamento de consumo, e muitos analistas têm se perguntado o que vai acontecer com este segmento. A curto prazo, corre grandes riscos. Sabemos, por exemplo, que (além do tricô de Edelkoort) as vendas de roupas do chamado estilo *athleisure* (mistura de "atlético" e "lazer" que fez com que voltasse a ser ok o uso de tênis e moletons em ambientes corporativos) cresceram. Afinal, em casa, passou a ser mais essencial ter calças de moletom do que saltos altos e ternos. Será que, findada a crise, a não ostentação será a ostentação de muitos? Ou será que, depois de tanto tempo confinados, consumidores de luxo vão querer mesmo é voltar ao *bling ring* do ouro amarelo, aos diamantes e, tão ostensiva quanto, à logomania? Será que isso fará algum sentido? Por ora, nada mais fora de lugar. E de tempo.

Tento fugir das notícias horríveis, imagens de hospitais lotados, caixões empilhados em valas comuns que me atropelam diariamente, buscando notícias boas que unam inovação e empreendedorismo, área que cobri como jornalista nos últimos anos. Às vezes me deparo com notícias não só boas, mas também curiosas. Na China, a quantidade de divórcios pós-confinamento aumentou consideravelmente. Não sabemos como será esse quadro nos EUA, mas, por lá, uma *start-up* recebeu investimento de US$ 18 milhões vendendo vestidos de noiva sob medida, feitos em um processo 100% on-line, para moças que já marcaram casamentos para celebrar o amor quando a pandemia passar. A *start-up* recebe atualmente mais de 1.500 novos pedidos por dia e teve um aumento de 25% nos cadastramentos do site. São também relacionamentos, ou a falta deles, os responsáveis por esses outros números: segundo a Sense360, *start-up* de consultoria do Vale do Silício, sem precisarmos garantir o bom hálito de nossas personas jurídicas, as vendas de chicletes despencaram 34% desde o início da pandemia. Cosméticos para os lábios caíram mais de 60%. Perfumes e desodorantes também tiveram baixa significativa. O que subiu? Segundo um estudo feito pela Nielsen, também nos EUA, num primeiro momento, produtos de limpeza. Em seguida, papel higiênico (mulheres brigando por rolos e mais rolos num supermercado, num vídeo que viralizou há algumas semanas, são parte responsável pelo aumento de mais de 200% na venda deles). Depois, fermento (haja vício e açúcar-dependência por pão e bolo para justificar mais de 600% de aumento) e máquinas de cortar os cabelos (166%) estão entre alguns dos itens mais comprados desde que o confinamento começou. Cheiro ruim, beleza, mas cabelos compridos, jamais!

Piadas à parte, períodos de necessidade são, reconhecidamente, de reinvenção. E inovação passa a ser uma janela ainda maior de oportunidade. Novos consumidores, com novos desejos e necessidades, passam a dar as regras do jogo. Ganha quem entender, primeiro, o que realmente precisaremos quando isso tudo passar. Alguém aí tem um chiclete?

MERCADO DE CAPITAIS

MERCADO DE CAPITAIS APÓS A PANDEMIA

Marcelo Barbosa

If they can get you asking the wrong questions, they don't have to worry about answers.
Thomas Pynchon, *Gravity's Rainbow*

A grave crise provocada pela pandemia do novo coronavírus traz de volta o vaticínio: o mundo não será mais o mesmo. Diante da amplitude e da profundidade dos impactos da crise, não se pode rejeitar tal prognóstico, por mais que tantas vezes tenha sido evocado em situações bem menos relevantes.

Ao mesmo tempo, se é certo que haverá muitos aprendizados importantes, estes, no entanto, não se aproveitam por inércia, mas requerem planejamento e execução para que possam deixar de ser tão somente lições disponíveis para uso e sejam refletidos em mudanças concretas em benefício da sociedade. O que não pode ocorrer é que os erros e acertos ocorridos no gerenciamento de uma crise passada sejam redescobertos apenas no calor de novas crises.[1]

Diferentemente de outras crises recentes, esta tem, em sua própria causa, um importante fator distintivo — a pandemia — que passou a determinar as dinâmicas de interações sociais, com reflexos nas possibilidades da vida cotidiana, nas ideias de filantropia e solidariedade social e, evidentemente, na agenda de política econômica.

Assim, ganha força o sentimento de que amplas mudanças se avizinham, o que desperta o ímpeto de se especular sobre o impacto da pandemia em diversas áreas, dentre as quais o mercado de capitais. Afinal, se o mundo não será mais o mesmo de maneira geral, naturalmente o mercado de capitais, conhecido por seu dinamismo e pela engenhosidade de seus agentes, não haverá de se revelar imune aos impactos da crise.

A reforçar essa percepção, há ainda o fato de que os mercados de capitais e respectivos ambientes regulatórios são significativamente permeados pelo que ocorre não apenas na seara econômica, mas também nos campos tecnológico, cultural, social, dentre outros. Ou seja, ainda que prematura, a conclusão de que o modo de funcionamento dos mercados será impactado não soa desarrazoada.

A questão que se coloca, e que merece reflexão mais atenta, é sobre que mudanças os mercados poderão sofrer, e quais delas são provocadas por fatores ligados à crise atual que não se fizeram presentes em crises econômicas anteriores. Ou, dito de outro modo: se é verdade que os efeitos desta crise serão, em parte, semelhantes aos de outras anteriores, quais serão os efeitos da crise do novo coronavírus que a grave crise percebida a partir de 2007[2] ou mesmo o *crash* de 1929 não produziram?

Há farta literatura a respeito dos aspectos mais amplos e comuns a outras crises econômicas e seus impactos no mercado, seu gerenciamento e as consequências na formulação de leis e regras infralegais.[3] Dentre os temas de maior relevo, está a discussão sobre reformas legislativas, regulatórias e institucionais[4] que surgem na esteira de crises econômicas.

A crise gerada pela pandemia do novo coronavírus, no entanto, não guarda relação de causalidade com questões que tipicamente ensejam reações reformistas, como ocorreu após crises que tiveram em sua origem escândalos, abusos, estouros de bolhas financeiras, dentre outros.

Não se tem notícia de que a crise de 2008, ou mesmo a de 1929, tenha suscitado reflexões profundas a respeito de tão ampla gama de temas. Evidentemente, a comparação com essas crises, em especial a de 1929, deve ser feita levando-se em conta fatores como o enorme avanço na comunicação e na transmissão de dados, o desenvolvimento dos transportes e a maior relação de interdependência entre as economias, dentre outros que aumentam as possibilidades de propagação dos efeitos do vírus, sejam aqueles no campo da saúde, sejam econômicos.

Por maiores que sejam as diferenças entre a crise atual e outras mais recentes, ao refletirmos sobre como se comportarão os mercados de capitais não podemos prescindir de seus aprendizados. Em outras palavras, se em 2008 e 1929 não houve semelhante preocupação com uma pandemia, boa parte do cenário pós-crise guardará similaridades, e haverá aprendizados úteis em termos de políticas públicas a serem consideradas na formulação das estratégias de recuperação.

Ao investigarmos a experiência histórica, deve ser atribuído o devido peso não apenas ao fenômeno que se quer entender, mas também ao contexto que o cerca, de forma a evitar a simplificação de algo que é naturalmente complexo e precisa ser conhecido em sua inteireza. Conforme advertiu o historiador John Lewis Gaddis,[5] essa redução da complexidade a uma simplicidade artificial, que por vezes se faz no afã de antecipar cenários, acaba adulterando o passado, transformando-o em algo muito mais simples do que de fato foi, com prejuízo para sua análise.

CRISES E REFORMAS

Está suficientemente demonstrado que muitas das reformas legislativas mais importantes no âmbito do mercado de capitais e daquilo que se convencionou chamar de governança corporativa foram provocadas por crises econômicas. Mais do que isso, inúmeros estudos sustentam que as reformas não teriam sido levadas adiante sem determinadas condições que dificilmente estariam presentes sem as crises que as antecederam. Há autores que vão além e defendem, com amparo em evidência empírica, que a própria regulação do mercado de capitais tem dependido, há mais de três séculos, de crises de mercado.[6]

Por mais hiperbólica que soe a última afirmação, não se pode simplesmente tratá-la com desdém. Afinal, reformas, por definição, não são ajustes meramente cosméticos, de menor importância. São caracterizadas por revisões estruturais, mais profundas, que trazem impactos relevantes para os participantes do mercado, frequentemente criando novos direitos e obrigações e mesmo interferindo no equilíbrio entre as partes de relações jurídicas preexistentes. Existem, portanto, posições em favor de regras em um ou outro sentido, as quais são defendidas nos debates que precedem a edição de leis e regulamentos.

A ocorrência de uma situação de crise repercute fortemente e lança luz sobre deficiências do arcabouço legal e regulatório existente, criando, com isso, o momento próprio para a aprovação de medidas que de outra forma não encontrariam o apoio suficiente. Recorrendo ao exemplo norte-americano,[7] podemos relacionar as três reformas legislativas e regulatórias mais importantes para o mercado de capitais a graves crises que as precederam.

A lei do mercado de capitais e a lei de criação da Securities Exchange Commission foram editadas em 1933 e 1934, em um contexto político-econômico representado pelo New Deal, que provocou a estruturação do arcabouço institucional do mercado de capitais daquele país, considerado fundamental para a recuperação econômica após o *crash* de 1929. Foi a lei de 1933 que consagrou o princípio basilar da regulação do mercado de capitais: o do *disclosure*, que passou a ser assegurado por meio de um sistema de registros regulado pela SEC. A partir de então, foi estabelecido em lei federal[8] que os adquirentes de valores mobiliários teriam direito a receber informações corretas e completas a respeito do objeto da operação, sujeitando emissores e intermediários a um regime disciplinar considerado bastante rigoroso à época. O arcabouço então criado serviu de fonte de inspiração para diversas legislações de mercado de capitais, incluindo a do Brasil.

A lei Sarbanes-Oxley, de 2002, por sua vez, que trouxe importantes aprimoramentos para as regras de transparência e governança, foi editada em resposta ao forte abalo sofrido após escândalos como os de Enron e Worldcom, que minaram a credibilidade das informações públicas disponíveis sobre diversas companhias com valores mobiliários negociados em bolsas de valores norte-americanas. Na sequência da aprovação da lei, outros países tomaram medidas semelhantes, o que demonstra não apenas que o déficit de confiança em informações financeiras sobre emissores não se limitava ao mercado investidor dos EUA, como também o risco de percepção, por investidores de outros mercados, que sua legislação não refletiria avanços mais recentes promovidos pelo maior e mais desenvolvido mercado de capitais.

Mais recentemente, após a séria crise provocada pelo rompimento da bolha do mercado imobiliário norte-americano em 2007, seguido pela revelação ao público de outros fatos que tiveram forte repercussão negativa, com impactos em mercados financeiros e de capitais em escala global, foi editada a lei Dodd-Frank. Além de medidas de proteção ao investidor e de responsabilização por certas condutas de mercado, a referida lei resultou na reorganização de competências de diversas entidades responsáveis por supervisão e regulação das atividades dos mercados de capitais e financeiro, e da criação de outras, como o Consumer Financial Protection Bureau e o Financial Stability Oversight Council.[9]

Até o momento, a atual crise ainda não provocou reações de legisladores ou reguladores no sentido de iniciar esforços reformistas mais profundos. Obviamente, isso não significa que estejamos diante de uma crise de menor importância para os mercados de capitais. A paralisação de atividades, a abrupta redução tanto de oferta quando de demanda por produtos e serviços em praticamente todos os ramos de atividade, em escala global, resultou em sérias consequências sobre a solvência das empresas, com reflexos nos mercados de capitais de todos os portes e estágios de desenvolvimento.

A interrupção de ofertas em processo de registro em diversos mercados, a suspensão de outras iniciativas de captação de recursos, o movimento de resgate de investimentos dos mais variados tipos são sintomas que não deixam dúvidas quanto à gravidade dos impactos da crise sobre os mercados.

As respostas das autoridades reguladoras e mesmo dos poderes legislativos dos principais mercados do mundo não foi no sentido de determinar reformas no arcabouço regulatório ou institucional. O que se tem visto são iniciativas em dois sentidos principais: primeiro, o de orientar os diversos participantes do mercado a respeito de suas obrigações que podem merecer atenção especial neste cenário, mesmo porque o cumprimento de tais obrigações é fundamental para que o mercado continue funcionando de forma eficiente; afinal, embora as obrigações estejam previstas em regras editadas pelo próprio regulador (e portanto consideradas claras o suficiente por este), em momento tão particular e sensível, uma possível redundância de tais orientações estaria plenamente justificada.

O segundo sentido foi o de demonstrar flexibilidade com relação ao cumprimento de suas regras. A importância da adoção de postura flexível foi reconhecida pela Organização Internacional das Comissões de Valores (IOSCO), que em comunicado público[10] relatou que seus membros estavam adotando a flexibilidade na medida do adequado para que os participantes do mercado pudessem enfrentar os desafios impostos pela Covid-19, ao mesmo tempo que asseguravam a manutenção da integridade do mercado e dos mecanismos de proteção do investidor.

Como se pode imaginar, o equilíbrio entre a flexibilidade necessária durante um período extraordinário e a preservação dos princípios que norteiam a atuação dos reguladores é um desafio nada trivial, porém inafastável em circunstâncias como as atuais. Entretanto, ao menos com base no que se pode antecipar até o momento, não se espera que dessa atuação mais flexível resultem consequências que tenham contornos de reformas mais profundas, como ocorreu na esteira de crises econômicas anteriores.

ALGUMAS SINALIZAÇÕES

Se, ao menos no restrito âmbito do mercado de capitais, não há prenúncio de mudanças estruturais a reboque da crise provocada pelo novo coronavírus, por outro lado é possível constatar que algumas tendências ganharam força, impulsionadas — ao menos em parte — pelos efeitos da pandemia.

Um exemplo importante, de natureza principiológica, diz respeito à discussão sobre a própria função das empresas. Vem ganhando força, nos últimos anos, o reconhecimento de que não apenas os acionistas devem ser o objeto da atividade das companhias, das quais aqueles esperam receber sua parcela de resultados sob a forma de dividendos. Há, igualmente, segundo tal corrente de pensamento, outros interesses que merecem atenção de parte da administração das companhias e de seus acionistas controladores.

O debate é antigo, complexo e não se pode dizer que esteja próximo de uma conclusão. Na realidade, parece mais um exemplo das inúmeras naturais tensões entre distintas linhas de pensamento que se estendem por muito tempo e de que resultam movimentações pendulares que se refletem na política regulatória.

Um importante marco desta discussão foi o artigo publicado em 1970 por Milton Friedman,[11] que apresentou as bases para a defesa de um ambiente empresarial em que os administradores pudessem, com maior liberdade, concentrar seus esforços na busca por resultados financeiros a serem distribuídos para os acionistas. Convém lembrar[12] que, à época, muitas das grandes companhias norte-americanas questionavam aquilo que consideravam como excessivo peso sobre seus ombros.

Mais recentemente, a prevalência dessa linha de pensamento vem sendo relativizada, como reflexo de pressões de diversos grupos de interesses e do fortalecimento de teses que identificam um objetivo das companhias mais amplo que apenas a geração de resultados financeiros a serem distribuídos aos acionistas.

Neste ponto, é sempre bom lembrar a atualidade de um dispositivo de nossa lei societária, presente há mais de quarenta anos, segundo o qual "o acionista controlador deve usar o poder com o fim de fazer a companhia realizar o seu objeto e cumprir sua função social, e tem deveres e responsabilidades para com os demais acionistas da empresa, os que nela trabalham e para com a comunidade em que atua, cujos direitos e interesses deve lealmente respeitar e atender".[13]

Nos últimos anos, foram percebidas diferentes ações em várias esferas que, de uma forma ou outra, refletem preocupações com a postura das companhias relativamente a itens da agenda social. Alguns grandes investidores, notadamente fundos soberanos, fundos de pensão e outros institucionais, aprovaram políticas de investimento incompatíveis com emissores que não refletem certos princípios nas áreas de sustentabilidade ou diversidade, por exemplo. Em outra frente, e impulsionadas pelo poder de alcance das redes sociais, diversas campanhas defendem o boicote a produtos de companhias que tenham incorrido em determinada conduta percebida como inaceitável.

Em 2019, percebeu-se uma movimentação importante do lado empresarial: a Business Roundtable, entidade que congrega muitas das mais importantes lideranças empresariais norte-americanas, divulgou documento em que afirmava ter revisto seus princípios e passara a defender um papel mais amplo para as companhias, e reconhecido que, diante da importância do impacto da atividade empresarial sobre a sociedade e seus valores,[14] seus princípios mereciam revisão.

É possível que neste momento de crise global haja um fortalecimento dessa tendência e o pêndulo passe a se mover nesse sentido. Na realidade, não parece uma previsão que requeira grandes dons de presciência. O que importa, isso, sim, é debater sobre onde estaria a posição mais equilibrada, uma vez que não há como se negar a relevância de ambos os propósitos da atividade empresarial: a geração de resultados financeiros para serem distribuídos aos seus investidores e a adoção de uma agenda nos campos ambiental, social e de governança corporativa.

Não sem algum otimismo, e recorrendo a um conceito matemático, espera-se que estejamos alcançando um ponto de inflexão, a partir do qual o reconhecimento da possibilidade de convivência de ambas as posições permita a construção de uma agenda de maneira mais efetiva.

A outra tendência que se pode identificar e que merece menção diz respeito ao maior emprego de ferramentas tecnológicas. Os ganhos esperados são conhecidos e merecem ser relembrados: redução de custos, velocidade de execução, conveniência, transparência, segurança, dentre outros.

Encontravam-se em andamento ou sob discussão diversas iniciativas de aprimoramento de processos relacionados ao mercado de capitais, os quais se amparariam em soluções tecnológicas. Tome-se como exemplo as assembleias de acionistas com participação por meio digital. Nos últimos anos, a lei e a regulamentação contemplaram mecanismos de estímulo à participação dos acionistas, notadamente o voto a distância. Discutiam-se outras possibilidades, como a participação por meio digital, que começava a ser adotada em alguns países.

Com a pandemia e a decretação do estado de calamidade, a realização de assembleias de acionistas — que por definição envolvem aglomeração humana — se tornou um desafio prático. Como a reforçar o momento, o reconhecimento do estado de calamidade pública entrou em vigor em 20 de março de 2020, e as assembleias gerais ordinárias, como se sabe, devem ser realizadas até quatro meses após o encerramento do exercício social, o que, para a quase totalidade das companhias abertas, significa 30 de abril.

Uma vez que é na assembleia ordinária que são discutidas e votadas as demonstrações financeiras, e deliberada a destinação do lucro líquido,[15] criou-se natural apreensão nas companhias e em seus acionistas com relação à conciliação da necessidade de aprovação de deliberações de tamanha importância com a mitigação de riscos para a saúde dos participantes.

Diante da situação, foi editada a Medida Provisória 931, que permitiu a extensão do prazo para a realização das assembleias gerais ordinárias; autorizou a Comissão de Valores Mobiliários a excepcionar a regra que obrigava a realização de assembleia no edifício onde se localizava a sede da companhia e vedava a realização fora da localidade da sede mesmo em caso de força maior; e, além disso, abriu a possibilidade de a CVM autorizar a realização de assembleia digital e disciplinar a forma de sua realização.

Ato contínuo, a CVM lançou audiência pública para colher opiniões sobre minuta de Instrução que refletiria, em sua regulamentação, as novas possibilidades trazidas pela Medida Provisória, resultando na Instrução CVM n.º 622/20, que imediatamente surtiu efeitos práticos, como se viu nas primeiras assembleias gerais realizadas com uso parcial ou total de meios digitais. Se é certo que a admissão do uso de meio digital se verificaria mais cedo ou mais tarde, não se poderá negar que foi a situação crítica da pandemia que acabou precipitando o avanço regulatório.

E a evolução das regras do mercado não se restringirá, evidentemente, aos meios de realização de assembleias.[16] O emprego de tecnologia para facilitar os processos no mercado de capitais se imporá naturalmente, na medida em que cada aprimoramento se mostre seguro e vantajoso em termos econômicos. Entretanto, situações-limite como a vivenciada durante a pandemia impõem reflexões sobre a forma como os atos em geral são praticados, o que inclui os negócios que fazem o mercado de capitais funcionar e se manter um ambiente em constante evolução.

O tempo, que não cansa de ensinar o valor da prudência e da reflexão, ensinará se, ao menos no mundo do mercado de capitais, essa crise será diferente das demais ou se também trará a reboque importantes reformas estruturais. Até o momento, os indicativos são no sentido da aceleração de tendências. Cabe a todos — legisladores, reguladores, participantes de mercado e grupos de interesse — acompanhar a evolução dos fatos e contribuir para o fortalecimento de um mercado que suporte o crescimento da economia real.

NOTAS

1 Parafraseando Timothy F. Geithner, em *Stress Test — Reflections on Financial Crises*. Nova York: Crown (2014).

2 Lembrada principalmente pela explosão da chamada bolha imobiliária.

3 A lista é extensa e encontra-se em constante crescimento. Alguns exemplos de boas obras que abordam ângulos variados, e mesmo opiniões em sentidos opostos, são: John Armour e Joseph McCahery (orgs.), *After Enron — Improving Corporate Law and Modernising Securities regulation in Europe and the US*, Hart (2006); Paul Mahoney, *Wasting a Crisis: Why Securities Regulation Fails*, University of Chicago Press (2015); Timothy F. Geithner (2014); Hyman P. Minsky, *Stabilizing an Unstable Economy*, Yale (2008); John C. Coffee, Jr, *The Political Economy of Dodd-Frank: Why Financial Reform Tends to be Frustrated and Systemic Risk Perpetuated*, Cornell Law Review (2012); e Roberta Romano, *The Sarbanes-Oxley Act and the Making of Quack Corporate Governance*, Yale Law Journal (2005).

4 Quando a reforma inclui mudanças no aparato institucional, como por exemplo a criação ou o aprimoramento de um órgão. A Securities and Exchange Commission, regulador do mercado de capitais norte-americano, por exemplo, foi criada no bojo das reformas do New Deal, em reação à crise de 1929.

5 Em *The Landscape of History*, Oxford University Press, p. 71 (2002).

6 É o que argumenta, por exemplo, Stuart Banner (*What Causes New Securities Regulation?: 300 Years of Evidence*, Washington University Law Review, v. 75, p. 849 (1997), em análise centrada nos casos da regulação dos Estados Unidos e do Reino Unido. Contudo, como ressalva o próprio autor, nem toda crise gerou regulação de mercado, nem toda regulação de mercado foi precedida por crise, mas a evidência permite generalização sujeita às exceções que qualquer verificação de hipótese fatalmente encontrará. O marco inicial considerado pelo autor é a chamada bolha da South Sea Company, companhia que, em troca de direitos de exploração, em base exclusiva, do comércio com a América do Sul, captaria recursos para o Tesouro Britânico para reduzir sua dívida. Se a captação de recursos foi bem-sucedida, o mesmo não se pode dizer das atividades da companhia, que fracassou, levando ao estouro da bolha e dando origem ao Bubble Act de 1720.

7 Conforme historiado por Coffee (2012).

8 No regime anterior, cabia aos estados legislar sobre tais matérias, e à Federal Trade Commission a supervisão de atividades de negociação interestaduais — o ano era 1933, e os meios disponíveis para negociação eram bastante incipientes.

9 A descrição oficial do propósito da lei deixa bastante clara a extensão de sua ambição: "*To promote the financial stability of the United States by improving accountability and transparency in the financial system, to end 'too big to fail', to protect the American* *taxpayer by ending bailouts, to protect consumers from abusive financial services practices, and for other purposes.*"

10 Disponível em: <https://www.iosco.org/news/pdf/IOSCONEWS559.pdf>.

11 "The Social Responsibility of Business Is to Increase Its Profits", *The New York Times Magazine*, edição de 13/09/70.

12 Conforme observaram Alan Greenspan e Adrian Wooldridge em *Capitalismo na América*, Rio de Janeiro: Record, p. 341 (2020). Os autores identificam tais responsabilidades sociais das companhias como sendo decorrentes da era keynesiana.

13 Art. 116, parágrafo único.

14 Business Roundtable, *Statement on the Purpose of a Corporation*, divulgado em 19/08/19. Disponível em: <https://opportunity.businessroundtable.org/ourcommitment/>.

15 O elenco de matérias de competência da assembleia geral ordinária se encontra no artigo 132 da Lei das S.A.

16 Logo após a edição da Instrução 622, a CVM editou a Instrução 625, que traz, para as assembleias de debenturistas, a possibilidade de uso de meios aptos a permitirem a participação e a votação a distância.

EMPREENDEDORISMO

LIÇÕES PARA DEPOIS DA PANDEMIA

Guilherme Benchimol

Empreender no Brasil sempre foi uma missão árdua e para poucos. Além das já conhecidas burocracias, sempre fomos um dos países com os maiores juros reais do mundo.

A dificuldade do governo em administrar com eficiência sua contas públicas fez com que, por anos, a população com alguma economia se transformasse em "rentista" (pessoa que vive da rentabilidade de seus investimentos), tendo se acostumado a investir com baixos riscos e altos retornos por meio, basicamente, da compra de títulos do governo federal ou de grandes bancos.

A consequência natural disso foi o desinteresse das pessoas em investir na economia real, o que acabou por transformar o Brasil num país de monopólios e oligopólios, com poucas e grandes empresas dominando todos os segmentos econômicos nacionais. Afinal, quem se encorajaria a empreender com tamanho custo de oportunidade adverso?

A história prova que os países com os maiores índices de empreendedorismo possuem os menores níveis de pobreza e geram maior qualidade de vida para sua população. O motivo parece ser simples: a população, de forma descentralizada, se empodera da responsabilidade de gerar empregos, produtos, serviços e, consequentemente, renda para melhor atendê-los, gerando um círculo virtuoso e de crescimento econômico.

Nos últimos anos, conseguimos administrar melhor nossas contas públicas. Esse ambiente, atrelado à explosão tecnológica, faz o mundo caminhar para uma nova conjuntura, com deflação de produtos e serviços e juros baixos (e, em muitos países, negativos!). O cenário torna-se assaz convidativo aos empreendedores e aos "tomadores de risco".

Muitos, quando pensam em empreender, acreditam que para começar é necessário ter muito dinheiro e/ou muita experiência, mas não percebem que grande parte dos maiores empreendedores do mundo começou numa garagem ou na sala da própria casa.

As histórias de empreendedorismo são, realmente, menos glamourosas e programadas do que parecem. Muitas foram construídas ao longo dos anos e jamais partiram de um *business plan* fechado e organizado. O meu *business plan*, por exemplo, era simplesmente sobreviver como empresário. Tinha sido demitido do meu emprego anterior e não queria passar por aquela sensação novamente.

O desafio de todo empreendedor é, primeiramente, enxergar uma oportunidade que lhe pareça atrativa e, acima de tudo, que lhe transmita a sensação de que vale a pena dedicar a vida a essa causa.

Foi assim que comecei. Em 2001, analisando o cenário da época, meu sócio e eu vimos que menos de 50 mil pessoas no Brasil tinham investimento em ações. Essa fotografia nos pareceu bastante convidativa, porque, afinal, no mundo inteiro, a parcela da população que investia em renda variável era proporcionalmente muito maior. Então, tivemos a ideia de montar um negócio que pudesse inovar ou aperfeiçoar determinado produto ou serviço para um público específico.

Colocamos essa ideia de pé com muita simplicidade, tentando gastar a menor quantidade de dinheiro possível — até porque não tínhamos muito. Nosso primeiro escritório tinha 25 m² e custou dez mil reais para ser montado, o que representava boa parte de nossas economias na época. Equipamo-nos com computadores comprados de uma *lan house* que estava fechando em frente à minha casa. Vendi meu carro e usei esse dinheiro para sobreviver o maior tempo possível. Não tínhamos salário nem fundos de *venture capital* dispostos a comprar nosso projeto. Éramos apenas dois sócios e um estagiário lutando para chegar sabe-se lá aonde.

Depois disso, fomos dando um passo de cada vez, aprendendo com os erros, aperfeiçoando os processos e expandindo gradativamente nossos planos e sonhos. Entendemos, então, que este era o grande desafio: conectar os pontos ao longo dos anos, com humildade para reconhecer o que não deu certo e poder de adaptação para agir com naturalidade a cada situação nova que viesse a surgir.

Começamos nosso negócio fazendo visitas de porta em porta para tentar abrir as primeiras contas de investimento, mas logo percebemos o quão ineficiente era esse processo. A cada dez visitas, uma pessoa se convencia de nossa proposta e abria conta. Tivemos, assim, a ideia de começar a dar palestras sobre a melhor maneira de investir no mercado acionário brasileiro, palestras essas que ocorriam no salão de festas do nosso prédio comercial. Com isso, tentávamos ganhar escala. Começou a dar certo. Convidávamos quarenta pessoas (a palestra era de graça), oito apareciam e duas ou três acabavam se tornando clientes. Percebemos que o caminho era por ali e fomos testando e aperfeiçoando os eventos, a fim de torná-los cada vez mais eficientes.

Em pouco tempo, ficamos confiantes para dar cursos pagos sobre o assunto. Fizemos o primeiro — deu certo. Passamos a cobrar trezentos reais por um fim de semana de aulas. Foi com a receita desses cursos que tivemos os primeiros meses de superávit na empresa. Nesse momento, a prospecção de clientes deixou de ser um desafio, e a receita com os cursos passou a ser o combustível para nosso negócio de investimentos. Os alunos nos pagavam para se tornar nossos clientes. Tínhamos, por meio de tentativa e erro, transformado uma área de comercial em fonte de receita e, melhor ainda, capacitado nosso cliente a entender o mercado financeiro, seus riscos e retornos. Havíamos encontrado uma fórmula de crescimento orgânico, sustentável, sério e totalmente impessoal.

Nada disso fora planejado no início. Antes, nasceu dos caminhos que fomos testando e aperfeiçoando ao longo do tempo. Por isso é fundamental que o empreendedor esteja em campo conhecendo todas as etapas do processo. As grandes ideias aparecem naturalmente para quem está sentindo as dores do dia a dia e tem a cabeça aberta para evoluir.

Em 2003, já tínhamos uma empresa funcionando. Somávamos lucros recorrentes e havíamos conseguido estruturar um processo de abertura de clientes por meio da educação e do atendimento personalizado. Estabelecemos, então, regras mais claras e criamos o conceito de *partnership* para que nosso negócio fosse perene e se mantivesse forte a longo prazo. Sem dúvida essa, se não a principal, foi umas das decisões mais importantes da nossa história e constitui uma dica preciosa para todos os empreendedores.

Sempre nos preocupamos com conceitos básicos da sustentabilidade empresarial, como, por exemplo, o lucro líquido. Nos dias de hoje, muitos empreendedores se preocupam mais com as próximas rodadas de investidores do que com a sustentabilidade de sua empresa, e assim acabam entrando num círculo perigoso e traiçoeiro. Afinal, basta uma crise para que a fonte de financiamento se esgote e o negócio fique em perigo.

Muitas pessoas se esquecem de que a Amazon começou vendendo livros antes de vender CDs e DVDs, passando então a outros tipos de produtos e, enfim, aos alimentos, atingindo seu estágio atual. No entanto, quem tenta replicar seu modelo de negócio pensa logo em montar um *marketplace* completo e, muitas vezes, se perde em sua complexidade. Sonhar grande não significa começar grande e nem assumir mais riscos do que se é capaz de controlar.

Toda essa história que contei até aqui faz parte do nosso começo.

Parecia impossível fazer algo diferente e dar certo. Tivemos muitas dúvidas, cometemos muitos erros, mas, aos poucos, fomos nos acostumando a tomar decisões, a assumir riscos, a corrigir com velocidade os caminhos que se mostravam inadequados. Cercamo-nos das pessoas certas e dos pilares (valores) corretos, e com isso as coisas foram simplesmente acontecendo.

O desafio de todo empreendedor é começar a ganhar dinheiro fazendo a coisa correta pelo seu cliente. Quando ele ultrapassa essa fase, a confiança aumenta e as peças do quebra-cabeça passam a se encaixar.

A maior lição que tiro disso tudo é que qualquer sonho é possível, desde que você realmente acredite nele e não meça esforços para atingi-lo.

O principal conselho que deixo a todos os empreendedores é que sejam obstinados pelas suas empresas. E, se vocês quiserem construir algo grande de verdade, aprendam rápido. A vida empresarial definitivamente não é uma linha reta, mas um grande zigue-zague em que precisamos, com velocidade, aprender a mudar de opinião e reconhecer nossos erros.

SAÚDE

SAÚDE NO MUNDO PÓS COVID-19: *QUO VADIS?*

Paulo M. Hoff

> *Há, verdadeiramente, duas coisas diferentes: saber e crer que se sabe. A ciência consiste em saber; em crer que se sabe está a ignorância.*
> Hipócrates

Este capítulo está sendo finalizado no feriado de primeiro de maio de 2020. A data não poderia ser mais irônica, uma vez que grande parte da população mundial está impedida de exercer suas funções laborais neste preciso momento. Por ser médico, me encontro em situação diametralmente oposta, com um aumento expressivo nas minhas responsabilidades clínicas e administrativas, além da preocupação constante com uma possível contaminação por esta nova doença.

Em janeiro deste ano, começamos a receber notícias inquietantes vindas da China, indicando o surgimento de um novo coronavírus. Não que isso fosse um fato totalmente inesperado, pois entre os coronavírus há diversos tipos capazes de infectar humanos, e nos últimos vinte anos tivemos pelo menos dois surtos graves causados por membros da família. Ambos, no entanto, ficaram relativamente contidos em seus locais de origem, sem disseminar-se pelo planeta.

Com o passar das semanas, foi ficando cada vez mais claro que este vírus era diferente, apresentando características únicas, que o tornavam particularmente eficiente em relação à disseminação. Finalmente, em 11 de março de 2020, a Organização Mundial da Saúde (OMS) declarou que estávamos vivendo uma pandemia de proporção assustadora. Sabíamos que seria questão de tempo até que os serviços de saúde do Brasil viessem a sentir o impacto do problema, em toda a sua força. Tanto na área pública quanto privada, começamos a nos preparar imediatamente. Como digo aos médicos que trabalham comigo, esta é uma guerra pela vida, e nós somos os soldados preparados e escalados para enfrentar o inimigo invisível.

Em meio a este enfrentamento, recebi com alguma surpresa o convite para escrever sobre a saúde *após* a pandemia, mesmo enquanto ela está apenas começando em nosso país. Aceitei, porque entendo que realmente precisamos pensar agora como influenciar o desenho da sociedade posterior. Uma catástrofe dessa magnitude tem poucos precedentes na história, e o mundo sofrerá mudanças ainda impossíveis de predizer com certeza. Pode parecer um pouco caloso, mas, como dizia Churchill: "*Never let a good crisis go to waste!*" Sabendo-se que teremos um mundo diferente, cabe a nós, na medida do possível, tentar direcionar as mudanças para que ele seja melhor do que o que tínhamos antes.

O QUE É "SAÚDE"?

Algumas coisas são intuitivamente fáceis de entender, mas difíceis de explicar. Simplisticamente, saúde pode ser entendida como ausência de doença, mas pouquíssimos especialistas concordariam com esta definição. Já na criação da OMS, ao fim da Segunda Guerra Mundial, foi proposto que "saúde" seria um estado de completo bem-estar físico, social e mental. Após derrotar as forças do Eixo, dominar a energia nuclear e criar as Nações Unidas, como não seria possível atingir esse sonho universal?

Esse objetivo é nobre, mas quase inatingível. Não que não tenhamos avançado na direção desejada. A segunda metade do século XX testemunhou um salto tecnológico inimaginável, e finalmente a conscientização de que saúde deveria ser um objetivo de Estado foi aceita pela maior parte do planeta. Ficou claro que, para termos "saúde", seria fundamental termos saneamento, prevenção, acesso a serviços médicos, promoção do bem-estar e tratamentos adequados. São raros os locais onde não há pelo menos algum tipo de iniciativa governamental direcionada a um dos aspectos mencionados. A necessidade de melhorar a saúde da população deixou de ser uma questão de "se" e tornou-se uma questão de "como", e é inquestionável que a saúde da humanidade como um todo melhorou enormemente nos últimos cem anos. Basta examinarmos a evolução das taxas de mortalidade infantil, que caíram mais de 90%, e o aumento da expectativa de vida na Terra, que passou de cinquenta para algo próximo a oitenta anos. Fatos notáveis, como a eliminação do vírus da varíola e a redução brutal na transmissão de outras doenças infectocontagiosas, como a poliomielite, deram ânimo e esperança a bilhões de seres humanos.

Conceitualmente, podemos definir que saúde depende da interação de quatro fatores básicos: meio ambiente, biologia, estilo de vida e acesso a medicina. Acumulamos conhecimento e inovações em todas essas áreas, e em 2020 estamos no meio de uma nova revolução na saúde, a qual envolve avanços importantes em novas áreas do conhecimento, como ecologia, genética e informática.

A ideia de que a interação do homem com seu meio ambiente e com suas fontes de alimentação pode influenciar seu estado de saúde não é nova, mas encontrou grande apelo nos últimos anos, principalmente pelo entendimento de que incursões humanas em novos ecossistemas podem levar ao encontro de novos vetores e patógenos. Na área genética, o primeiro sequenciamento completo do DNA humano foi anunciado em 2003, após treze anos e três bilhões de dólares investidos num gigantesco esforço multinacional. O que se seguiu foi uma impressionante aceleração na velocidade e redução do custo do sequenciamento. Hoje, o mesmo resultado é obtido em 24 horas, custando uma pequena fração do custo inicial. O mesmo acontece com a informática. Como popularizado na "Lei de Moore", o poder computacional dobra aproximadamente a cada dezoito meses, o que torna os computadores tão poderosos que permitem termos iniciativas envolvendo princípios de "inteligência artificial" aplicadas no dia a dia da medicina, entre outras áreas.

O aparecimento do novo coronavírus, o SARS-CoV-2, inicialmente em Wuhan, China, e sua manifestação clínica conhecida como Covid-19 atingiram a humanidade com uma força inimaginável. Este pequeno amontoado de RNA conseguiu colocar a raça humana de joelhos em seu melhor momento tecnológico. Ao escrevermos este capítulo, ainda não compreendemos completamente a doença nem sabemos qual será o preço final em termos de vidas ceifadas. Considerando os números atuais, tudo indica que teremos um número enorme de mortes, mas, felizmente, aquém da Peste Negra no século XIV, com seus cem milhões de mortos, e da gripe espanhola, causada pelo vírus H1N1 da influenza no início do século XX, com cinquenta milhões. A diferença reside na sofisticação da medicina atual; no entanto, embora as pandemias históricas tenham dizimado populações de maneira mais intensa, a globalização e a rapidez da troca de informações deram um caráter particularmente aterrador à Covid-19.

Como prever o impacto desta pandemia na saúde de amanhã? No passado, impérios cresceram e ruíram graças a pandemias. Nossa sociedade está ameaçada em seu jeito de ser? Veremos novos paradigmas? Sairemos melhores do que entramos na crise? Não temos essas respostas, e apenas podemos conjecturar. No entanto, certamente teremos mudanças importantes na saúde, até porque foi a área mais atingida. Além disso, ficou abundantemente demonstrada sua relevância para o restante da sociedade.

MEIO AMBIENTE E ECOLOGIA

Esse vírus aparentemente teve sua origem em uma população de morcegos, tendo se adaptado ao homem devido ao consumo de animais silvestres como o pangolim, algo relativamente comum na Ásia. Como se trata de um vírus novo, não há memória imunológica entre humanos, e todos somos vulneráveis. Biologicamente, um vírus precisa usar as células do hospedeiro para se replicar e que esse mesmo hospedeiro sobreviva, funcionando como vetor de transmissão para outros hospedeiros. O SARS-CoV-2 não mata a maioria dos infectados, nem sempre se manifesta clinicamente, possui facilidade de contágio e um longo período de incubação, sendo contagioso mesmo antes dos sintomas. Portanto, somos hospedeiros excelentes.

A Covid-19 traz atenção a dois pontos relevantes em relação ao meio ambiente. Um, mais óbvio, tem relação com a origem do vírus e com a relação entre os seres humanos e a natureza. Adicionalmente, as diferenças no padrão sanitário e habitacional das populações mais uma vez influencia o desfecho médico de uma pandemia.

O fato de a exposição inicial ter acontecido por consumo de um animal pouco usual no Ocidente levou a críticas veladamente xenofóbicas ou racistas contra os chineses. O governo chinês recentemente proibiu o consumo de animais silvestres, numa atitude que pode ter o efeito benéfico indireto de preservar diversas espécies em risco de extinção. Resta saber se o temor advindo da Covid-19 será suficiente para fazer a população abandonar suas práticas culturais ancestrais e se a mensagem atingirá outros destinatários.

O hábito de consumo de animais silvestres não é exclusivo da Ásia e pode ser visto em praticamente todos os continentes. Além disso, a derrubada de florestas e as incursões humanas em regiões silvestres também podem levar à exposição dos homens a inúmeras viroses altamente letais. Tanto o ebola, na África, quanto os arenavírus do Novo Mundo são bons exemplos de situações em que o homem se expõe a um vírus pouco conhecido, com alto potencial de letalidade e cuja propagação teria sérios impactos na saúde pública.

Uma das consequências ainda pouco estudadas da pandemia foi a redução no consumo de combustíveis fósseis — com o petróleo atingindo níveis de preço baixo nunca imaginados — e uma redução expressiva das atividades humanas em geral. Quase imediatamente, houve uma melhora importante na qualidade do ar das grandes metrópoles e da qualidade da água em locais inesperados, como Veneza. Animais que eram raramente vistos, como o tubarão-baleia, passaram a ser avistados próximos a grandes centros urbanos, tal qual em Niterói. Isso mostra a resiliência da natureza e o fato de que há esperança de uma interação mais construtiva entre seres humanos e o planeta Terra.

Após a pandemia, será importante um foco maior no estudo e na definição de limites seguros para a interação humana com o meio ambiente em geral e com potenciais focos de novos patógenos, incluindo vírus. Ecologia e crescimento da economia não devem ser vistos como questões antagônicas e precisam ser analisadas conjuntamente. Ganhos e perdas não podem ser avaliados apenas no curto prazo, mas também em relação a impactos futuros para toda a população.

Considerando o impacto urbano da pandemia, países como o Brasil estão gerando uma quantia enorme de dados, os quais podem resultar em melhorias significativas em toda a cadeia da saúde. Uma avaliação preliminar da evolução da doença na cidade de São Paulo revela rapidamente que a mortalidade é maior nas regiões mais pobres da cidade. Nada que surpreenda, mas deve levar a um planejamento de longo prazo, que diminua essa desigualdade.

A ideia de que a vida em "comunidades" é parte natural da realidade brasileira precisa ser desmistificada. Claramente, a questão de moradias inadequadas, onde muitas pessoas são forçadas a dividir um mesmo ambiente, e a falta de saneamento básico com água tratada e esgoto colaboraram para piores resultados nessas regiões. Constituem, ademais, situação de risco para surtos futuros de múltiplas doenças. Some-se a isso a localização inadequada, junto a canais de esgoto e encostas perigosas, e temos uma receita para desastres de grandes proporções — que se repetem.

Somente um programa verdadeiramente inovador que estimule a substituição de favelas por moradias adequadas e um plano bem financiado para atingirmos um saneamento pleno, com amplo acesso a serviços básicos de saúde, podem quebrar o ciclo de tragédias que vemos se repetir nas periferias.

BIOLOGIA E GENÉTICA

Quando falamos em saúde, focamos muito na biologia humana, mas a pandemia reforça a ideia de que um conceito amplo de saúde torna imperativo compreender a biologia e a genética de todas as formas de vida no planeta. O SARS-CoV-2 representa apenas uma das inúmeras ameaças aos seres humanos na Terra. Existem inúmeros patógenos que possuem a capacidade de nos infectar, e alguns são altamente letais. Precisamos entender como eles interagem com as células humanas e como bloqueá-los.

A compreensão profunda do genoma e da biologia dos vírus e outros potenciais patógenos permitirá a identificação de germes perigosos e uma resposta terapêutica muito mais rápida do que estamos vendo atualmente. Países como o Brasil precisam desenvolver unidades de vigilância e planos de contingência robustos, usando inclusive novos algoritmos desenvolvidos com a ajuda da inteligência artificial. Por sua própria natureza, não se esperam resultados econômicos financeiros imediatos nesse tipo de atividade, e o ambiente mais adequado para isso exige a participação e a colaboração de instituições acadêmicas e laboratórios públicos bem preparados. Ressalte-se que o financiamento dessas iniciativas precisa acompanhar a magnitude e a importância da tarefa.

ESTILO DE VIDA

Certos acontecimentos têm o raro poder de mudar práticas ancestrais. Tome-se como exemplo a indústria aérea e do turismo após o 11 de setembro de 2001. Veremos algo ainda mais radical após esta pandemia.

A resposta inicial ao vírus teve por pano de fundo a falta de uma vacina ou tratamento específico para a doença e o entendimento de que os serviços de saúde eram rapidamente "afogados" em pacientes. A única medida com impacto positivo disponível foi o distanciamento social, permitindo que, ao haver um número menor de pacientes ao mesmo tempo, os serviços de saúde atendessem às necessidades da população.

Embora duramente questionada, essa recomendação acabou por ser acatada na maior parte do mundo, e os resultados aparentemente foram positivos. No entanto, sua implantação mudou drasticamente o estilo de vida de todos. Impedidas de sair às ruas, e sobretudo de ir a restaurantes, bares e lojas, as pessoas mudaram suas relações com suas próprias casas, e a tendência da migração para a vida on-line foi brutalmente acelerada.

Em termos puramente médicos, há uma preocupação genuína com a saúde física e mental das pessoas após este "experimento" de clausura coletiva, inédito na história da humanidade. O sedentarismo aumentou, e o impacto desse isolamento no consumo de drogas e álcool ainda não foi estudado, mas pode ter sido relevante.

Mudanças que vinham acontecendo paulatinamente, como o *home office* e as compras on-line, passaram subitamente a serem a norma, e não a exceção. Dificilmente voltaremos à situação anterior, e teremos de nos ajustar a essa nova realidade. O impacto na distribuição e na disponibilidade de empregos, bem como na ocupação de imóveis comerciais, pode vir a constituir um enorme desafio para a recuperação da sociedade. Em compensação, a menor necessidade de deslocamentos e de áreas físicas dedicadas a escritórios pode influenciar positivamente em termos de poluição urbana e qualidade de vida nas metrópoles.

Como parte do distanciamento social, tivemos mudanças importantes em hábitos corriqueiros, como a saudação individual. A saudação efusiva, com beijos e abraços, tão cara aos brasileiros, provavelmente será mais comedida, talvez seguindo a linha dos cumprimentos anglo-saxões. A população mundial foi exaustivamente treinada em relação ao uso abundante de álcool em gel para higiene pessoal, e imagino que essa prática deva continuar e se tornar corriqueira. Finalmente, a preocupação com a proximidade exagerada pode levar a questionamentos ainda imprevisíveis, como o espaço entre poltronas de teatro ou aviões, por exemplo.

Como algumas mudanças podem ser traumáticas, quando a pandemia arrefecer teremos de avaliar o impacto delas na saúde individual, refletir e entender os riscos e danos advindos desta nova realidade, bem como criar mecanismos apropriados de suporte.

ACESSO À MEDICINA

Um dos fatores mais importantes para a manutenção e o restauro da saúde é o pronto acesso à medicina. Alguns países adotam um sistema de saúde público, cujo custeio é de responsabilidade do governo; outros adotam um sistema privado, em que o indivíduo é responsável por seus gastos; e outros, como o Brasil, adotam um sistema misto. Ao contrário do que seria esperado, essa decisão não corre seguindo linhas ideológicas claras, e a China, por exemplo, não possui cobertura universal de saúde, enquanto o Reino Unido foi um dos pioneiros a adotar esse regime, logo após a Segunda Guerra Mundial.

A Constituição brasileira de 1988 estabeleceu que saúde é um direito do indivíduo e uma obrigação do Estado. Aproximadamente 75% da população brasileira depende do seu Sistema Único de Saúde (SUS), bancado pelo governo. O restante, embora tenha direito ao SUS, optou por pagar para ter cobertura via saúde suplementar. Cada um dos sistemas tem investimento anual próximo a 4% do PIB, fazendo com que o investimento *per capita* no setor privado seja bem superior ao do setor público. É praticamente uma unanimidade que o financiamento do SUS é inferior ao ideal, e a situação se tornaria crítica se o sistema suplementar desaparecesse subitamente e seus pacientes passassem a depender também do sistema público.

Em termos globais, mudanças provocadas pelo vírus já estão em andamento. Ao atingir com força países sem cobertura universal, a Covid-19 escancarou a inadequação de um sistema sem uma rede de proteção mínima. Tanto China quanto os EUA tiveram de rapidamente transferir a responsabilidade financeira do tratamento dos pacientes para seus governos e implementar respostas governamentais enormes, sob o risco de uma catástrofe ainda maior. A ausência dessa rede de segurança médica provavelmente já é responsável por um número enorme de mortes anuais, mas a pandemia trouxe esta realidade para o presente de maneira avassaladora. É provável que a experiência da Covid-19 leve a que algum tipo de cobertura médica pública seja disponibilizada na maioria dos países. Mortes por problemas do coração, câncer e outras doenças crônicas podem não ser tão dramáticas como as mortes suscitadas pela pandemia, mas são igualmente importantes — e, uma vez que a população tenha testemunhado a capacidade do Estado de se organizar para salvar vidas, provavelmente não aceitará mais justificativas simplistas para a falta de financiamento público em situações extremas.

No Brasil, a existência do SUS facilitou o planejamento e a implementação de uma resposta à pandemia, mas suas limitações logo se tornaram aparentes. Um ponto essencial em termos de resposta que precisa ser urgentemente avaliado e corrigido foi a falta de sincronização das ações entre os entes federados. A capacidade de resposta ao vírus mostrou-se distinta entre diferentes cidades e estados, enquanto o subfinanciamento e os problemas crônicos do planejamento estratégico e da gestão apareceram, em muitos lugares, na forma de unidades hospitalares fechadas ou inadequadas. Numa crise desta magnitude, é fundamental haver uma linha de liderança que guie e harmonize as decisões e que evite disputas entre diferentes participantes do SUS.

O sistema privado mostrou-se mais bem preparado para atender a suas demandas e ainda conseguiu participar de maneira relevante auxiliando o SUS em várias frentes. A discrepância na disponibilidade de leitos *per capita*, particularmente em relação a unidades de terapia intensiva, foi abundantemente discutida e deve levar a uma reavaliação futura das necessidades do Sistema Único de Saúde.

No momento de maior crise, praticamente todas as instituições privadas relevantes colocaram-se à disposição do governo e ajudaram muito com treinamento de pessoal, doação de materiais de proteção individual e de UTIs, construção de hospitais de campanha, disponibilização de equipe, custeio de unidades públicas e oferta de leitos da rede privada para suplementar os leitos públicos. A existência de hospitais privados bem equipados, particularmente aqueles organizados em redes e que apresentam critérios robustos de segurança e qualidade, ajudaram a flexibilizar a oferta de acordo com a necessidade da população.

Há consenso de que, em momentos de uma crise médica destas proporções, todos os leitos devem participar do esforço para atender a população, possivelmente com uma coordenação compartilhada de leitos disponíveis nas redes publica e privada. Porém, a forma como isso deve ser feito não é unânime. Propostas simplistas, como encampar unidades privadas ou estabelecer, sem critérios claros, uma fila única para todos os pacientes ignoram que essas unidades hospitalares têm obrigações estabelecidas para com seus usuários; que ainda existem outros problemas de saúde, como isquemias cardíacas, que precisam continuar a ser tratados; e que o próprio fato de estas unidades serem bem administradas não aconselha que sua gestão seja substituída por algo distante.

Podemos entender que a rede privada está aliviando o SUS ao tratar um quarto de seus pacientes, servindo ainda como uma reserva estratégica de leitos e serviços para a rede pública em momentos de extrema necessidade. Esse é um papel adequado que pode e deve ser mais bem aprimorado, estabelecendo-se critérios, formas e responsabilidades nessa interação.

O desafio de atender a todos os pacientes leva necessariamente a uma discussão das estratégias de longo prazo para o setor. O risco da exportação de fábricas estratégicas, resultado da globalização, ficou evidente. A China é hoje a linha de montagem do mundo e, graças aos seus preços muito baixos, praticamente tinha o monopólio da manufatura de artigos de proteção individual e aparelhos de ventilação. O desespero por esses artigos gerou uma verdadeira guerra entre países por acesso a insumos e uma inflação cruel nos preços. O governo brasileiro precisa considerar a possibilidade de construir uma reserva estratégica de equipamentos essenciais, a exemplo dos EUA, e a possibilidade de manter pelo menos um pequeno núcleo de fábricas estratégicas, que detenham o conhecimento técnico necessário e possam ser expandidas em momentos de necessidade.

Em termos do atendimento privado, reforça-se a evidência de que a existência de financiamento adicional, provido pela saúde suplementar, e de leitos disponíveis em hospitais privados são fatores importantes de apoio ao SUS, uma vez que reduzem os custos diretos e atendem a uma demanda que, de outra forma, recairia inteiramente sobre o sistema público.

Um sistema de saúde complementar sadio, com seguradoras fortes e hospitais independentes, tem impacto bastante positivo. A importância desses hospitais privados transcende seu uso como leitos complementares e como reserva ocasional para o SUS. Por sua natureza, têm servido como ponto de incorporação de novas tecnologias no país; e, ao estimularem melhores práticas e modularem positivamente os níveis de remuneração dos colaboradores da saúde, reforçam a qualidade do atendimento em geral. A possibilidade de os pacientes escolherem entre diversos hospitais é uma forte ferramenta para manter e aprimorar a qualidade do serviço dessas instituições.

A INTERNET E A CIÊNCIA MÉDICA

A popularização das ferramentas de interação interpessoal na internet revolucionou as relações humanas, mas nem sempre favoravelmente. Um dos efeitos colaterais da facilidade de disseminação de informações nas mídias digitais está em que o conteúdo não passa por nenhum filtro específico: qualquer um pode postar suas opiniões, equivocadas ou não, e até falsas informações como sendo verdades absolutas. Paradoxalmente, quando nunca foi tão fácil se obter informações acuradas, vivemos uma verdadeira era de desinformação.

A disseminação de conteúdo eletrônico infelizmente não está relacionada à sua comprovação científica, e teorias mirabolantes, geralmente simplistas e frequentemente associadas a pseudoconspirações, são comuns. Mais preocupante: muito dessa desinformação procura atacar e desacreditar a ciência verdadeira.

Muitos líderes mundiais retardaram decisões importantes de contenção da pandemia embasados em desinformação, em desconfiança da ciência e na esperança de que o problema fosse menor do que lhes fora informado. Uma sequência de *experts* acorreu à internet apresentando soluções miraculosas e expectativas róseas sobre a pandemia, somente para serem desmentidos em seguida. Esperamos que esta lição leve a um fortalecimento da ciência tradicional e a uma maior análise crítica das informações que circulam virtualmente. A liberdade de opinião é um dos pilares da civilização ocidental, mas isso não representa uma carta branca para ataques à lógica e à ciência, como se estas pudessem mudar por decisão coletiva ou política. Uma das lições desta pandemia é a de que precisamos instruir melhor nossos cidadãos e líderes sobre o que é a metodologia científica, os riscos da internet e a importância da ciência.

CONCLUSÕES

Obviamente, prever o mundo pós-pandemia enquanto ela está apenas começando é um grande exercício de futurologia. Todavia, não deixa de ser uma oportunidade de influenciarmos as decisões futuras. Saúde é a maior preocupação da humanidade, e a pandemia atual ressaltou as necessidades prementes nesta área. Precisamos investir mais em ciência, educação e saneamento para entregar a saúde que nossos concidadãos esperam.

A Covid-19 mostrou que a estrutura atual de identificação de ameaças bacteriológicas e virais é inadequada e deve ser incrementada e qualificada com uma atuação mais interligada e presente. Sinais de alerta devem ser prontamente identificados, enquanto medidas de contenção precisam estar planejadas e preparadas para serem implementadas com rapidez.

Países como o Brasil precisam ter unidades de resposta rápida, com protocolos estabelecidos e treinados frequentemente, além de infraestrutura planejada e insumos em reserva para enfrentamento imediato de ameaças futuras. De maneira similar ao que se preconiza no tratamento do câncer, no meio militar ou num incêndio, a contenção inicial é fundamental e torna muito mais fácil a eliminação posterior do problema.

SOCIEDADE

ELES CONTINUAM NÃO USANDO *BLACK-TIE*[1]

Marcelo Madureira

De repente, um beijo, um abraço, um aperto de mão — nossas manifestações mais triviais de afeto — passaram a ser um perigo letal.

Estamos todos em quarentena tentando fazer nosso cotidiano o mais próximo possível do que era antes da pandemia. Acordo, faço ginástica, tomo café e me visto. Chamo um Uber, que dá uma volta na quadra, e "chego no escritório". Na TV, novelas e jogos de futebol se apresentam em reprise. Lá fora, a história também se repete como farsa.

Antes de continuar nossa prosa, gostaria de estabelecer um pressuposto. Que fique bem claro que esta minha modesta reflexão tem por base uma visão bastante particular (e privilegiada) a partir da Zona Sul da cidade do Rio de Janeiro e seus arredores.

No entanto, e parafraseando Goethe em *Fausto* (via Antonio Risério), "tudo eu não sei, mas ando bem informado".

Quem afirma que sabe o que vai acontecer é porque não está entendendo nada do que se passa. Mas vale especular. Se não for só para matar o tempo, pelo menos serve para diminuir nossa ansiedade.

Quem garante que as coisas vão voltar à "normalidade", do "tudo como era antes", pode até ter razão, mas, se isso acontecer, estejam certos de que a gente morre no final desse filme.

A pior hipótese é a de, aos poucos, tudo voltar ao "normal", mesmo admitindo que o modelo em que estávamos vivendo "deu ruim".

Dito isso, vamos lá.

Penso que existem três cenários possíveis: um primeiro cenário desejável, portanto menos provável; um segundo cenário, mais negativo, com um desfecho inimaginável; e um terceiro, que é uma mistura dos dois, logo o mais provável.

Vou listar uma série de itens. Aqueles que vocês acharem positivos, separem-nos de um lado; os que considerarem negativos, podem colocar de outro. Ao final, misturem tudo numa coqueteleira e sirvam bem gelado.

Desde o final da Guerra Fria, com a queda do Muro de Berlim, uma pergunta se impôs: se o socialismo não funciona e o capitalismo não é essencialmente justo, em que tipo de sociedade queremos viver?

Então veio a Covid-19 e a pergunta inicial, ainda sem resposta, ficou um pouco mais complexa: em que tipo de sociedade *podemos* viver?

Continuamos batendo cabeça atrás de respostas.

A pandemia do coronavírus foi apenas mais um sintoma de que a sociedade em que estávamos vivendo acabou por nos levar ao colapso. Nossa espécie, *Homo sapiens sapiens*, um macaco bem-sucedido que se impôs no topo da pirâmide pela capacidade de lidar e modificar o ambiente que o cerca, agora se mostrou incapaz de repetir a façanha.

Antes da pandemia, já vivíamos uma veloz transição antropológica por conta dos avanços na genética, informática, inteligência artificial e automação. Foi então que apareceu a mutação viral, que acelerou o processo radicalmente. As pessoas que já estavam perplexas passaram a ficar assustadas, preocupadas não só com seu futuro, mas também com o presente.

A questão ambiental é central, mesmo porque, ao contrário da pandemia, que paralisa o planeta numa semana, a hecatombe ambiental vai sendo paga em "suaves prestações mensais", como um carnê das

Casas Bahia. Estudos científicos comprovam que as consequências das mudanças climáticas serão muito mais funestas do que qualquer outro fenômeno natural.

A pandemia aponta que a saúde, a educação e a infraestrutura básica exigem uma governança global e a cooperação entre governos e nações. E, mesmo que isso ocorra, a adoção de protocolos mundiais de saúde e educação vão trazer um enorme impacto nas culturas dos povos.

Em suma: a pandemia foi um problema de gestão — 75% dos problemas da humanidade são problemas ocasionados por incapacidade de gerenciamento, sobretudo em momentos de crise.

De certa forma, a "mãe natureza" nos deixou de "castigo" para termos tempo de refletir um pouco sobre o nosso (mau) comportamento e nossa falta de preocupação — e não só com nosso futuro, mas com a continuidade de nossa espécie. Aliás, para a "mamãe natureza", a existência ou não do *Homo sapiens sapiens* é absolutamente irrelevante. Portanto, a questão está em nossas mãos, ou melhor, deveria estar nas nossas cabeças.

Mudar nosso comportamento já não é mais uma escolha.

Quando nasci, em maio de 1958, a população do planeta era algo em torno de 3,5 bilhões de habitantes. Em pouco mais de sessenta anos, somos quase 8 bilhões de seres humanos. Se esse crescimento demográfico vertiginoso não quer dizer nada para você, é melhor nem ler o que vem por aí.

Muito bem, então vamos "bater tambor" e fazer "baixar" a Cabocla Jurema, o Preto Velho e outras "entidades" da futurologia, a fim de especularmos sobre o que vai acontecer.

Algumas práticas da quarentena serão incorporadas e aperfeiçoadas, como hábitos de higiene, educação a distância, o trabalho em casa e a automação nos serviços de modo geral.

Seremos mais "desconfiados" com relação ao próximo, sobretudo com os mais pobres, aumentando o preconceito. O isolamento social dos mais ricos vai aumentar depois que os cariocas se derem conta de que a Rocinha é um dos maiores aglomerados de tuberculosos do mundo.

A distância, poderemos até nos tornar mais próximos. É possível continuar sendo gregário através das plataformas da internet, interagindo com os nossos amigos de forma mais intensa.

No curto prazo, vamos evitar lugares públicos fechados e grandes aglomerações. Isso pode vir a diminuir um pouco ao longo do tempo, mas as empresas que dependem desse tipo de negócio não vão sobreviver até lá. Muitas atividades culturais e de entretenimento terão de ser reinventadas. Nossa característica "mistureba" sociológica vai diminuir muito.

Assim como o 11 de setembro acabou de vez com a privacidade, a pandemia criará protocolos mais rígidos de higiene e saúde. Por conta dos algoritmos, cada habitante do planeta será mais identificável, rastreável, controlável e, por consequência, "influenciável".

Teremos uma revalorização da ciência, muito embora o ser humano sinta uma atração irresistível para preferir soluções simplistas e, por isso mesmo, erradas, em detrimento de encarar a real complexidade das questões que nos cercam.

Só a disciplina do estudo, a leitura, a reflexão, a paciência, a resiliência e os métodos de pesquisa constroem o conhecimento. Mas vejam bem: a ciência nunca sugeriu que é capaz de resolver todos os problemas de imediato. Ao contrário, ela está sempre em busca de novas questões, cada vez mais complexas.

Nós, brasileiros, na média, nunca gostamos muito de estudar, mas cultivamos com entusiasmo o hábito de dar palpite com ares de ph.D. em assuntos que conhecemos de "orelhada".

O medo de adoecer aumentará. Quem puder pagar, vai se cuidar mais e, portanto, viver mais. E viver mais custa caro.

Temos ainda a questão do *displacement*, o desemprego estrutural por conta dos avanços tecnológicos. O fenômeno se acelerará; e, mesmo com programas de suporte social, o *displacement* traz frustração, problemas psicológicos, problemas familiares, drogas, criminalidade, podendo levar à anomia, em que se desfaz o tecido social.

Até quando o aparelho estatal terá condições de oferecer suporte social aos desempregados? Portanto, o futuro exige um Estado cada vez mais eficiente e eficaz.

Viver na "aba do chapéu" da máquina estatal deixa de ser uma possibilidade. Acabam os "subsídios", a "estabilidade" e as demais "vantagens". Não haverá mais "emprego", só trabalho. Acredito que veremos uma valorização do empreendedorismo, sobretudo do pequeno negócio. Para fugir do burocratismo estatal, cresce a informalidade e diminui a intermediação nos negócios.

Outra boa notícia é que, graças ao processo de transição tecnológica, no longo prazo a demografia tende a se ajustar, como nos países desenvolvidos.

Nossos políticos, em sua maioria, não têm capacidade de compreender a magnitude das mudanças estruturais que estamos atravessando, quanto mais de formular soluções racionais.

Diminuirá bastante a circulação de gente pelo planeta, o que virá a afetar empresas de aviação e turismo. As pessoas vão se sentir inseguras tanto para visitar lugares remotos e exóticos quanto para passear em meio às grandes aglomerações urbanas.

O mundo vai atravessar sua maior crise econômica desde 1929 — e, provavelmente, muito mais devastadora. Em busca de melhores horizontes, os movimentos migratórios na direção dos países desenvolvidos irão aumentar. Como contrapartida, ganharão força as políticas protecionistas, o nacionalismo radical e o preconceito.

O mundo que existia até 2019 acabou. O padrão de vida construído no pós-guerra, do tipo estudo-emprego-casamento-filhos-aposentaria, *is over, hit the dust*. A ideia de aposentar-se e curtir a vida acabou. É melhor curtir o trabalho, se tiver um.

A pandemia reafirma o matriarcado como núcleo da família brasileira de baixa renda. A família polimórfica, baseada em vínculos de afetividade além das fronteiras da genética, é cada vez mais predominante.

Acredito que a pandemia e seus efeitos podem dar um choque de realidade nas pessoas no que se refere a crenças, religiões, ideologias e "bandeiras" em geral.

Quero crer que as "bandeiras" radicais, como o racialismo, sexismo e outros movimentos identitários, perderão força.

Tomara que prevaleça a busca da felicidade (felicidade esta segundo a concepção individual de cada um) mediante o exercício consciente da liberdade individual e que esse objetivo seja o grande ponto de convergência da humanidade.

No tocante às relações pessoais, seremos mais seletivos. Ficaremos mais ligados àqueles que são mais necessários à nossa sobrevivência e ao nosso bem-estar afetivo e mental. É por aí que vão se definir nossas relações em sociedade: menos gente com mais intensidade.

Nestes dias de isolamento, de uma quarentena que não tem data para acabar e em que não sabemos o que o destino nos reserva, é preciso controlar nossa ansiedade, reexaminar nossos valores e modo de vida, sabendo que mudar não é mais uma questão de escolha.

O conhecimento das ciências sociais, a antropologia e a sociologia, serão importantes para nos ajudar a formular uma sociedade nova.

O consumo compulsivo e conspícuo, do "eu tenho e você não tem", não pode continuar, assim como esse processo perverso de concentração de renda. Para tanto, temos de reformular a taxação sobre herança, lucros e dividendos.

Quando os mais ricos se derem conta de quanto a miséria alheia afeta sua qualidade de vida, acredito que vão mudar de ideia quanto aos impostos. Além de que manter a desigualdade custa muito mais dinheiro.

Vai ser *cool* ser frugal, orgânico, andar de bicicleta ou transporte público, não ligar para marcas e *gadgets* de última geração. As pessoas, até por limitação orçamentária, vão curtir a vida e a natureza de maneira mais saudável.

Nossas empresas têm de participar sinceramente da vida da comunidade, e não utilizar-se desse discurso como uma simples ação de marketing com o propósito de manter uma "boa imagem" no mercado.

Em nossa sociedade, nem as famílias, nem as empresas, têm o hábito arraigado de praticar o *endowment*, o que contribuiria efetivamente na qualidade de vida da comunidade.

Independentemente do futuro que nos espera, sempre teremos Darwin: sobreviverão aqueles que tiverem maior capacidade adaptativa e de cooperação. E já fica incorporada a ideia de que reinventar-se passa ser uma necessidade permanente.

Como sempre ao longo da nossa história, os mais pobres, os mais indefesos, serão os grandes perdedores, pois não têm nenhuma reserva econômica e dependem de um sistema de amparo social ineficiente.

No Brasil, conviveremos com uma população de desempregados imensa e, pior, sem a menor perspectiva de conseguir trabalho, graças a nosso sistema de educação precário. As consequências são previsíveis: violência, crime organizado e desorganização social.

O problema não são os mais pobres; o problema é nossa *upper class* (onde, modestamente, me incluo), que, na média, além de beneficiária, é despreparada para o papel que deveria representar no conjunto da nação brasileira. O que mais se pode esperar de uma sociedade em que quase a metade de seus integrantes vive sem esgoto em pleno século XXI?

O exercício da ética é base para se construir uma sociedade colaborativa. A confiança *a priori* no outro é fundamental. É o que se chama de crédito.

Os problemas do Brasil são fáceis de identificar e difíceis de resolver. Corporativismo, patrimonialismo, burocracia, clientelismo e concentração de renda... Não necessariamente nesta ordem.

Devemos tentar ser menos sectários, praticar o diálogo, aprender a conviver com aquilo que nos é diferente ou estranho. Será importante cultivarmos uma vida interior mais rica e sermos menos orgulhosos e arrogantes.

Vejam bem, humildade e modéstia não consistem em sufocar nossa infinita curiosidade. Ao contrário, nossa audácia investigativa deve ser mantida, e sempre com os melhores propósitos.

Precisamos entender que vai levar um bom tempo para se inventar uma nova "normalidade" — coisa para nossos bisnetos. Esse é um baita de um desafio, no qual o sucesso é o cenário menos provável. Todavia, não resta alternativa senão tentar.

Nosso planeta, em seus bilhões de anos de existência, já passou por várias hecatombes. E, com ou sem o *Homo sapiens sapiens* embarcado, vai continuar girando em torno do Sol até que ele se apague.

Ah, sim! Uma última observação: a Terra não é plana.

NOTAS

1 Uma singela homenagem à memória de Gianfrancesco Guarnieri e Leon Hirszman, dois grandes brasileiros (sendo que Guarnieri nasceu em Milão, Itália).

ESCOLHAS

TEMOS UM VETOR DE TRANSFORMAÇÃO DA HISTÓRIA?

Sergio Besserman Vianna

A pandemia da Covid-19 será um vetor de transformação da história nos próximos anos e décadas? Penso que sim, mas é preciso qualificar bem os argumentos. Nem toda pandemia ou epidemia mortal tem esse tipo de impacto. A última pandemia, a influenza de 1918, foi terrível em termos de drama, sofrimentos e mortes, mas pouco influenciou os rumos da história. A Primeira Guerra Mundial e a Revolução Soviética foram muito mais estruturantes das décadas seguintes do que a pandemia.

Depende, como tudo, do contexto histórico. Há pouco mais de 170 anos, dois jovens, Karl Marx e Friedrich Engels, escreveram *A ideologia alemã*. Seu editor criou algumas dificuldades burocráticas, e ambos abandonaram os manuscritos numa gaveta. Foi encontrado e publicado na íntegra apenas em 1933, em Moscou.

"Abandonamos tanto mais prazerosamente o manuscrito à crítica roedora dos ratos, na medida em que havíamos atingido nosso fim principal: ver claro em nós mesmos", disseram na época os autores. O curioso é que logo em seu início o livro traz um parágrafo genial, mas que Marx e Engels riscaram a lápis no manuscrito (o livro é publicado com o parágrafo, sem o corte). A primeira frase sintetiza as seguintes: "Só existe uma ciência, a ciência da história."

Quando a escreveram, estavam pensando no que chamamos de ciências humanas e sociais. Suas subdivisões (sociologia, ciência política, economia, antropologia etc.) são apenas janela para a única realidade que existe: a história. Os dois não podiam imaginar que a frase também é genial para as ciências biológicas. Nos anos 1970, o grande biólogo Theodosius Dobzhansky declarou: "Nada em biologia faz sentido exceto à luz da evolução", ou seja, no contexto da história natural. E, no que era inimaginável a qualquer um do século XIX, vai ficando mais claro que mesmo as leis imutáveis da física de nosso universo só são compreensíveis à luz de sua história desde o Big Bang.

Até os anos 1920, a peste, em algum momento ou mais de um, era uma certeza na existência dos indivíduos. A partir da pandemia da influenza em 1918, a humanidade se viu livre desse flagelo. Contudo, o enorme crescimento populacional, a integração econômica e física que veio com a globalização e a degradação acelerada das áreas naturais mudaram essa realidade. Desde o início do século XXI, a possibilidade de pandemias está no radar da área de saúde e da ciência.

Apesar disso, dois dos grandes desafios históricos do século XXI, a falta de governança global num mundo que já está integrado e conectado e a necessidade de alargamento do horizonte temporal da espécie e da civilização, implicaram despreparo quando o previsto ocorreu.

Voltemos ao ponto de partida: se de um lado é verdade que, em certos contextos históricos, pandemias podem ser vetores de grandes transformações históricas — como a Peste Negra, que antecipou o fim da Idade Média e o advento do Renascimento —, de outro também é verdade que algumas pandemias devastadoras pouco são lembradas como vetores de grandes mudanças.

O quão impactante na história do século, portanto, será o SARS--CoV-2 depois de superado o drama humano, social e econômico? Quais as grandes questões de fundo no contexto histórico em que a pandemia ocorre, e que influência terá a pandemia sobre as escolhas que a civilização humana terá de fazer?

TEMOS UM VETOR DE TRANSFORMAÇÃO DA HISTÓRIA?

Minha hipótese é a de que, embora previsível que serão vastas e profundas as consequências diretas sobre a economia e o modo de vida das pessoas, o que torna a pandemia do SARS-CoV-2 profundamente transformadora é a existência em suspenso de desafios colossais, desafios inéditos na história humana sob mais de um aspecto e que vêm sendo há anos (e já décadas) objeto de negacionismo (rejeição ou relativização de conhecimento científico muito robusto) e/ou de anomia em seu enfrentamento, apesar das dramáticas consequências.

Os desafios são incontornáveis: a crise climática, a crise de biodiversidade (a extinção de espécies em ritmo equivalente ao das cinco grandes extinções), a intolerável desigualdade num mundo que dispõe dos recursos necessários para eliminar a pobreza, a ausência de "consciência" — ou, em outras palavras, a navegação ao sabor dos ditames do "mercado" e da acumulação, no momento em que escolhas cruciais inevitavelmente deverão ser feitas, como: quais os limites éticos da utilização em nossos corpos das possibilidades da biologia sintética? Iremos nos dividir em mais de uma espécie? Mesmo sem necessidade, continuaremos a nos alimentar de animais, que têm, como revelam os avanços da ciência, não apenas uma inteligência antes insuspeitada, mas também níveis de autoconsciência variados? E há outras...

O paralelo com a falta de ações preventivas para o enfrentamento de uma pandemia que havia sido prevista é bastante evidente. O conhecimento e a ciência não foram considerados como se esperaria (1); a falta de governança global impediria que as ações necessárias fossem efetivadas mesmo que a ciência tivesse sido ouvida (2); e o foco no curto prazo, forma de viver dos *Sapiens* desde seu surgimento, potencializado pela atual sociabilidade subordinada aos imperativos do crescimento econômico e da acumulação de capital, também travaria qualquer ação voltada para um horizonte de tempo maior (3).

O psicanalista francês André Green é autor de uma frase maravilhosa, síntese dos fundamentos do Iluminismo e da ciência: "A resposta é a infelicidade da questão." Temos, no parágrafo anterior, três questões que se aplicam à pandemia, assim como aos desafios incontornáveis do século XXI (não nos estenderemos, por exemplo, no fato de que a crise climática causará — já não é mais possível evitar, embora todos os recursos necessários para fazê-lo estivessem e estejam disponíveis — perdas de vida, bem-estar e patrimônio, bem como um sofrimento humano em escala muitíssimo maior do que a pandemia, embora diluída no tempo). A primeira questão diz respeito aos recentes retrocessos da civilização humana na valorização da razão, ao fortalecimento do relativismo cultural, base dos atuais processos políticos de cunho "iliberal". Um importante alerta para esse fato foi feito em setembro de 2006 pelo Papa Bento XVI em discurso proferido na Universidade de Regensburg. Nesse discurso, ele indica como seu significativo interlocutor Jürgen Habermas, expoente materialista da Escola de Frankfurt. O Papa Bento XVI aprecia o fato de Habermas ver os fundamentos da legitimidade de um ordenamento estatal não só "na participação política igualitária de todos os cidadãos", mas também na "forma razoável em que os contrastes políticos são resolvidos". Ele aprecia sobretudo que essa "forma razoável" não é identificada por Habermas apenas como o cálculo aritmético das maiorias, mas como "um processo de argumentação sensível à verdade".[1]

Disse o Papa Bento em seu discurso: "O perigo do mundo ocidental — para falar apenas dele — é hoje que o ser humano, precisamente em consideração da grandeza do seu saber e poder, se rende perante a questão da verdade. E isso significa, ao mesmo tempo, que a razão, no fim, se curva diante da pressão dos interesses e da atratividade da utilidade, forçada a reconhecê-la como critério último." Assim, a primeira das nossas três questões, tão importante para explicar a inação frente ao risco conhecido de uma pandemia, bem como a inação frente aos custos conhecidos da crise climática e outras, tem a mesma formulação por parte de um líder religioso e um filósofo materialista. É também essa a forma como o grande psicolinguista e neurocientista Steven Pinker coloca o problema: o relativismo cultural é a base contemporânea do negacionismo da realidade. E o que se impõe é o que Pinker utilizou como título de um recente livro: *O novo Iluminismo: em defesa da razão, da ciência e do humanismo*.

TEMOS UM VETOR DE TRANSFORMAÇÃO DA HISTÓRIA?

A pandemia da Covid-19 poderia ter sido evitada ou muito mitigada? Sim, se a civilização humana se apoiasse mais na razão, na ciência e no humanismo.

A segunda questão que levantamos, igualmente comum à pandemia e aos desafios do século, foi "a falta de governança global" que "impediria que as ações necessárias fossem efetivadas mesmo que a ciência tivesse sido ouvida". O ser humano é tribal. A seleção natural, tal qual descoberta por Charles Darwin, nos fez assim. Um dos grandes livros desse início de século, *Eu, primata*, de Frans de Waal, apresenta maravilhosamente essa história.

Todavia, a cultura humana não é darwinista. Ela se desenvolve acumulando conhecimento de forma complexa; não linear. A tribo original aproximava-se da família estendida, tornou-se clã, depois tribo propriamente dita, cidades, civilizações e impérios, Estados-nação soberanos como os de hoje. Por outro lado, o grau de globalização econômica, a proximidade presencial ou virtual dos seres humanos, tudo isso mudou de forma muito radical da segunda metade do século passado aos dias atuais. Os Estados-nação são soberanos, mas o mundo constituiu-se numa aldeia global de fato.

O *Sapiens* é tribal. Dentro da tribo, valores humanistas podem não ser implementados, mas jamais são contrariados frontalmente, sob o risco da perda da legitimidade do poder. A aldeia agora é, concretamente, o mundo, a humanidade. Essa tensão tem gerado muitas manifestações, como os nacionalismos xenófobos, as críticas a um suposto "globalismo" etc. Essencialmente, trata-se de uma forma reacionária de saudosismo ressentido.

Por que reacionária? Porque os desafios colossais de que falamos, assim como, por definição, as pandemias, são globais e só podem ser enfrentados com governança global. Não se trata do fim da soberania dos Estados-nação, de um governo mundial ou qualquer dessas fantasias, mas daquilo que tanto a pandemia como a crise climática evidenciam, de forma que apenas a negação da realidade pode contestar. A pandemia da Covid-19 poderia ter sido enfrentada com muito menos perdas de vidas e sofrimentos? Sim, com sistemas nacionais de saúde integrados em escala mundial e globalmente "empoderados".

A terceira de nossas questões diz respeito ao tempo — e, nesse contexto, a uma humanidade que se tornou muito poderosa em período bastante curto, mas não alargou suficientemente sua consciência para pensar e agir em função do poder de causar grandes impactos em tempo maior.

Sigmund Freud observou que a humanidade cresce quando cai do pedestal, quando é ferida em sua onipotência narcísica infantil. Isso, segundo ele, teria acontecido três vezes: primeiro com Galileu Galilei e a descoberta de que não somos o centro do universo; com Darwin e o entendimento de que somos resultado da história natural; e com ele, Freud, e a descoberta do inconsciente, embora aqui, convenhamos, haja algum exagero narcísico. Stephen Jay Gould, grande paleontólogo e um dos maiores divulgadores da ciência de sempre, acrescentou que agora era preciso cair do pedestal com a aceitação do "tempo longo". Por exemplo, seria um equívoco achar que a crise climática e a extinção de grandes partes da vida na Terra sejam um problema do "meio ambiente". A natureza do planeta existe num tempo completamente diferente do curtíssimo tempo humano.

A Terra é um planetinha perdido entre as cerca de 200 bilhões de estrelas de sua galáxia, que está entre as cerca de 100 a 200 bilhões de estrelas do universo observável. Eis uma boa analogia para uma humanidade com 300 mil anos perdidos entre os 13,5 bilhões de anos do universo ou os 3,6 bilhões de anos da vida no planeta Terra: se transportarmos esses tempos para um relógio de 24 horas, nós, os *Sapiens*, chegamos aqui nos últimos segundos.

Nas 23 horas, 59 minutos e muitos segundos antes de nosso aparecimento, a vida no planeta já passou sucessivas vezes, devido a causas naturais, por problemas incomensuravelmente maiores do que qualquer coisa que a humanidade possa vir a presenciar — refiro-me às cinco grandes extinções. Não teríamos nenhuma chance de sobrevivência se estivéssemos presentes em qualquer um desses eventos, mesmo com todas as forças que temos hoje. O que o registro fóssil nos ensina é que, de 5 a 10 milhões de anos depois, a biodiversidade está plenamente recuperada e certamente muito diferente.

Não sabemos, ademais, o que é o tempo. A física corre atrás desse conhecimento. Muitos séculos atrás, Santo Agostinho teve um *insight* maravilhoso: "Existem três tempos: o tempo presente das coisas passadas, o tempo presente das coisas presentes e o tempo presente das coisas futuras." Do mesmo modo, não sabemos o que é a consciência. Para o neurocientista António Damásio, ela está ligada ao tempo:

> O tipo mais simples, que denomino consciência central, fornece ao organismo um sentido do *self* concernente a um momento — agora — e a um lugar — aqui. [...] Por outro lado, o tipo de consciência complexa, que denomino consciência ampliada e que possui muitos níveis e graus, fornece ao organismo um complexo sentido do *self* — uma identidade e um pessoa, você ou eu — e situa essa pessoa em um ponto do tempo histórico individual, ricamente ciente do passado vivido e do futuro antevisto, e profundamente conhecedora do mundo além desse ponto.[2]

Será que, a partir do indivíduo, podemos extrapolar para a espécie e a civilização humanas e considerar que ainda não expandimos nossa consciência coletiva no tempo, mesmo porque nunca antes havíamos necessitado disso? Nunca o que fazemos hoje impactou tão significativamente o amanhã. Cada geração vivia sua vida e confiava ao destino o futuro. O capitalismo nos trouxe uma incrível melhoria nas condições de vida e de bem-estar, ainda que sem acabar, apesar de os recursos para isso estarem disponíveis, com a miséria, a pobreza e a extrema desigualdade. Criou, também, uma nova era em que somos poderosos o suficiente para alterar, com ações presentes, o futuro da humanidade e da natureza de nosso tempo curto, ainda que, como já vimos, permaneçamos irrelevantes e totalmente impotentes no tempo longo da natureza.

A consciência humana precisa se expandir numa transformação comparável à do Renascimento, com a centralidade da liberdade individual, ou à do Iluminismo, quando a pergunta passa a interessar mais do que a resposta. Expandir a consciência da espécie é aceitar a existência de limites e da morte, ampliar a compreensão desses três tempos e, à luz dos conhecimentos da história, agir hoje para transformar os tempos futuros. Como diz um ditado africano: "Uma sociedade cresce quando homens e mulheres plantam árvores para dar sombra quando eles já não estiverem mais vivos." A pandemia da Covid-19 poderia ser enfrentada de maneira muito melhor se tivéssemos sido capazes de agir em nome do futuro próximo e previsto. (A crise climática apresenta o mesmo quadro de forma extremada.)

Penso que esse quadro de 2020 será profundamente transformador da história. Em geral, isso ocorre quando desafios gigantescos estão à frente da humanidade. A pandemia é como um raio. Provoca, no tempo presente das coisas presentes, mortes, destruição, sofrimentos. Mas, junto com o raio, vem a luz da fagulha e o relâmpago que iluminam a noite escura. Se não houver nada para enxergar nem no tempo presente das coisas passadas, nem no tempo presente das coisas futuras, a luz não ilumina nada importante.

Se à nossa frente estão escolhas decisivas para o futuro da humanidade, escolhas que só podemos compreender à luz da história, o raio e seu relâmpago, isto é, essa experiência existencial vivida simultaneamente por sete bilhões de pessoas, são capazes de iluminar a noite, de expor os desafios que nos esperam. E, ao mostrarem que o rei está nu, impossibilitam que a negação prevaleça, alargando a consciência do *Sapiens* em sua jornada rumo ao futuro sempre incerto.

NOTAS

1 Conferência do jesuíta italiano Federico Lombardi, ex-porta-voz da Santa Sé, proferida na Conferência Acadêmica Internacional — Em busca da verdade: de Nicolau Copérnico a Bento XVI, realizada na Faculdade de Teologia da Universidade de Nicolau Copérnico, Toruń, Polônia, 17 de abril de 2018.
2 António Damásio, *O mistério da consciência*. São Paulo: Companhia das Letras, 1999.

ÉTICA

O BRASIL DO AMANHÃ EXIGE ÉTICA DO FUTURO

Marcílio Marques Moreira

Ian Bremmer, um dos mais agudos analistas das crises que hoje assolam o mundo, comentou recentemente[1] que elas atraíram o futuro para mais perto de nós, aproximaram o amanhã ao hoje.

Acelerações da espécie costumam ocorrer quando iniciativas já principiadas não conseguem mobilizar o vigor necessário, seja por falta de entusiasmo dos próprios inovadores, seja por ter encontrado obstáculos e costumes arraigados que inibem o avanço da inovação. A interveniência de um choque, como a da pandemia, força avanço inesperado e afasta os escolhos inibidores, permitindo que a inovação amadureça quase de um dia para o outro.

Exemplo eloquente foi a velocidade com que o ensino remoto tomou corpo tão logo o distanciamento, para amortecer o contágio e a expansão exponencial do coronavírus, inviabilizou o ensino presencial na creche, na escola e na universidade. Esse pulo exigiu, mesmo de professores incrédulos quanto ao processo inovador, a adoção — quase a invenção — de uma telepedagogia capaz de resguardar a qualidade e a eficácia do ensino remoto e, ao mesmo tempo, preservar o interesse dos alunos. Esse desafio exigiu esforço adicional, com êxito surpreendente.

Não há dúvida de que o tele-ensino chegou para ficar — não para substituir a educação presencial, mas como relevante auxiliar na busca de um ensino mais enriquecedor e holístico.

O mesmo fenômeno ocorreu em relação ao trabalho em *home office*, à utilização confiável da telemedicina e ao consumo remoto, os quais ainda precisam burilar esforços que assegurem confiança às duas pontas envolvidas — consumidor e vendedor — e às outras partes interessadas, como o fisco, que tem de ser equilibrado, mas efetivo. *Breakthroughs* como estes tenderão a fazer parte significativa do novo normal, apesar de nossa tradicional resistência, ou complacência, à adoção de ideias e processamentos modernos. Espero que se acelere, também, nossa trajetória em direção à sociedade do conhecimento e ao crescente uso da economia digital, da inteligência artificial e da computação na nuvem, assim como ao esforço de baixar a emissão de carbono. As mudanças, já em curso, de redução do turismo de negócios e de atraentes seminários tenderão, por exemplo, a restringir o desperdício. Além de baratear o processo graças à realização remota das atividades, isso contribuirá para o controle da poluição e para a melhora ambiental decorrente da queda da emissão de carbono nos voos aéreos, bem como em outros meios de transporte.

Serão, me parece, mudanças benéficas na medida em que puderem gerar ganhos de produtividade e contribuir para um sólido compromisso com a pedra angular da arquitetura moral de qualquer sociedade: a confiança, fio garantidor da boa gestão pública e privada.

No capítulo "O futuro do Brasil comprometido", em obra escrita em 1885, Lacerda Werneck sustenta que:

> As nações modernas (...) se apressam em satisfazer as novas exigências da sociedade, mas [entre nós encontramos] o medo das inovações dos que preferem continuar atrás das outras nações e das condições de existência do mundo moderno (...).[2]

A crise do coronavírus provocou uma recessão global complexa, graças à dupla pressão que assolou a economia. No início, queda abrupta de oferta, fragmentando muitas cadeias produtivas; em seguida, queda não menos radical na demanda, imposta pela quarentena de significativa porção da população.

Se não bastassem duas terríveis crises, surgiu séria crise política capaz de atrapalhar o que deveria ser o principal foco de combate: o coronavírus e a profunda recessão econômica consequente. Ambas as crises são as mais graves vividas pelo Brasil nos últimos cem anos, só comparáveis à gripe espanhola de 1918 e à depressão que se seguiu ao *crash* da Bolsa de Nova York em 1929.

Tanto no combate em curso quanto no esforço de viabilizar a retomada econômica no futuro, urge concentrar a atenção nas condições desfavoráveis dos setores da população menos aquinhoada, o que inclui as micro e pequenas empresas e os trabalhadores informais, muitas vezes desprezados por serem considerados sonegadores contumazes. Quanta hipocrisia! O que é indispensável, tanto no combate atual quanto no desafio e esforço de relançamento da economia, é a premência e a prioridade que dois perdedores costumeiros de crises merecem: a *verdade* e o *pobre*.

Maquiavel aconselhava o príncipe a fugir tanto dos aduladores quanto do ódio, tornando-se "paciente ouvidor da verdade". Isso exige esforço consciente para perceber e aceitar a realidade, o que implica escapar não só aos aduladores, senão também às *fake news*, pretensas "verdades" inventadas e que já vicejavam à época, no passar do século XV ao XVI.[3]

Quanto aos pobres, é preciso assegurar-lhes vida digna e tratá-los com respeito e consideração. A pandemia está expondo com crueza as condições inumanas em que são obrigados a viver. O sofrimento coletivo pelo qual estão passando, agora, em termos médicos e hospitalares, somado à renda já parca e minguante, deve aguçar nossa empatia e compaixão. O Programa Bolsa Família e o SUS são instituições de grande valia, mas insuficientes para o dia a dia e para resistir a crises da dimensão das que estamos testemunhando. A trágica situação consequente deve ser estímulo para que o Brasil pós-Covid procure, após séculos de descaso e complacência, cortar os laços com os legados de desigualdade que herdamos de duas manchas em nossa história: o patrimonialismo luso-brasileiro, que perdura em generalizadas situações de conflito de interesse e no frequente sequestro de recursos públicos e privados, mormente pelas elites, para satisfação de interesses especiais; e a escravidão, que, além da inaceitável desigualdade, nos legou odiento preconceito de raça, cor, gênero, educação e saúde.

A verdadeira ética do futuro há de conceder, em contraste, prioridade e interesse, de maneira efetiva, à educação infantil, desde a mais tenra idade até o nível universitário, prolongando-a pela vida inteira. Devemos aproveitar o atual abalo para um radical reposicionamento. Não podemos desperdiçar a oportunidade de nos transformar em comunidade do conhecimento, em sociedade aprendiz, capaz de superar a baixa produtividade da economia, que poderá, se nada de positivo for feito, nos condenar a um neossubdesenvolvimento e uma mediocridade sem limites, fomentada por nossa falta de devoção à educação, saúde, ciência, tecnologia e cultura.

Quando menciono a necessidade de promover a autêntica ética do futuro, refiro-me à necessidade de dar prioridade crescente ao investimento de médio e longo prazos, e não apenas ao consumo imediato de bens e serviços. Exemplo é a ênfase, já mencionada, na educação, essencial investimento em nossa infância e juventude, ativo de alto potencial para enriquecer o futuro. E, também, ao esforço intenso para fechar outra lacuna que acaba tendo consequências trágicas em termos de saúde: o fato de cem milhões de brasileiros não terem o direito nem o acesso a um serviço minimamente eficaz de saneamento, isto é, de água potável e esgotamento tratado e escoado, que não venha a ser despejado em nossos rios, lagoas ou mar.

Não me refiro, portanto, apenas ao combate ainda mais efetivo à corrupção de agentes públicos e privados, mas ao efetivo apreço à produtividade, à eficiência, à fuga do desperdício e da incompetência. Estas tendem a cobrar custo efetivo muitas vezes superior ao da sempre nociva corrupção. Acabam prejudicando a busca do bem comum e o combate à desigualdade.

Por uma ética do amanhã, antevejo intenso esforço para o Brasil modernizar-se, abandonando, de vez, a rota que se contenta com a mediocridade pela qual arriscamos jogar o país ao pântano do neossubdesenvolvimento — científico, tecnológico e econômico — e à irrelevância externa.

Há que lembrar-se da lição de San Tiago, no último ano antes de sua prematura morte:

> Nenhum projeto nacional é válido, nenhuma política interna autossustentável, se não lograr inserir o país no rumo histórico de seu tempo e superpor harmonicamente o nacional e o universal.[4]

Será, pois, de suma importância aproveitar plenamente a oportunidade de começar a pensar, a sonhar em esforço sincero, de natureza fértil e generosa, para tentar construir consenso mínimo em torno de uma direção promissora para o Brasil pós-pandemia. Não penso em pacotes, nem em grandiosa construção de projetos, em profecia promissora, em tiro de bala de prata, nem mesmo num número vistoso a atingir. Estas são especulações sem viabilidade, dado o acúmulo de incertezas. Não se trata de gerar mais um plano ou organograma, como os que vicejavam no passado. Estes não passaram de exercícios de engenharia econômico-social de efetividade zero, fora o barulho de propaganda a que no fundo aspiravam.

Penso mais em procurar o que Hauriou chamou de "ideia da obra a realizar", com o poder de organização social colocado a serviço dessa ideia e a manifestação de um consenso social mínimo que permita traçar o fio condutor que viabilize sua realização concreta.[5]

Essa terá de ser uma reflexão coletiva, um esforço de construção de ideia viável e eficaz, o que exigirá verdadeiro engajamento reformista, modernizante e aderente à justiça social, além de alta competência técnico-científica para construir uma maneira sólida de atingir porto seguro.

Valho-me, mais uma vez, da sabedoria da San Tiago, que no mesmo discurso, verdadeiro testamento que nos legou, deixou claro:

> A certeza de que a sobrevivência da democracia e da liberdade no mundo moderno depende de nossa capacidade de estender a todo o povo, e não de forma potencial, mas efetiva, os benefícios, hoje reservados a uma classe dominante, dessa liberdade e da própria civilização.[6]

Como não é proibido sonhar com maneiras de superar a inacreditável desigualdade de renda e patrimônio de nossa população, é reconfortante registrar que pesquisadores e economistas de renome vêm estudando intensamente a viabilidade fiscal e os possíveis efeitos distribucionais da implantação no Brasil de um sistema de renda universal básica ou mínima.

Espero que a gravidade das atuais crises — sanitária, econômica e política, interligadas e intercontagiantes — sirva para consolidar a consciência de que é imprescindível empreender esforço para construir consenso mínimo, respeitado o pluralismo, em torno de uma ideia generosa e eficaz que nos leve a pôr de pé um Brasil do amanhã: mais produtivo, mais moderno, mais justo e obediente às premissas da ética em seu sentido holístico de dedicação ao bem comum, ao bem-estar de todos os brasileiros.

Temos, portanto, em meio a tantas incertezas, de procurar mobilizar-nos em torno da ideia dessa obra comunitária a realizar, resistindo à inércia e ao medo, situação que Dante descreveu no primeiro canto do *Inferno*:

> No meio do caminho de minha vida,
> Encontrei-me numa selva escura,
> extraviado do caminho certo.

Procuremos corrigir os desvios do caminho correto para consolidar avanços cuja aceleração devemos à forte reação natural aos desafios que temos confrontado. Temos de fugir de soluções fáceis e imediatistas, mas que, no médio e longo prazos, têm forte tendência a se transformar em problemas, em barreiras incômodas ao indispensável relançamento da economia.

Devemos, portanto, aproveitar essa rara oportunidade para que a ética do futuro venha a substituir fúteis nostalgias, ressentimentos canhestros, ciúmes mesquinhos, preconceitos infantis e surtos de violência e ódio.

Para que isso possa ocorrer, há que vertebrar propostas convergentes e compartilhar objetivos, sem tolerar retrocessos incoerentes e ações sem sentido. Todavia, antes de concluir este esboço tentativo de um Brasil pós Covid-19, é impositivo chamar a atenção para uma útil advertência. Não é justo enfatizar apenas legados negativos do passado que continuam a macular nossa realidade. Temos como compensação muitos ativos — belas virtudes que nos têm surpreendido em meio ao turbilhão. Despertou-se uma generosa contribuição filantrópica por parte de cidadãos, muitos anônimos, de empresas e de iniciativas as mais diversas, no intuito de aliviar as agruras e o sofrimento dos menos favorecidos, dos desempregados, dos informais, dos residentes em comunidades e nas tão desprezadas favelas.

Concordo, aliviado, com o recado que o pensador português Valter Hugo Mãe nos transmitiu em sua "Carta aos amigos do Brasil":

> Nunca se deixem convencer de que o Brasil deu errado. (...) Um povo convencido de que [o Brasil] é um erro é um povo predisposto a desistir. Não caiam nessa armadilha.[7]

Num esclarecedor volume sobre o *Novo mundo e a Europa*, Lucien Febvre, aplaudido mestre em história das Annales, já nos advertia que a história "nos ensina, mas não nos obriga".[8]

Escrevendo no mesmo volume, Sérgio Buarque de Holanda deixa claro que:

> Não convém utilizar-se da história, a não ser na medida em que ela sirva para melhor compreender o passado e nos ajude a destrinchar as perspectivas do futuro.[9]

Os abalizados comentários de Valter Hugo Mãe, Sérgio Buarque de Holanda e Lucien Febvre encontram eco num comentário de San Tiago, que, no seu já referido discurso/testamento intelectual, adverte:

> Nenhuma reforma (...) poderá ser implantada em nosso país se não conseguirmos obter de nós mesmos (...) classes produtoras e trabalhadoras, um mínimo de confiança na viabilidade de um projeto brasileiro (...).[10]

Não podemos esquecer que, uma vez vencida a "guerra" contra o vírus e a recessão, será necessário retomar o indispensável ajuste fiscal — rigoroso, mas sem rigidez — e avançar, com entusiasmo e destemor, em trajetória reformista e modernizante que assegure, com naturalidade, aumento de produtividade, melhora na competitividade e um ambiente de negócios confiável, capaz de atrair investimentos. Estes, além de retornos econômicos, hão de assegurar retornos que contemplem todos os *stakeholders*: proprietários, trabalhadores, consumidores, comunidades do entorno, meio ambiente...

Cada um desses passos não é só compatível com a almejada ética do futuro, mas indispensável para assegurar-lhe a fruição holística de suas virtudes.

As reformas, em seu conjunto articulado, terão, portanto, de inspirar-se na ética do futuro. Não é possível esquecer que economia e ética são instituições que não se estranham. A economia, para Aristóteles, no auge da civilização grega, era um setor da ética, enquanto Adam Smith, pai da economia moderna, antes de publicar *A riqueza das nações*, em 1776, publicara inspiradora obra sobre *A teoria dos sentimentos morais* (1759), objeto de décadas de seu magistério.

As políticas públicas têm de considerar as consequências futuras das decisões de hoje, obedecendo à ética da responsabilidade. Há que evitar soluções que se transformem em problemas amanhã. É preciso privilegiar investimentos que assegurem a sustentabilidade do desenvolvimento econômico, em vez do consumo imediato, mesmo que este seja fonte de popularidade em curto prazo. Buscar equilíbrio fiscal e modernizar institucionalmente o país não privam ninguém dos legítimos direitos adquiridos, mas o contrário: procuram assegurar a sustentabilidade dos processos de melhoria em curso e a extensão a todos do direito de usufruí-los — e isso no seio de um país próspero, moderno, produtivo, justo, solidário e generoso.

Os sofridos brasileiros o merecem. Não podemos fugir a essa responsabilidade. Ela é parte da ética do amanhã. O futuro está em nossas mãos. Urge colocar o Brasil em dia, passá-lo a limpo, restabelecer a confiança, a fraternidade e a solidariedade. Resgatemos a esperança!

NOTAS

1 Ian Bremmer, Carta semanal, 20 de abril de 2020.
2 L.P. de Lacerda Werneck, *Le Brésil*. Rio de Janeiro: Lombaerts, 1889, cap. V, p. 54.
3 Nicolau Maquiavel, *The Prince*. Oxford: Clarendon Press, 1968, pp. 349 e 352.

4 San Tiago Dantas, *Ideias e rumos para a revolução brasileira*. Rio de Janeiro: José Olympio, 1953, pp. 10-11.

5 Maurice Hauriou, *Aux souces du droit: le pouvoir, l'ordre et la liberté*. Paris: Librairie Bloud & Gay, pp. 96-99.

6 San Tiago, *op. cit.*, p. 4

7 Valter Hugo Mãe, "Não se deixem convencer de que o Brasil deu errado", em *O Globo*, 28 de abril de 2020, p. 1.

8 Lucien Febvre *et al.*, *Le Nouveau monde et l'Europe*. Neuchatel: Editions de La Baconnière, 1955, p. 12.

9 Sérgio Buarque de Holanda, "O Brasil na vida americana", *ibid.*, p. 55.

10 San Tiago, *op. cit.*, p. 8

GENTE

NOSSA GENTE
Antonia Leite Barbosa

Tentando me convencer de que temos de viver um dia de cada vez e não projetar demais, recebi um telefonema do José Roberto Castro Neves no dia 20 de abril de 2020, no qual me pedia justamente o contrário. Em nossa conversa, ele me provocou a expandir horizontes e tentar vislumbrar como estaremos depois da pandemia do novo coronavírus, o maior fenômeno global da história da minha existência, a crise mais desafiadora que o mundo enfrentou desde a Segunda Guerra. Topei, e naquela tarde mesmo comecei a colocar ideias no papel, chegando a cantarolar no chuveiro um trecho do popular samba-enredo "O amanhã": "Como será o amanhã?/ Responda quem puder/ O que irá me acontecer?/ O meu destino será como Deus quiser…"

Vários futuristas, nacionais e internacionais, já afirmaram que o novo coronavírus, responsável pela disseminação da doença chamada Covid-19, funcionou como um "acelerador de futuros". A pandemia antecipou mudanças que já estavam em curso, como a intensificação do trabalho remoto e da educação a distância, o crescimento das operações de *e-commerce*, a busca por sustentabilidade e a cobrança, por parte da sociedade civil, para que as indústrias e as empresas em geral assumam uma atitude mais responsável do ponto de vista social e ambiental em seu processo de produção.

A epidemia que enfrentamos nos ensinou muito sobre cooperação e solidariedade. Todos dependíamos de todos para que a situação pudesse ser minimizada e erradicada. As medidas de isolamento social, adotadas no mundo inteiro e tão necessárias para achatar a curva de expansão do vírus, forçaram centenas de milhares de trabalhadores a ficar em casa. Durante os meses de quarentena, apenas os profissionais ligados aos serviços considerados essenciais continuariam indo às ruas. Empresas e pessoas físicas tiveram de se reestruturar da noite para o dia, a fim de criar condições de trabalho remoto, seja ampliando serviços nas nuvens, seja liberando acessos externos com segurança da informação, seja ligando-se a um provedor de internet satisfatório, seja arrumando uma cadeira ergonômica para passar o dia sentado.

Isso sem contar a revisão completa da configuração do espaço físico dentro do lar. Para quem precisou trabalhar em esquema de *home office*, a adaptação não exigiu apenas equipamentos. Exigiu também criatividade na forma de liderar, buscando novas formas de diálogo, de comunicação e de ferramentas para avaliar o desempenho das pessoas. Conciliar o emprego formal com as tarefas de casa, a alimentação e a supervisão das crianças foi um pesadelo para os pais que nenhum Departamento de Recursos Humanos estaria preparado para enfrentar.

Meu marido e eu tivemos de fazer novos acordos quanto ao uso dos metros quadrados de nosso apartamento, redesenhar fronteiras, organizar turnos para cuidar dos nossos dois filhos e dar suporte ao excelente, mas intensivo, ensino a distância oferecido pela escola. Eles são pequenos e, sem a ajuda de terceiros, precisaram de monitoria permanente por parte de um dos pais. Gincana pura. E os colegas de trabalho compreenderam e aceitaram as inúmeras interrupções em nossas ligações e videoconferências.

No entanto, nos lares, as diferenças viriam à tona, e as dificuldades das relações interpessoais gerariam atritos, maiores ou menores, entre os confinados. Em muitas casas, mulheres e crianças foram vítimas de violência doméstica, problema grave que cresceu muito durante o confinamento. Por aqui, praticamos um exercício de paciência diário, mas também tivemos mais certeza do que nunca do amor que nos une. Como bem disse o filósofo Luiz Felipe Pondé, "a pandemia é um laboratório natural de virtudes. E a virtude é tímida. É uma ciência da prática".

O momento nos levou a refletir sobre as escolhas que fizemos até então. Para outras famílias, representou fazer escolhas novas. Muitos alertaram para que tivéssemos cuidado com o que desejamos. Não pelo fato de não conseguirmos o que queremos, mas pelo fato de, eventualmente, não querermos mais após conseguir. Os *memes* que circulavam pela internet antecipavam: "A segunda temporada da quarentena, temos que passar com a mesma família ou podemos trocar?" E mais: "Minha mulher e eu decidimos que não queremos mais ter filhos. Vamos contar para eles amanhã."

Brincadeiras à parte, assisti a uma *live* da taróloga Adriana Kastrup em que ela defendia a tese de que 2020 seria marcado pela Lei do Retorno, fenômeno que embute a ideia de que cada ação gera uma reviravolta em direção a nós mesmos. Achei interessante. Ela acredita que existe um mecanismo compensatório para equilibrar nossas ações em sociedade e no universo. Se somos bons, teremos coisas boas, mas o contrário também seria válido. Assim, viveremos um grande senso de justiça a partir de agora. A pandemia nos mostrou uma direção sem volta: o desenvolvimento humano. Um vírus nos reconectou com nossa essência perdida.

Em 15 de maio de 2019, assisti a uma palestra do empreendedor social Rogério Oliveira, que dizia: "Ninguém quer trabalhar menos, o que as pessoas querem é autonomia, é poder escolher a que horas, de onde e como trabalhar." Mal sabia ele que, meses depois, grande parte da população mundial teria a chance de sentir esse gostinho e não ia mais querer voltar atrás. Empresas repensaram e reorganizaram a rotina de seus funcionários. Interagir presencialmente com os colegas faz falta, mas constatou-se que, para executar um projeto ou realizar grande parte do trabalho do dia a dia, a proximidade física não é necessária. Dá até para afirmar que esse foi um dos grandes aspectos "positivos" da pandemia.

Em perfeitas CNTPs (condições normais de temperatura e pressão), o esquema de *home office* oferece mais qualidade de vida, o que posso validar por experiência própria, já que há quase vinte anos trabalho nesse modelo. O que era visto com certo preconceito agora passou a ser encarado como normal. Trabalhar de casa requer grande disciplina, mas traz vantagens, como a liberdade de gerenciar seu tempo e conciliar assuntos pessoais ao longo do dia. No meu caso, acredito que trabalho muito mais horas de casa do que se estivesse dentro de uma empresa.

Muita gente que mantinha escritórios luxuosos em endereços nobres está revendo suas escolhas ou buscando alternativas mistas, como instituir dois dias por semana de trabalho em casa. Menos sala privativa e mais *coworking*; espaços menores e mais próximos da residência, de menor custo fixo. O mercado imobiliário brasileiro viveu a última década com dinamismo e passou por duas fases distintas. Primeiro, acompanhando o ciclo econômico do país em alta, registrou um forte crescimento e o auge da prosperidade. Depois, com a desaceleração da economia nos anos mais recentes, entrou em curva descendente. Agora, as perspectivas são de uma nova realidade de preços, mais calibrada segundo o bom senso.

No mundo corporativo, houve ainda uma redefinição quanto à necessidade das viagens. Com a disseminação de novas ferramentas digitais, ficou provado que não faz muito sentido sustentar boa parte dos deslocamentos impostos a funcionários. O 11 de setembro já alterara a burocracia dos viajantes, aumentando as exigências para a obtenção de vistos, as fiscalizações nos aeroportos, o rigor na documentação para imigração etc. A Covid-19 acrescentou a esses protocolos a vigilância biométrica e a necessidade de apresentação do passaporte de imunidade ou do certificado internacional de vacinação, nos moldes do que já era usual em alguns países em relação à febre amarela.

Mas, acima de tudo, a Covid-19 mudou o comportamento do viajante. Luvas, máscaras e álcool em gel se tornaram parte da rotina a bordo, além da preocupação com a assepsia geral de aeroportos e aeronaves. Pesquisas revelaram que os lugares mais sujos dos aeroportos eram as mesinhas de refeições, as fivelas do cinto de segurança e as mesas e bandejas de raio X, com a maior concentração de bactérias por polegada quadrada. Cabe ao passageiro reforçar a faxina com seu arsenal pessoal de limpeza.

Com muitas restrições a voos e diante de fronteiras ainda fechadas, o que ajudou a salvar o mercado hoteleiro por vários meses foi o turismo doméstico. No entanto, uma outra "doença" se alastrou com o novo coronavírus: a que persiste em associá-lo a uma nacionalidade. Os chineses são os que mais sofrem com essa xenofobia. Os turistas ainda se sentem inseguros, apesar de terem sido implementados protocolos rígidos, com selo de certificação de higienização nos aeroportos e nos hotéis.

"Formação do lar" passou a ser um tema transversal ao currículo das escolas brasileiras. Case-se com alguém que saiba cozinhar e desentupir uma pia, pois a beleza um dia acaba, e a fome, não. Principalmente a das crianças. Estamos vivendo uma reinvenção dos bens de consumo. Consumir por consumir saiu de moda. Aliás, a indústria da moda como um todo está em xeque. A maneira como a responsabilidade social das marcas foi trabalhada ao longo da quarentena serviu como divisor de águas, definindo as que se fortaleceram com a crise e as que naufragaram no oportunismo.

Foi emocionante ver as fábricas de grandes conglomerados como LVMH e Kering alterando suas plantas de produção para fabricar álcool em gel, equipamentos de proteção individual e máscaras. Aqui no Brasil, temos o exemplo da Granado, que produziu toneladas de álcool em gel, a Reserva, que fabricou milhares de máscaras para distribuir em áreas de maior vulnerabilidade social, a Riachuelo, que produziu itens hospitalares para órgãos públicos, e a Mary Kay, que fez doações para a Fundação Oswaldo Cruz, viabilizando o desenvolvimento de testes capazes de detectar o novo coronavírus, só para citar algumas das marcas que ajudaram a mitigar os impactos da crise.

A necessidade de olhar para o coletivo fez com que comportamentos como a concorrência desmedida e o excesso de individualismo perdessem boa parte do sentido. Ações de solidariedade foram incontáveis, especialmente as patrocinadas pela sociedade civil. "Empatia" tornou-se a palavra de ordem. Acompanhei de perto o nascimento do União Rio, movimento que uniu pessoas e ONGs comprometidas com o estado do Rio de Janeiro, onde moro, e arrecadou recursos para a construção de leitos em UTI, para a aquisição de respiradores e para a distribuição de equipamentos de proteção, de alimentos e de produtos de higiene. A União manteve, ao longo de toda a quarentena, um *dream team* trabalhando voluntariamente para conectar pessoas que queriam doar, de maneira eficaz e segura, àqueles que mais necessitavam de apoio.

Em parceria com os donos da Animasom e da escola Os Batutinhas, organizei uma campanha batizada de Quarentena do Desapego, que promoveu a doação de centenas de brinquedos para a Central Única das Favelas (CUFA). O desafio de manter filhos ativos e felizes sem sair de casa foi infinitamente mais duro para as famílias em vulnerabilidade social, nas favelas e em outras regiões carentes.

A pandemia escancarou desigualdades sociais no Brasil e nossa histórica realidade de exclusão. Ainda estamos lutando pelo fortalecimento do Sistema Único de Saúde. Não dá para seguir sem que o Estado promova mais distribuição da renda e mais acesso aos serviços de saúde. Mortes não podem ser apenas estatísticas. O que é público precisa ser vigiado por todos. Chega de inocência. Os instrumentos para essa transformação estão nas mãos do Estado e dos governantes, motivos que têm me levado a considerar fortemente a ideia de entrar para a vida pública.

A maior dificuldade do ser humano é conseguir enxergar além do superficial. Recomendo uma revisita ao *Ensaio sobre a cegueira*, de Saramago, obra em que a perda de visão narrada pelo autor pode ser encarada como símbolo da alienação do homem em relação a si próprio. No livro, quando a cegueira branca vira epidemia, os problemas da nossa sociedade que não queremos enxergar se intensificam de tal forma que as regras da civilização são quebradas e o instinto de sobrevivência toma conta do homem. A partir daí proliferam situações como segregação de grupos, abuso de poder, disputa por comida, ganância, traição, violência, abuso sexual. E, nas entrelinhas, inúmeras chances de se praticar a solidariedade.

Por meses enfrentamos um distanciamento social que parece interminável. Sair nas ruas menos movimentadas causa a sensação de estarmos vivendo uma sucessão de domingos. Só gradativamente, penso, poderemos retomar nossas vidas, mas, mesmo após a retomada, continuaremos a manter uma educada distância de dois metros de outro ser humano. Contato físico só com pessoas que vivem na mesma casa. Aliás, outra piada que circula diz que, "agora, só os casados transam".

O Brasil, que já ocupava um dos primeiros lugares no ranking de povos mais asseados do mundo, reforçou sua posição. A título de curiosidade, você sabia que foram os índios que passaram para os portugueses muitos dos hábitos de higiene que ainda permeiam a cultura nacional? Todos se depilavam, cortavam e lavavam os cabelos, além de tomar banho diariamente. "Nessa época, os europeus tomavam de um a dois banhos por ano, e apenas por recomendação médica", conta o historiador Eduardo Bueno em *Passando a limpo: história da higiene pessoal no Brasil*. "Eles achavam que a abertura dos poros que acontecia após o banho seria a porta de entrada para a 'peste', responsável por deixar tantos de cama", relata o autor.

Antes da Covid-19, pesquisas apontavam que os homens lavavam menos as mãos do que as mulheres e que as pessoas, em geral, passavam a mão no rosto cerca de vinte vezes por hora. Baixamos essa frequência, aumentamos hábitos de asseio, mas não nos tornamos germofóbicos, porque não é da nossa natureza. O uso de máscaras nas ruas, costume que já era difundido entre asiáticos e Michael Jackson (*in memoriam*), deixou de ser obrigatório após alguns meses, mas passou a ser trivial, sobretudo ao menor sinal de resfriado. Em países como o Afeganistão, onde o cumprimento chegava a oito beijos e ainda era arrematado com um abraço de urso, a mudança foi radical, passando para acenos e eventuais encostadas de cotovelos, que também ganharam nova função no mundo inteiro: a de servir para apertar o botão do elevador.

Precauções foram tomadas nas pastorais. A tradicional saudação litúrgica da paz, feita entre o Pai-nosso e a comunhão, foi substituída por um momento de silêncio, sendo que a hóstia passou a ser colocada nas mãos dos fiéis, e não na boca. Distanciamento social de gente inconveniente (no mínimo dez metros) tornou-se um direito de todo cidadão.

Muita gente foi "cancelada" no tribunal da internet. Estar mais inteiro e presente em tudo o que fazemos, deixando de lado a mera presença formal em eventos, virou tendência.

    Agradeço ter podido, com essa mudança de costumes, me livrar do traumático "cafezinho". Não estou me referindo à bebida, mas àquele convite para um encontro de interesse do proponente, disfarçado sob pretexto de um "botar o papo em dia". Uma amiga me abriu os olhos faz tempo. Disse que "convite pra cafezinho é roubada". Quando alguém tem algo que é interessante para você, vai sempre deixar isso claro no convite. Quando não fala nada é porque vai tomar seu tempo, pedir algum favor constrangedor ou fazer fofoca.

    Estar e não estar, eis a questão. Em visita a Las Vegas em 2016, quando fazia uma reportagem sobre a indústria do casamento, tive a oportunidade de visitar muitas capelas que já eram equipadas com câmeras para transmissão remota das cerimônias. O que me surpreendeu positivamente na época virou padrão. Funeral e missa de sétimo dia agora são corriqueiramente transmitidos via videoconferência, assim como nascimento de bebês, bodas, aniversários e outros ritos sociais. Se, por um lado, os cerimoniais se tornaram mais íntimos, com menos presenças físicas, por outro lado aumentaram significativamente, com a possibilidade de ilimitadas presenças virtuais.

    Ficou mais evidente do que nunca que cultura é o alimento da alma. A intensa oferta verificada nos tempos de quarentena não apenas nos salvou do tédio, como nos mostrou que é possível consumir qualquer tipo de arte de qualquer lugar do planeta. E de uma forma mais democrática do que praticávamos. Orquestras de países diversos, musicais da Broadway, cursos de Harvard e do MoMA, exposições no CCBB, livros de arte do Guggenheim, só para citar alguns exemplos, foram disponibilizados gratuitamente nessa época. Agora passarão a ser subsidiados por empresas que viram que por meio dessas plataformas também fidelizam e atraem consumidores.

    Foi preciso uma quarentena para redescobrirmos o provérbio "o que não mata engorda". Homens e mulheres subiram um, dois, três manequins depois do surgimento do novo coronavírus. Muita gente assumiu de vez os cabelos brancos. Eu, por exemplo, ressignifiquei minha relação com minhas unhas e deixei de lado o hábito semanal de cutilar e pintar. Minhas unhas *in natura* ficaram mais fortes, viçosas, me ensinando que a beleza está nos olhos de quem vê. Isso não quer dizer que não voltarei a pintá-las; não se trata de gesto de rebeldia nem de feminismo. Foi apenas uma parte do meu corpo que escolhi para ser o meu fio terra, pois acreditava que quanto maiores fossem os sacrifícios pessoais, mais resilientes sairíamos da crise.

Já posso dizer que sinto falta dos dias em casa sem sutiã. E de poder pular um banho ou outro sem culpa. Me desfiz de todas as minhas calcinhas cor bege, pois elas têm uma lei de atração muito particular, e em tempos de isolamento parecem pular da gaveta em nossa direção. E, graças aos milhares de chamadas de vídeo que fizemos, percebemos o quanto boa parte da humanidade ainda precisa refinar a decoração de suas residências. Arquitetos e designers de interiores estão bombando. "É a nova economia da Covid-19", afirmou um famoso urbanista num grupo de WhatsApp.

Acrescento que festas com banho de espuma, sucesso nos anos 1990, voltaram com força total, uma prática que, como o nome indica, envolve asseio. Já as surubas em casas formais de suingue foram abolidas da programação. Já é possível adquirir versões de álcool em gel com sua fragrância preferida. Foi inventada uma máquina de lavar as embalagens das compras de mercado todas de uma só vez. Aliás, o trabalho doméstico nunca foi tão valorizado. Assim como o trabalho dos professores. "É muito difícil ser aluno da mamãe", repetiam meus dois filhos diante dos meus frequentes ataques de impaciência. Mal sabiam eles que também eu temia cada exercício de aritmética que me traziam. Dar conta de tantas tarefas, deles e minhas, me trouxe um cansaço mental muito pior do que o cansaço físico.

No entanto, tenho vivenciado alguns momentos edificantes. Um deles foi quando passava palito de unha envolto em algodão nos cantinhos rebaixados da minha lixeira na cozinha para higienizá-la. Refleti então que, no simbolismo daquele gesto, que fazia pela primeira vez, estava todo o meu empenho em zelar por minha família e pelos nossos pertences. Com esmero, devolvi ao acessório a sua dignidade, sentimento esse que passei a nutrir por muitos objetos que me cercam, cansados, desassistidos, ignorados por seus proprietários. Naquela tarde, vi meu marido ter o mesmo impulso, ao limpar caprichosamente as grelhas da coifa, imundas de tanta gordura acumulada.

Já pararam para pensar que quase todo o lixo que produzimos um dia foi luxo? Luxo porque tivemos a oportunidade de adquirir bens de consumo, como uma camiseta, um iogurte, uma maquiagem, um absorvente. Só que o lixo hoje não será mais como o lixo do ano 2019 a.C. (isto é, antes da Covid-19), descartado sem consciência dos impactos que causava no meio ambiente e do exército de homens invisíveis que nos garantiram saúde pública durante a pandemia. O gari Sorriso, varrendo o chão no Carnaval da Marquês de Sapucaí, transformou o nosso olhar sobre esses profissionais, mas foi preciso uma crise mundial para que nossas atitudes mudassem.

Curiosamente, em 2019, algumas campanhas de coleta de tampas de plástico tomaram conta do país. Foi quando o termo "compostagem" finalmente se difundiu entre a população. Estávamos caminhando, mais lentamente do que o desejável, na direção dos princípios estabelecidos pela Agenda 2030. Agora o cenário é outro. Temos de promover em casa, de forma acelerada, a separação de biorresíduos e esperar que os sistemas gestores se capacitem para oferecer coleta seletiva de porta em porta ou de forma coletiva adequada. Como a socióloga Ilona Szabó me disse certa vez, "se não equilibrarmos nosso ecossistema nos próximos dez anos, deixaremos um planeta inabitável para os nossos netos". Enquanto fomos obrigados a ficar em casa, a fauna e a flora respiraram melhor, livres de nós, os seres tóxicos.

Caminhamos para uma economia mais solidária e uma sociedade mais inclusiva, que pela cooperação integralizará todos os atores sociais dentro da narrativa da equidade de direitos e deveres. Inovaremos com indústrias que se comprometem com a logística circular, recolocando no início da cadeia de produção resíduos descartados, numa criativa possibilidade de criação de produtos "feitos para serem feitos novamente". Nossas configurações mentais foram atualizadas para entender que a qualidade é melhor do que a quantidade. Menos é mais.

"O analfabeto no século XXI não será aquele que não consegue ler e escrever, mas aquele que não consegue aprender, desaprender e reaprender", já previa o escritor americano Alvin Toffler. O futuro já existia, era abundante, contudo, precisava ser mais bem distribuído. Foi preciso que questões ambientais virassem o cerne do pensamento estratégico para que a natureza não fosse vendida novamente pelo valor agregado do excesso. Outros verbos também ajudaram: reduzir, reutilizar, renovar usos e reciclar. As empresas entenderam que, antes de existirem pelo valor econômico, tinham de existir pelo seu valor social.

Minha casa nunca mais será como antes. Finalmente sinto que sou uma Empoderada do Lar. Sou capaz de dizer quantos pratos do meu aparelho quebraram ultimamente, gerenciar o estoque de produtos de limpeza, encontrar em poucos segundos tanto um simples clipe quanto a rebimboca da parafuseta. Não quero mais conviver com o que não tem utilidade. Fiquei ainda mais obsessiva em consertar coisas que não funcionam (sobretudo depois que aprendi no *feng shui* que objetos quebrados geram energia de estagnação). Já não habitam mais aqui tampas viúvas de potes fugitivos. O que tenho de melhor quero usar com a família. Da toalha de banho branca mais felpuda ao faqueiro de prata. Agora tudo isso é "do diário".

Deus vem me dando serenidade para "aceitar as coisas que não posso mudar, coragem para mudar as que posso e sabedoria para distinguir entre elas", como se pede numa conhecida oração. Fiz muita reflexão sobre a rotina acelerada e os gastos desnecessários. Uma tremenda lição de humildade foi constatar que fiquei trancada em casa com meu diploma, meus estudos e muitos contratos de trabalho suspensos. O coletor de lixo e o caixa do mercado seguiram indispensáveis. Eu, não.

PARTIDOS POLÍTICOS

UMA OPORTUNIDADE

Alon Feuerwerker

Está muito claro que, no mundo da Covid-19 e posterior, os partidos políticos precisarão urgentemente reinventar-se. A pandemia nos legará um planeta ainda mais interconectado, organizado em rede e viciado na velocidade da informação e da interação. No novo cenário, o risco é de os partidos ficarem para trás, acabando por transformar-se em fósseis paquidérmicos, apenas cartórios. Ou nem isso.

Errou quem previu que a internet, especialmente após a Web 2.0, seria o reino do individualismo absoluto. O movimento dominante é o facciosismo, a militância de facção, bem caracterizada no impulso crescente à vida em bolha, à absolutização do ideologismo e das guerras tribais. Se os partidos políticos quiserem ter alguma relevância futura, precisarão fazer a leitura correta das novas tendências e encaixar-se na nova dinâmica. Sem se dobrar a ela.

Não há como a democracia representativa existir sem partidos. Eles podem ter esse nome ou outro. Podem ser formais ou informais. Podem estar legalizados ou clandestinos. Podem apresentar-se abertamente na luta pelo poder estatal ou fingir que não. Mas, como parte da sociedade e candidatos a gerir, ou ocupar, o Estado direta ou indiretamente, precisarão lutar por um papel qualquer no ecossistema, na cadeia alimentar.

A situação é mais grave, e a necessidade de *aggiornamento* é mais premente, em países como o Brasil, onde sua estranha democracia impõe que os partidos tenham o monopólio da representação política formal, mas não exige deles qualquer respeito a regras mínimas de democracia interna. Isso num mundo de gente, como se diz, "empoderada", cheia de opinião e motivada a ocupar espaços. A contradição é muito evidente.

Notam-se, aqui e ali, esforços para apertar o passo, como quem dá aquela corridinha para tentar agarrar-se ao trem que deixa a estação. Partidos arregimentam jovens, ou nem tanto, para "lacrar", fazer gracinhas, ou então postar textos, áudios, imagens e vídeos autopromocionais, em geral para falar bem dos dirigentes da própria sigla, mostrar como são modernos, simpáticos e preocupados com as outras pessoas. Tudo muito *fake*.

Já virou lugar-comum dizer que os partidos estão em crise, que existe um déficit de representação, um descrédito. Com a hiperconectividade acelerada pela pandemia da Covid-19, abre-se uma oportunidade para os partidos dispostos a, de verdade, aceitar algum pluralismo de ideias em suas fileiras e admitir mecanismos democráticos, inclusive digitais, na escolha de seus dirigentes e candidatos nas eleições.

Aliás, conseguir fazer eleições seguras e ao mesmo tempo transparentes é um desafio global em cenário de pandemia com efeitos prolongados. Temos uma eleição marcada para outubro no Brasil. Eis um momento que talvez possa servir de referência. E o que se nota até agora é certa passividade, certa rendição à inércia. É como se o SARS-CoV-2 só estivesse aqui de passagem, como se fosse apenas questão de (pouco) tempo a volta à vida anterior.

É ilusão.

No novo mundo, será preciso pensar seriamente em transferir para a esfera digital, com vantagem, um conjunto de atividades, procedimentos internos, formalidades burocráticas, bem como usar a plataforma digital para elaborar em coletivo programas, organizar debates entre pré-candidatos, votar decisões táticas e estratégicas, e assim oxigenar as estruturas partidárias no que elas têm de mais vital: a organização e mobilização para a chegada ao poder.

É perfeitamente possível. Empresas obrigadas a isolar seus quadros dirigentes nesta pandemia experimentam uma interação potencializada pelos novos meios digitais disponíveis. Há muito mais reuniões, discussões, trocas de ideias, possibilidades de interferir. Por que isso não pode ser copiado pelos partidos? É claro que pode. E é absolutamente necessário num quadro como o brasileiro, em que as siglas vivem uma fossilização progressiva.

A floresta de legendas brasileira funciona de um jeito peculiar. Os donos dos partidos nomeiam comissões provisórias que se eternizam, desde que sigam os desígnios de quem as nomeou. Nas eleições, negociam a legenda e os recursos, como o dinheiro do fundo eleitoral e o tempo de televisão, de modo pouco transparente e inacessível aos filiados, ou mesmo aos dirigentes partidários que não fazem parte do núcleo decisório.

Com a pandemia da Covid-19, que não tem prazo para acabar e cuja vacina, se vier, está prevista para daqui a mais de um ano segundo os cálculos otimistas, o risco é essa fossilização burocrática acentuar-se. A justa exigência de distanciamento social pode ser pretexto para restringir ainda mais o processo decisório, eliminando até frestas formais. Por exemplo, prévias já marcadas para as eleições municipais vêm sendo canceladas e substituídas por decisões de círculos restritos.

A consequência para a democracia será imediata. O processo democrático tem duas etapas. A primeira é a escolha dos candidatos pelos partidos. A segunda, a escolha do eleito pelos eleitores. O uso intensivo e criativo da tecnologia digital popularizada e massificada pelas restrições impostas na pandemia tem o poder de dar vitalidade democrática principalmente à primeira etapa, que é tão importante quanto a segunda.

Essas são oportunidades operacionais. Detalhes. A oportunidade mais abrangente é a de, para usar um neologismo, ressignificar-se. Em situações de grande estresse, ameaça ou perda, o indivíduo entra em processo acelerado e profundo de revisão de ideias e conceitos, das visões que tem sobre as pessoas, as coisas e as instituições. Estão aí os exemplos de pequenos descuidos que acarretaram grandes danos à imagem e à reputação de quem se acreditava invulnerável.

Já virou, no popular, carne de vaca falar mal dos partidos políticos. Pois não é que o ambiente geral propício à ressignificação de tudo o que envolve seres humanos, nossas relações e nossa vida no planeta acaba criando uma janela para que os partidos também façam não uma cirurgia plástica, mas uma reengenharia completa, quebrando de vez a lógica que conecta atraso e fossilização?

MATERNIDADE

NA QUARENTENA

Fernanda Rodrigues

Sempre quis ser mãe. Sempre! Meu maior desafio na vida foi me controlar com essa obsessão da maternidade.

Tive minha primeira filha com trinta anos. Tarde para quem só falava nesse assunto desde os dezoito. E, quando a maternidade bateu realmente na minha porta, entendi que as pessoas romantizam demais esse status.

Ser mãe é muito difícil e desafiador; muitas das coisas que eu pensava que ia tirar de letra eu não tirei, e muitas das coisas que as pessoas diziam que seriam tranquilas não foram — e muitas coisas elas *não* te dizem que você vai vivenciar.

Hoje, portanto, tenho certeza de que a informação (que não existia muito há quase onze anos) sobre esse assunto é o caminho mais acolhedor para enfrentar a maternidade. E é ela, a informação, que está me salvando agora.

Estamos vivendo uma pandemia. Ela nos foi apresentada no susto: ninguém a imaginava e nem estava preparado pra vivê-la.

Talvez sem filhos ela seja um pouco menos assustadora, mas o fato de você ter de lidar com tantas dúvidas e incertezas e ainda ter de usar da psicologia para passar adiante, para uma criança, o que ninguém sabe de fato explicar é muito difícil. Já acordo todos os dias com muitas perguntas na cabeça, algumas questões que eu nem estou vivendo, mas que sei que muitas mulheres estão...

Como ter um bebê no meio desse caos?

Como cuidar de um recém-nascido no meio desse caos?

Como contar o que estamos vivendo para as crianças? Como não assustá-las com essa situação?

Como controlar o tempo sem saber quanto tempo isso vai durar?

Como serão as coisas depois da pandemia? Ela vai passar?

Sairemos ilesos emocionalmente?

E as crianças? Sofrerão algum tipo de impacto? Como será o mundo em que nossos filhos vão viver?

A única vez que tive esse momento de reflexão e pausa (se é que posso chamá-lo de pausa, porque você faz tudo, menos... pausar!), completamente isolada do mundo exterior, foi durante o puerpério.

O puerpério é o período que se segue ao nascimento do bebê. É conhecido como resguardo ou quarentena.

Olha aí!

Trata-se de um momento em que você para sua vida por completo e vive a vida do outro, de um novo ser que acabou de chegar e é totalmente dependente de alguém. São tantas sensações e sentimentos simultâneos, tantas mudanças hormonais bruscas, além do cansaço físico e emocional que um bebê recém-nascido demanda, que você esquece completamente de si mesma.

Aproximadamente 80% das novas mães experimentam sentimentos de tristeza e insegurança nessa fase, o que faz do puerpério um momento de muito conflito, de alternância entre sensações de exaustão emocional e uma enxurrada de amor. Às vezes esse amor demora para chegar, pois, acredite, é tudo tão difícil que a mulher nem tem condições de amar alguém!

Certa vez, ouvi uma mãe dizendo que ela não amou seu filho logo de cara, e me lembro de ficar meio perplexa com aquela declaração. Depois, porém, que tive meu segundo filho, entendi o que ela queria dizer: não é que você demore a amar, mas que o amor tem vários significados e precisa de espaço para florescer. Você, por outro lado, já está lotada de tantos sentimentos que ali, naquele momento, as coisas se dão mais lentamente...

O julgamento também é um fato curioso na maternidade. Acontece o tempo todo... Vem de quem é mãe, de quem não é, de quem não a conhece, de quem não sabe das suas dores, da sua vida. Ser mãe virou uma grande competição.

Para mim, por outro lado, na maternidade não há certo e errado: cada mãe é única, cada filho é um ser diferente do outro, e só você sabe o que será melhor para seu filho e sua maternidade. Além disso, a maternidade também não se ensina: você pode ler livros, ouvir seus pais, seus avós, ver filmes, ouvir profissionais... Mas, na hora do "vamos ver", quem determina suas regras é você. O que serve para mim pode não servir para outra mãe; o que funcionou ou funciona para meus filhos pode não funcionar em outra casa. Portanto, embora abrir esse canal de escuta seja importantíssimo, ouvir sua intuição e seu coração não falha.

Isso parece clichê. E é.

A maternidade é clichê.

Todas as frases mais cafonas que você já ouviu a respeito desse assunto, e que você pensava ser incapaz de dizer, uma hora você diz!

Mas voltemos à quarentena. A essa que estamos vivendo, e não a do puerpério.

Assim como a maternidade, o que o isolamento nos trouxe de imprescindível é a aceitação de que não temos o controle de nada de que achávamos que tínhamos. Diante de certas circunstâncias, portanto, a aceitação é o melhor caminho. Acredito que a melhor forma de lidar com o que a gente está vivendo é aceitar que você terá de pausar um pouco suas expectativas, respirar fundo, diminuir o ritmo, programar as atividades e se conectar com seu filho.

Além disso, junto com o isolamento, veio a realidade do estudo a distância. As creches e escolas tentam se adaptar a essa realidade, fazendo vídeos para os alunos, mandando trabalhos e deveres para as crianças fazerem de casa... Se possível, com a ajuda dos pais ou responsáveis!

Num primeiro momento, acredito que muitas mães (eu me incluo nesse time) tenham ficado apavoradas. Quem sou eu para ensinar um conteúdo acadêmico para o meu filho? Como vou conseguir ajudar meu filho e ainda trabalhar em *home office*? Terei capacidade para tanto?

Definitivamente, eu não tive. Foi muito difícil o início do processo de estudo a distância por aqui. Ensinar é um dom, bem como a paciência; e, para uma mãe que já está sobrecarregada com seus afazeres e com o entretenimento das crianças, tentando trabalhar de casa, com a parte emocional abalada com as notícias do mundo, é muito assustador ainda ter de dar aulas para os filhos (a não ser que você seja uma mãe-professora, que realmente já sai com muita vantagem...).

Aliás, os professores em geral foram ainda mais aplaudidos por mães e pais nesse período. Já sabíamos da importância deles, mas, diante desse caos, vimos o quão grandioso é lecionar para crianças, para várias crianças ao mesmo tempo, numa sala de aula! Viva os professores!

Aqui, depois de algumas semanas estressantes de sala de aula em casa, fomos entendendo que não iríamos substituir a escola, que não tínhamos como suprir a presença física das aulas, e então o jeito foi acalmar o coração e compreender que só podemos fazer o que é possível ser feito, segundo nossas aptidões e capacidades. Desse modo, estamos desenvolvendo as habilidades da criatividade, de expressar sentimentos, de concentração, de contar histórias... E assim vamos indo, um dia após o outro.

O isolamento também nos fez capazes de nos observar 24 horas por dia, todos os dias da semana. É como se a vida tivesse nos colocado uma lente de aumento! E, de fato, talvez se trate do momento ideal para observar melhor você e seu filho, de modo a se redescobrirem juntos. De fato, no caos do dia a dia, muitas vezes a gente se perde de nós e deles também; vamos esquecendo quem somos, de onde viemos, para onde gostaríamos de ir.

A sensação que tenho é a de que todo o mundo está resgatando os próprios valores, as relações, os sentimentos... Por outro lado, é a *ansiedade* que tenho mais dificuldade de administrar nesse momento. Tenho conversado com muitas amigas mães, e todas estão na mesma angústia de não saber quanto tempo mais ficaremos presos em casa sem saber o que vai acontecer, sem saber o que dizer para as crianças e o que fazer para entretê-las todos os dias.

Uma amiga psicóloga me disse: "A chave para gerir a ansiedade é construir a capacidade da tolerância e fazer menos." O que ela quis dizer com "fazer menos"? Cobrar-se menos, coisa que nós, mães, sabemos bem como funciona.

Mas por que a gente se cobra tanto? Você não tem obrigação de brincar o dia inteiro, entreter o dia inteiro... Tudo bem brincar só um pouco; tudo bem ter um dia em que você *não* está com tanta vontade de brincar, de cozinhar, de dançar... A gente tem que respeitar nossos tempos e nossas vontades, e os filhos precisam saber que às vezes não estamos bem, felizes, com vontade. Eles também vão precisar desse entendimento ao longo da vida. É aquilo: melhor um pouco com qualidade e atenção do que muito tempo sem vontade, de maneira forçada, ou mexendo no celular durante as brincadeiras, por exemplo.

Cada mãe sabe onde aperta o próprio calo: você não precisa dar conta de tudo sozinha. Tenha sua rede de apoio, peça ajuda, delegue funções. Isso não faz de você menos mãe, não significa que você ama menos seu filho. Apenas demonstra que você se ama também.

A propósito, esse amor-próprio, nos dias de quarentena, está cada vez mais escasso, certo? Ocorre que também esse é um ponto de atenção importantíssimo para nós, mães.

O tempo do cuidado de si é necessário, pois é assim que recarregamos as energias para começar tudo de novo — para o dia seguinte, para a brincadeira seguinte, para o dever de casa seguinte, para a troca de energia seguinte... Aqui, falo em tirar nem que seja dez minutos para me cuidar, respirar, meditar, dar uma choradinha no banheiro, passar um hidratante, jogar uma água gelada no rosto, qualquer coisa. As crianças mesmas já sabem: "Agora é a pausa da mamãe."

Penso ainda nas grávidas, que também precisam muito desse autocuidado. Aliás, nesses dias longos de isolamento, tenho pensado demais nelas. Afinal, já se trata de uma fase complexa, cheia de questionamentos, ansiedades e medos.

Imagino viver esse momento no meio de uma pandemia! Medo de ir para o hospital. Medo do parto. Medo do recém-nascido neste mundo com um vírus circulando. Medo de cumprir todas as normas de higienização e segurança — a dela e do bebê.

Muitos medos. Sem falar naqueles planos todos que foram feitos com tanto carinho! O ensaio fotográfico da barriga, o chá de bebê, as visitas na maternidade, as lembrancinhas...

Tudo está diferente agora.

Algumas consultas de pré-natal se tornaram virtuais, exames estão sendo adiados, e muitas mulheres vão ter seus filhos sozinhas, sem nenhum rosto familiar por perto. Os hospitais têm um novo protocolo de segurança em relação aos partos. As equipes foram reduzidas ou reorganizadas e precisam trabalhar com equipamentos específicos de higiene. Todas as gestantes estão recebendo orientações acerca do risco de contaminação pelo coronavírus dentro das unidades hospitalares, uma vez que a circulação nesses espaços e nos centros obstétricos é grande. As maternidades não podem mais receber os fotógrafos de parto, os parentes não podem acompanhar os nascimentos de perto... Assim como os casamentos, os aniversários, tudo é cancelado ou feito a distância: aprendemos a desejar parabéns on-line, com a família e os amigos numa tela de celular ou computador, matando a saudade ou acalmando, pelo menos um pouco, os corações aflitos.

A propósito, se tem um lado bom nisso tudo, é a tecnologia. Ainda bem que temos como nos corresponder, nos ver ao vivo, assistir a shows, entrevistas e palestras pela internet diariamente! Muitos partos estão sendo transmitidos de maneira virtual, muitas famílias estão gritando de alegria ao conhecer seus novos integrantes pela tela do celular. Vivemos uma era de emoção virtual!

Sim, definitivamente sairemos modificados.

Além disso, como mãe tenho pensado muito na saúde emocional dos meus filhos e das crianças em geral. Os bebês, penso, podem vir a ter uma percepção do mundo muito diferente da nossa, como se nele só existissem seus parentes mais próximos, só aqueles que habitam ali, sem interferência alguma de fora. As crianças não têm mais a vidinha delas, o cotidiano, o que elas estão habituadas a fazer, assustando-se diante das notícias ou quando ouvem os pais conversando sobre o assunto. Os adolescentes, que já vivem os mesmos questionamentos que temos ao vermos o mundo suspenso num dos maiores conflitos já existentes, saberão lidar com os conflitos pessoais de sua idade?

A gente precisa pensar no bem-estar psicológico dos nossos filhos. As crianças estão captando tudo. E também elas têm de lidar com o medo, com as dúvidas. Devemos ter muito cuidado com as coisas que lhes dizemos: não dá para ser extremista, dizendo ou que está tudo ótimo, ou que estamos vivendo um terror.

Aqui em casa, tentamos achar um equilíbrio; buscamos dizer a verdade, ouvir o que eles têm a dizer, quais são seus medos. Depois, procuramos explicar as coisas com cuidado e delicadeza. Acho, do fundo do coração, que você pode falar de forma mais leve, mas deve sempre falar a verdade.

Estamos com essa missão complicada, mas muito importante para a cabecinha dos pequenos. Cada família vai seguindo sua dinâmica, dentro do seu formato. Casais sem filhos, casais com filho recém-nascido, casais com filhos grandes, casais separados que se unem para ficar perto dos pequenos, casais separados se conectando de outras formas... Todos pegos de surpresa, tentando compreender a situação da quarentena, precisando lidar com as próprias angústias e buscando fortalecer as relações familiares.

É claro que falar de maternidade me faz perceber sempre minha posição privilegiada: não tem uma noite em que não coloque a cabeça no travesseiro e pense que esses meus questionamentos todos com certeza têm um peso muito maior para as mães que estão em situações de vulnerabilidade extrema, vivendo muitas dificuldades, com seus filhos nos braços, diante da luta da vida. Isso faz meu coração de mãe se despedaçar.

Entro todos os dias na internet em busca de maneiras de ajudar essas mães. Encontrei, por exemplo, o Mães da Favela, um projeto incrível da Central Única de Favelas (CUFA) que oferece uma renda mínima de auxílio a milhares de mães residentes em favelas de todo o Brasil; o Amadrinhe uma Mãe, projeto do Mamacor, em Minas Gerais, que está ajudando mães em situações bem complicadas a enfrentarem os efeitos da pandemia... Assim, vários outros projetos vão surgindo para proteger mulheres e mães em todo o Brasil e no mundo.

Um acalento no meio do caos. De fato, acredito na união das pessoas, na busca do bom senso e no exercício da empatia e da solidariedade.

Eu sempre disse que a maternidade me fez amadurecer, me fez dar valor a coisas que em princípio pareciam muito pequenas e a não dar tanto valor a outras que se afiguravam enormes. E, agora, acho que o coronavírus também será uma fonte de transformação. Transformação da forma como lidamos com a natureza, da empatia com as outras pessoas, das relações afetivas... Teremos de repensar a vida sobre a terra.

Em certo sentido, frear a vida exterior de repente tem sido surpreendentemente bom para revisitar a mente e o coração, a saudade e as relações — inclusive com o tempo, seja ele para o que for: dançar, malhar, criar, cozinhar, brincar, se relacionar, ajudar... Agora, mães, pais, avós, padrinhos, os seres humanos todos vamos saber o que realmente é importante ou não para cada um.

É tempo de aprender. Assim como na maternidade, um aprendizado diário.

SUSTENTABILIDADE

DA SUSTENTABILIDADE PARA UMA NOVA ÉTICA DA VIDA NA TERRA

Miguel Setas

Se alguma coisa a crise da Covid-19 teve de bom foi ter forçado o mundo a parar e refletir sobre o caminho que estivera tomando. De um dia para o outro, ficamos retidos em casa, mudamos radicalmente nossos hábitos e tivemos de reinventar nossa forma de viver e trabalhar.

Depois do choque inicial, do espanto e da insegurança, começaram a surgir os clamores por um "novo normal". E passamos a ver autoridades, dirigentes de empresas e consultores a invocar a necessidade de redefinirmos o que queremos para o mundo depois desta crise planetária. Como nos diria Winston Churchill, "nunca se desperdiça uma boa crise". É essa também a obrigação de nossa sociedade. Não podemos perder a oportunidade de influenciar e mudar o rumo da história. As próximas gerações, as dos nossos filhos, dos nossos netos, não nos perdoariam se não o fizéssemos.

Passados cinquenta dias consecutivos em isolamento, tenho me questionado: como pode o mundo ter sido surpreendido por uma pandemia desta dimensão? Como podem os países mais ricos, como é o caso dos Estados Unidos da América e do Reino Unido, não estarem preparados para um evento desta magnitude? Como podem os sistemas de saúde de todo o planeta serem totalmente ineficazes para atender à população enferma, tirando honrosas exceções, como é a do sistema alemão? Como podem milhões de pessoas com doenças crônicas constituir grupos de risco tão vulneráveis nesta pandemia? Tudo isto numa era de Big Data, da inteligência artificial, da robótica, da biogenética, da nanotecnologia e de todas as outras ramificações de nosso apogeu tecnológico. É quase inconcebível que estejamos passando por isto. Mas, por outro lado, é bom — não fossem as milhares de mortes que vamos registrar — que a sociedade esteja recebendo este alerta, a fim de que pare e tenha tempo de mudar o rumo da história que anda a escrever.

Não tenho a pretensão de dar respostas definitivas, muito menos categóricas, mas interrogo-me se as empresas não poderiam ter desempenhado papel mais proativo e diligente, por meio de seus investimentos sociais, no sentido de contribuírem para a prevenção deste cenário — em particular num momento em que as parcerias público-privadas podem ser tão efetivas para encarar os desafios da sociedade contemporânea e em que os organismos multilaterais, que zelam pelo bem da humanidade, como é o caso da ONU, veem sua eficácia quartada pelos grandes movimentos tectônicos nas relações mundiais de poder.

Meu olhar recaiu inevitavelmente sobre a "sustentabilidade". Dizem-nos os manuais de gestão que temos de nos atentar ao tripé econômico, social e ambiental. De acordo com uma de suas muitas definições, "sustentabilidade é a busca pelo equilíbrio entre o suprimento das necessidades humanas e a preservação dos recursos naturais, sem o comprometimento das próximas gerações". Hoje, perante a crise que estamos vivendo, tomamos consciência de que há uma lacuna fundamental neste conceito. Não carrega um foco explícito na preservação da vida humana. Incentiva políticas de perenidade econômica, de preservação do meio ambiente, de bom relacionamento com a sociedade à nossa volta; até comporta uma perspectiva intergeracional, mas não dá primazia à preservação da vida humana.

E é agora, no meio de uma crise sanitária de dimensão planetária, que as empresas se desdobram em ações solidárias para ajudar a aliviar o sofrimento humano.

É impressionante o volume de doações com que grande parte das empresas têm contribuído para combater esta crise. Só em São Paulo, o governador João Doria anunciou uma coleta de mais de meio bilhão de reais em doações privadas, das quais a EDP (empresa do setor de energia) também fez parte. "A pergunta que não quer calar", como colocaria Philip Yancey, é se esses recursos existem, se não poderiam ter sido usados em prevenção, em reforço atempado dos sistemas de saúde, em projetos estruturantes de saúde pública, que nos tivessem preparado e permitido estar hoje em melhores condições para enfrentar a pandemia. A resposta é, obviamente, que *deveriam* ter sido usados, caso tivéssemos colocado a saúde no centro do debate público e dos ditos objetivos empresariais. Não o fizemos a tempo.

Mas voltando ao tripé da sustentabilidade. É notório também que a sustentabilidade se baseia numa abordagem segmentada, que viola, desde logo, uma visão sistêmica que seria aconselhável segundo a teoria da complexidade de Edgar Morin. Uma abordagem holística é necessária para encarar desafios de escala global. A segregação dos saberes é totalmente artificial. Está apenas no nosso intelecto. E esta, em particular, é uma crise que se revelará, a seu tempo, um fenômeno correlato com as mudanças climáticas. David Wallace-Wells, no seu best-seller *A terra inabitável*, dedica um capítulo inteiro àquilo que designa por "pragas do aquecimento", citando cientistas que estimam que o planeta deve abrigar mais de um milhão de vírus que o homem ainda desconhece.

Não fica por aí, no entanto. Frequentemente, a sustentabilidade nas empresas surge no âmbito das atividades de marketing ou como extensão de uma área de meio ambiente. Não é comum as áreas de sustentabilidade serem autônomas, fortes e respeitadas e participarem diariamente nas tomadas de decisões. Costumam não passar de áreas de apoio, com grande competência no preenchimento de questionários, em responder aos longos quesitos dos índices de sustentabilidade que foram surgindo e colocando pressão sobre as empresas.

Pior do que isso, as políticas de sustentabilidade surgem frequentemente como recomendações de boas práticas — recomendações que levam as empresas a subir nos rankings de empresas sustentáveis, mas que não são encaradas como imperativos. Ou seja, são importantes, mas não são "de vida ou morte".

No entanto, esta pandemia mostrou-nos que a sustentabilidade é uma questão "de vida ou morte". É por isso que estamos convencidos de que é preciso subir o tom da sustentabilidade, *fazer evoluir o conceito de sustentabilidade para um conceito de uma nova ética da vida na Terra*.

Não quero, com esta análise, desqualificar os avanços que nossa sociedade fez à luz dos conceitos de sustentabilidade. Muito se tem conquistado nas últimas décadas, como tão bem ilustra Steven Pinker no seu *O novo iluminismo*. Mas a realidade fática mostra que o modelo malthusiano do "capitalismo fóssil" está a colocar um sobrepeso insustentável nos recursos e no equilíbrio da natureza. Os desequilíbrios que testemunhamos no meio ambiente graças a uma crise climática sem precedentes, as cada vez maiores fraturas sociais, os afrontamentos, ainda existentes, aos direitos humanos mais básicos, tudo isso nos leva a suspeitar de que, por muito que tenhamos feito, ainda não estamos numa direção sustentável.

A ética, contrariamente à sustentabilidade, tornou-se, em especial aqui no Brasil pelas razões que conhecemos, um tema de natureza estratégica, que mobiliza os conselhos de administração e as lideranças das empresas, com a criação de diretorias específicas, de programas estruturados de *compliance*, de códigos de conduta, de provedorias de ética, entre outras iniciativas. Gerou-se uma forte mobilização do mundo corporativo para proteger a reputação corporativa. Contrariamente às recomendações facultativas da sustentabilidade, da ética emanam imperativos que as companhias cumprem rigorosamente.

Gosto em especial de uma definição dada por Clóvis de Barros, segundo quem a "ética é a inteligência compartilhada ao serviço do aperfeiçoamento da convivência". Não se trata de um saber acabado. Está intimamente ligada à noção de liberdade e à possibilidade que temos de escolher como queremos viver e como queremos conviver.

Este é o momento certo para escolhermos, sem hesitação, sem retórica evasiva, sem titubear, um novo modelo de vida na Terra, o qual queremos construir coletivamente na era pós-Covid.

Se falamos em "nova ética", é porque se entende que a ética é uma questão contemporânea. É uma questão de cada tempo. Assim entendemos este momento: uma nova era, que exige uma nova ética. Aliás, muito estranhos são os clamores por um "novo normal" que não estão lastreados numa "nova ética". Só esta pode ser a base de um tão anunciado "novo normal". Parece inconcebível ambicionarmos essa tal normalidade sem estamos disponíveis para reformar o conjunto de princípios e valores que nortearão nossa vivência futura.

Os cientistas dizem-nos que desde o século XVIII entramos no chamado Antropoceno, período mais recente da vida do planeta, em que as atividades humanas passaram a ter impacto significativo no clima da Terra e no funcionamento de seus ecossistemas. Parece, tudo indica, que estamos aprisionados neste futuro trágico — projeções citadas por David Wallace-Wells colocam, inexoravelmente, o aquecimento do planeta, até o final deste século, entre os 2º C e os 8º C —, mas como sociedade temos a obrigação de tentar travar a escalada exponencial da emergência climática e as consequências desastrosas para a vida como a conhecemos hoje.

Adicionalmente, se falamos "da vida na Terra", é porque queremos abarcar o ser humano, a sua inserção na natureza e as suas relações em sociedade. Mas, contrariamente à sustentabilidade, que por desenho ficou confinada aos pilares econômico, ambiental e social, a ética traz-nos uma visão policromática de todos os ângulos da vida. Aliás, os avanços tecnológicos e sua intercessão com a vida humana, nomeadamente na biotecnologia, têm trazido à tona debates interessantíssimos sobre os dilemas éticos que se vão, ou que já se estão colocando, nesta nova era.

A chamada bioética é um desses novos domínios da ética que surgem como consequência dos novos tempos na relação do homem com a tecnologia. Mas não é só nessa área que a ética carece de nos municiar com as perguntas certas para fazermos as escolhas certas. Será igualmente na ética ambiental, na ética do desenvolvimento, na ética empresarial e em muitos outros domínios da nossa vida na Terra.

Desde a Declaração Universal dos Direitos Humanos, editada em 1948 pela ONU, a exigência ética do respeito à vida pressupõe a existência de uma dignidade essencial e intrínseca, inerente à condição humana. Por isso, quando falamos numa "ética da vida na Terra", há nisso implícito uma vida com dignidade — e não só quanto ao homem, mas a todos os seres vivos. Sabemos que ainda estamos longe desse ideal. Mas, por mais que seja utópico, vale invocar Eduardo Galeano, quando dizia que "a utopia está lá no horizonte. Me aproximo dois passos, ela se afasta dois passos. Caminho dez passos e o horizonte corre dez passos. Por mais que eu caminhe, jamais alcançarei. Para que serve a utopia? Serve para isto: para que eu não deixe de caminhar".

GOVERNO

NÃO ESQUECER

Fernando Henrique Cardoso

O tema é repetitivo e desafiador: o coronavírus. Procuro me afastar dele dia e noite, mas ele nos envolve. O vírus está por toda parte, principalmente em nossas almas. Meus pais tinham na memória a "gripe espanhola". Quiseram de novo taxar o coronavírus como "vírus chinês". Não pegou, e ainda bem. A propagação do vírus pelo mundo faz-me recordar a advertência do Antigo Testamento: *pulvis es et in pulverem reverteris*. Somos pó e a ele voltaremos. Diante da morte, somos todos iguais. O vírus não distingue gênero, idade, riqueza ou o que seja. Mata a muitos, e se não nos cuidarmos... Às vezes, até mesmo cuidando-nos.

Será que esta pandemia servirá para dar-nos conta disso? Sei bem que os humanos têm memória, mas também têm a capacidade de esquecer. Passada a crise, poucos se lembrarão dela. Mas suas marcas permanecem, e delas devemos cuidar.

Na minha geração não se pode dizer: "Nunca vi tanto horror perante os céus." Os terremotos matam indiscriminadamente. As guerras também. A bomba atômica dizimou centenas de milhares, e por aí vai. Isso não diminui o pavor diante do que está ocorrendo e do que poderá ocorrer. A situação nos obriga a mais humildade e a reconhecer que a desigualdade faz com que os mais pobres paguem o preço mais alto das tragédias pandêmicas.

O coronavírus chegou ao Brasil "de avião". Pessoas das classes mais altas (quanto à renda) viajam mais. No começo foram as que se contaminaram. Agora se vê que é enorme a propagação do vírus nas periferias pobres, nos cortiços, nas comunidades urbanas, que ontem chamávamos de favelas (desde a Revolta de Canudos, quando os soldados regressavam das campanhas e se amontoavam no Morro da Favela, no Rio). O atendimento da saúde "não dá conta".

É injusto cobrar só do SUS as falhas ocorridas. Não fosse ele, só os que pudessem pagar os serviços médicos e hospitalares seriam atendidos. Ele atende de modo universal. Mas é possível cobrar de quem decide o porquê de tanta "falta": falta equipamento para os atendimentos, faltam luvas adequadas, faltam máquinas para ajudar a respirar, falta não sei o que mais. Contudo, há pelo menos um sistema de saúde pública estruturado, mesmo carente. Na bonança é difícil prever as prioridades e haverá argumentos, inclusive econômicos, para dizer: isso não é prioritário. E não é só no Brasil que se veem dificuldades no atendimento à saúde; basta olhar para Nova York. É preciso prever.

Que pelo menos a crise atual sirva de advertência para o futuro: há que olhar com mais carinho para a saúde pública, a começar pela água tratada e pelo esgotamento sanitário. Reconhecer que alcançamos melhoria na saúde não quer dizer que conseguimos o necessário. Ao sair da atual pandemia, não nos esqueçamos: ela pode voltar. Quando? Ninguém sabe. Preparemo-nos.

E assumamos que, se é verdade que a crise atual de saúde alcança todo o mundo, também é verdade que ela é mais devastadora para os mais pobres. Por enquanto (sem que se saiba até quando) não dispomos de vacinas nem de medicamentos específicos. Só resta o "isolamento social". O refrão "fiquem em casa" está por toda parte. Mas que casa? Para os que dispõem do aconchego familiar e dos meios necessários, trabalhar em casa é suportável. Mas quando as pessoas moram empilhadas, sem conforto mínimo, que fazer? Vão para a rua, e nem sempre guardam a distância recomendável. E os que trabalham em situações que são essenciais para a sociedade continuar a funcionar — nas fábricas, nos hospitais, no transporte, ou onde seja —, também ficam em casa? Haverá dois pesos e duas medidas?

Não acho que o mote esteja errado. Pelo contrário. Mas urge ampliar nosso senso de realidade. Espero que a gratidão seja concreta para alcançar os que, não tendo meios para ficar em casa, vão à luta. Nesta, que usem as máscaras e tomem os cuidados necessários, fazendo o possível para derrotar o vírus. A luta é dos governos, mas também é de cada um de nós.

O que é descabido é a insensibilidade diante do que ocorre, não ver que estamos imersos num mau momento. Precisamos de coesão. Insistir em que se trata de uma "gripezinha", ou em que "eu fui atleta" e nada me acontecerá, é mais do que equivocado. É irresponsável.

Além de recursos financeiros, precisamos de coesão. Na crise viramos keynesianos, cremos que é necessário gastar, pois "o governo" tem de salvar as empresas e as pessoas. No entanto, nada substitui o carinho, o dar a mão aos que mais precisam e sofrem. E não apenas à moda antiga, dos bons samaritanos. Passada a tormenta, vê-se que foi possível ultrapassá-la porque o barco tem bons motores, apesar de maus navegantes.

Não basta escolher quem é "do contra". Os governantes precisam saber decidir e entender que, nas sociedades contemporâneas, as redes de internet pesam na eleição, mas não dá para governar "contra". Para fazer frente à situação de tantas crises, faz falta o senso comum e o do universal. Só juntos se constrói uma nação. A escolha foi e, espero, será nossa, de cada um. Que o erro não se repita. Assim teremos aprendido com a crise.

DIREITO

PÓS-PANDEMIA: A OPORTUNIDADE DE UMA NOVA ORDEM

José Roberto de Castro Neves

No começo do século XVII, o poeta inglês John Donne escreveu: "Nenhum homem é uma ilha." Claro. É impossível ser feliz sozinho. No isolamento (inclusive aquele imposto pela quarentena), sentimos falta dos parentes, dos amigos, do convívio, da vida coletiva. Não somos ilhas.

Paradoxalmente, em função da pandemia da Covid-19, tivemos de nos ilhar exatamente porque não somos ilhas.

Donne viveu numa Londres frequentemente visitada por pragas e pestes. Seu irmão morreu em 1593, vitimado pela peste bubônica. Na mesma época, Shakespeare, com os teatros fechados para evitar o contágio, escrevia, em quarentena, poemas e peças.

O mencionado poema de Donne termina de forma contundente (a ponto de impressionar, séculos depois, Ernest Hemingway): "A morte de cada homem me diminui,/ Pois pertenço à humanidade./ Por isso, não perguntes/ Por quem os sinos dobram,/ Eles dobram por ti."

A Covid-19 não é um problema dos outros — é de todos nós. Os sinos não dobram pelos outros. Esse sentimento, dividido pela maioria dos habitantes de nosso planeta, foi forte o suficiente para sensibilizar os governantes e impor uma política internacional, numa corrente de proteção. Algo que jamais havia ocorrido.

Uma opção dessa magnitude deixa marcas. Afinal, toda escolha cobra.

O Direito é um instrumento da sociedade. Por meio dele, o Estado oferece padrões de conduta e evita transgressões à ordem social. Regulam-se muitos aspectos da vida coletiva. Nesse sentido, melhor o Direito que se encontra em harmonia com os valores respeitados pela comunidade que ele regula.

Numa sociedade egoísta, por exemplo, a propriedade e o contrato recebem, do Direito, um tratamento distinto daquele que existirá num meio que valorize a solidariedade. As garantias individuais, por sua vez, caso se proteja sobremaneira a liberdade das pessoas, sempre demonstrarão força para vencer os interesses coletivos, quando confrontados.

Na medida em que se consideram certos valores mais relevantes, dignos de cuidado e atenção, o Direito tenderá a protegê-los. O ordenamento jurídico, vale dizer, não funciona de forma simplista ou binária, escolhendo, entre um ou outro bem, aquele que deve sempre preponderar. Ele identifica valores, um grupo deles, e, a partir daí, estabelece uma tábua axiológica, na qual alguns prevalecem em relação a outros, mas sempre casuisticamente, apreciando um caso concreto.

O Direito, como se sabe, defende os contratos. A sociedade simplesmente ruiria caso os contratos deixassem de ser respeitados — e o Direito atua como guardião desse interesse de velar pela segurança social. Entretanto, por vezes, um contrato pode estabelecer uma conduta que ofenda um valor humano, como aquela, por exemplo, que obriga uma pessoa a se submeter a determinada humilhação. Em casos como esse, o Direito, ponderados os valores que o animam, deve fazer uma opção. Atualmente, ele elege proteger a dignidade da pessoa humana. Diante disso, caso se convencione um ato considerado contrário aos valores protegidos, o Estado não respeitará esse acordo (mesmo contra a vontade de quem firmou o negócio).

Exatamente porque responde aos anseios da sociedade e porque estes evoluem, o Direito se encontra em constante construção, modificando-se ao longo do tempo, precisamente para se aproximar das aspirações da comunidade a que se destina.

Por vezes, algum tema, objeto de aspiração popular, fica represado, sem o tratamento de uma regra legal. Quando, por outro lado, recebe regulação, esta é rapidamente abraçada pela população. Veja-se, por exemplo, o que se deu com a Lei do Consumidor. No Brasil, até 1990, não havia uma norma específica regulamentando as relações de consumo — o que, em grande parte, prejudicava os consumidores. A referida lei, quando passou a vigorar, foi prontamente aplaudida e aplicada, menos pela sua redação e mais porque incorporava valores com os quais a sociedade se identificava.

A edificação do Direito passou, ao longo do século XX, por alterações fundamentais. No final do século XIX, ele era dominado por um pensamento positivista, que emprestava extrema importância à lei — e a lei merecia ser respeitada simplesmente porque era lei. Esse movimento, contudo, acabou permitindo os horrores da Segunda Guerra Mundial. Fez-se necessário estabelecer novas bases. Surge, então, uma "onda" com acentuada preocupação em proteger valores relacionados à pessoa humana e sua dignidade.

Uma visão social mais aguçada do Direito também decorre do fato de que a contemporânea sociedade de massa funciona como um "destruidor" da individualidade. Como apontou Spinoza, "o esforço para se conservar a si mesmo é o primeiro e único fundamento da virtude". O maior medo do Homem é o de perder seu próprio nome.[1] O Direito deve preservar a singularidade do indivíduo.

Para agravar, essa mesma sociedade revela-se desigual. Em países como o Brasil, os desníveis econômicos mostram-se abissais e as oportunidades de ascensão, restritas. O Direito, como ferramenta social, não poderia ficar inerte. Ele deixa de ser apenas uma forma de solucionar conflitos e indicar comportamentos e passa a ter a aspiração de atuar como instrumento transformador. São novos desafios.

Os movimentos do universo jurídico têm, em regra, uma marcha lenta — os processos de criação de lei passam pelos longos corredores dos congressos —, embora possam receber um empurrão de algum evento histórico, como foi o caso da Segunda Guerra Mundial que se acabou de mencionar.

A ideia de colocar o ser humano no vértice dos valores protegidos pelo Direito vem sendo incorporada, aos ordenamentos jurídicos, desde a segunda metade do século passado. Entretanto, esse movimento não foi capaz, por exemplo, de impedir a violação de garantias básicas ocorrida durante a ditadura militar no Brasil. A caminhada rumo a um Direito atento à proteção do ser humano é um fenômeno reconhecido, embora vacilante.

Hoje, assistimos a um mundo que optou, diante do desafio da Covid-19, por amparar valores fundamentais: a vida, a solidariedade, o cuidado com o próximo. São conceitos fortíssimos, cuja intensidade certamente contaminará — aqui, o bom contágio — o Direito. Essa sensibilidade, espera-se, deve transbordar para a realidade das relações jurídicas.

Se o Direito já se dirigia a uma aplicação com viés humanista, a pandemia e seus severos efeitos imprimirão maior velocidade ao fenômeno. Juízes, advogados e todos os que se valem de ferramentas legais passarão, de alguma forma, por um abrupto processo de reeducação.

Em situações de grandes perdas como a que vivemos, não há vencedores. Em muitos negócios, por conta das consequências da paralisação mundial, todos perderam. Para enfrentar conjunturas dessa natureza, as partes de uma relação contratual devem deixar de se enxergar em posições antagônicas para se verem como agentes que necessitam cooperar, a fim de que todos ofereçam e recebam suas prestações em bases justas e equitativas.

O primeiro passo para isso está em compreender a realidade da contraparte, o que só é possível com lealdade, transparência e espírito solidário. O Direito terá de se vestir desses valores para apaziguar os conflitos e as incertezas que advirão da pandemia.

Num mundo individualista, o contrato, como se disse, é uma ferramenta de poder, de força de uma pessoa sobre outra. Já numa sociedade altruísta, colaborativa e solidária, ele funciona como um instrumento social que permite a circulação de riqueza, a assunção de compromissos, a organização, sem jamais servir como meio de opressão ou vantagem desmesurada.

Argumentos secos de que o contrato deve ser cumprido mesmo quando acarretar uma acabada injustiça, desprezando qualquer empatia, possivelmente vão ceder. A sociedade quer que o Direito proteja os contratos, claro, mas desde que ele não se transforme num instrumento de abuso.

Desenvolver e aprimorar um espírito solidário, de compaixão com o próximo, será um passo importante para a construção de uma sociedade mais justa, atenta aos valores humanitários, a qual, pelo que se colhe da opção feita de proteger a vida, é o anseio da comunidade que vive hoje neste planeta.

Já se disse que o Direito faz parte de um episódio intermediário na história da civilização humana, numa estrada que começa com a força bruta e acaba no amor. Com efeito, numa sociedade que tem o amor pelo próximo como maior valor, o Direito perde sua importância. Se o amor e a solidariedade guiarem o comportamento do homem, não haverá litígio. Não custa acreditar que esse dia ainda pode chegar. Muitas manifestações de extremo desapego e espírito gregário a que assistimos nesses tempos sombrios permitem nutrir essa esperança.

O brilhante historiador francês — vencedor do Prêmio Pulitzer de 1917 — Jean Jules Jusserand, ao estudar a reação das pessoas à Peste Negra, no século XIV, registrou o seguinte:

> A fé desapareceu, ou foi transformada; o homem se tornou rapidamente em cético e intolerante. Não se trata aqui do imperturbável ceticismo moderno, sere-

namente frio, porém de um movimento de força da sua natureza que o impeliu a queimar o que adorava, não obstante siga afundado em dúvidas. Se rompe numa risada, trata-se de uma mera acrobacia, que se passa como uma orgia, mas, quando chega a clara luz do dia, o homem sofre um ataque de desespero, de profunda angústia, e, banhado em lágrimas, provavelmente promete romarias e conspícuas conversões.[2]

Ceticismo e incerteza marcaram a civilização naquele terrível momento da história. Seremos condenados a retornar à Idade Média? O que a civilização aprendeu desde então? A Grande Peste dizimou a população europeia no século XIV. Um drama. Por outro lado, antecipou o final da Idade Média e permitiu o florescer do Renascimento.

"Será o laxante da podridão do nosso sistema. O alto custo de vida diminuirá. As pessoas trabalharão com mais afinco e viverão uma vida mais ética. Valores serão revistos e os empreendedores edificarão a partir do que foi deixado pelo naufrágio dos menos competentes." Eis a previsão feita em 1929 pelo então secretário do Tesouro americano, Andrew Mellon, conhecido banqueiro e filantropo. Ele falava logo após a Crise de 1929, que, a partir da dramática derrocada da bolsa de valores de Nova York, levou os Estados Unidos à chamada Grande Depressão. Tempos difíceis. O otimista banqueiro via um mundo melhor, depurado, a emergir depois da profunda crise.

Na crise, o Direito assumirá seu papel de apaziguador social. Porém, muito além disso, impregnado pelo desejo de justiça, numa comunidade imbuída de fraternidade, pode ser também uma ferramenta ainda mais transformadora e potente. Caberá a todos nós escolher nosso tamanho.

Donne, amargurado com a peste, escreveu num outro poema: "Morte, não te orgulhes, embora alguns te chamem/ Poderosa, temível, pois não és assim." O poeta arremata: "Morte, tu morrerás". Assim será!

NOTAS

1 Cf. Theodor W. Adorno, *Dialética do Esclarecimento*. Rio de Janeiro: Zahar, 1985, p. 37.
2 J.J. Jusserand, *English Wayfaring Life in the Middle Ages*. T. Fisher Unwin Ltd: Londres, 1891, p. 382.

AUTORES

Alessandro Horta é formado em engenharia elétrica pela PUC-Rio e CEO da Vinci Partners. Foi CEO do Banco UBS Pactual e também sócio do Banco Icatu, sendo responsável pelas operações de *merchant banking*. Ele trabalhou para importantes instituições, como o Banco CSFB Garantia e a Gestora de Recursos do Opportunity.

Alon Feuerwerker é jornalista e analista político e de comunicação na FSB Comunicação. De 2006 a 2011 fez o Blog do Alon e, desde 2016, publica análises de conjuntura no blog alon.jor.br. É também colunista da revista *Veja* e do portal Poder 360.

Antonia Leite Barbosa é carioca por vocação e jornalista por força do destino. Autora da *Agenda Carioca* e da *Agendinha Carioca*, transformou os guias em referência da cidade, reunindo os melhores lugares, programas e serviços profissionais do Rio de Janeiro. Disponíveis em versões impressa e on-line, somam mais de 2 mil indicações de endereços e telefones. Ela é fundadora do coletivo feminino Matildes, que reúne mais de 700 mulheres como plataforma para troca de experiências. Antonia também é coautora do guia *Casa Carioca* e apresenta um programa na Rádio SulAmérica Paradiso FM, com dois boletins diários.

Antônio Gois é jornalista especializado na área de educação e colunista do jornal *O Globo*, cobrindo o tema desde 1996. Ele também é comentarista do canal Futura.

Benilton Bezerra Jr. é psiquiatra, psicanalista e professor do Instituto de Medicina Social da Universidade Estadual do Rio de Janeiro (UERJ). Ao longo de sua trajetória, tem se engajado na construção de políticas e ações no campo da saúde mental. É membro da direção do Instituto Franco Basaglia, atuando de forma contínua e renovada no que tange à reforma psiquiátrica no Brasil, e também faz parte da diretoria da ONG Casa da

Árvore, cujas ações são voltadas à valorização da infância e à atuação com crianças e famílias em favelas e creches do Rio de Janeiro.

Bernardo Rocha de Rezende, o **Bernardinho**, trilhou um caminho vitorioso como jogador e técnico da seleção brasileira masculina de voleibol. Nascido no Rio de Janeiro, é economista formado pela PUC-Rio e mantém uma intensa atividade como palestrante e empresário. Ele também é fundador da ONG Instituto Compartilhar, apoiando e desenvolvendo inúmeros projetos na área de educação pelo esporte.

Bruno Barreto é um grande cineasta brasileiro. Tornou-se recordista de público no país com apenas 23 anos, quando dirigiu *Dona Flor e seus dois maridos*, assistido por mais de dez milhões de espectadores. Filho de Luiz Carlos e Lucy Barreto, fundadores de uma das mais estáveis produtoras do cinema brasileiro, desde cedo esteve ligado às artes cinematográficas, tendo convivido com figuras importantes como o cineasta Glauber Rocha durante a infância. Radicado nos Estados Unidos, costuma alternar produções americanas e brasileiras, entre elas o longa *O que é isso, companheiro?*, indicado ao Oscar de Melhor Filme Estrangeiro em 1998.

Carlos Jereissati Filho é empresário e CEO do Grupo Iguatemi. Formado em administração de empresas pela Fundação Getúlio Vargas, fez diversos cursos de especialização no exterior, entre eles Management for Success, pela University of Michigan Business School, em 2002. Foi presidente da Associação Brasileira de Shopping Centers (ABRASCE) e atualmente integra seu conselho consultivo. Em 2007, foi reconhecido pelo World Economic Forum com o título de Young Global Leader.

Cora Rónai é jornalista e escritora. Nascida no Rio de Janeiro, trabalhou no *Correio Braziliense*, na *Folha de S.Paulo* e também no *Jornal do Brasil*, pelo qual lançou a primeira coluna sobre computação e tecnologia da imprensa brasileira. Há quase trinta anos escreve para o jornal *O Globo*, tanto em sua coluna de tecnologia quanto crônicas para o Segundo Caderno. Ela publicou mais de dez livros, entre eles Álbum de Retratos: Walter Firmo, publicado pela editora Mauad.

AUTORES

David Zylbersztajn é engenheiro mecânico e mestre pela PUC-Rio. Concluiu seu doutorado no Institut d'Économie et de Politique de l'Énergie. Foi diretor-geral da Agência Nacional do Petróleo e, durante o governo de Mário Covas, também foi secretário de Energia de São Paulo.

Duda Falcão é uma das CEOs do Grupo Eleva Educação e diretora executiva da Escola Eleva. Formada em administração de empresas pela Universidade da Virgínia, nos EUA, começou sua carreira como consultora na McKinsey, trabalhou no PCP-UBS Pactual e na Secretaria Municipal de Educação do Rio de Janeiro, coordenando um projeto estratégico para a primeira infância. Ela é sócia-fundadora do Gera Venture, um fundo focado 100% em educação.

Eduardo Eugenio Gouvêa Vieira é engenheiro e presidente da Firjan desde 1995. É membro titular da Academia Nacional de Engenharia, do Conselho Diretor da Ação Comunitária do Brasil e também do Conselho Superior da FIOCRUZ e da PUC-Rio.

Eliane Lustosa é doutora em Finanças pelo Departamento de Engenharia Industrial da PUC-Rio. Após a graduação em economia, a empresária carioca logo obteve destaque em sua área, tanto no setor privado como também no Estado. Desempenhou funções importantes como vice-presidente de finanças e controle do Grupo Abril S.A. e diretora financeira e de investimentos do Fundo de Pensão dos Empregados da Petrobras (Petros). Também foi conselheira em diversas empresas, como Fibria, Gerdau, Coimex, CPFL, Coteminas, Perdigão (hoje BRF). Em 2016, aceitou o convite para ser diretora da área de mercado de capitais do BNDES, cargo que exerceu até 2019. Hoje ela é membro independente do conselho de administração das empresas CCR, Solvi e BMG, além de membro da Câmara de Arbitragem da Bovespa.

Felipe Santa Cruz é advogado e atual presidente nacional da Ordem dos Advogados do Brasil (OAB). Nascido no Rio de Janeiro, graduou-se em Direito pela PUC-Rio e é mestre em Direito e Sociologia pela Universidade Federal Fluminense (UFF), tendo lecionado nas universidades Candido Mendes e Santa Úrsula.

Fernanda Rodrigues é atriz e apresentadora. Iniciou a carreira ainda criança participando de peças publicitárias e videoclipes, além de fazer parte do elenco de *Vamp*, um grande sucesso da TV Globo. Desde então, atuou em diversas novelas, como *Malhação*, *A lua me disse*, *O astro* e *Negócio da China*, em cujos bastidores começou a namorar o colega de elenco Raoni Carneiro. Em 2009, nasceu Luísa, a primeira filha do casal. Bento, o caçula, veio em 2016. Desde 2015, apresenta no GNT o programa *Fazendo a festa*.

Fernanda Torres é atriz e escritora. Nascida no Rio de Janeiro, mantém uma carreira de sucesso no teatro, no cinema e na TV há 35 anos. Ela é colunista da *Folha de S.Paulo*, da *Veja Rio*, colaboradora da revista *piauí* e autora dos romances *Fim* e *A glória e seu cortejo de horrores*, publicados pela Companhia das Letras.

Fernando Gabeira é jornalista e escritor. Começou sua carreira como repórter no *Jornal do Brasil* e nos anos 1970 foi preso e exilado pela ditadura militar. Natural de Juiz de Fora, Minas Gerais, foi deputado federal pelo Rio de Janeiro de 1998 a 2010, tendo também se candidatado à prefeitura e ao governo do estado. Com vida e obra dedicados a pensar temas que tangem ao social, às liberdades individuais e à ecologia, é autor de uma intensa produção literária, da qual se destaca o importante documento histórico *O que é isso, companheiro?*, cuja adaptação cinematográfica, dirigida por Bruno Barreto, concorreu ao Oscar de Melhor Filme Estrangeiro em 1998.

Fernando Henrique Cardoso é formado em sociologia pela USP, onde tornar-se-ia professor emérito. Em virtude do regime militar, exilou-se no Chile e na França. Em 1983, assumiu o cargo de senador da república. Foi ministro das Relações Exteriores e ministro da Fazenda, chefiando a elaboração do Plano Real. Em 1994, foi eleito presidente do Brasil e, em 1998, reeleito.

Francisco Soares Brandão, o **Chiquinho Brandão**, é empresário. Nascido no Rio de Janeiro, começou a trabalhar com promoção de eventos na década de 1970, adquirindo conhecimento e experiência que o levaram a fundar uma das maiores agências de comunicação corporativa do mundo, a FSB Comunicação. Como sócio-diretor da empresa, foi eleito um dos 350 profissionais de relações públicas mais influentes no mundo, segundo a revista *PR Week*.

Gerson Camarotti é comentarista político da GloboNews, do *Bom Dia Brasil*, da TV Globo, e colunista do G1. Também apresenta o programa *GloboNews Política*. Jornalista formado pela Universidade Católica de Pernambuco (Unicap), com pós-graduação em ciência política pela Universidade de Brasília (UnB). Está em Brasília desde 1996. Trabalhou nas sucursais das revistas *Veja* e *Época* e nos jornais *O Globo*, *O Estado de S. Paulo* e *Correio Braziliense*. Em 2013, foi enviado a Roma pela GloboNews para cobrir o conclave. Fez a primeira entrevista exclusiva do Papa Francisco. É pernambucano e torcedor do Náutico desde 1973.

Guilherme Benchimol é economista. Nascido no Rio de Janeiro, formou-se em economia pela UFRJ e iniciou a carreira em corretoras de valores de sua cidade até que, em 2001, realizou o desejo de criar seu próprio negócio: ele é um dos fundadores da XP Inc., atualmente uma das empresas de investimentos mais importantes do país. Como CEO da companhia, entrou para a lista da *Bloomberg* como uma das 50 pessoas mais influentes do mundo, sendo o único representante da América do Sul a figurar na prestigiada seleção.

Gustavo H.B. Franco é bacharel e mestre em economia pela PUC-Rio e ph.D. pela Harvard University. Foi presidente do Banco Central do Brasil e também secretário adjunto de Política Econômica do Ministério da Fazenda entre 1993 e 1999, tendo participado da equipe que elaborou e implementou o Plano Real. É professor do Departamento de Economia da PUC e tem diversos livros publicados e mais de uma centena de artigos em revistas acadêmicas.

Izabella Teixeira é bióloga. Nascida em Brasília, é formada em biologia pela UnB, mestre em planejamento energético e doutora em planejamento ambiental pela COPPE/UFRJ. Foi diretora do Ibama, subsecretária de Estado do Meio Ambiente da Secretaria do Ambiente do Rio de Janeiro de 2007 a 2008 e a primeira analista ambiental a exercer o cargo de ministra de Estado do Meio Ambiente no Brasil, nos governos de Luiz Inácio Lula da Silva e Dilma Rousseff, de 2010 a 2016.

Joaquim Falcão é doutor em educação pela Universidade de Genebra e mestre pela Faculdade de Direito de Harvard. É também professor titular de Direito Constitucional na Escola de Direito da Fundação Getúlio Vargas, no Rio de Janeiro, e membro da Academia Brasileira de Letras.

José Bonifácio de Oliveira Sobrinho, o **Boni**, é uma das maiores referências do mercado televisivo brasileiro. Natural de São Paulo, trabalhou em emissoras de rádio, agências de publicidade e passou por quase todas as emissoras de TV antes de começar a trabalhar na TV Globo em 1967, aos 32 anos. Nos trinta anos em que esteve no maior canal de televisão do país, foi de diretor de programação e produção até vice-presidente, sendo responsável por toda a parte operacional da empresa.

José Luiz Alquéres é engenheiro civil, empresário e editor. Foi secretário nacional de Energia. Presidiu a Light, a Eletrobras e a Associação Comercial do Rio de Janeiro, bem como as Sociedades de Amigos do Museu Imperial e do Museu Histórico Nacional. Foi conselheiro da Fundação Nacional Pró-Memória e é membro honorário de IHGB.

José Roberto de Castro Neves é advogado, doutor em Direito Civil pela UERJ e mestre em Direito pela Universidade de Cambridge, Inglaterra, tendo-se graduado na UERJ. É professor de Direito Civil na Pontifícia Universidade Católica do Rio de Janeiro e na Fundação Getúlio Vargas. Também é autor de diversos livros sobre História, Direito e literatura.

Luís Roberto Barroso é bacharel em Direito pela Universidade Estadual do Rio de Janeiro, mestre pela Yale Law School e doutor em Direito Público pela UERJ, onde atuou como livre-docente. Foi *visiting scholar* na Harvard Law School, professor titular de Direito Constitucional da UERJ, professor visitante da Universidade de Brasília e conferencista visitante da Universidade de Poitiers (França) e da Universidade de Wroclaw (Polônia). Tornar-se-ia *fellow* no Instituto de Estudos Avançados de Berlim não fosse sua nomeação para ministro do Supremo Tribunal Federal.

Marcelo Adnet é ator, comediante, compositor, roteirista e apresentador de TV. Formado em jornalismo pela PUC-Rio, consagrou-se com programas como *Adnight Show* e *Tá no ar*, na TV Globo. Ele mora no Rio de Janeiro.

Marcelo Barbosa é bacharel em Direito pela UERJ e mestre pela Universidade de Colúmbia. É presidente da Comissão de Valores Mobiliários. Foi professor de Direito Comercial na Universidade do Estado do Rio de Janeiro e de Direito Societário na Fundação Getúlio Vargas.

Marcelo Madureira fez parte do célebre *Casseta & Planeta Urgente!*, programa humorístico que esteve no ar de 1992 a 2010. Como jornalista, é um dos autores da coluna do Agamenon, no jornal *O Globo*.

Marcílio Marques Moreira formou-se no curso de preparação à carreira diplomática do Instituto Rio Branco. Concluiu, também, a Faculdade de Direito na UERJ. Fez mestrado em ciência política pela Universidade de Georgetown e foi professor da PUC-Rio e da UERJ. Foi ministro da Fazenda do Brasil e presidente do Conselho de Ética Pública.

Marcos Azambuja é diplomata de carreira. Foi secretário-geral do Itamaraty e embaixador do Brasil em Buenos Aires e Paris, além de ter sido membro do Instituto Histórico e Geográfico Brasileiro e vice-presidente do Centro Brasileiro de Relações Internacionais (Cebri). Escreveu diversos livros e artigos, e é coautor de *História da Paz*, publicado pela editora Contexto.

Margareth Pretti Dalcolmo é doutora em medicina pela Universidade Federal de São Paulo e pneumologista pesquisadora da Fiocruz, no Rio de Janeiro. Com inúmeros trabalhos científicos publicados tanto no Brasil quanto no exterior, Margareth é considerada uma das mais importantes pneumologistas do país e chegou a ser presidente da Sociedade de Pneumologia e Tisiologia do Rio de Janeiro. Ela é capixaba e vive no Rio de Janeiro.

Maria Prata é jornalista. No canal GloboNews, em que também trabalha como editora, apresentou o programa *Mundo S/A* e participou como comentarista de moda e comportamento no *Conta corrente* e no *Estúdio i*. Passou por revistas como *Vogue* e *Harper's Bazaar Brasil* e foi editora do canal Fashion TV, além de colunista de estilo na Rádio CBN. Ela também é palestrante e vive em São Paulo.

Mary Del Priore é doutora em História Social pela USP e pós-doutora pela École des Hautes Études en Sciences Sociales. Venceu importantes prêmios literários, entre eles o Jabuti, o Prêmio da Fundação Biblioteca Nacional, o Prêmio Personalidade Cultural do Ano e o Prêmio da União Brasileira de Escritores.

Merval Pereira é escritor e jornalista. Escreve para o jornal *O Globo* e está entre os comentaristas políticos da rede CBN e do canal GloboNews. É também membro das Academias Brasileira de Letras, Brasileira de Filosofia e de Ciências de Lisboa. Recebeu os prêmios Esso de Jornalismo e Maria Moors Cabot, da Universidade de Colúmbia.

Miguel Pinto Guimarães é arquiteto e urbanista formado pela UFRJ. Aos 18 anos, abriu seu primeiro escritório, junto com Thiago Bernardes. Em 2003, Miguel deixou a sociedade e inaugurou seu novo *studio*, o Miguel Pinto Guimarães Arquitetos Associados (MPGAA). Desde então, é autor de quase mil projetos em todas as regiões do Brasil e no exterior. Seu trabalho abrange diversas áreas da arquitetura, desde casas e edifícios residenciais a hotéis, escolas, restaurantes e projetos urbanos em diferentes escalas. De uns anos para cá, a sustentabilidade e o diálogo com o ambiente natural têm sido as principais características dos seus projetos.

Miguel Setas é formado em engenharia física pelo Instituto Superior Técnico, em Lisboa, onde também fez o mestrado em engenharia eletrotécnica e de computadores. Fez MBA na Universidade Nova de Lisboa e diversos CEO Programs em instituições renomadas, como The Wharton School e Harvard Business School. Começou a sua vida profissional em 1995, como Consultor na McKinsey & Company, onde desenvolveu atividade em setores como Energia, Seguros, Distribuição e Indústria, tendo se consolidado no setor da Energia a partir de 1998, como diretor corporativo da GDP — Gás de Portugal. Desde 2006 faz parte do grupo EDP e, em janeiro de 2014, assumiu a presidência da EDP Energias do Brasil, cargo que exerce atualmente.

Paulo M. Hoff é um dos mais respeitados médicos oncologistas do país. Após onze anos à frente da oncologia do Hospital Sírio-Libanês, desde 2018 assumiu a liderança do setor na Rede D'Or, a maior do Brasil em hospitais privados. O paranaense é professor titular de oncologia clínica da Faculdade de Medicina da Universidade de São Paulo (FMUSP) e diretor-geral do Instituto de Câncer do Estado de São Paulo — Octavio

Frias de Oliveira (ICESP), além de membro pregresso do conselho diretor da American Society of Clinical Oncology (ASCO).

Paulo Niemeyer Filho é um dos mais renomados neurocirurgiões do Brasil. Filho do também neurocirurgião Paulo Niemeyer, um dos pioneiros na especialidade, ele se formou pela UFRJ, foi *post-graduate fellow* pela University of London e cursou doutorado na Escola Paulista de Medicina. Foi diretor da Escola Médica de Pós-Graduação da PUC-Rio nos períodos de 1996-1998 e 1998-2000, é diretor médico do Instituto Estadual do Cérebro Paulo Niemeyer e Membro do Conselho da Fundação do Câncer.

Pedro Bial formou-se em jornalismo pela PUC-Rio. Trabalhou em alguns dos programas mais famosos da televisão brasileira, como *Jornal Hoje*, *Globo Repórter*, *Fantástico*, *Big Brother Brasil* e, atualmente, comanda o *Conversa com Bial*. É também escritor.

Roberta Sudbrack deixou a faculdade de veterinária para se dedicar a uma formação autodidata em gastronomia, o que terminou por lhe render o título de melhor chef mulher da América Latina pela revista britânica *Restaurant*, em 2015. Natural de Porto Alegre, no Rio Grande do Sul, comandou a cozinha do Palácio da Alvorada por sete anos, durante o governo do presidente Fernando Henrique Cardoso. Atualmente, ela mantém no Rio de Janeiro um restaurante que leva seu nome, um dos mais bem avaliados do país.

Roberto Feith estudou História Econômica da América Latina na Universidade de Cornell, em Nova York. Foi correspondente internacional da Rede Globo, tendo montado o escritório da emissora em Paris. Também atuou como editor-chefe do programa *Globo Repórter*. Foi diretor da Editora Objetiva e atualmente trabalha também como editor.

Roberto Medina é um grande publicitário e empresário carioca. Filho do também empresário Abraham Medina, foi responsável por inúmeras campanhas de sucesso para clientes como a Caixa Econômica Federal, elevando sua agência, a Artplan, ao topo do mercado brasileiro. Ele é idealizador e criador do Rock in Rio, um dos maiores festivais de música de todos os tempos.

Rosa Célia Pimentel Barbosa é médica cardiologista com especialização em pediatria. Formada pela Universidade Federal do Rio de Janeiro, cursou especializações em Londres, Houston e Boston, e por dezessete anos esteve à frente do Pro Criança Cardíaca, projeto social criado por ela em 1996, que já atendeu, gratuitamente, mais de 15 mil crianças cardíacas carentes.

Rosiska Darcy de Oliveira é escritora e ensaísta. Formada em Direito, exerceu a atividade de jornalista em veículos como o *Jornal do Brasil* e *O Globo* até que, por conta da ditadura militar, foi obrigada a se exilar na Suíça. Os tempos de exílio a aproximaram muito da causa feminina e dos temas relacionados à educação, os quais explorou em diversos de seus livros. De volta ao Brasil, foi assessora especial do então vice-governador Darcy Ribeiro, presidente do Conselho Nacional dos Direitos da Mulher e consultora da UNESCO no Painel Mundial sobre Educação para o Desenvolvimento Sustentável, além de ter presidido, de 2007 a 2015, o movimento Rio Como Vamos, de promoção da participação e responsabilidade cidadã. Ela é professora do doutorado de Letras na PUC-Rio e membro da Academia Brasileira de Letras.

Sergio Besserman Vianna é economista graduado pela PUC-Rio e professor do Departamento de Economia da mesma instituição. Foi presidente do Instituto Brasileiro de Geografia e Estatística (IBGE) e, atualmente, preside o Instituto de Pesquisas do Jardim Botânico do Rio de Janeiro. Como ecologista, desde 1992 aprofunda o estudo das consequências econômicas e sociais das mudanças climáticas globais.

Sergio Etchegoyen é general do Exército brasileiro. Natural do Rio Grande do Sul, exerceu o cargo de ministro-chefe do Gabinete de Segurança Institucional da Presidência no governo Michel Temer, de 2016 a 2019.

Vinicius Lummertz foi ministro do Turismo durante o governo Michel Temer e atualmente é secretário de Turismo do estado de São Paulo. Formado em ciências políticas pela Universidade Americana de Paris, tem títulos de pós-graduação pela Kennedy School, da Harvard University, pelo IMD de Lausanne, na Suíça, e MBA Executivo pela Amana Key, em São Paulo. É autor e organizador de *Brasil — Potência Mundial do Turismo*, publicado pela editora Dois Por Quatro.

DIREÇÃO EDITORIAL
Daniele Cajueiro

EDITORES RESPONSÁVEIS
André Marinho
Hugo Langone

PRODUÇÃO EDITORIAL
Adriana Torres
Mariana Bard

REVISÃO
Pedro Staite
Rachel Rimas

DIAGRAMAÇÃO
Larissa Fernandez de Carvalho

Este livro foi impresso em 2020
para a Nova Fronteira.